ESPAÑA CONTRA
SU LEYENDA NEGRA

ESPAÑA CONTRA
SU LEYENDA NEGRA

Mitos, agravios y discursos

JAVIER RUBIO DONZÉ

Prólogo
FERNANDO DÍAZ VILLANUEVA

la esfera 🌐 de los libros

Primera edición: julio de 2025

© Javier Rubio Donzé, 2023, 2025
© La Esfera de los Libros, S.L., 2023, 2025
Avenida de San Luis, 25
28033 Madrid
Tel.: 91 443 50 00
www.esferalibros.com

ISBN: 978-84-1094-108-3
Depósito legal: M. 11.025-2025
Fotocomposición: J. A. Diseño Editorial, S.L.
Impresión y encuadernación: Huertas
Impreso en España-*Printed in Spain*

Índice

Para mis dos pequeños, Leopoldo y Diego.

Agradecimientos

A José Soto Chica y Fernando Díaz Villanueva por su asesoramiento a lo largo de todo el proceso. A Alberto Garín y Juan Ramón Rallo por su ayuda en el capítulo 25. A Yeyo Balbás por acudir en mi auxilio con algunas matizaciones en el capítulo 22. A Esteban Mira Caballos por las revisiones y puntualizaciones en los capítulos 10, 24 y 25. A Ymelda Navajo de La Esfera de los Libros y a mi editor Félix Gil por confiar en mí. A Carlos Alcelay por la ayuda en el proceso de maquetación y revisión. A Armando Besga Marroquín, Antonio Castillo Algarra, César Cervera Moreno, Fernando García-Pelayo Mata, Daniel Gómez Aragonés, David Porrinas González y Alejandro Rodríguez de la Peña por haberme resuelto dudas concretas. A mis padres por haberme enseñado a disfrutar de la historia. Y por último a Paloma por mis ausencias; por haberme tenido que soportar durante año y medio con la mente centrada en mis lecturas, llenando la casa de pilas y pilas de libros que Paloma pacientemente ordenaba e introducía en bolsas para que me los llevara a la oficina.

«El mito corrompe la historia, aísla los hechos del mundo, los deja hundidos en un marasmo teológico, en un sueño agónico de vencedores y vencidos, sin relación más que consigo mismo. Eco y espejo, el mito contamina el presente de viejos fantasmas, de fábulas y leyendas».

FERNANDO GARCÍA DE CORTÁZAR

Prólogo

NI NEGRA, NI ROSA,
NI LEYENDA

No trate de buscar una persona más porfiada y exhaustiva que Javier Rubio porque no la encontrará. Javier es arquitecto de formación y, desde hace casi una década, se dedica a la divulgación histórica a través de Academia Play, una de las plataformas dedicadas a esa tarea más populares del mundo. Pero bien podría haber sido investigador privado, y de los buenos, porque, tal y como tendrá ocasión de comprobar en las páginas que siguen al presente prólogo, la labor detectivesca que lleva a cabo es digna del mayor encomio. Esto dice mucho a su favor porque es de esa variedad de personas que no se conforman con una sola versión. Cuando lee algo, duda y eso le empuja a buscar segundas opiniones, y terceras, y cuartas, y así hasta que ya no quedan opiniones nuevas que sondear. Esto le aleja de esa especie tan dañina para los estudios históricos, la de los creyentes en los relatos únicos que, por lo general, persiguen quedarse a gusto con sus prejuicios o satisfacer una agenda política determinada.

Podríamos decir, por lo tanto, que estamos no ante un arquitecto, un divulgador o un detective, sino ante un historiador, dicho así con todas las letras, desde la hache hasta la erre. No es descabellada mi hipótesis. A los historiadores no los fabrican en serie las facultades de Historia, como no todos los periodistas hemos salido de la facultad de Periodismo, ni todos los empresarios pasan por las escuelas de negocios donde imparten maestrías para crear y gestionar empresas. Para ser historiador basta con que te guste la historia o, mejor dicho, con que te guste mucho la historia, leas lo suficiente, aprendas a observar y sepas hacerte las preguntas adecuadas.

Doy fe que Javier sabe mucha historia, lee como si un tribunal le hubiese condenado a ello y no para de hacerse preguntas. En eso mismo consiste el estudio de esta disciplina a la que yo he dedicado una parte nada despreciable de mi carrera profesional. Todo nace con una simple pregunta que busca su respuesta. En ocasiones —no muchas, la verdad— esa respuesta llega rápido, otras veces hay que rondar lecturas, conversaciones y archivos durante mucho tiempo. La respuesta definitiva no siempre llega porque cuando nos cuestionamos algo es inevitable que surjan nuevas preguntas con su desafío particular. Javier no se ha arredrado a la hora de plantearse ninguna de ellas a pesar del coste que le ha supuesto en términos personales.

Lo que Javier ha hecho en el presente libro es responder a una serie de cuestiones que me atrevería a decir que le atormentan desde hace tiempo, al menos desde que nos conocemos, y son unos cuantos años ya. La primera de esas preguntas, y la fundamental de la cual cuelgan todas las demás, es la que ha terminado incorporándose al título: la Leyenda Negra contra España. Cuando yo estudiaba la carrera, allá por los años noventa del siglo pasado, apenas se hablaba de este tema, ni siquiera entre los universitarios que habíamos decidido estudiar Geografía e Historia. Tampoco interesaba demasiado a los aficionados y se consideraba una cuestión menor, aunque no exenta de cierto atractivo, ya que todo lo relacionado con la propaganda despierta inmediatamente la atención de los lectores. Pero esto, más que de propaganda, ha ido siempre de política.

Cualquiera que se interese por temas históricos advierte pronto que la historia no deja de ser un campo de batalla, acaso el favorito, de todas las guerras políticas. Eso mismo ocasionó que en el Siglo de Oro los príncipes protestantes desencadenasen una formidable campaña de propaganda negativa contra la dinastía Habsburgo. Aquello iba contra toda la familia, tanto la rama austriaca como la española, pero el Habsburgo de Madrid era más poderoso que el de Viena, de modo que fue él quien se llevó casi todos los palos. Esa leyenda concebida en origen contra Carlos I y sus descendientes echó raíces profundas, pero no tanto en el extranjero, donde la propaganda anti-Habsburgo desapareció con la dinastía a principios del siglo XVIII, sino en la propia España. Eso nos mete de lleno en un asunto del que sí he oído hablar toda mi vida adulta, el de la decadencia española. Ambos elementos, el de la Leyenda Negra y el de la decadencia, están íntimamente relacionados, por lo que el número de preguntas que hay que hacerse al abordar esto se multiplica y, lo que es peor aún, se eriza de espinas. Para unos la decadencia fue el producto inevitable de la Leyenda Negra, todos conspiraron contra España y terminaron derribándola. Para otros esa leyenda no era tal, sino un relato fidedigno de calamidades que vendría a explicar la decadencia posterior. Para algunos simplemente no hubo decadencia porque no podemos hablar de esplendor previo. Podríamos seguir así hasta pasado mañana y no desharíamos el nudo.

La decadencia misma condensa una idea muy poderosa: España fue grande y ejemplar una vez, pero decayó y sigue en ello por culpa de traidores y malos gobiernos que se han sucedido sin interrupción desde, por lo menos, el siglo XVI. Algo tan tonto no puede ser cierto. No se puede decaer indefinidamente, pero a cambio funciona muy bien como reclamo político. Y he aquí la derivada política con la que Javier se dio de bruces hace unos años, casi al mismo tiempo en el que puso en marcha Academia Play. Coincidió aquello con la publicación de un libro que devino muy popular: *Imperiofobia y Leyenda Negra*, escrito por una profesora malagueña llamada María Elvira Roca Barea. El libro era muy original y estaba bien hecho. Probablemente sin pretenderlo, Roca Barea provocó un amplio debate que no tardó en descender a las siempre pútridas aguas de la política. La autora había tocado un resorte muy delicado recuperando un tema que, si bien no estaba olvidado, no era mucho lo publicado en las décadas precedentes. Unos fueron contra ella asegurando que se trataba de burdo revisionismo, que la Leyenda Negra no solo no existía, sino que todo lo malo que se dijese de los españoles del pasado estaba más que justificado. Otros lo tomaron como patente de corso para lanzarse en plancha a reelaborar una suerte de leyenda rosa plagada de hazañas patrióticas de las que no cabía arrepentimiento alguno. Por último, los hubo que tomaron el libro de Roca Barea como lo que era, un ensayo histórico con una tesis bien expuesta y, por descontado, perfectamente debatible. Javier se encontraba entre ellos.

Aquel fue su bautismo de fuego porque no tardó en encontrarse entre tirios y troyanos. De un lado le acusaban de ser un furibundo nacionalista español y otras lindezas de peor gusto. Del otro le interpelaban por no ser lo suficientemente patriota y estar al servicio de la perfidia anglosajona. Ese aprieto involuntario e inmerecido fue el origen de este libro. Yo le pedí que ignorase ambos, que estaban haciendo política tratando de ajustar los hechos del pasado a su agenda del presente. Esta es una operación muy rentable en términos políticos. Se espiga el pasado en busca de gloria o de vergüenza y se trae una cosa o la otra a nuestro tiempo para utilizarlas como munición contra el adversario. Pero, como decía al principio, Javier es insistente, de energía inagotable y late en él una incontenible sed de hechos, que es a lo único tangible que pueden agarrarse los historiadores. Quería desentrañar qué había de cierto en lo que unos y otros contaban de la conquista y colonización de América para hacerse una idea justa y cabal de lo que realmente sucedió. No contento con eso prosiguió con asuntos de diversa índole como la Inquisición, al-Ándalus o la Reconquista, todos objeto de acalorados debates entre historiadores y, por desgracia, también entre activistas políticos que encuentran en la autoflagelación o el enaltecimiento combustible para la batalla del día a día en las redes sociales o en los mítines electorales.

El resultado de ese esfuerzo por aclararse y dar con los hechos expuestos de la forma más cruda posible es lo que tiene entre las manos. Para mí leerlo ha sido como repasar infinidad de conversaciones que he tenido con él en los últimos tres años. Algunos de los temas los hemos hablado durante horas, pero a Javier no le bastaba con mi opinión sobre tal o cual cosa, quería la fuente y no paraba hasta encontrarla. Esa es la razón por la que encontrará tantos extractos conteniendo los textos originales y una bibliografía tan extensa. A Javier no le gusta opinar sin que haya un fundamento documental detrás. Eso le honra y le lleva un paso más allá del simple divulgador. Se trata, a fin de cuentas, de un polemista muy bien dotado, y cuando se debate hay que aportar argumentos bien construidos. En historia eso solo lo dan las fuentes adecuadas. Tras una ardua búsqueda de varios años parece que las ha encontrado. Espero que, por la cuenta que nos trae a sus amigos, haya también dado cumplida respuesta a todas las preguntas que tenía hace unos años cuando esta obra empezó a bosquejarse en su mente.

FERNANDO DÍAZ VILLANUEVA

INTRODUCCIÓN

Hablar de la Leyenda Negra me ha granjeado numerosos enemigos. Sería decepcionante que, después de publicar este libro, mis enemigos no aumentasen o que incluso disminuyesen. Eso significaría que —dando por hecho que consigo entrar en el radar de los hispanófobos—, o bien habré convencido a mucha gente (cosa harto improbable), o mis recetas y mis reflexiones resultan inofensivas y le dejan a uno indiferente. Dudo mucho que se dé lo segundo, pues los argumentos que intentan contrarrestar el poso que ha dejado la Leyenda Negra son siempre percibidos como ataques en ciertos sectores, una reacción perenne que, por ejemplo, ya se ve reflejada en toda su plenitud en los escritos del siglo XVIII de la publicación *El Censor*. La defensa ante la infamia histórica crea animadversión y suele desencadenar una respuesta airada, porque nada solivianta más a algunas personas que enfrentarse a sus propios prejuicios cuando estos no coinciden con su sesgo de confirmación. Además, ya estoy curado de espanto en lo que a ataques se refiere, por lo que no me sorprendería que esos ataques continuasen.

Siempre me ha seducido y maravillado la capacidad que tienen algunos de odiar sus raíces, odiar su país de origen y odiar su pasado. La endofobia es un fenómeno fascinante y, en ocasiones, altamente lucrativo. Incluso para el que la crítica, ojo. Puede que algún despistado me perciba como un advenedizo que quiere sumarse al negocio de la Leyenda Negra. Otro libro más de la Leyenda Negra, dirán. Otro que se sube al carro del éxito de Elvira Roca Barea. No obstante, mi aproximación al fenómeno viene de largo, aunque desde finales de 2015, momento en el que fundé Academia Play, ya lo percibí con toda su claridad.

Academia Play es hoy uno de los canales divulgativos más grandes de Youtube y es el canal histórico con más suscriptores concebido para el público hispanohablante. Uno de los primeros vídeos que subimos al canal fue «El descubrimiento de América». Quedé realmente pasmado cuando me asomé a los comentarios y encontré algunos como estos:

- «Perdónenme, pero primero que nada, no fue descubrimiento, fue genocidio. Colón no es un héroe, es un genocida. América ya estaba y no era un territorio desierto, habitaban personas y los europeos justifican el genocidio a los pueblos originarios diciendo que no había nadie en América, pero en realidad había personas». S.B.
- «Si van a hacer un video sobre América, deberían por lo menos argumentar bien y ser más sinceros en sus apreciaciones. En América ya existía una cultura con su pensamiento y credo. Masacraron y esclavizaron. No niego que por ustedes hablemos español y por muchas venas corra sangre europea; sangre española no. Antes de la expansión de los vikingos por toda Europa la gran mayoría de ustedes no tenían la piel, cabellos y ojos de tonalidad más clara a la nuestra, de la cuál tanto se siguen jactando hasta ahora. La historia la escriben aquellos que cuelgan héroes». A.C.C.

Siguiendo con las reacciones airadas, déjenme que les cuente una anécdota de la que no he hablado mucho hasta ahora. Nos contacta una asociación en enero de 2021. Tras una videoconferencia con los organizadores, nos proponen dar la conferencia de clausura del XI Congreso de una Asociación de la Universidad de Salamanca, un congreso que normalmente suele ser presencial y que dura tres días. A los de la asociación se les veía muy ilusionados. Tras la confirmación por nuestra parte, lo anunciaron a bombo y platillo en sus redes sociales, poniéndonos por las nubes. Pero —y aquí viene el drama— tras los mensajes de cuatro fanáticos y puede que algún que otro correo electrónico a la asociación, escriben el siguiente tuit[1] a la media hora de dar la noticia:

> Ante la polémica generada, el comité organizador decidió que, finalmente, Academia Play no dará la conferencia de clausura para evitar polémicas ajenas al trabajo de nuestra asociación y con el fin de no politizar el debate académico, puesto que somos una organización apolítica.

Al mismo tiempo, nos mandan otro correo electrónico confirmando nuestra no presencia. Aseguran que lo sienten mucho, pero que, tras los mensajes recibidos, temen que la conferencia pueda «perjudicar mucho a la Asociación». Pensé que lo mejor era enviarles otro correo electrónico expresando mi desacuerdo con la esperanza de que rectificaran. Al fin y al cabo, igual se trataba de unos chiquillos ingenuos enfrentados a una situación que realmente les había superado. Estas fueron mis palabras:

> Entendemos que no queráis veros envueltos en polémicas, pero al final habéis cedido al chantaje de varias cuentas muy politizadas que nos han tachado de "supremacistas, nazis, turbofachas, tránsfobos, homeópatas…". Son una minoría, muchísimos menos que los

---

[1] En Instagram también lo anunciaron y desactivaron los comentarios para que nadie les afeara la conducta.

millones que demandan nuestros vídeos. En Academia Play trabajamos continuamente con historiadores de diferentes sesgos, desde estudiantes de historia hasta prestigiosos divulgadores, filósofos, catedráticos o académicos. Hemos colaborado con gente a la que se sitúa tanto en coordenadas de izquierdas como de derechas, y por vuestras explicaciones dais a entender que nuestra presencia se convierte en algo político y que por ello nos habéis retirado del acto, cuando en el acto no se iba a tratar ningún tema político. Habíamos aceptado de buen grado la invitación para hablar de nuestra manera de afrontar la divulgación a través del formato *storytelling*.

Lo verdaderamente político es privarnos de la presencia en vuestro acto atendiendo a cuentas minoritarias y radicalizadas. Lo que estáis haciendo es ceder al chantaje de la minoría. Eso tiene un nombre: cultura de la cancelación. Además, con el gesto y la explicación, mediante un comunicado en todas vuestras redes sociales, estáis manchando nuestro nombre dando a entender que nos canceláis por nuestro sesgo ideológico-político, algo que me parece un disparate.

Por otra parte, considero algo cobarde que nos lo hayáis comunicado por *mail* en vez de llamarnos.

Ruego rectifiquéis o nos veremos obligados a escribir una carta al rector de la Universidad de Salamanca. No nos gustaría vernos envueltos en una polémica y empañar el buen nombre de uno de los grandes templos del saber por la que han pasado tantos hombres ilustres y admirables.

Un afectuoso saludo.

El correo electrónico fue contestado, pero no hubo tutía, se habían enrocado, seguían empecinados, erre que erre, en la misma argumentación. Nada que hacer. ¡Habíamos sido cancelados!

Pero ¿por qué tanto encono hacia Academia Play y mi persona en particular? Pues viene de largo. Voy a transcribir las cinco primeras preguntas de una entrevista que me hizo César Cervera para *ABC*:[2]

—¿Habéis notado una reacción de una parte del público distinta por ser un libro sobre la historia de España?

—Con el primer libro fueron todo piropos, pero ahora que nos hemos metido a hablar de historia de España la cosa ha cambiado. Hemos sufrido el descrédito de ciertos sectores muy ideologizados. ¿Quiénes son estos pintamonas que hablan de historia de España de manera desacomplejada sin comprar todos los tópicos de la Leyenda Negra? Eso han debido pensar. Somos gente peligrosa. Además, nuestro libro también va dirigido a un público joven, el más susceptible de ser manipulado y creerán que intentamos manipular a la gente con dibujitos. Vete a saber.

—¿Y qué se te ocurre que se puede hacer con estos críticos? No se les puede enviar de vuelta al colegio o a la academia...

—Desmentir sus falacias e intentar dejarles en evidencia. No les vas a convencer, pero con argumentos sólidos sí que empujas a algunos indecisos que te leen a tu terreno. Y ojo, en Academia Play intentamos contar las cosas de manera desapasionada. No somos hispanófobos, pero tampoco tendemos al patrioterismo. La historia no debería ser una herramienta para apuntalar prejuicios e ideología. Y muchas veces la gente no soporta esa independencia, el que no estés subido en ningún barco, es decir, la falta de militancia.

—Has recibido insultos y amenazas por algunos de tus videos. ¿Es algo que te condicione?

—Últimamente no paro de recibir insultos. A menudo me llaman facha, aunque de vez en cuando también me llaman pro-

---

[2] C. CERVERA, «El contraataque desde la Leyenda Negra se enseña con el mayor divulgador de historia de Youtube», *ABC*, 19 de octubre de 2019. https://www.abc.es/historia/abci-contraataque-leyenda-negra-ensana-mayor-divulgador-historia-youtube-201912190110_noticia.html.

gre.[3] Los independentistas me atacan mucho, muchos de ellos ligados al *Institut Nova Història*. A veces señalan mi condición de no historiador. Es cierto, yo estudié la carrera de Arquitectura y, aunque hace algunos años me matriculé en Historia por la UNED y aprobé alguna asignatura, ahora mismo lo tengo abandonado. Esto no quiere decir que no me siga formando. En Academia Play contamos con un historiador en plantilla. Pero es que además colaboramos con historiadores y con divulgadores continuamente.[4]

—En la América española hay un fuerte sentimiento de hispanofobia, ¿crees que es reversible?

—La sensación es que en Hispanoamérica hay mucho hispanófobo, pero en realidad no es así. Lo vemos en la ratio de *likes/dislikes* de nuestros vídeos. Lo que pasa es que el hispanófobo es muy beligerante y muy ruidoso y te lo hace notar en la caja de comentarios. Por eso parece que hay tantos. Estoy convencido de que cada vez serán menos y se impondrá el sentido común. Pero todavía queda mucho terreno por recorrer. Mientras tanto hay que seguir divulgando.

—Vosotros que venís de un libro de historia universal, ¿es la historia de España una anomalía en el mundo?

---

[3] Miguel Molina Martínez en unas jornadas de historia celebradas en Llerena ya afirmó que «el posicionamiento de un autor frente a la Leyenda Negra es motivo para ubicarlo a un lado u otro del arco político o, en su defecto, señalarlo como facha o progre».

[4] Aquí di algunos nombres, pero a día de hoy la lista es mucho más amplia: José Soto Chica, Fernando Díaz Villanueva, Fernando García de Cortázar, Iñigo Mugueta, María Saavedra, Chani Henares, Miguel Vega, Pedro Insua, Gonzalo Altozano, Ramón Vega Piniella, Jaime Altozano, Juan Pérez Ventura, Iván Vélez, Daniel Arveras, Javier Arjona, Alberto Garín, Enrique Moradiellos, Javier González Larrea, David Porrinas, Miguel Ángel Ferreiro, Javier Santamarta, Gonzalo Rodríguez García, José Doval, Alberto Vidal, Alberto Menéndez Engra, Andrés Conesa, Francisco Rodríguez-Jiménez, Enrique Fonseca, Lorena Carrasco, José García de Castro, Alicia Bravo, Jesús Hernández Martínez, León Arsenal, Alfred López, Yeyo Balbás, Federico Romero, Andoni Garrido, Pedro Pérez, JJ Priego, Mario Villén Lucena…

—España no es ni mucho menos una anomalía histórica. No somos un país lleno de oscurantismo y fanatismo. No más que cualquier otro. Tampoco somos el país con mayor número de guerras civiles, ni el más cainita. No hay una vileza intrínseca en el ADN español. Afirmar tal cosa es una barbaridad, un claro ejemplo de ridícula endofobia. Me sorprende leer este tipo de cosas en algunos autores. Pero es que además España en su haber, con sus aciertos y errores, cuenta con cosas muy buenas.

Lo de que España ha hecho cosas buenas —y no solo en las artes y en las ciencias, en la Conquista de América y posterior colonización también hubo cosas buenas—, a mi juicio debería ser algo que no debería incomodar a nadie. Pues bien, existen personas a las que les incomoda esto, incluso a catedráticos de historia de universidades españolas, como es el caso del catedrático de Historia Moderna de la Universidad Autónoma de Barcelona, Antonio Espino López, quien, en el prólogo de su libro *La Invasión de América, una nueva lectura de la conquista hispana en América: una historia de violencia y destrucción*, tiene el santo valor de señalar que «solo una ideología conservadora nacional-católica, racista e imperialista heredera del franquismo nos permite sostener hoy en día, en pleno siglo XXI, que el colonialismo castellano de los siglos XV a inicios del XIX, prolongado hasta 1898 en los casos de Cuba, Puerto Rico, Guam y Filipinas, tuvo aspectos positivos. Incluso aspectos civilizadores».

Heródoto afirmaba que «si, en efecto, se propusiera a todos los hombres escoger entre todas las costumbres las que les parecieran mejores, cada cual, después de maduro examen, escogería las de su país; tan convencidos están, cada cual por su lado, de que las propias costumbres son las mejores».[5] Sin embargo, un estudio del *Pew Research Center* publicado en 2018 parece contradecir a Heródoto en lo relativo a algunos países, y con una desviación notable en

---

[5] HERÓDOTO, *Historia*, III, 38.

nuestro caso, ya que el estudio evidencia que España es el país con la autoestima cultural más baja de Europa.[6] Solo un 20 por ciento de españoles piensa que su cultura es superior a las demás. En Francia el porcentaje asciende hasta el 36 por ciento, casi el doble, aunque algo bajo para el país que inventó el chauvinismo. Es mayor en Alemania (45 por ciento), Reino Unido (46 por ciento), Portugal (47 por ciento) e Italia (47 por ciento), donde prácticamente la mitad de sus ciudadanos piensa que su cultura es superior. En Rusia llegamos a un 69 por ciento y en Grecia hasta un 89 por ciento.

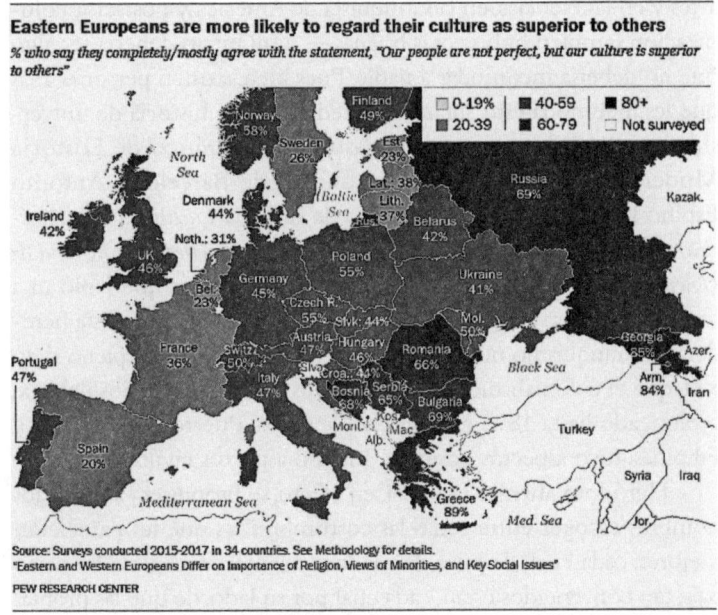

Eastern Europeans are more likely to regard their culture as superior to others

% who say they completely/mostly agree with the statement, "Our people are not perfect, but our culture is superior to others"

Source: Surveys conducted 2015-2017 in 34 countries. See Methodology for details.
"Eastern and Western Europeans Differ on Importance of Religion, Views of Minorities, and Key Social Issues"
PEW RESEARCH CENTER

---

[6] Pew Research Center, 29 de octubre de 2018, «Eastern Europeans are more likely to regard their culture as superior to others». https://www.pewresearch.org/religion/2018/10/29/eastern-and-western-europeans-differ-on-importance-of-religion-views-of-minorities-and-key-social-issues/.

Este estudio nos permite entender el rechazo que muchos sienten por nuestra historia, permitiendo continuas vejaciones de la misma. Todo ello contribuye a una baja estima sobre nuestro patrimonio histórico y nuestra cultura que los propios españoles de manera sumisa hemos interiorizado. España fue un Imperio y, como todos los imperios, su dominación se basó en la fuerza, pero no por ello dejó de potenciar determinados factores políticos, sociales y culturales que terminaron derivando en aspectos positivos para los pueblos que fueron dominando. Ocurrió no solo en el Imperio español, sino también en el Imperio romano, en el Imperio alejandrino, en el persa aqueménida y en mayor o menor medida en cualquier imperio de la historia, incluso en los más extractivos y sanguinarios.

María Zambrano indicaba que España es «un país que no acepta su propia historia», que «no ha soportado [...] la existencia misma de España» y que «los españoles tienen historia a pesar suyo», pues «no la viven, no se entregan a ella» o porque la entienden «como sombra, como culpa solamente». La escritora intentó buscar una explicación:

> La historia de España no sigue a la del resto de Occidente; nuestro tiempo no es su tiempo, vamos antes o después, o antes y después —lo cual es tragedia—. España no ha aceptado su historia; hay tantas pruebas de ello..., hasta en la misma pobreza de nuestra historiografía. Y no porque se encuentre plagada de crueldades y horrores en grado mayor que el usual, ni por falta de glorias únicas, como el descubrimiento de América. ¿Cabe imaginar lo que tal acción sería en manos de una nación menos desdeñosa de sí? España no ha aceptado su historia por ser historia y quizá también por ser suya, suya, no buena ni mala, sino espejo, imagen de su vida.[7]

---

[7] M. Zambrano, *España, sueño y verdad*, Edhasa, Barcelona, 2002, p. 124.

Sin embargo, por mucho que los baldones de ignominia leyendanegrista persistan en los libros de texto, en las redes sociales o en el debate político, eso no nos hace especiales. España puede que no haya aceptado su historia, pero España no es una anomalía histórica, ni un enigma, ni un fracaso. España es un país «inteligible», en palabras de Julián Marías, tan normal como cualquier país de su entorno, simplemente producto de su pasado. Sus habitantes no son ni mejores ni peores. Este es el primer axioma que hay que repetir una y otra vez antes de abonarse al excepcionalismo patrio. No, nuestra historia, por mucho que brille con luz propia y sea generosa en episodios fascinantes y grandes empresas, no es tan distinta a la de otras naciones de nuestro entorno. Tampoco es cierto que haya nada intrínseco en nuestro genoma que haga que nos comportemos de una manera diferente. No somos ni más listos, ni más necios. Y por supuesto tampoco somos más violentos o más cainitas si nos comparamos con nuestros países vecinos. ¿Cuántas guerras civiles ha tenido Francia? Aquí al menos nuestros antepasados se libraron de las guerras de religión,[8] aunque hubo que pagar otros peajes. Eso no quita que no haya habido innumerables casos de luchas fraternales en el solar ibérico, pero es que el cainismo es algo propio de la condición humana, no del «ser español» —si es que tal cosa existe— porque, por mucho que se haya hablado del «ser español» y del «ser de España», dudo que alguien lo haya encontrado, y mucho menos aislado. Es un debate intelectual completamente agotado. ¿Podemos encontrar características propias dentro de las páginas de la historia española? Sin duda, pero ello no quiere decir que seamos especiales, ni que tengamos que andar rebuscando continuamente en el frasco de las esencias.

---

[8] El hispanista William Thomas Walsh escribió: «En España, en tanto que durara la Inquisición no habría guerras religiosas ni quemas de conventos ni matanzas de sacerdotes, mientras que Francia, Inglaterra y los Países Bajos conocerían estas atrocidades».

Pero, entonces, ¿a qué vienen tantos miramientos y tanto pesimismo? ¿Por qué tenemos la autoestima tan baja? Pues es probable que exista cierto complejo autoinducido. No solo nos ocurre a nosotros, también les ocurre a los hispanos de América.[9] Existe una sensación de que nos hemos estrellado, de que nuestra historia arrastra vicios incorregibles. Nos creemos únicos comparados con los demás, debido probablemente al deficiente conocimiento que tenemos de los países de nuestro entorno. Esto nos hace pensar que, a diferencia de los demás, hemos arrastrado muchas torpezas a lo largo de los siglos difícilmente encarrilables. La *fracasomanía* es algo que nuestras élites azuzan continuamente por puro cálculo político. Cuantos más miedos nos metan en el cuerpo, mejor les irá a ellos. La *fracasomanía* no deja de ser una especie de trastorno psicológico que afecta a la capacidad de las personas para enfrentarse a situaciones desafiantes o a tomar decisiones importantes debido al miedo constante a fallar o a ser juzgadas negativamente por los demás. Y lo mismo que es aplicable a un individuo, se puede exportar al conjunto de la sociedad. Ante tanta ansiedad, tanta negatividad y tantos errores arrastrados, qué mejor que un Estado paternalista que nos proporcione recetas milagrosas. Por eso nuestros líderes se suelen presentar como la gran solución a un fracaso que dura ya siglos. Nos vienen a decir que con colocarles a ellos en el poder se solucionarán todos nuestros males. Ellos reconducirán el país, sanarán la herida y conseguirán por fin purgar nuestra historia. *Nihil novum sub sole.*

Pero no solo los políticos, también los periodistas e intelectuales participan de la *fracasomanía*. Habría que destacar aquí a los regeneracionistas, con Joaquín Costa a la cabeza, que tanto participaron en inculcar grandes dosis de pesimismo a los españoles de su

---

[9] F. Díaz Villanueva, «La Segunda República era una república sin republicanos», *Zenda*, 6 de diciembre de 2021, obtenido de https://www.zendalibros.com/fernando-diaz-villanueva-la-segunda-republica-era-una-republica-sin-republicanos/.

generación, como ya hicieran los grandes escritores del Siglo de Oro trescientos años antes. Uno de los principales representantes del Regeneracionismo, Ricardo Macías Picavea, en 1899 se preguntaba de manera solemne y dramática: «¿Posee España, la patria amada, alientos para seguir viviendo entre los pueblos vivos de la historia? ¿Es mortal, por el contrario, y hemos tocado en la víspera de su desaparición como nación independiente que cual Polonia y Turquía va a ser repartida y devorada en forma de despojos por sus poderosos vecinos?».[10] No debería sorprendernos que en este ambiente regeneracionista se acuñara el término Leyenda Negra para hablar de España, justo después de la pérdida de Cuba, Puerto Rico y Filipinas. En 1899, el mismo año en el que Macías Picavea publicaba *El Problema Nacional* —de donde procede la frase antes entrecomillada—, Emilia Pardo Bazán pronunciaba en la Sociedad de Conferencias de París una conferencia titulada «La España de ayer y la de hoy»:

> Tengo derecho a afirmar que la contraleyenda española, la leyenda negra, divulgada por esa asquerosa prensa amarilla, mancha e ignominia de la civilización en los Estados Unidos, es mil veces más embustera que la leyenda dorada. Esta, cuando menos, arraiga en la tradición y en la historia; la disculpan y fundamentan nuestras increíbles hazañas de otros tiempos; por el contrario, la leyenda negra falsea nuestro carácter, ignora nuestra psicología y reemplaza nuestra historia contemporánea con una novela, género Ponson du Terrail, con minas y contraminas, que no merece ni los honores del análisis. El tal novelón nos ha perjudicado, pues por absurda que sea la calumnia, siempre habrá quien la crea y propale; pero nada hubiese podido la calumnia contra nosotros, si nuestros yerros no colaborasen con nuestros calumniadores para llevarnos al abismo.

---

[10] R. Macías Picavea, *El problema nacional. Hechos, causas, remedios*, Librería general de Victoriano Suárez, Madrid, 1899, p. VII.

El día en que la historia se escriba imparcialmente; cuando acaben de despojarnos y el denigrarnos no tenga objeto alguno, reconocerá el mundo que si hemos sido colonizadores inhábiles, no hemos sido ni más crueles ni tan rapaces como esos anglosajones, cuyo ejemplo, propuesto ahora a las naciones mediterráneas, puede enseñarnos la adquisividad y el instinto de apropiación, pero no la lealtad y la humanidad.[11]

No le faltaban razones para su cabreo a la Pardo Bazán. La prensa amarillista norteamericana de William Randolph Hearst y Joseph Pulitzer había publicado toda clase de falsedades para llegar al choque con España. Sin embargo, algo que dejo bien claro en este libro es que deberíamos intentar no sofocarnos demasiado, dejar de buscar remedios milagrosos que destruyan la Leyenda Negra —nunca se va a extinguir— y empezar a hacer autocrítica. Muchas veces los complejos que minan nuestra autoestima nos los provocamos nosotros mismos. Y los ataques y las calumnias no siempre vienen de fuera, sino que son fabricados o, al menos, son magnificados por nuestros compatriotas. Fue inevitable que algunos de los tópicos de la Leyenda Negra se originaran allende nuestras fronteras, pero ello no nos debería hacer olvidar que muchos de estos estereotipos donde más se repiten hoy en día es dentro de nuestro propio país,[12] donde, por cierto, también se han escrito ríos de tinta de literatura infamante describiendo con malicia los rasgos de otras naciones, deformando hechos históricos o demonizando personajes extranjeros. Recordemos, por poner un ejemplo, cómo José Pellicer retrata en 1635 al cardenal Richelieu en su *Defensa de España contra las calumnias de Francia*:

---

[11] E. Pardo Bazán, «La España de ayer y la de hoy (La muerte de una leyenda)», Conferencia dada el 18 de Abril de 1899 en la Sociedad de Conferencias de París, obtenido de https://www.filosofia.org/aut/001/1899epb4.htm.

[12] Tengo la sensación de que la Leyenda Negra todavía es mucho más acusada en Hispanoamérica.

Tirano mayor de Francia, escándalo de Italia, cisma de Alemania, cizaña de Holanda, discordia del Septentrión, incendio de su Patria, llama de los extranjeros, ruina, estrago, destrozo del Cristianismo entero.[13]

Y, por supuesto, tanto los españoles como los hispanoamericanos se han encargado también de vilipendiar a grandes personajes de la historia de España. Y, de manera igualmente inicua, otros muchos se han idolatrado con gran fervor. Me viene a la cabeza el Cid, mitificado hasta el empacho durante siglos por todo tipo de tendencias políticas, viniendo a representar una especie de *Volksgeist* patrio, y al que Joaquín Costa quiso dar «doble llave al sepulcro» con tal de «que no vuelva a cabalgar». Don Pelayo, Isabel la Católica o más recientemente Blas de Lezo, figuras sin duda interesantísimas, han venido a erigirse en estandartes de un zafio patrioterismo. Desde hace unos años se suele compartir en forillos y redes sociales una frase atribuida a Blas de Lezo: «Todo buen español debería mear siempre mirando a Inglaterra». Todo un alarde de españolismo. Pero sospecho que Blas de Lezo apuntaba a todas las direcciones cuando meaba, por una simple cuestión, y es que jamás pronunció esta frase. Viviendo sus últimos días en Cartagena de Indias, anda que no hay que ser preciso para apuntar a la Gran Bretaña y no a la Península Ibérica. Vaya, ¡que ni con transportador de ángulos! Quien lea la correspondencia de Lezo podrá comprobar que, aunque lanzara sus pullitas, siempre mostraba una obligada cortesía propia de su grado militar. Jamás pronunció una vulgaridad de tal calibre. Estas muestras de *cojonudismo* español hacen más mal que bien y contribuyen a crear rechazo y a empañar nuestra historia.

Hemos puesto algunos ejemplos de los idolatrados, ahora vayamos con los vilipendiados. La lista es infinita. Podríamos aquí

---

[13] A. Morales Moya, J. P. Fusi Aizpurúa, A. de Blas Guerrero, *Historia de la nación y del nacionalismo español*, Galaxia Gutenberg, Barcelona, 2013, p. 115.

hablar de muchos reyes de España, y de todos esos lugares comunes indecorosos sobre los llamados Austrias menores —Felipe III, Felipe IV y Carlos II— que sembraron conspicuas figuras como Cadalso (ver capítulo 21), Modesto Lafuente, Cánovas del Castillo, Antonio Benavides o Juan Valera ahondando en el perpetuo mito de la decadencia española. Este último llega incluso a hablar de «tiranía» en su contestación al discurso de recepción de don Gaspar Núñez de Arce en la Real Academia Española pronunciado el 21 de mayo de 1876:

> La tiranía, pues, de los reyes de la Casa de Austria, su mal gobierno y las crueldades del Santo Oficio no fueron causa de nuestra decadencia: fueron meros síntomas de una enfermedad espantosa que devoraba el cuerpo social entero. La enfermedad estaba más honda. Fue una epidemia que infeccionó a la mayoría de la nación o a la parte más briosa y fuerte. Fue una fiebre de orgullo, un delirio de soberbia que la prosperidad hizo brotar en los ánimos al triunfar después de ocho siglos en la lucha contra los infieles. Nos llenamos de desdén y de fanatismo a lo judaico. De aquí nuestro divorcio y aislamiento del resto de Europa.[14]

Juan Valera inspiró a Julián Juderías a la hora de escribir *La Leyenda Negra* y, aunque incurriese en clichés típicos de los siglos XVIII y XIX, empezó a matizar a su manera otras cuestiones historiográficas. En el mismo discurso, a cuento de la Inquisición y del gobierno tiránico de los Habsburgo, compara y aclara:

> ¿Fue causa de la humillación el despotismo de los reyes austríacos? No se niega que los reyes austríacos fueron despóticos; pero este mal no fue exclusivo de España. El movimiento general en toda Europa

---

[14] J. Valera, *Obras completas de Juan Valera: Nueva edición integral*, Wisehouse Classics (Biblioteca Ibérica), Ballingslöv, 2021.

era entonces hacia la concentración del Poder en manos de los monarcas, y nunca llegó a tanto en España como llegó en Inglaterra bajo los Tudores, y en Francia bajo el que llamaron Luis el Grande y dio nombre a su siglo. Inglaterra y Francia se levantaron con todo bajo aquellos despotismos, mientras España descendía.

¿Fue la atroz crueldad de la Inquisición la que atajó el vuelo de nuestro espíritu ahogando en sangre nuestra cultura? Miradas imparcialmente las cosas, parece que no. Pues qué, ¿en los demás países no se atenazaba, no se quemaba viva a la gente, no se daban tormentos horribles, no se condenaba a espantosos suplicios a los que pensaban de otro modo que la mayoría? La Inquisición de España casi era benigna y filantrópica comparada con lo que en aquella edad durísima hacían tribunales y gobiernos y pueblos en otras regiones, donde, lejos de decaer, se han levantado.

Cada época tiene sus mitos, pero el de la baja autoestima de los españoles no parece uno de ellos. De hecho, nuestra deficiente autoestima es una constante en la historia si nos asomamos a las fuentes. Por una parte, habla bien de los españoles al no considerarse superiores, pero la tendencia a creerse inferiores tampoco es buena. Según algunas encuestas, los españoles no nos apreciamos demasiado si nos comparamos con otros ciudadanos de otros países. Y, sin embargo, España recibe mejor valoración de los extranjeros que de los propios españoles. Es curioso, pero andamos obsesionados con que a los españoles nos quieren poco fuera de nuestro país, cosa que no es cierta.[15] Esta pulsión masoquista hace que caigamos constantemente en la autoflagelación. Y tendemos a buscar culpables. Por eso vemos fantasmas en nuestros enemigos de antaño: en los «perros piratas» ingleses, en los «adustos» y «jactanciosos»

---

[15] Real Instituto Elcano, «La reputación de España en el mundo», 2019, https://www.realinsti tutoelcano.org/notas-de-prensa/espana-imagen-y-marca-2019-como-nos-ven-como-somos/.

franceses o en los «displicentes» y «levantiscos» holandeses, que no piensan en otra cosa que en seguir falseando nuestra historia, sin pensar que quizá somos nosotros los que nos hemos dejado la casa sin barrer.

Hace unos años, a la directora de la Real Academia de la Historia, Carmen Iglesias, le llamaba la atención que la imagen que se tiene fuera sobre España «les ha importado mucho a los españoles, sobre todo a partir del siglo XIX y en la primera mitad del XX. Más desde luego que a otros países». Y añado yo que las cosas no han cambiado. Cada cierto tiempo, parafraseando a Julián Marías, la Leyenda Negra reverdece. Y con el reverdecer aflora —como españoles que somos— también nuestra preocupación, que mal entendida puede degenerar en acomplejamiento y en manía persecutoria. Conviene, pues, aprender a relativizar. Sobre todo con los estereotipos, que poco tienen de verdad objetiva. Salvador de Madariaga decía que «en la llamada Leyenda Negra hay quizá más ignorancia que malevolencia». Por eso hay que huir del fatalismo como de la peste, extinguir el fuego de las pasiones, desprenderse de los prejuicios, pasar página… sencillamente porque no somos una sociedad putrefacta ni existe ninguna maldición histórica que nos impida avanzar. Y los comentarios lacerantes que vienen de fuera son escasos e infundados en comparación con los elogiosos. La propensión al lamento hiperbólico siempre está ahí, pero hay que tomar distancia. Y eso es lo que he tratado de hacer en estas páginas con mayor o menor fortuna. Los matices lo son todo a la hora de abordar la Leyenda Negra y cualquier cuestión que tratemos puede estar sometida a revisión. El trabajo que me he propuesto hacer a la hora de escribir este libro no es neutro, porque cargo las tintas de manera selectiva, pero sí he tratado que sea lo más honesto posible. Muchas cosas de las que aparecen en estas páginas las he madurado en ese sumidero de odio llamado Twitter. Aunque pueda parecer poco serio, a la red social le debo mucho, pues me ha ayudado a articular y a confrontar gran parte de las ideas aquí expuestas. También he considerado necesario aportar muchos textos originales de distintos autores, porque no es lo mismo que yo te lo cuente, que leer testimonios de primera mano. No hay ni que decir que los errores que pueda cometer en esta obra son solo míos, nunca de los escritores citados. Los capítulos pueden leerse en el orden que el lector desee. Sea o no de su agrado, espero que al menos no le deje indiferente.

> *¿Tu verdad? No, la Verdad,*
> *y ven conmigo a buscarla.*
> *La tuya, guárdatela.*
> ANTONIO MACHADO, *Proverbios y cantares,* LXXXV

Este libro fue concebido el 1 de noviembre de 2021, día de Todos los Santos.

1

DEFINIENDO
«LEYENDA NEGRA ESPAÑOLA»

La Leyenda Negra española es un término utilizado para definir la imagen negativa que algunos historiadores y autores extranjeros han dado de España y de los españoles a lo largo de la historia. Esta imagen negativa se basa en estereotipos y prejuicios que han sido repetidos —y se siguen repitiendo— a lo largo del tiempo, como la idea de que los españoles son crueles, fanáticos, violentos y despóticos. La Leyenda Negra «española» también incluye la idea de que España es un país atrasado y poco desarrollado en comparación con otros países europeos. En general, la Leyenda Negra española es una visión distorsionada y poco precisa de España y de los españoles.

No hay ningún interés en ocultar que la historia de España —como todas las historias nacionales— tiene su historia negra donde abundan atrocidades, traiciones, crímenes, corrupción, matanzas... Pero una cosa es la historia negra y otra muy diferente la Leyenda Negra. Cuando la historia negra se deforma, se magnifica, se inventa y se reinventa acaba por transformarse en Leyenda de la historia negra o Leyenda Negra. Estudiaremos y confrontaremos a continuación la Leyenda Negra española, pero es necesario, antes de sumergirnos en la lectura de este libro, aclarar que todos los imperios han tenido su Leyenda Negra. El caso español no es ninguna excepción.

La Leyenda Negra española —que es el caso que nos ocupa— actúa en muchas direcciones; por un lado, estaría la cuestión de cómo percibimos la historia de España y por otro cómo se percibe desde fuera. A esta percepción hay que introducir otra variable, y es cómo percibimos que nos perciben. Este conocimiento, además, puede ser individual o estudiarse de manera colectiva desde aspectos psicológicos. Pierre Chaunu decía que «la leyenda negra es el reflejo de un reflejo, una imagen doblemente deformada, la imagen exterior de España, tal y como España la ve». En ocasiones, un retrato objetivo y ajustado a la realidad puede ser percibido como un denuesto o un agravio. Por lo tanto, no estaríamos ante un caso de Leyenda Negra, sino de paranoia que deviene en ofensa. En el extremo opuesto, podríamos tener un relato sumamente injurioso y tramposo que es visto como ecuánime, amontonándose a continuación una serie de mitos a los que se les da la espalda. Estamos, como se puede apreciar, ante una cuestión compleja de difícil consenso. Por otro lado, las historias negras también son susceptibles de ser blanqueadas creándose una leyenda contraria que ha sido descrita como blanca, dorada o rosa. En adelante, usaremos el término rosa para referirnos a ella y su adjetivo leyendarosista —en detrimento de rosalegendario—. De la misma manera, usaremos leyendanegrista y no negrolegendario. Julián Juderías definía así la Leyenda negra en 1914:

> Por leyenda negra entendemos el ambiente creado por los fantásticos relatos que acerca de nuestra patria han visto la luz pública en todos los países, las descripciones grotescas que se han hecho siempre del carácter de los españoles como individuos y como colectividad, la negación o por lo menos la ignorancia sistemática de cuanto es favorable y hermoso en las diversas manifestaciones de la cultura y el arte, las acusaciones que en todo tiempo se han lanzado contra España, fundándose para ello en hechos exagerados, mal interpretados o falsos en su totalidad.[1]

---

[1] J. Juderías, *La leyenda negra de España*, La Esfera de los Libros, Madrid, 2014.

Dentro de un contexto de rivalidad política y religiosa con otros países europeos, los años más intensos de propaganda antiespañola fueron los siglos XVI y XVII, pero como bien estudió el historiador sueco Sverker Arnoldsson, haciendo acopio de pruebas, los escritos difamatorios contra España comienzan antes, concretamente en Italia durante la Baja Edad Media —la Italia prerrenacentista— debido a las tensiones entre la Corona aragonesa y las ciudades-Estado italianas. En el siglo XIV, Petrarca califica a los soldados españoles de «vil estirpe de mercenarios y traidores».[2] Ya a finales del siglo XV, los italianos comienzan a llamar «marranos» a los españoles por haberse mezclado con moros y judíos durante demasiado tiempo. Según Arnoldsson, «en la palabra "marrano" estaba implícita la opinión de que los españoles eran un pueblo de mala raza y de ortodoxia sospechosa».[3] El autor sueco, después de haber aportado numerosas pruebas, concluye que la Leyenda Negra «fue durante dos siglos una de las alucinaciones colectivas más significativas del Occidente y precisamente por esto la más afanosamente divulgada y asimilada por todos».[4] Desde las Vísperas sicilianas de 1282, momento a partir del cual los reyes de Aragón se asentarían en tierras italianas, ya empiezan a nacer expresiones despectivas[5] hacia los catalanes —a los

---

[2] S. Arnoldsson, *La Leyenda Negra. Estudios sobre sus orígenes*, Göteborgs Universitets Àrsskrift, Gotemburgo, 1960, p. 13.

[3] Ibídem, p. 22.

[4] Ibídem, p. 143.

[5] Podemos encontrar insultos y estereotipos vejatorios en cualquier momento de la historia vertidos hacia gentes de cualquier nación —entendiendo nación como lugar de nacimiento—. Entre los más vetustos, relacionado con un pueblo hispano, en este caso los navarros, José Manuel López de Abiada recoge unos del libro V del *Liber Sancti Iacobi* —una guía de peregrinos escrita en el siglo XII y atribuida al monje francés Aymeric Picaud—: «Si los ves comer, creerás que se trata de perros o de cerdos. Si los oyes hablar, recordarás el ladrido de los perros. [...] Es un pueblo bárbaro, que se distingue de todos los pueblos en costumbres y esencia, llenos de maldad, oscuros de color, mal encarados, malvados, perversos, pérfidos, infieles y corruptos, lujuriosos, dados a la bebida, expertos en

que no siempre se distinguía de valencianos o aragoneses—. López Moreda afirma que «en los humanistas italianos subyace, desde Petrarca, la aspiración a una Italia unida que restituya el viejo Imperio con Roma a la cabeza. Para tal fin los españoles son el mayor obstáculo».[6] Ese resentimiento hace que la Leyenda Negra vaya tomando cuerpo, hasta convertirse para las élites italianas en un recurso del que echar mano siempre que la ocasión lo demande.

El catedrático de Historia de América de la Universidad de Granada, Miguel Molina Martínez, observa que más tarde, con la conquista de América —que como toda empresa humana tiene sus luces y sus sombras—, la Leyenda Negra toma otra dimensión y se convierte en un campo de batalla también para otras potencias mediante el descrédito de lo hispano:

> Semejante estrategia, que hundía sus raíces en la Italia medieval, alcanzó sus mayores cotas de difusión en la Europa protestante durante la segunda mitad del siglo XVI. Fue una maniobra de propaganda bien planificada, fundada en la rivalidad política y religiosa, cuyo éxito nadie discute y a la que España sucumbió por su incapacidad para contrarrestarla, ya fuera por la debilidad de la respuesta, ya fuera por la escasa importancia que prestó a la publicística.[7]

la violencia, feroces y burdos, falsos y mendaces, impíos y de rudas costumbres, crueles y pendencieros; en fin: son incapaces de hacer el bien, pero están abiertos al vicio y son inclinados al mal. [...] Los navarros practican la impudicia con su ganado; se dice que el navarro cuelga estorbos en las partes de sus mulas y yeguas para que ningún otro tenga acceso a ellas. Besa también con lujuria la vulva de su esposa y de su mula». (La traducción del latín es del autor). J. M. López de Abiada, A. López Bernasocchi (ed.), *Imágenes de España en culturas y literatura europeas (siglos xvi-xvii)*, Verbum, Madrid, 2004, p. 14.

[6] Citado en M. Prieto, *La guerra de papel. Origen iconográfico de la Leyenda Negra*, Modus Operandi, Madrid, 2020, p. 73.

[7] M. Molina Martínez, *La conquista de América: cinco siglos de controversia y una Leyenda Negra omnipresente*, Llerena: XIX Jornadas de Historia. España y América: cultura y colonización, 2018, p. 38.

A los tópicos de la Leyenda Negra en América hay que sumar los de la Inquisición y los de Felipe II y su actuación en los Países Bajos. Digamos que esta triada América-Inquisición-Felipe II es, por lo general, la que se usó durante varios siglos para difamar a los españoles. Aunque podemos encontrar nuevas insidias en otros episodios de la historia de España, estos tres suelen ser por excelencia los cimientos en los que se apoyan las ficciones leyendanegristas. Las calumnias suelen estar enmarcadas en los siglos XVI y XVII, cuando España construye un Imperio, pero las seguimos encontrando en los siglos XVIII y XIX y, por supuesto, también en la actualidad. En el XVIII, las popularizadas por los franceses durante la Ilustración son especialmente dañinas, sirviéndose directa o indirectamente de escritos compuestos en el siglo XVI dentro del seno del Imperio, como son la *Brevísima relación de la Destrucción de Indias,* de Bartolomé de las Casas; *Artes de la Inquisición española,* de Reginaldo González Montano; la *Apología,* de Guillermo de Orange, o las *Relaciones,* de Antonio Pérez.

Hay autores que cuestionan que la Leyenda Negra española exista y otros la acotan a los siglos XVI y XVII, por ser estos siglos donde la distorsión en forma de propaganda es más acusada. No obstante, las leyendas negras siempre se seguirán divulgando, bien por ignorancia o bien por conveniencia. Aunque muchos de los estereotipos que contienen estas leyendas deformadas carezcan de fundamento histórico, siguen presentes en la cultura popular y en algunos medios de comunicación, entrando de lleno en el campo del activismo y del rédito político. No hay más que asomarse a Twitter para comprobarlo, cosa que a muchos académicos consagrados y de cierta edad con razón se les escapa. Que los medios de comunicación manipulen la historia con fines no demasiado confesables es el pan nuestro de cada día, ya que la mayoría de los medios obedecen a una agenda política específica. Además, la Leyenda Negra antiespañola proporciona un material muy jugoso para aquellos medios que quieran llamar la atención de sus espectadores o lectores, por lo que la Historia de España, y es triste decirlo, es utilizada para este fin espurio. Con frecuencia, las adulteraciones leyendanegristas se siguen dando desde muchos altavoces mediáticos y políticos —mayormente indigenistas, separatistas catalanes y vascos, e izquierda posmoderna— y en forma de Leyenda Rosa —buena parte de la derecha, pero también cierta izquierda españolista—. Parte de esa Leyenda Negra —no toda— se ha interiorizado acríticamente, pero no de forma perversa. Algunas no pasan de la mera pamema. Por eso hay que tener cuidado y tratar de ceñirse a la realidad. Como bien señala Jesús Villanueva,[8] ciertas historias leyendanegristas que se han repetido a lo largo del tiempo simplemente son «mitos que han cobrado una vida propia, despegándose de la realidad de la historia española para convertirse, en cierto modo, en arquetipos. Por ello mismo, resulta de nuevo muy reductivo valorar esas ideas en función de un antiespañolismo que sería una constante de la historia».[9]

A mi entender, y como dejo claro en el capítulo 24, no creo que exista una confabulación contra España por parte de otras naciones u otras «ecúmenes» culturales. No todo hay que mirarlo bajo el prisma del odio a España. Explicado de distinta manera: el móvil de la Leyenda Negra antiespañola no siempre es el antiespañolismo. Por otra parte, no deja de chirriar en mi mente ese pensamiento alucinatorio que culpa a la angloesfera de todos nuestros males, como si hubiese una mano negra secular que no nos deja levantar cabeza. Carlos Gómez-Centurión Jiménez, uno de los historiadores más brillantes que ha tenido España, especializado en la Edad Moderna, y que tristemente murió demasiado joven, destacaba con agudeza que nunca ha existido una conjura contra

---

[8] En un libro, por cierto, muy desigual, ya que aborda la Leyenda Negra desde una visión profundamente arrogante y sectaria.

[9] J.Villanueva, *Leyenda Negra. Una polémica nacionalista en la España del siglo XX*, Los libros de la catarata, Madrid, 2011.

nuestra nación. Suscribo, como no podría ser de otra manera, sus siempre inteligentes palabras:

> Resultaría infantil y ridículo continuar pretendiendo que durante siglos haya existido una conjuración internacional contra España, empeñada en su sistemática denigración y desprestigio. Pero tampoco se puede eludir el hecho de que la representación exterior de España ha sido más poderosa, más continua y más negativa que la de sus países vecinos. Fue, claro está, el precio que hubo que pagar por el sistema hegemónico que la Monarquía Católica de los Habsburgo madrileños detentó durante el siglo XVI y gran parte del XVII. [...] Otra cosa es que tal imagen haya influido en los españoles de una forma quizá desmesurada, ya desde los mismos momentos en que empezó a gestarse.[10]

Ricardo García Cárcel acertadamente señala que no ha existido una «crítica negativa sistemática, feroz, unánime, intencionadamente destructiva hacia España o los españoles», por lo que en el momento en el que escribió su libro *La Leyenda Negra: historia y opinión* (1992) no era partidario de usar el término Leyenda Negra, un término un tanto lastimero para la España pujante de los Juegos Olímpicos y la Expo de Sevilla que se abría al mundo. No es que no haya habido críticas negativas hacia España —las ha habido a porrones—, pero también ha habido historias apologéticas y romantizadas escritas por extranjeros. El ensimismamiento y el lloriqueo constante ante una audiencia foránea permite entrever las inseguridades vernáculas y no deja de redundar en más Leyenda Negra. Por lo tanto, he intentado, en la medida de lo posible, huir de una visión acomplejada del pasado, mirando nuestra historia de

---

[10] C. Gómez-Centurión Jiménez, «Bajo el signo de Sagitario. La visión europea del poder español (siglos XVI-XVII)», *Cuadernos de Historia Moderna,* 16, 1995, p. 203.

manera desapasionada, sin andar buscando constantemente culpables de nuestros males en el extranjero. Antes de echar balones fuera, es necesario hacer autocrítica y construir el presente sin adulterar el pasado. A mi modo de ver, y aunque suene algo pretencioso, esta es la única vía de abordar el futuro con altura de miras.

¿Solo los historiadores españoles rechazan la Leyenda Negra?

Desde Jiménez de Quesada en su *Antijovio* (1567)[11] o Quevedo en *España defendida* (1609) —respondiendo a acusaciones grotescas que perturbaban a los españoles—, hasta el éxito de *Imperiofobia y Leyenda negra* (2016) de Elvira Roca Barea, pasando por el clásico *La Leyenda negra* (1914) de Julián Juderías —quien ayudó a asentar el término «Leyenda Negra»—, son muchos los españoles que han tratado el fenómeno de la Leyenda Negra —no siempre así denominada— desde distintas aproximaciones. Entre ellos también encontramos a Benito Jerónimo Feijoo, Marcelino Menéndez Pelayo, Juan Valera, Emilia Pardo Bazán, Vicente Blasco Ibáñez, Miguel de Unamuno, Salvador de Madariaga, José Antonio Vaca de Osma, Ramón Menéndez Pidal, José María de Areilza, Julián Marías, Ángel Díaz del Río, Luciano Pereña, Carlos Gómez-Cen-

---

[11]   El *Antijovio* es una refutación del libro del célebre historiador Paulo Jovio que cuestionaba punto por punto la actuación de las tropas españolas durante el Saco de Roma, haciendo el autor gala de su patriotismo español. Gonzalo Jiménez de Quesada, conocido más tarde por ser el conquistador del Reino de Nueva Granada, expresa que si hay una nación que odie a los españoles por encima de todo, esta es la de los italianos. Comenta Sverker Arnoldsson: «Cuando el viejo conquistador Jiménez de Quesada se refería a los italianos, en su *Antijovio* (1567), como a los peores denigrantes de España, no se enfrentaba ciertamente con molinos de viento. [...] En su tiempo era políticamente la Leyenda Negra una importante realidad». S. Arnoldsson, *La Leyenda Negra. Estudios sobre sus orígenes,* Göteborgs Universitets Àrsskrift, Gotemburgo, 1960, p. 142.

turión, Luis Español Bouché, José Manuel López de Abiada, Alberto Gil Ibáñez, Emilio Lamo de Espinosa, Miguel Molina Martínez, José María Ortega, José Antonio Crespo Francés, Alfredo Alvar Ezquerra, Carmen Iglesias, Enrique Moradiellos, José Varela Ortega, Pedro Insua, Iván Vélez, Laura Manzano Baena, José Álvarez Junco, María José Villaverde Rico, Francisco Castilla Urbano, Tomás Pérez Vejo, Antonio Sánchez Jiménez, Yolanda Rodríguez Pérez, Edgar Straehle, Jesús Villanueva, César Cervera, Javier Santamarta, Melquíades Prieto, Ricardo García Cárcel...

Este último, Ricardo García Cárcel, catedrático de Historia Moderna en la Universidad Autónoma de Barcelona, gran estudioso de la Leyenda Negra y uno de los más prudentes en sus análisis, no tiene duda de que los embustes vertidos sobre la historia de España no los encontramos en publicaciones académicas, a las que se les presupone cierto rigor:

> A lo largo del siglo XX, aquellos viejos relatos sobre las perversiones de Felipe II, las crueldades sin cuento de los inquisidores, las atrocidades cometidas con los indígenas americanos o las atribuciones tópicas negativas al carácter español están enmohecidas y no tienen el menor reconocimiento académico. A mi juicio, el debate verdadmentira está superado.[12]

A menudo me he topado en el canal con comentarios de este estilo: «Claro, es que tú estás defendiendo a España porque eres español». Una falacia, sin duda, primero porque a mí lo que me mueve no es defender a España, sino más bien refutar mitos infundados —lo hago con otros episodios de la historia que no atañen a España—; y segundo porque por mucho que se repita aquella cantinela no es verdad que los historiadores españoles sean los únicos

---

[12] R. García-Cárcel, *El demonio del sur. La leyenda Negra de Felipe II*, Cátedra, Madrid, 2017, pp. 24-25.

que rechazan la Leyenda Negra antiespañola. Dice el francés Joseph Pérez:

> A nivel académico, todos los historiadores, sean o no españoles, están de acuerdo en subrayar que las acusaciones que contiene la Leyenda Negra son falsas, de mala fe y muy exageradas. En este aspecto hay unanimidad.[13]

Muchas veces el señalamiento de mi «españolidad»[14] viene de Hispanoamérica, como si no hubiese habido autores hispanoamericanos que también han refutado la Leyenda Negra. Ahí tenemos los casos de los argentinos Rómulo D. Carbia y Marcelo Gullo, los venezolanos Arturo Uslar Pietri y Carlos Rangel, el uruguayo Eduardo Galeano,[15] el cubano Roberto Fernández Retamar, el colombiano Ignacio Escobar López y muchos otros.

Entre los extranjeros no hispanoamericanos habría que destacar a Herbert E. Bolton, Hubert Herring, Lewis Hanke, Charles Gibson, William S. Maltby, Sverker Arnoldsson, Bethany Aram, Bartolomé Bennassar, Bernard Vincent, Pierre Chaunu, Joseph Perez, Henry Kamen, John Elliott y Philip W. Powell, Pietro Luigi Quarta, Gabriel B. Paquette, Ingrid Schulze Schneider, Hugo de Schepper, Margaret R. Greer, Maureen Quilligan, Walter D. Mignolo, Jonathan Israel, Irene Silverblatt, Anthony Pagden, Richard. L Kagan y Charles F. Lummis, uno de los pioneros. Vamos a quedarnos con el caso de este último.

---

[13] J. Pérez, «La Leyenda Negra contra España es falsa, de mala fe», *ABC*, 13 de diciembre de 2009, obtenido de https://www.abc.es/cultura/abci-joseph-perez-leyenda-negra-contra-espana-falsa-mala-200912130300-1132503553087_noticia.html.

[14] Por cierto, también soy francés.

[15] A muchos les sorprenderá, pero Galeano escribió contra la Leyenda Negra y contra la Leyenda Rosa.

El curioso caso de Lummis

Charles Fletcher Lummis (1859-1928) fue un enamorado de la cultura hispánica. Un americano al que se le ha descrito como carismático, ambicioso, excéntrico, excesivo, descarado, obstinado, arrogante e inquieto. Los que han dedicado tiempo a estudiar su figura coinciden en que era un magnífico contador de historias. No obstante, a Lummis no se le daba bien contar historias sin antes vivirlas.

Nació en Massachussets, en el seno de una familia relativamente acomodada. Estudió en Harvard y fue compañero de promoción de un tal Teddy Roosevelt, que tiempo después acabaría siendo presidente de los Estados Unidos. Compartió con él la afición al boxeo y a otras actividades deportivas. Ambos eran grandes atletas. No sabemos cuándo el pequeño Lummis tuvo el primer flechazo con en el periodismo, pero no con esa forma de entender este trabajo que consiste en permanecer sentado horas en una redacción. El pequeño Chas —como luego firmaría— era un hombre de acción. Ya había demostrado que se desenvolvía con cierta soltura en el campo de la escritura y su afición le llevó a abandonar las clases en Harvard para pulir su talento trabajando como periodista en Ohio. El este, con sus calles urbanizadas y su vida tradicional, pronto se le quedó pequeño al joven Lummis. Poco a poco fue cavilando una idea: la de poner rumbo al salvaje Oeste, con el firme objetivo de vivir grandes aventuras.

Charles Fletcher Lummis
(Wikimedia.Commons).

En 1884, persuadió a *Los Angeles Times* para cubrir 3.500 millas —unos 5.700 kilómetros— desde Ohio hasta el sur de California, una caminata a modo de peregrinación que completó en 143 días. Semanalmente, mientras cruzaba paisajes de todo tipo, fue mandando al periódico una crónica de su azarosa travesía. Llegó incluso a romperse un brazo. Impresionado por su iniciativa, el *Times* de Los Ángeles, que era un modesto periódico que vivía un rápido crecimiento, le dio a Lummis un puesto permanente. Hay que señalar que por entonces Los Ángeles era un pueblecito de unos 12.000 habitantes. Lummis llegó a ocupar el puesto de editor jefe. Trabajaba, y trabajaba con diligencia. Algunas noches se conformaba con dormir un par de horas. Y de tanto trabajar, su cuerpo dijo basta. Sufrió una hemiplejía que le paralizó medio cuerpo y le afectó al habla. Con una firmeza admirable, trató de reponerse. Se trasladó a Nuevo México, donde convivió unos años con los indios pueblo, tiempo que aprovechó para estudiar sus costumbres y tradiciones, además de aprender su idioma. La experiencia de estos años la noveló tiempo después en *My friend Will* (1894), testimonio en el que narra cómo poco a poco recuperó el habla y la agilidad de sus miembros.

Fue un viajero infatigable. Admiraba al misionero español fray Junípero Serra, que al igual que él sufrió varios percances —una herida mal curada le dejó cojo el resto de su vida— recorriendo los áridos paisajes del oeste americano. Eso no le impidió seguir haciendo kilómetros. Durante sus viajes por Nuevo México, la Alta California y el Perú, quedó impresionado al encontrase con indios hospitalarios, educados, limpios, que vivían en casas hechas de adobe y que construían iglesias.

Elogios a la labor colonizadora de los españoles

Lummis trabó con los lugareños amistades que durarían toda la vida y se dio cuenta de que esa cultura no la habían heredado de sus antepasados ingleses, sino que era fruto de las misiones españolas, las misiones de su admirado fray Junípero. Pero antes de que este religioso se lanzara a la aventura, otros franciscanos, jesuitas y dominicos se habían esparcido a lo largo y ancho del Nuevo Mundo, mucho antes, huelga decir, de que los antepasados sajones de Lummis arribasen a la costa este de América del norte en el *Mayflower*.

Durante su estancia en Nuevo México no dejó de escribir: *A New Mexico David and Other Stories and Sketches of the Southwest* (1891), *Some Strange Corners of Our Country* (1892), *The Land of Poco Tiempo* (1893) y *The Spanish Pioneers* (1893).

En *The Spanish Pioneers*, Lummis absuelve a los españoles de los cargos de crueldad hacia los indios y señala constantemente la buena actitud de los españoles al tratar con los nativos americanos, en contraste con el trato otorgado a los indios por los colonos ingleses y el Gobierno de los Estados Unidos. Lummis tuvo que enfrentar un pequeño conflicto con sus raíces al escribir sobre la conquista: obligado a elegir entre la colonización española y la inglesa, eligió la española:

Una de las cosas más asombrosas de los exploradores españoles —casi tan notable como la misma exploración— es el espíritu humanitario y progresivo que desde el principio hasta el fin caracterizó a sus instituciones. Algunas historias que han perdurado pintan a esta heroica nación como cruel para los indios; pero la verdad es que la conducta de España en este particular debiera avergonzarnos. La legislación española referente a los indios de todas partes era incomparablemente más extensa, más comprensiva, más sistemática y más humanitaria que la de Gran Bretaña, la de las colonias y la de los Estados Unidos todas juntas. Aquellos primeros maestros enseñaron la lengua española y la religión cristiana a 1.000 indígenas por cada uno que nosotros aleccionamos en idioma y religión. Allá por 1575 —un siglo antes de que hubiera una imprenta en la América inglesa— se habían impreso en la ciudad de México muchos libros en 12 dialectos indios diferentes, siendo así que en nuestra historia solo podemos presentar la Biblia india de John Eliot; y tres universidades españolas tenían casi un siglo de existencia cuando se fundó la de Harvard. Sorprende por el número la proporción de hombres educados en colegios que había entre los exploradores; la inteligencia y el heroísmo corrían parejas en los comienzos de la colonización del Nuevo Mundo.[16]

Lummis estaba aportando datos enormemente novedosos. Este tipo de literatura apologética arraigaría de manera definitiva en muchos historiadores del siglo xx, en ambos lados del charco. Lummis es, por tanto, uno de los autores más citados por los desmitificadores de la Leyenda Negra española y por los defensores del legado español. Y es que estos conquistadores lograron hazañas extraordinarias con todo en contra. La simpatía de Lummis por los que luchan y prosperan en la vida probablemente hizo que se viera muy identificado con esos intrépidos aventureros que ensancharon el mundo conocido, y de ahí su entregada adhesión al lado español.

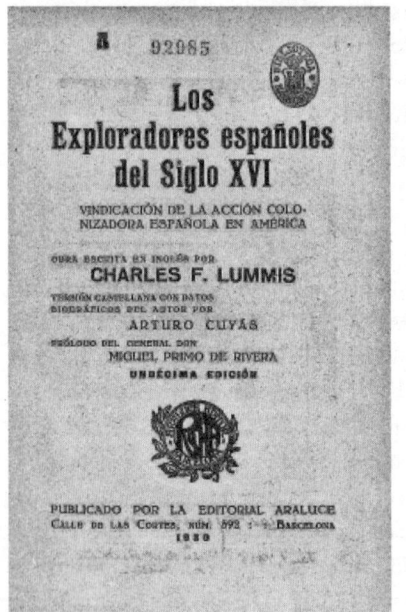

Traducción al español
de *The Spanish Pioneers*
(Wikimedia Commons).

---

[16] C. F. Lummis, *Los españoles que ensancharon el mundo*, Guadarramistas Editorial, Madrid, 2017.

Lummis, protector de indios

En 1894 regresó a Los Ángeles. Adquirió una parcela y la llamó El Alisal, donde se construyó una casita rústica de piedra, que hoy se visita como museo. Uno de los roles más significativos que desempeñó fue el de editor de una pequeña pero influyente revista, *The Land of Sunshine*. En su concepción fue una publicación cuyo principal objetivo era alabar el sur de California con la esperanza de estimular los negocios de la zona. Lummis asumió el cargo de editor en 1895. Bajo su tutela, *The Land of Sunshine* mejoró notablemente. Los artículos sobre historia local y arqueología fueron reemplazando a las noticias de negocios. Los lectores poco a poco tomaron conciencia del patrimonio cultural del sur de California y del resto del suroeste americano. Todo ello a través de artículos sobre artistas de la zona, poemas, cuentos y ensayos literarios. A medida que la revista cobró importancia, comenzó a expandir su alcance geográfico por todo el oeste, culminando con un cambio de nombre en 1902. La revista pasaría a llamarse *Out West* y en ella se ensalzarían los valores culturales del oeste en contraposición a los del este. Publicó a autores todavía desconocidos y otros consagrados de la talla de Joaquin Miller, John Muir o Jack London. Entre sus suscriptores se encontraba su antiguo compañero de Harvard, Theodore Roosevelt, que, viviendo en la Casa Blanca, llegó a confesar a Lummis que era la única revista que tenía tiempo de leer. Roosevelt años antes había escrito *The Winning of the West* (1889-1896),[17] y era un firme defensor de la superioridad

---

[17] Libro publicado en 4 volúmenes entre 1889 y 1896. En el primer volumen podemos leer: «Es de vital importancia recordar que las conquistas inglesa y española en América fueron muy diferentes entre sí, al igual que las conquistas originales que dieron origen a las naciones inglesa y española. Los ingleses habían exterminado o asimilado a los celtas de Gran Bretaña y repitieron sustancialmente el proceso con los indios de América. [...] Muy diferente fue en los países conquistados por Cortés, Pizarro y sus sucesores. En lugar de matar o expulsar a los nativos como hicieron los ingleses, los españoles simplemente se asentaron en medio de una población abori-

de la raza anglosajona por sus aportes germánicos. También había participado con sus *Rough Riders* en la guerra hispano-estadounidense jactándose de haber matado a un español con su revólver. Por estos y otros motivos como el Corolario Roosevelt[18] se ha solido pintar al presidente como un monstruo de antiespañolismo y también de antihispanismo. Sin embargo, no es exactamente así y tenemos suficientes pruebas para afirmarlo. Roosevelt fue una persona impetuosa y contradictoria. Siendo presidente de los Estados Unidos preparó este discurso para el centenario de la compra de Luisiana:

> Al comienzo de mi discurso, permítanme recordar a mis oyentes que el suelo que pisamos, antes de que fuera nuestro, fue sucesivamente posesión de dos poderosos imperios, España y Francia, cuyos hijos dejaron un registro inmortal de heroísmo en los primeros anales del Nuevo Mundo. Ninguna historia de un país occidental puede escribirse sin prestar atención al maravilloso papel que jugaron en él en los inicios los soldados, misioneros, exploradores y comerciantes, que hicieron su trabajo en honor de las orgullosas banderas de Francia y Castilla. Mientras que los colonos de habla inglesa y los de origen holandés, alemán y escandinavo con los que se les asocia todavía se aferraban a la costa oriental, los pioneros de España y Francia habían penetrado profundamente en el desierto hasta ahora desconocido del oeste, habían vagado por todas partes dentro de los límites de lo que ahora es nuestro poderoso país. Las mismas ciudades —San Luis, Nueva Orleans, Santa Fe— dan testimonio por sus títulos de las nacionalidades de sus fundadores.[19]

gen mucho más numerosa. [...] Los pueblos de habla inglesa [...] llevan en sus venas menos sangre aborigen americana que cualquiera de sus vecinos».

[18] Un ejemplo lo tenemos en P. W. Powell, *Árbol de Odio. La Leyenda Negra y sus consecuencias en las relaciones entre Estados Unidos y el Mundo Hispánico*, José Porrúa Turanzas, Madrid, 1972.

[19] G. Hutner, *Selected Speeches and Writings of Theodore Roosevelt*, Vintage Books Original, Nueva York, 2014. La traducción es mía.

De las palabras de Roosevelt se infiere que leía a Lummis con devoción. Una prueba es el uso de la palabra pioneros. Sin embargo, Mr. Lummis —a diferencia de Roosevelt— comprendió enseguida que el Imperio español obró de manera justa en su tutela de la población indígena, y ese conocimiento que tenía de las naciones nativas de América le llevó a establecer un grupo en favor de los derechos de los indios denominado Liga Sequoya, en honor al conocido líder cherokee de principios del siglo XIX, quien desarrolló un alfabeto escrito para el idioma. Lummis luchó contra la Oficina de Asuntos Indígenas de los Estados Unidos y, de hecho, se carteó con el presidente Roosevelt para que el Gobierno cambiase su forma de operar. También hizo reproches a las políticas estadounidenses en Filipinas.[20] Finalmente, el presidente, quien agradeció mucho sus consejos, le invitó a ir a Washington. Encontró también un hogar para un pequeño grupo de indios que habían sido desalojados de su propiedad en el área de Palm Springs, California. La Liga Sequoya comenzó una batalla contra el agente indio Charles Burton, acusándolo de imponer un «reino de terror» al pueblo hopi en Oraibi. En el año 1900 este tipo había exigido a los hombres hopi que se cortasen la melena, una práctica ancestral con un significado espiritual. Lummis fue acusado de exagerar el caso contra Burton, generando malestar en la Casa Blanca. Sin embargo, la presión social posterior consiguió revertir la política de corte de pelo en 1903.[21] Y el excéntrico editor de California volvería a reunirse con Roosevelt en otras ocasiones manteniendo una duradera amistad.

Lummis, infatigable, fundó también el Landmarks Club, con el objetivo de salvar a las misiones de California de la «decadencia y el vandalismo» que habían dejado muchas construcciones en un

---

[20] M. Thompson, *American Character. The curious life of Charles Fletcher Lummis and the Rediscovery of the Southwest*, Arcade Publishing, Nueva York, 2001, p. 205.

[21] Ibídem, p. 266.

estado ruinoso. Como primer presidente del club, contribuyó con sus ahorros a la causa y prestó las páginas de *The Land of Sunshine* para una importante campaña de recaudación de fondos durante los años 1896 y 1897. Lummis y sus colegas tuvieron bastante éxito en sus esfuerzos, consiguiendo restaurar las misiones de San Juan Capistrano, San Fernando, Pala y San Diego y ayudando a preservar varios sitios históricos menos significativos. Lummis dejó *Out West* en 1905 para convertirse en el bibliotecario de la biblioteca pública de la ciudad de Los Ángeles durante cinco años. Aunque le achacaron no tener la preparación suficiente en gestión administrativa, superó con creces las objeciones de los más críticos y aumentó considerablemente el fondo de la biblioteca. También subió los sueldos del personal e hizo algunas mejoras arquitectónicas. En 1907 fundó en Los Ángeles el Southwest Museum, para el que donó una extensa relación de libros sobre la colonización española y su valiosa colección de objetos arqueológicos hispanoamericanos. Los fondos para levantar el museo vinieron de la Southwest Society, una asociación cívica fundada por él. En 1914 el museo se mudó del centro de Los Ángeles al monte Washington, y hoy en día ahí permanece. Durante todos estos años no dejó de escribir. Sus obras de madurez más importantes son *Pueblo Indian Folk-Stories* (1910), *Mesa, Cañón and Pueblo* (1925) y *A Bronco Pegasus: Poems* (1928). También conviene destacar por su interés *Spanish Songs of Old California* (1923), una colección de canciones tradicionales españolas del oeste americano. Colaboró, asimismo, con instituciones tan prestigiosas como la Enciclopedia Británica, la Americana y algunos periódicos.

Se ha dicho que Lummis no era un gran escritor, aunque en algunos de sus ensayos se acerca a la excelencia. Su trabajo con demasiada frecuencia muestra signos de la prisa con la que se escribió. Tuvo una vida muy ajetreada y varios de sus escritos parecen haber sido concebidos bajo la presión de los plazos. Lummis tuvo tiempo para ser muchas cosas a la vez: periodista, historiador, novelista, etnólogo, arqueólogo, explorador, fotógrafo, poeta, hispanista, bibliotecario, filántropo, fundador de sociedades y museos, activista en favor de los derechos de los indios… En una de sus cartas llegó a decir: «Mi pluma no es muy buena sin mis piernas. Debo correr y ver, de otra manera no tengo nada sobre lo que escribir».

2

HAY QUE RESIGNIFICAR LAS ESTATUAS

En la sinopsis del libro *La masa enfurecida* de Douglas Murray leemos que para ganar un debate es suficiente con formar parte de una minoría oprimida: «Ser víctima es ya una aspiración, una etiqueta que nos eleva moralmente y que nos ahorra tener que argumentar nada». Estamos ante la dictadura de los «ofendiditos» —término popularizado por el filósofo Miguel Ángel Quintana Paz—. Muchas son las ofensas en las que puede incurrir uno, y hay que andarse con pies de plomo: «estás cosificando», «tu argumento es sexista», «hablas desde tu blanquitud social», «no has tenido en cuenta a las mujeres», «formas parte de un heteropatriarcado opresor», «deberías repensar tu masculinidad tóxica»... Parece prudente en estos tiempos que corren «morderse la lengua» —título de un magnífico ensayo de Darío Villanueva—. Se ha desatado una histeria colectiva nunca antes vista, un juego de oprimidos-opresores legado a través de las universidades estadounidenses, que puede que haya transformado para siempre nuestras biempensantes sociedades occidentales.

Esta cultura *woke* o posmoderna, una especie de religión de sustitución, ha calado hasta tal punto en los últimos veinte años que incluso mucha gente siente miedo a expresarse en libertad por miedo a ser cancelada. Hay teóricos que explican esta ola de justicia social como una continuación del marxismo, aunque algunos marxistas prefieren ver que es una degradación del liberalismo. Lo cierto es que lo *woke* no deja de ser anticapitalismo —o antiliberalismo— y se define como una lucha contra las desigualdades del sistema capitalista. No nos debe sorprender que las tres afroestadounidenses —Alicia Garza, Patrisse Cullors y Opal Tometi— que fundaron el movimiento Black Lives Matter (BLM), que tanto se cebó con la estatuaria de su país, se declaren marxistas:

> Somos marxistas entrenadas. Estamos súper versadas en teorías ideológicas. Y creo que lo que realmente tratamos de hacer es construir un movimiento que pueda ser utilizado por mucha, mucha gente negra.[1]

La multimillonaria[2] Patrisse Cullors fue la protegida de Eric Mann, un conocido terrorista comunista. Junto a él pasó varios años entrenándose como activista y absorbiendo la ideología marxista-leninista radical que moldeó su visión del mundo. Una de las grandes referentes de las fundadoras de BLM —lo han declarado en público ante una audiencia entregada[3]— es Assata Shakur, que perteneció a los Panteras Negras y al Ejército Negro de Liberación de corte supremacista y marxista. Es cuando menos inquietante que tengan como referente moral a una asesina condenada por matar a un policía. Tampoco es casual que después de que Assata Shakur huyera de la cárcel, el régimen comunista cubano se pres-

---

[1] Y. Steinbuch, «Black Lives Matter co-founder describes herself as "trained Marxist"», *New York Post,* 25 de junio de 2020, obtenido de https://nypost.com/2020/06/25/blm-co-founder-describes-herself-as-trained-marxist/.

[2] I. Vincent, «Inside BLM co-founder Patrisse Khan-Cullors' million-dollar real estate buying binge», *New York Post,* 10 de abril de 2021, obtenido de https://nypost.com/2021/04/10/inside-blm-co-founder-patrisse-khan-cullors-real-estate-buying-binge/.

[3] SheKnows, «BlackLivesMatter cofounders share an Assata Shakur quote starting in a whisper and ending in a shout», Youtube, 2015, obtenido de https://youtu.be/dUZDZaWNOFg.

tara a darle asilo político. Con miras a dañar a Washington, existe una relación entre Cuba y el movimiento afroestadounidense que se remonta a la visita a Nueva York de Fidel Castro en 1960, que se hospedó en un hotel de Harlem, el corazón negro neoyorkino. De esa estancia es famosa su reunión con Malcolm X, el gran icono en la defensa de los derechos de la población negra por medio del nacionalismo y la violencia.

Furia iconoclasta

Se han vertido ríos de tinta sobre el fenómeno iconoclasta que supone la destrucción de ídolos, imágenes y estatuas; una práctica que se remonta a los albores de la historia, ya que el arte y la política siempre han ido de la mano.

Destruir un icono tiene consecuencias catárticas que actúan como una conjura contra nuestros temores: un efecto analgésico instantáneo, ritual, el de extirpar el mal, un alivio liberador que además se puede vender como un gesto curativo hacia la comunidad. El daño está hecho, no se puede retroceder, pero sí se puede sanar. De todas formas, creer que derribar una estatua mejora la situación de la comunidad —o de una minoría— es mucho suponer. ¿No sería preferible una mirada más racional que conserve las huellas del pasado para poder entenderlo mejor? Las estatuas son el testigo en piedra de una época, de un momento determinado y de cómo se tendía a interpretar la historia en el tiempo en el que se levantaron, o cómo —por ser más preciso— la interpretaba el régimen político que decidió colocarlas. Esos monumentos son capaces de contarnos muchas cosas sobre el pasado. Y el pasado hay que decodificarlo, nunca borrarlo. Ahí está la verdadera sanación, la sanación perdurable en el tiempo.

Después del período colonial, muchas personas que habitan en aquellos territorios colonizados por imperios provenientes de

Europa han desarrollado una visión negativa de los imperios, especialmente en lo que respecta a su conducta durante la colonización. Esta percepción negativa y desfigurada, normalmente llena de clichés, ha contribuido, sin duda, a la creación de una leyenda negra en torno a esos imperios. Derribar estatuas que representan a personajes del período colonial puede ser una forma de expresar ese rechazo y de simbolizar el fin de una época de opresión y desigualdad.

La cultura *woke*, en la lucha contra la discriminación y la injusticia social, no ha sido ajena a esta práctica. Los incondicionales de este movimiento se consideran gente «despierta» o consciente de las desigualdades y problemas sociales, y se esfuerzan por promover la igualdad y la justicia en todos los aspectos de la vida, incluso en lo personal, por aquello de que «lo personal es político». La cultura *woke* se originó en la comunidad afroamericana para luego extenderse a otras comunidades marginalizadas. Sin embargo, el moralismo *woke*, en esencia anticapitalista, paradójicamente ha sido asumido por las grandes multinacionales, haciéndose cada vez más visible en los programas y estatutos de las empresas. Un ejemplo paradigmático es el de los bancos. Ahí tenemos a Ana Patricia Botín, epítome del capitalismo, que de la noche a la mañana se ha convertido en la más *woke* entre los *woke*. Por extraño que nos resulte, este movimiento, promocionado desde las universidades norteamericanas, ha terminado contaminando muchas otras esferas de la sociedad. Las grandes compañías de *streaming,* dirigidas por los multimillonarios más ricos del planeta, se han volcado en la producción de contenidos, como series de televisión y películas, que abordan temas de discriminación y desigualdad con el fin de agradar a la comunidad *woke* —siempre muy atenta a todas las novedades que van a apareciendo en el mercado—. La pregunta es si los que dirigen estas empresas lanzan este tipo de contenidos verdaderamente concienciados o lo hacen para que no les monten un pollo o les cancelen sus productos. Me temo que la segunda hipótesis es por donde van los tiros. Las grandes empresas abanderan esta lucha como una forma de *woke-washing*, término este último que trata de explicar la tendencia de algunas empresas o entidades públicas a presentarse como comprometidas con la lucha contra la discriminación y la injusticia social —ya que queda muy bonito y creen que mejora su imagen—, sin realmente tomar medidas concretas para abordar estos problemas.

El movimiento BLM, enmarcado dentro de la cultura *woke*, se embarcó en una destrucción iconoclasta feroz después de la muerte de George Floyd. Un caso muy seguido por los medios fue el del derribo de estatuas de personajes históricos que han sido acusados de racismo o de haber cometido actos violentos contra las personas negras. Derribar estas estatuas era una forma de rechazar el legado de esos personajes y de simbolizar un cambio hacia una sociedad más justa y equitativa. El movimiento BLM se cebó con las estatuas de los conquistadores españoles y otros personajes asociados al descubrimiento y la conquista —el más castigado de todos fue Cristóbal Colón, pese a que nunca pisó Norteamérica—, pero no porque fueran españoles, sino porque eran blancos y porque eran colonizadores europeos. Muchos otros personajes que no se asocian a la historia de España también pagaron lo suyo. Es lo que sostiene con buen criterio el hispanista Richard L. Kagan: «En este sentido, los activistas expresaban sentimientos antiimperialistas, en contraposición a los estrictamente antiespañoles». Por lo que hay que evitar, como habíamos advertido en el capítulo anterior, calificarlo todo de Leyenda Negra antiespañola.

Sin embargo, el derribo de estatuas asociados a la conquista española no empieza con el BLM. Años atrás, a finales de los años ochenta del siglo pasado, según se iba acercando el Quinto Centenario del Descubrimiento de América, grupos indigenistas empezaron a urdir una campaña en contra de Cristóbal Colón y se prepararon para boicotear los actos de homenaje que se iban a suceder a lo largo y ancho del planeta. Los libros *Nuestra America contra el V Centenario: Emancipación e identidad de América Latina*[4] (1989) y *The Conquest of Paradise* (1990), de Kirkpatrick Sale, que no eran más que defensas a ultranza del mundo precolombino, ayudaron a definir el relato. En Nicaragua y en otros países hispanos se repartieron panfletos leyendanegristas, con el apoyo de sectores izquierdistas de la Teología de la Liberación. Quizá el gesto más simbólico de todas aquellas protestas fue cuando en San Cristóbal de Las Casas (México) un grupo de indígenas se lio a mazazos contra la estatua del conquistador español Diego de Mazariegos. Pero el mazazo moral vino de la vieja Europa. En un gran ejercicio de cinismo, en 1992 el comité noruego del premio Nobel decidió conceder el Nobel de la Paz a la activista indigenista guatemalteca Rigoberta Menchú, coincidiendo con el Quinto Centenario del Descubrimiento de América. Era una buena manera de lavar las conciencias de los europeos y de aguar las celebraciones de la gesta colombina. Hoy sabemos bien que Rigoberta Menchú no es más que un producto prefabricado por la venezolana Elizabeth Burgos, que por entonces era una entusiasta revolucionaria izquierdista casada con Régis Debray, un simpatizante de la Revolución cubana castrista.[5] Con el tiempo, a diferencia de su marido, Burgos ha quedado totalmente desencantada con todas las políticas de izquierda revolucionaria que han empobrecido a los hispanoamericanos. Y es muy crítica con

---

[4] Obra coral en la que participaban, entre otros, Fidel Castro, Noam Chomsky, Mario Benedetti, Rius, Enrique Dussel Ambrosini, Miguel Bonasso, Alejo Carpentier, Heinz Dieterich, James Petras y Elena Poniatowska.

[5] Fernando Savater le define como un «intelectual francés de buena familia, es decir, doblemente intelectual». El antropólogo David Stoll ha tratado de desmontar toda la farsa que se esconde tras la figura de Rigoberta Menchú, encontrándose con muchas trabas a la hora de investigar su figura. Gracias a Gustavo Bueno, padre e hijo, su obra *Rigoberta Menchú y la historia de todos los guatemaltecos pobres* (1999) puede encontrarse en internet en el siguiente enlace: https://nodulo.org/bib/stoll/rmg.htm.

Hugo Chávez, aquel que llegó al poder para tiranizar Venezuela —siete años después del Quinto Centenario—. El bolivariano Chávez fue el primer líder de un país que decidió derribar estatuas de Cristóbal Colón y de otros conquistadores españoles como parte de una política de reivindicación indígena y anticolonial. Él consideraba que estas estatuas representaban el genocidio, la opresión y la explotación de los pueblos indígenas de América y quiso eliminar cualquier símbolo que pudiera recordar a este período de la historia. Hugo Chávez tomó un camino muy peligroso, que desconecta al pueblo de sus raíces y lo enfrenta. ¿Eran Colón y los conquistadores recuerdos de un pasado que había que extirpar? Desde luego, las estatuas están ahí no porque aquellos personajes históricos fueran ángeles de excelsas virtudes, sino porque eran parte importante de la historia del país. Si empezamos a juzgar la historia con estándares morales del presente, no podremos recordar nunca a los que nos precedieron. El borrado de la historia y el control exhaustivo de la memoria —alentado desde el poder— es propio de sociedades totalitarias que buscan reescribir la historia, una historia maniquea de buenos y malos. Los buenos son los idealizados «buenos salvajes» de antes de 1492 y los malos, los españoles que llegaron después. Al final lo que se imponen son criterios políticos, y no éticos, pues se tiende a hacer un análisis de brocha gorda que afecta incluso a algunas estatuas de Isabel la Católica, máxima protectora de los indios. Cuando un colectivo de mujeres vandalizó la famosa estatua que se encuentra en la plaza Isabel la Católica de La Paz (Bolivia), una niñata de dieciocho años argumentaba: «Lo que se quería demostrar al ponerle pollera a Isabel es que nuestro icono como mujer es la mujer de pollera. Reconocer que la colonización ha sido un genocidio, que no había que descubrir América, que América ya tenía sociedades conformadas». Lo del «genocidio» ya es una especie de mantra que no se les cae de la boca, pero al menos lo que sí deberíamos exigirle a aquella chiquilla indocumentada es un mínimo de rigor sobre la vestimenta tradicional de las cholas bolivianas, pues las polleras —un tipo de falda— son de herencia española.

Monumento a Colón en el Paseo de la Reforma (Ciudad de México). La estatua se retiró en 2020 y acabó siendo sustituida por una instalación dedicada a «las mujeres que luchan» (Wikimedia Commons).

Estatuas vandalizadas asociadas a la conquista española del Nuevo Mundo

Mientras escribía este capítulo y hacía acopio de material, se me ocurrió ir elaborando un cuadro de estatuas vandalizadas para no perderme. El cuadro lo ofrezco a continuación y espero que pueda ser completado y revisado en el futuro, pues seguro que me dejo algunas estatuas:

Estatua o monumento	Lugar	Año	Derribada, retirada o vandalizada	Motivos
Diego de Mazariegos	San Cristóbal de Las Casas (México)	1978	1992	En una manifestación del Frente de Organizaciones Sociales de Chiapas y la Alianza Nacional Campesina Independiente Emiliano Zapata, miles de indígenas salieron a las calles. Finalmente se dirigieron al monumento del conquistador y un indígena la derribó a mazazos.
Cristóbal Colón	Caracas (Venezuela)	1904	2004	Derribada por grupos chavistas durante la celebración del Día de la Resistencia Indígena.
Diego de Losada	Caracas (Venezuela)		2008	Se derribó el busto del conquistador por «genocida». Pasa a llamarse plaza del Combatiente Revolucionario. Años más tarde se rebautiza con el nombre del guerrillero Fabricio Ojeda.
Cristóbal Colón	Caracas (Venezuela)	1898	2009	Retirada del Parque El Calvario por un alcalde chavista del municipio Libertador.
Hernán Cortés	Medellín (España)	1890	2010	Vandalizada con pintura roja dejando algunos folletos en los que se decía que la estatua era «la glorificación cruel y arrogante del genocidio y un insulto al pueblo de México».
Cristóbal Colón	Buenos Aires (Argentina)	1921	2014	Cristina Fernández de Kirchner ordenó su desahucio porque no le agradaba.

Cristóbal Colón	Arica (Chile)	1910	2019	Derribada y decapitada durante el estallido social en Chile.
Pedro de Valdivia	Temuco (Chile)		2019	Derribada durante el estallido social en Chile.
Pedro de Valdivia	Concepción (Chile)	1950	2019	Derribada durante el estallido social en Chile.
Cristóbal Colón	Valladolid (España)	1891	2019	Un día antes del Día de la Hispanidad es vandalizada con pintura roja y la frase «el españolismo es fascismo».
Juan de Oñate	Alcalde, Nuevo México (EEUU)	1994	2020	Retirada por la ciudad tras las protestas por el homicidio de George Floyd.
Juan de Oñate	Alburquerque, Nuevo México (EEUU)	2004	2020	Retirada por las autoridades del condado de Río Arriba tras las protestas por el homicidio de George Floyd.
Diego de Vargas	Santa Fe, Nuevo México (EEUU)	2007	2020	Robada y finalmente retirada por las autoridades de Santa Fe tras las protestas por el homicidio de George Floyd.
Miguel de Cervantes	San Francisco, California (EEUU)		2020	Vandalizada aunque Cervantes no fuera ningún conquistador.
Junípero Serra	Ventura, California (EEUU)	1936	1991, 1992, 2020	Retirada por la ciudad.
Junípero Serra	San Francisco, California (EEUU)	1907	2020	Derribada tras el homicidio de George Floyd por activistas indigenistas.

→

Junípero Serra	Los Ángeles, California (EEUU)	1932	2020	Derribada por activistas indigenistas en solidaridad con el movimiento BLM.
Junípero Serra	San Luis Obispo, California (EEUU)		2020	Retirada para protegerla del vandalismo.
Junípero Serra	Carmel by the sea, California (EEUU)	1922	2015, 2020	Retirada para protegerla del vandalismo.
Junípero Serra	San Gabriel, California (EEUU)	1980	2020	Trasladada a un jardín interior para protegerla del vandalismo.
Junípero Serra	Sacramento, California (EEUU)	1967	2020	Derribada y desaparecida tras el homicidio de George Floyd.
Junípero Serra	Palma de Mallorca (España)	1965	2020	La estatua fue vandalizada con pintura roja y la palabra «racista» tras ser señalada por Sonia Vivas, concejala de Podemos.
Cristóbal Colón	Richmond, Virginia (EEUU)	1927	2010, 2020	Pintarrajeada, derribada y arrojada a un lago tras el homicidio de George Floyd.
Cristóbal Colón	Saint Paul, Minnesota (EEUU)	1931	2020	Derribada tras el homicidio de George Floyd por miembros del American Indian Movement.
Cristóbal Colón	Boston, Massachusetts (EEUU)	1979	2004, 2006, 2015, 2020	Ha sido vandalizada en numerosas ocasiones. En 2015 ya lo hizo el movimiento BLM que volvió a hacerlo en 2020, decapitándola. Consiguieron que se retirara del lugar.

Cristóbal Colón	Camden, Nueva Jersey (EEUU)		2020	Decapitada tras el homicidio de George Floyd. Fue retirada.
Cristóbal Colón	Houston, Texas (EEUU)	1992	2017, 2020	Cubierta con pintura roja tras el homicidio de George Floyd. Se consiguió que se retirara del lugar.
Cristóbal Colón	New London, Connecticut (EEUU)	1928	2020	Tras una petición popular, en plena campaña BLM, el ayuntamiento aceptó retirarla.
Cristóbal Colón	Wilmington, Delaware (EEUU)	1957	2020	En plena ola de protestas por el asesinato de George Floyd, se decidió retirarla.
Cristóbal Colón	Columbia, Carolina del Sur (EEUU)	1992	2020	En plena ola de protestas por el asesinato de George Floyd, se decidió retirarla.
Cristóbal Colón	Chula Vista, California (EEUU)	1991	2019, 2020	Vandalizada con una pintada de «genocida» en 2020. En 2021 fue retirada de manera permanente.
Cristóbal Colón	Middletown, Connecticut (EEUU)	1996	2016, 2017, 2019, 2020	Retirada durante las protestas de 2020.
Cristóbal Colón	West Orange, New Jersey (EEUU)		2020	Monumento retirado durante las protestas de 2020.
Cristóbal Colón	Detroit, Michigan (EEUU)		2020	Busto retirado durante las protestas de 2020.
Cristóbal Colón	Hartford, Connecticut (EEUU)	1926	2020	Retirada durante las protestas de 2020.

→

Cristóbal Colón	New Haven, Connecticut (EEUU)	1892, 1955	2017, 2020	Retirada durante las protestas de 2020.
Cristóbal Colón	Columbus, Ohio (EEUU)	1959	2020	Vandalizada y retirada durante las protestas de 2020.
Cristóbal Colón	San Luis, Missouri (EEUU)	1884	2020	Retirada durante las protestas de 2020.
Cristóbal Colón	San Francisco, California (EEUU)	1957	2019, 2020	La San Francisco Arts Commission la retiró en 2020 porque «no se alinea con los valores de San Francisco o con nuestro compromiso con la justicia racial».
Cristóbal Colón	Columbus, Ohio (EEUU)	1955	2017, 2020	Retirada en 2020 por la Columbus Art Commission.
Cristóbal Colón	Filadelfia, Pennsylvania (EEUU)	1876	2020	Tras las protestas de 2020 se decidió retirarla, pero un juez detuvo la orden iniciándose una batalla legal.
Cristóbal Colón	Norwalk, Connectticut (EEUU)	1940	2020	Retirada durante las protestas de 2020.
Cristóbal Colón	Providence, Rhode Island (EEUU)	1893	2010, 2015, 2017, 2019, 2020	Retirada durante las protestas de 2020.
Cristóbal Colón	Newark, Nueva Jersey (EEUU)	1927	2020	Retirada durante las protestas de 2020.
Cristóbal Colón	Denver, Colorado (EEUU)	1972	2020	Arrancada del pedestal durante las protestas de 2020.

Cristóbal Colón	Atlantic City, Nueva Jersey (EEUU)	1958	1991, 2020	Se anunció su retirada durante las protestas de 2020 para protegerla del vandalismo.
Cristóbal Colón	San Antonio, Texas (EEUU)	1957	2020	Vandalizada y retirada durante las protestas de 2020.
Cristóbal Colón	Waterbury, Connecticut (EEUU)	1984	2020	Decapitada en 2020 y luego restaurada.
Cristóbal Colón	Baltimore, Maryland (EEUU)	1984	2020	Derribada en 2020. Los protestantes rodaron el cuerpo hasta arrojarlo a un canal.
Cristóbal Colón	Bridgeport, Connecticut (EEUU)	1964	2017, 2020	Retirada durante las protestas de 2020.
Cristóbal Colón	Columbus, Wisconsin (EEUU)	1992	2020	Retirada durante las protestas de 2020.
Cristóbal Colón	Trenton, Nueva Jersey (EEUU)	1959	2020	Retirada durante las protestas de 2020.
Cristóbal Colón	Norwich, Connecticut (EEUU)		2020	Se anunció su retirada durante las protestas de 2020 para protegerla del vandalismo.
Cristóbal Colón	Buffalo, Nueva York (EEUU)	1952	2020	Retirada durante las protestas de 2020.
Cristóbal Colón	Chicago, Illinois (EEUU)	1933	2020	Después de un intento de derribarla durante las protestas de 2020, fue retirada.
Cristóbal Colón	Chicago, Illinois (EEUU)	1891	2020	Retirada durante las protestas de 2020.

→

Cristóbal Colón	Chicago, Illinois (EEUU)	1892	2020	Retirada durante las protestas de 2020.
Cristóbal Colón	Pittsburgh, Pennsylvania (EEUU)	1958	2020	Retirada por recomendación de la Pittsburgh Art Commission.
Cristóbal Colón e Isabel la Católica	Sacramento, California (EEUU)	1871	2020	Retirada durante las protestas de 2020.
Francisco Pizarro	Badajoz (España)	2003	2020	Coincidiendo con el Día de la Hispanidad fue vandalizada con pintura roja y el mensaje: «Invasores asesinos».
Pedro de Alvarado	Badajoz (España)	2003	2020	Coincidiendo con el Día de la Hispanidad fue vandalizada con pintura roja y el mensaje: «Desangramiento de América» y «1942. Etnocidio. Masacre».
Hernando de Soto	Badajoz (España)	1981	2020	Coincidiendo con el Día de la Hispanidad fue vandalizada con pintura roja.
Isabel la Católica	La Paz (Bolivia)	1920	2020	El colectivo *Mujeres Creando* echa pintura roja en el monumento y le coloca a la reina Isabel ropa de cholita boliviana.
Sebastián de Belalcázar	Popayán (Colombia)	1937	2020	Indigenistas Misak, Nasa y Pijao intimidan a la policía con armas blancas para luego derribar la estatua ecuestre del conquistador.
Cristóbal Colón	Ciudad de México (México)	1892	2020	Esta estatua de Cristóbal Colón (conocida como la de Buenavista) fue retirada en octubre de 2020 tras varios intentos de derribarla.

Cristóbal Colón	Ciudad de México (México)	1877	1992, 2020	Retirada en 2020 y vandalizada en 2021. Sustituida en 2021 por la glorieta a las mujeres que luchan.
Cristóbal Colón	La Paz (Bolivia)	1926	2021	Indigenistas pintan el rostro de negro, le ponen una soga al cuello y le dejan sin nariz.
Sebastián de Belalcázar	Cali (Colombia)	1937	2021	La comunidad indígena Misak derribó el monumento durante las protestas de Colombia de 2021. En 2022 regresó a su lugar.
Isabel la Católica	Bogotá (Colombia)	1897	2021	Un grupo de indígenas vandalizó la estatua de la reina Isabel e intentó tumbarla. Fue necesaria la intervención policial para abortar el intento de derribo. Finalmente, el Ministerio de Cultura retiró la estatua.
Cristóbal Colón	Bogotá (Colombia)	1897	2021	Un grupo de indígenas vandalizó la estatua de Cristóbal Colón e intentó tumbarla. Fue necesaria la intervención policial para abortar el intento de derribo. El Ministerio de Cultura retiró la estatua.
Gonzalo Jiménez de Quesada	Bogotá (Colombia)	1960	2021	Derribada por indígenas Misak. Tras un proceso de escucha a la ciudadanía, se decidió trasladarla al Museo de Bogotá.
Ponce de León	San Juan (Puerto Rico)	1882	2022	Derribada por las Fuerzas Libertarias de Borikén horas antes de que el rey de España Felipe VI visitara la ciudad.
Isabel la Católica	Ciudad de Guatemala (Guatemala)	1915	2022	El monumento a Isabel la Católica, ubicado en el parque que lleva el mismo nombre, fue destruido. Se desconocen los autores del delito.

Junípero Serra y Stanford

Fray Junípero tiene el honor de ser el único español que cuenta
con una estatua en el Salón Nacional de las Estatuas, situado en el
Capitolio de Washington, capital de los Estados Unidos, lugar donde están representados los personajes ilustres de esa gran nación.
Este fraile franciscano español, poco conocido en su país —ya se
sabe, uno no siempre es profeta en su tierra y más si su tierra suele
con frecuencia olvidar a sus prohombres más estimables de una
manera un tanto ingrata—, representa al Estado de California. Juan
Pablo II lo beatificó el 25 de septiembre de 1988 y Francisco lo
canonizó 27 años más tarde. Estamos hablando de un personaje
con una biografía excepcional, digna de la más absoluta admiración. Sin embargo, el nombre del fraile volvió a la luz pública por
ser borrado de varios espacios del campus de la Universidad de
Stanford. Por ejemplo, la calle Serra Mall fue renombrada, a suge-
rencia del presidente de la universidad, como Jane Stanford Way.[6]
Pero ¿por qué fueron borrados algunos nombres? Porque según el
Comité de Stanford, la violencia de las misiones no encajaba con
«la plena inclusión de personas de todos los orígenes y perspectivas» de la comunidad de Stanford.[7] Aunque no parece que a los
del Comité les perturbe demasiado que el fundador de su universidad, Lelan Stanford, se trasladase a California durante la fiebre del
oro y montase su imperio empresarial con mano de obra china
semiesclava, a los que consideraba «desechos fecales». Sus ideas eran
racistas, algo muy común en los Estados Unidos de aquella época.
El pensamiento de Stanford está bien documentado. Cuando se

---

[6] Jane Standford fue la esposa de Lelan Stanford.

[7] Entre la bibliografía aportada por el Comité figura el libro *La otra esclavitud: Historia oculta del esclavismo indígena,* de Andrés Reséndez, libro estimable que
cito en esta obra. Aunque resulta que en el libro de Reséndez no se nombra ni
una sola vez las palabras: «Junípero Serra», «California» o «misiones».

postuló como candidato republicano a gobernador de California, en un discurso improvisado, afirmó lo siguiente:

> La causa en la que estamos comprometidos es una de las más grandes en las que cualquiera puede trabajar. Es la causa del hombre blanco. Estoy a favor de ciudadanos americanos blancos libres. Prefiero los ciudadanos blancos libres a cualquier otra raza. Prefiero al hombre blanco al negro como habitante de nuestro país. Creo que su mayor bien se ha obtenido al haber colonizado todo el país con hombres blancos libres.[8]

¿Hay que borrar el nombre de la Universidad de Stanford como algunos activistas estadounidenses sugieren? No. La *damnatio memoriae* no ayuda a entender el pasado. A fray Junípero ya le han aplicado la condena y el tormento continúa. Muchos son los que siguen empeñados en derribar sus estatuas, empañando su figura y relegándole al olvido. No obstante, es un ejercicio harto complicado empequeñecer la obra del fraile español. Hagamos una breve semblanza.

Siempre adelante

Sempre endavant —siempre adelante—. Así acababa rematando fray Junípero sus cartas. Con esta frase quedaba consignado de alguna manera el que sería su rasgo más admirable: una voluntad abnegada de entrega hacia los demás sin que nada ni nadie pudiera detenerlo.

Miguel José Serra y Ferrer nació en un pueblo agrícola del Reino de Mallorca llamado Petra, en 1713, el mismo año que se

---

[8] P. Leigh, «Should Stanford University Change Its Name?», *Abbeville Institute Press*, 12 de junio de 2017, obtenido de https://www.abbevilleinstitute.org/should-stanford-university-change-its-name/.

firmaba el Tratado de Utrecht que ponía fin a la Guerra de Sucesión española, una guerra que involucró a todas las grandes potencias europeas. Dos años más tarde entrarían en vigor los decretos
de Nueva Planta quedando abolidas las leyes e instituciones genui-
nas del Reino de Mallorca. La entrada de los Borbones en España
con sus grandes reformas acabaría, sin quererlo, glorificando la vida
de este mallorquín recién nacido. Pero no adelantemos aconteci-
mientos. Los padres de Miguel José eran unos labriegos analfabetos, que se esforzaron denodadamente en inculcarle la fe desde que
era un crío. Ingresaron a su hijo en la escuela de un convento franciscano en Petra y de ahí partió a ampliar estudios en el convento
de San Francisco de Palma. A sus 16 se hizo fraile y cambió su
nombre por el de Junípero. Se interesó por la filosofía de un paisa-
no suyo, Ramón Llull, y acabó dedicándose a la docencia, llegando
a obtener cátedra en la Universidad Luliana. De baja estatura y
altas dotes para la oratoria, fray Junípero predicó por toda la isla
consagrando su vida a Dios. Hasta aquí todo hacía presagiar que la
vida no le depararía otro destino, pero el fraile y su discípulo el
Padre Palou, amigos y futuros compañeros de andanzas, deseaban
dedicar su vida a la evangelización de los nativos de América. Para
ello necesitaban un nombramiento específico de una autoridad
civil y este nombramiento tardó en llegar. Finalmente, en 1749
parten de Palma y deján atrás su tierra, su familia y su pasado.
Nuestro Junípero tenía treinta y cinco años.

Palma, Málaga, Cádiz y Puerto Rico son las etapas del viaje hasta llegar al puerto de Veracruz a finales de 1749. Desde allí recorrerían
el Camino del Virrey hacia Ciudad de México, un trayecto de unos
500 kilómetros. Pudo viajar en carruaje, pero prefirió hacerlo a pie.
En esa marcha un insecto zancudo le picó en la pierna contrayendo
una dolencia y una cojera que le acompañó el resto de sus días.

A partir de junio de 1750, junto a su compañero de andanzas,
el Padre Palou, es destinado a las misiones de Sierra Gorda, una
región abrupta al norte de la capital novohispana desde la que se

divisa el golfo de México en los días claros. Allí estaría desde 1750 hasta septiembre de 1758. Durante estos años aprende el pame, una lengua que usaban aquellos indios. Será una constante en su vida querer evangelizar a los nativos en la lengua que les era propia. El siguiente destino de fray Junípero iba a ser Texas, peligroso territorio comanche disputado por los apaches, donde unos misioneros habían sido masacrados por tribus nativas. Fray Junípero aceptó, estaba ansioso por llegar para salvar las almas de aquellos salvajes que incluso practicaban la antropofagia, aunque aquello le costara la vida. Pero la muerte del virrey frustró su llegada y el fraile se quedó en Ciudad de México. Desde el colegio misional de San Fernando atendió durante años las misiones cristianas de la Nueva España. Puebla, Valladolid —hoy Morelia—, Oaxaca… Y siempre iba caminando, a pesar de su cojera y de las hinchazones que se le producían en el pie. Siempre adelante. Durante estos años también desempeñó un cargo como comisario de la Inquisición, e hizo de maestro de novicios.

Mediante la Pragmática Sanción de 1767, Carlos III decreta la expulsión de los jesuitas, una decisión muy polémica que, como hemos anticipado, llevaría al bueno de Junípero no solo a alcanzar la inmortalidad civil, sino la gloria eterna. Los jesuitas, encargados de evangelizar a los nativos americanos, serán sustituidos por dominicos y franciscanos. En las Californias —la Alta y la Baja—, dieciséis misioneros franciscanos, encabezados por fray Junípero, llegaron para hacer la labor misional tras la salida de los jesuitas.

Las autoridades tenían prisa por entrar en esas tierras, como veremos a continuación, y el fraile también estaba impaciente por conocer esas latitudes. La pierna ulcerada que le impedía caminar no fue obstáculo suficiente para que este rehusara seguir adelante. Se negó a que tuvieran que llevarle en volandas, así que pidió que le aplicaran el mismo remedio que se usaba para las bestias de carga y parece que la cosa funcionó. La comitiva salió de México rumbo al puerto de San Blas, desde donde se embarcarían hacia la

Baja California. El remplazo comenzó en Loreto, sede de la misión de Nuestra Señora de Loreto, frente al Mar de Cortés.

La Alta California

Años más tarde, los dominicos se quedaron con la Baja California y los franciscanos se trasladaron a la Alta, zona todavía inexplorada por el Imperio, donde Junípero culminaría su gran obra. La Corona española aún no se había molestado en ocupar esas tierras occidentales de la Alta California que le correspondían por decisión papal. El Imperio británico consiguió expulsar, tras la guerra de los Siete Años (1756-1763), a los franceses del continente norteamericano y aumentó su frontera hasta el río Misisipi, colindando con la de la Nueva España —que también agrandaba sus dominios siéndole cedida el resto de Luisiana—.[9] Cuando los piratas ingleses empezaron a asomar sus proas por las costas de California, a las autoridades españolas les entró prisa. Además, llegaron noticias de que los rusos habían irrumpido en el mismo escenario, pues años antes Vitus Bering había cruzado el estrecho que lleva su nombre.[10]

La Nueva California fue una de las provincias o territorios —junto a la Vieja California— que formaron la gubernatura de Las Californias, posteriormente la provincia fue renombrada Alta California. En 1765 el Gobierno envía a Nueva España en calidad de visitador a José de Gálvez. Tres años más tarde se celebra la Junta de San Blas que supone lo que algunos han llamado «la última

---

[9] También Gran Bretaña devuelve a España el puerto de La Habana y la ciudad de Manila (Filipinas). Gran Bretaña a cambio obtiene de España La Florida.

[10] M. Ortega Soto, *Alta California. Una frontera olvidada del noroeste de México. 1769-1846*, Plaza y Valdés, Ciudad de México, 2001, p. 118.

expansión española en América» y es aquí donde va a entrar en acción nuestro protagonista. Los franciscanos son los elegidos para la labor colonizadora.

La misión como institución de frontera

Es preciso recordar que la colonización española siempre se concibió como una empresa de integración de los territorios que anexaba y no como una empresa de expulsión y depredación. Dos modelos coloniales en expansión quedaban separados por el río Misisipi. Por ello, la labor de los frailes como avanzadilla era fundamental para pacificar la zona y comenzar el proceso de aculturación. Estos españoles solían entrar con la cruz, dejando en la medida de lo posible la espada a un lado. En no pocas ocasiones los misioneros se empeñaron en prescindir de la compañía de soldados. El historiador Herbert Eugene Bolton trató este tema en su ensayo *Las misiones como institución de frontera* (1917) y tiene palabras muy esclarecedoras al respecto:

> De esta manera, entonces, las misiones sirvieron como agencias fronterizas de España. Como su primera y principal tarea, los misioneros difundieron la fe. Pero además, designados o accidentalmente, exploraron las fronteras, promovieron su ocupación, las defendieron de los asentamientos interiores, enseñaron a los indios la lengua española, y los disciplinaron en las buenas maneras, en los rudimentos de la artesanía europea, de la agricultura, e incluso del autogobierno. Además, las misiones fueron una institución creada para la preservación de los indios, en oposición a su destrucción, tan característica de la frontera angloamericana. En las colonias inglesas los únicos indios buenos eran los indios muertos. En las colonias españolas se pensó que valía la pena formar a los nativos para esta vida, así como para la siguiente.

En 1769 partieron hacia la bahía de San Diego en la Alta California. Primero llegaron dos de los buques. El tercero naufragó muriendo la tripulación. La expedición liderada por fray Junípero y el militar Gaspar de Pórtola llegaría más tarde por tierra. Allí se fundaría la primera misión, la misión de San Diego de Alcalá.

No se detendrían ahí. Había que seguir hacia el norte. Ese mismo año, Gaspar de Pórtola y el misionero Juan de Crespí dieron con un lugar que tenía potencial para un asentamiento. Dos años más tarde fray Junípero ordenó construir la misión de San Gabriel Arcángel. Pocos años más tarde en ese lugar donde Juan de Crespí recomendó construir un asentamiento y donde Junípero levantó una misión, un pequeño grupo de españoles, indígenas, mestizos y mulatos fundaría el pueblo de Nuestra Señora la Reina de los Ángeles del Río de Porciúncula, más conocido como Los Ángeles. Hoy en día el área metropolitana de la ciudad tiene casi veinte millones de habitantes. No se equivocaba Crespí, evidentemente ese lugar tenía potencial.

Volvamos al año 1770. Pórtola y los suyos siguieron hacia adelante. Hacia el norte concretamente. Llegaron a la bahía de Monterrey, donde fundaron la misión de San Carlos Borromeo de Carmelo, en la actual ciudad de Carmel-by-the-Sea, o Carmel a secas, conocida por sus encantadoras tiendecitas y porque ese gran cineasta llamado Clinton Eastwood Jr. —más conocido como Clint— ejerció como alcalde. San Antonio de Padua, San Gabriel Arcángel —ya mencionada— y San Luis Obispo de Tolosa fueron las tres siguientes misiones que fundó fray Junípero en la Alta California. Pedro Fagés sustituyó a Pórtola, pero fray Junípero no sintonizó con el nuevo gobernador militar. Terco como una mula, el fraile agarró nada más y nada menos que a una mula, valga la redundancia, e hizo más de 1.500 kilómetros hasta llegar a Ciudad de México, donde fue a visitar al nuevo virrey, Antonio María Bucareli. Allí le convenció de sustituir a Fagés y lo acabó consiguiendo. El mallorquín Francisco Palou, compañero de Junípero, fundó en 1776 la misión de San Francisco de Asís —conocida como la misión de Dolores— en un lugar insalubre y brumoso, difícil para la agricultura. La misión se reubicó en 1791 y es la única de las misiones californianas que se encuentra inalterada. Hoy se halla rodeada de una gran ciudad, con un área metropolitana de más de cuatro millones de habitantes, que lleva por nombre el mismo que el de la misión.

Fray Junípero fundó nueve misiones en total y atendió la fundación de otras en calidad de padre presidente de las misiones de la Alta California. También presidió algunas misiones de la Baja California fundadas por jesuitas, tras la salida de estos, como la ya mencionada misión de Loreto. La Alta California fue la gran obra de su vida y allí, como no podía ser de otra manera, falleció tras una larga enfermedad. Era un 28 de agosto del año 1784. El padre Junípero se encontraba en su querida misión de San Carlos Borromeo —Monterrey—, fundada por él mismo y donde hoy descansan sus restos. La labor de este misionero franciscano no se redujo al aspecto espiritual. Enseñó a los indios a leer y a escribir, además de diferentes oficios: desde roturar el terreno para la siembra a la construcción de casas de adobe. También les enseñó a levantar acueductos y a trazar canales de riego, y cosas tan básicas como el manejo del pico y la pala.

Legado de Junípero Serra y Leyenda Negra

El legado de fray Junípero es incalculable. No solo le debemos la fundación de muchas misiones. Las misiones, al fin y al cabo, tenían un carácter temporal, lo importante era que estas debían ser el germen de una ciudad. El fraile plantó la semilla y pudo ver cómo el árbol crecía, pero nunca llegó a apreciar en vida el resultado final en todo su esplendor: San Diego, Los Ángeles, San Francisco, Monterrey, Santa Bárbara… A la luz están los resultados de esa simiente plantada por el franciscano. Igualmente llevó consigo los primeros sarmientos a una región que hoy es considerada como una de las zonas vitivinícolas más ricas del mundo. Por ello se le conoce como «el padre del vino californiano». Si California fuese una nación independiente, se trataría del cuarto productor de vino del mundo, por detrás de Italia, Francia y España.

Quizá este breve bosquejo de la figura de San Junípero Serra peque de laudatorio, pero es que la vida de este personaje es asombrosa y admirable en muchos sentidos, sobre todo si hacemos el ejercicio de ponernos las gafas de la época. Porque juzgar desde nuestra moralidad del presente es muy sencillo. Y es posible que quizá encontremos alguna tacha en la biografía del fraile. No obstante, Junípero no fue un conquistador sanguinario, fue un hombre de fe y ahí queda su legado. Un legado espiritual, pero también material. Junípero y los suyos construyeron un total de veintiuna misiones conectadas por el Camino Real, un camino de unos mil kilómetros que conecta la costa oeste de sur a norte. En 1892, año del Cuarto Centenario del Descubrimiento de América, el Estado de California hizo un esfuerzo por preservar la ruta del Camino Real, dándola a conocer al público. Y se colocaron un puñado de campanas que marcan distintos puntos clave de la travesía. En 2019, la Universidad Pública de California en Santa Cruz, apuntándose a la moda de la de Stanford, extirpó una de las campanas de su campus alegando que aquel objeto podía ser percibido como un símbolo racista.[11] En 2020, Sonia Vivas, una concejal de Podemos en Palma de Mallorca, señaló la estatua de Junípero Serra y pidió que se derribase. Al día siguiente apareció pintarrajeada con la palabra «racista», aunque por suerte sigue en pie. Por una extraña razón, atacar a Junípero Serra se ha puesto de moda. No comulgo con

---

[11] J. Hanna, «A California university removes a mission bell from campus, concerned it's seen as a racist symbol», CNN, 22 de junio de 2019, obtenido de https://edition.cnn.com/2019/06/22/us/university-california-santa-cruz-mission-bell/index.html.

que se derriben estatuas de Colón y de distintos conquistadores, pero cuando veo que se vandalizan o se derriban las de Junípero Serra, mi cerebro cortocircuita. Y más cuando estas acciones son sostenidas con argumentos tan sectarios e injustos. Cuando el papa Francisco canonizó a Junípero Serra en 2015, Corine Fairbanks, directora del *American Indian Movement* del Sur de California, inició una campaña para que le revocaran la santidad. Escribió una carta incendiaria en la que equiparaba las misiones californianas con campos de concentración nazis. Al ser preguntada en un medio por la figura del fraile español, afirmó lo siguiente: «Creo que Serra fue, ya sabes, cómplice y conspirador de violación, robo de tierras, tortura, asesinato. Creo que es tan malo como Hitler».[12]

Estatua de Junípero Serra vandalizada en Palma de Mallorca con la palabra «racista» (Agencia EFE).

[12] «Pope Francis in Cuba: "The World Needs Reconciliation in This Atmosphere of a Third World War"», *Democracy Now*, 21 de septiembre de 2015, obtenido de https://www.democracynow.org/2015/9/21/pope_francis_in_cuba_the_world.

3

ROBARON EL ORO

Explicar la empresa de Indias únicamente como una empresa doctrinal de expansión de la fe es obrar de manera tramposa. Hubo también un claro interés económico —sed de oro— y para ello no se escatimaron esfuerzos de ningún tipo. Al otro lado del océano estaba la posibilidad de hacerse rico, algo que no era ni mucho menos una tarea sencilla. «El mar es mina donde unos pocos se hacen ricos, pero infinitos yacen enterrados», rezaba un dicho anónimo del siglo XVI. En cierta ocasión, un fraile apremió a Francisco Pizarro para que diera a conocer a los naturales del Perú a Dios y la santa fe cristiana, a lo que respondió con toda su rudeza que él «había venido a México a quitarles su ganancia» a los indios.[1]

En las Antillas se extrajo oro durante el período que va de 1494 a 1525. Pierre Chaunu lo denominó el «ciclo del oro». Se obtuvo principalmente de Haití-Santo Domingo (La Española), Puerto Rico, Cuba, Jamaica y otras islas menores —Las Lucayas—. Dos fueron los procedimientos para la obtención de oro:[2]

[1] L. Hanke, *La lucha por la justicia en la conquista de América*, Ediciones Istmo, Madrid, 1988, p. 59.

[2] J. E. Pérez Sáenz de Urturi, «La minería colonial americana bajo la dominación española», *Boletín Millares Carlo*, 7-8, 1985, p. 56.

1. La colecta. Se obtenía el oro de los indios, quienes, al no estar imbuidos de las teorías mercantilistas europeas, lo solían usar como adorno sin darle el mismo valor. Pronto los aborígenes se interesaron por los objetos de hierro y acero, pues desconocían la metalurgia.

2. Oro de aluvión. Se encontraba en el lecho de los ríos. Había que lavar cuidadosamente las arenas auríferas y moverla en bateas para luego recoger las pepitas de oro más pesadas.

Los españoles habían establecido una pequeña factoría para su propio beneficio, pero no encontraron esos años todo el oro que esperaban. Sin embargo, tras la consolidación del Darién (Panamá) y durante la Conquista de México por Hernán Cortés, que culmina en 1521, se empiezan a trasladar esfuerzos a la zona continental.

La explotación aurífera quedó ensombrecida por la explotación argentífera, ya con otras técnicas, tras el descubrimiento de la gran mina de Potosí[3] (actual Bolivia) en 1545. Después, en 1546, se descubrió la de Zacatecas (México) y en 1548 la Guanajuato (México).

¿Cuánto oro y cuánta plata llegó a España desde que se descubrió América? Todos los investigadores que han intentado responder a esta pregunta han tenido que leerse obligatoriamente el estudio del profesor Earl J. Hamilton, plasmado en su libro *American Treasure and the Price Revolution in Spain, 1501-1650*, un clásico y una de las obras más importantes de la historia económica escritas en el siglo XX, publicada por primera vez en 1934. Según este

---

[3] Veinticinco años después de su nacimiento, la población de la Villa Imperial de Potosí era de 50.000 habitantes. Para 1625 tenía 160.000. «Si yo te hubiera de pagar, Sancho —respondió don Quijote—, conforme lo que merece la grandeza y calidad deste remedio, el tesoro de Venecia, las minas del Potosí fueran poco para pagarte; toma tú el tiento a lo que llevas mío, y pon el precio a cada azote», escribe Miguel de Cervantes.

historiador, que basó su estudio siempre en cifras oficiales —es decir, cantidades declaradas— de los escrupulosos funcionarios, los caudales arribados y registrados en la Casa de la Contratación de Sevilla, en el período que va de 1503 a 1660 alcanzan la suma de 181.333 kg de oro y 16.886.815 kg de plata.[4] Por lo que, en caso de robar, más bien fue plata lo que cogieron de América los españoles y no oro. Pero no nos detengamos aquí. De esas remesas, la quinta parte pertenecía a la Corona, más otras contribuciones que le correspondían. En algunas ocasiones, cuando el rey se vio apurado a la hora de afrontar gastos extraordinarios —esfuerzos militares, principalmente—, los funcionarios de la Corona no tuvieron reparos en incautar algunas cargas, por lo que el tesoro real pudo llegar a obtener un 40 por ciento del total de los cargamentos.[5]

Período	Plata (gramos)	Oro (gramos)
1503-1510	—	4.965.180
1511-1520	—	9.153.220
1521-1530	148.739	4.889.050
1531-1540	86.193.876	14.466.360
1541-1550	177.573.164	24.957.130
1551-1560	303.121.174	42.620.080
1561-1570	942.858.792	11.530.940
1571-1580	1.118.591.954	9.429.140
1581-1590	2.103.027.689	12.101.650

[4] E. J. Hamilton, *El tesoro americano y la revolución de los precios en España, 1501-1650,* Ariel Historia, Barcelona, 1975, p. 55.

[5] E. Martínez Ruiz, *Las flotas de Indias. La revolución que cambió el mundo,* La Esfera de los Libros, Madrid, 2022.

1591-1600	2.707.626.528	19.451.420
1601-1610	2.213.631.245	11.764.090
1611-1620	2.192.255.993	8.855.940
1621-1630	2.145.339.043	3.889.760
1631-1640	1.396.759.594	1.240.400
1641-1650	1.056.430.966	1.549.390
1651-1660	443.256.546	469.430
Total 1503-1660	16.886.815.303	181.333.180

Tabla de Earl J. Hamilton.

El estudio de Hamilton es sumamente valioso, pero ha quedado obsoleto en algunos aspectos. Autores como Michel Morineau, Domínguez Ortiz, García Fuentes o García-Baquero a finales del siglo xx revolucionaron con nuevos estudios todo lo que se venía sabiendo sobre este asunto. Sin embargo, una de las principales contribuciones de Hamilton no ha sido superada: la que habla de la «revolución de los precios» en Europa —con su foco en Castilla—, causada por las grandes remesas de metales preciosos que llegaban de América y que se transformaban, previo proceso de acuñación, en moneda circulante.

Un fenómeno que ha sido estudiado por algunos economistas es el de la teoría cuantitativa del dinero, según la cual si un Estado empieza a imprimir moneda salvajemente se provoca una gran inflación —siempre que se den una serie de condiciones—. Es decir, hay un aumento de precios. Y eso es básicamente lo que ocurrió en Castilla en el siglo xvi, llegando a su cenit en los últimos años del mismo. Por lo tanto, se puede decir que el oro y la plata de las Indias fueron un mal negocio para España que empobreció a muchos sectores de la sociedad. La subida de precios a la larga conllevó una pérdida de competitividad industrial, arruinó considerablemente la producción de paños en Castilla y tuvieron que acudir los consumidores a productos de fuera de la península ibérica que podían producir a un precio más ajustado. España era básicamente un país exportador de lana merina en bruto y un importador de productos manufacturados. Según algunos autores, esto retrasó su industrialización.

El fenómeno inflacionista,[6] consecuencia de la importación de metales preciosos, ya lo percibieron visionarios de la Escuela de Salamanca como Martín de Azpilcueta (1492-1586), que se dio cuenta de que el dinero tiene más valor donde escasea, es decir, que con menos dinero puedo tener más valor adquisitivo. Y pone Francia como ejemplo, donde fluye menos el dinero que en España:

> En las tierras donde hay gran falta de dinero, todas las otras cosas vendibles, y aún las manos y trabajos de los hombres, se dan por menos dinero que donde hay abundancia de él, como por la experiencia se ve en Francia, donde hay menos dinero que en España, valen mucho menos el pan, vino, paños, manos y trabajos de los hombres, que después de las Indias descubiertas la cubrieron de oro y plata. La causa de lo cual es que el dinero vale más donde y cuando hay gran falta de él que donde y cuando hay abundancia.[7]

Tomás de Mercado (1523-1575), también de la Escuela de Salamanca, expone con mayor perfección la teoría cuantitativa del dinero al establecer un orden de estimación del dinero —cuando

---

[6] Se suele atribuir al teórico francés Jean Bodin la primera formulación en 1568 de una teoría que conectaba la inflación con la cantidad circulante de oro y plata, sin embargo, esto no es correcto, pues el fenómeno ya fue percibido años antes por pensadores de la Escuela de Salamanca.

[7] Citado en J. L. Paradinas Fuentes, «El pensamiento económico de la Escuela de Salamanca», Fundación Canaria Orotava de Historia de la Ciencia, 2017, p. 4.

más se tiene menos se estima—, que va de menos a más, entre las Indias, Sevilla, el resto de España y por último Europa:

> La tercera razón, que otros piensan ser fundamento, es la diversa estimación de la moneda. Y para entenderla, porque es muy buena, es de advertir no ser lo mismo el valor y precio del dinero y su estima. Ejemplo clarísimo es de esto: que en Indias vale el dinero lo mismo que acá, conviene a saber, un real treinta y cuatro maravedís, un peso de minas trece reales, y lo mismo vale en España. Más, aunque el valor y precio es el mismo, la estima es muy diferente entrambas partes, que en mucho menos se estima en Indias que en España. La calidad de la tierra y su disposición lleva de suyo que, en entrando uno en ella, se le engendra un corazón tan generoso en esta tecla que no tiene una docena de reales en más que acá, a modo de decir, una de maravedís. Tras las Indias, do en menos se tiene es en Sevilla, como ciudad que recibe en sí todo lo bueno que hay allá; luego, las demás partes de España. Se estima mucho en Flandes, en Roma, en Alemania, en Inglaterra. La cual estima y apreciación se causa, lo primero, de tener gran abundancia o penuria de estos metales, y como en aquellas partes nace y se coge, se tiene en poco, que aun los hombres, según el refrán, no se honran ni se estiman comúnmente en su patria.[8]

El alza de los precios fue mayor en Andalucía, que era la primera en recibir el impacto de importar metales preciosos a través de Sevilla. Seguían en orden de importancia Castilla la Nueva, Castilla la Vieja y Valencia; y luego ya el resto de España. Todo en función de la distancia con el núcleo irradiador sevillano. Para 1600 los precios en la península ibérica se habían elevado cuatro veces respecto a los precios de cien años antes. Pero la afluencia de metales provocó una revolución de los precios que se sintió en

---

[8] Citado en Ibídem, p. 5.

toda Europa. También es importante señalar otro factor: el del crecimiento demográfico de la población europea durante el siglo XVI. Al aumentar la población, hubo más bocas que alimentar, por lo que se acrecentó considerablemente la demanda de productos de primera necesidad. El precio del trigo aumentó más rápidamente que el de otros productos, y en Francia llegó a ser incluso más caro que en España.

En 1558, el contador Luis Ortiz le presentó al rey Felipe II un memorial[9] para solucionar los problemas que tanto estaban dañando a la monarquía. Los mercaderes castellanos estaban vendiendo lana de oveja merina y, a cambio, compraban después paños fabricados con esa lana. Se vendía por uno y se compraba por diez. La balanza de pagos quedaba desequilibrada. Buena parte del dinero acuñado con metales preciosos de las Indias fluía hacia el extranjero, sirviendo para que los enemigos de España pudiesen hacerle la guerra al rey Felipe:

> Entendido está que de una arroba de lana que a los extranjeros les
> cuesta quince reales, hacen obraje y tapicerías y cosas labradas fuera
> de España, de que vuelven dello mismo a ella, valor de más de quin
> ce ducados [un ducado equivale a 10 reales aproximadamente].

Luis Ortiz no fue capaz de formular una teoría cuantitativa del dinero como algunos de los escolásticos salmantinos, sin embargo, su análisis es sumamente revelador. Sus remedios para que no salgan dineros del reino se centran en cómo mejorar con una buena política aduanera la descompensada balanza de pagos.

---

[9] «Avisos, remedios y orden para que no salgan dineros de estos reinos de España antes de otros vengan a ellos y para que bajen las cosas de los excesivos precios en que al presente están y allanar el mar Mediterráneo y para desempeñar a su Majestad». Citado en M. Fernández Álvarez, *Felipe II y su tiempo*, Espasa-Calpe, Madrid, 1998, pp. 163-176.

Hay que entender este escrito en el contexto del inicio del reinado de Felipe II, quien había heredado grandes deudas contraídas por su padre, por lo que no le quedó más remedio que declarar la primera de sus tres bancarrotas. Para solucionar los males que afligían al rey, Ortiz propone medidas un tanto ingenuas e inaplicables, como que no saliesen del reino materias primas y que no entrasen mercaderías manufacturadas. También plantea formar a la población en los oficios mecánicos, incluso a los hijos de la alta nobleza, un dictamen que persigue atajar la ociosidad e incorporar más trabajadores para la industria.

El historiador argentino Rodolfo Puiggrós se percató de las consecuencias funestas que tuvieron el oro y la plata para España, y lo expresó en los siguientes términos:

> La ilusión de la riqueza fácil fue funesta para España y le trajo la realidad de su miseria. Ella paralizó el inicial desarrollo manufacturero y comercial de sus ciudades [...] dio alas a la decrépita nobleza para imponerse a la burguesía y reducir a la indigencia a los trabajadores rurales y urbanos [...] España era, durante el siglo XVI, árbitro de la política europea, pero su fuerza internacional descansaba sobre una ficción nacional, la ficción de una grandeza aparatosa que cubría la miseria de labriegos y artesanos agobiados por gabelas e impuestos, el parasitismo de la nobleza que se negaba a abandonar la corte para hacer producir a los campos.[10]

¿Se llevó oro de América a Europa? Por supuesto, es difícil oponerse a tal afirmación, pero de ahí a robar hay un trecho. Lo del latrocinio de metales preciosos no es más que una de tantas falsedades que repiten una y otra vez los que se agarran como a un clavo ardiendo a la Leyenda Negra antiespañola. Los territorios

---

[10] Citado en M. Gullo Omodeo, *Insubordinación y desarrollo: Las claves del éxito y el fracaso de las naciones*, Biblos, Buenos Aires, 2012.

conquistados no se empobrecieron, de hecho, sucedió lo contrario, y los que sí se empobrecieron fueron los españoles peninsulares. ¿Se vació América de oro, plata y otros metales? Ni mucho menos.

Entre 1503 y 1660, a la península española, atendiendo a las cifras de Hamilton —que pueden siempre estar sometidas a revisión—, llegaron unas 16.900 toneladas de plata y otras 181 toneladas de oro. Contrastemos estas cifras con otras para comprobar que dato mata relato. México produjo 5.600 toneladas de plata en el año 2021.[11] Es el país que más plata produce en la actualidad. El segundo es Perú con 3.400 toneladas de plata anuales. A día de hoy, solo la producción de México en un año equivale a una tercera parte de la plata que España extrajo durante siglo y medio en toda América. Con la extracción del oro sucede algo parecido. Si sumamos el oro que extraen Perú y México en un año, supera a la cantidad que extrajo España en siglo y medio. Es absolutamente falso de toda falsedad que toda la plata, el oro, las esmeraldas o las perlas fueran llevadas a España vaciando al Nuevo Mundo de dichos productos y conduciéndolo a la pobreza más absoluta e injusta. Los países hispanoamericanos, con Estados Unidos a la cabeza, cuentan con grandes reservas de metales preciosos. Y todavía queda mucho por extraer. Menciono Estados Unidos porque a veces se nos olvida que dos terceras partes de su territorio pertenecían al Imperio español. Y hoy Estados Unidos es el país más rico del mundo, y con razón los estadounidenses no van pidiendo que se les devuelva nada.

De todas las toneladas de oro y plata que atracaban en Sevilla, solo una pequeña parte se invertía realmente en Castilla o en Aragón. A veces, los metales ni siquiera llegaban a tener demasiado trasiego por tierras españolas, ya que se destinaban a pagar préstamos en el extranjero. Los metales preciosos extraídos que salían de América representaban un 20 por ciento aproximadamente, solo

---

[11] Datos extraídos de https://es.statista.com/.

una pequeña parte. El 80 por ciento restante se quedaba en los virreinatos americanos contribuyendo a potenciar su desarrollo y a la creación de una sociedad próspera y avanzada. Se sufragaron gastos para el enriquecimiento de aquellas sociedades mestizas con la construcción de caminos, ciudades, fortalezas defensivas costeras, catedrales, universidades, hospitales, misiones, acueductos, puertos, palacios, puentes, etc. Además, hay que tener en cuenta que en las Indias no existía moneda como tal a la llegada de los españoles. El oro, la plata y demás metales preciosos eran considerados de gran valor por los europeos, pero no tenían demasiado valor económico para los nativos. Eran tan solo objetos de adorno valorados por su belleza que en ocasiones se utilizaban en diferentes ritos religiosos.

Cómo medrar siendo una víctima de la opresión

El Colectivo Ayllu publicó en 2018 un libro titulado *Devuélvannos el oro*. Entre los autores figura la peruana Daniela Ortiz de Zevallos, una activista que se define en Twitter como «anticolonial, abolicionista de las leyes de extranjería, artista, de corazón andino, antiimperialista, radicalmente antirracista y felizmente antipatriarcal». Daniela no se ha cansado de pedir que los españoles devolvamos el oro: «Españoles que dicen que no se beneficiaron del colonialismo porque sus antepasados ni ellos pisaron Abya Yala. Por favor, ¿a dónde creen que fue y aún va todo el oro y las materias primas explotadas en el sur global? ¿Cómo creen que Europa tiene ese estado de bienestar?». La «oprimida» Daniela proviene de una familia adinerada peruana y estudió en universidad privada. Su CV es envidiable. En 2007 se afincó en Barcelona, consiguió hacerse hueco exponiendo su obra en museos como el MACBA —difundiendo la teoría pseudohistórica de que Colón era catalán— o el Reina Sofía, y fue entrevistada en muchos medios. En 2020, después de que pidiese en *Espejo Público* (Antena 3) que se retiraran algunas estatuas que ella consideraba molestas, como la de Colón en Barcelona, explicó en su cuenta de Twitter que había recibido muchas amenazas en redes sociales y que, por ello, víctima hasta el juicio final, se marchaba de España, que considera «un país racista»: «Una cosa que me alegra de haber tenido que volver a mi país es que puedo decir lo que me da la gana sobre la supremacía blanca y el fascismo español y la policía de esos pedazos de mierda ya no me puede tocar».[12]

Los Ortiz de Zevallos descienden de la blanca nobleza española y se han desempeñado en Perú como marqueses, terratenientes, senadores, magistrados, fiscales, empresarios, ministros, presidentes de la Corte Suprema de Justicia del Perú... En Twitter circula un hilo demoledor —con un montón de datos— poniendo en su sitio a esta caradura: «La interseccionalidad es esto, una niñata burguesa universitaria descendiente de las élites coloniales mudándose a Barcelona para decirle a una chica de Badalona, reponedora del Carrefour y de abuelos jornaleros, que le está oprimiendo por un color de piel que comparten. Y cuela. Gente rica y privilegiada que desearía haber nacido indígena en la Amazonía del Perú o campesino pobre iletrado, resultan ser ricos que han encontrado en la teoría interseccional una forma de hacerse pasar por oprimidos y representar a los pobres. En el 99 por ciento de los casos es así. Todas estas cosas no serían posibles sin medios tipo Eldiario, El Salto, Ctxt, etc. Estos diarios y magazines digitales son el primer escalón hacia la fama para este tipo de personajes».[13]

Así reza la introducción a modo de manifiesto del Colectivo Ayllu en el que participa, entre muchos otros, la oprimida Daniela:

---

[12] Tuit publicado el 31 de octubre de 2020.

[13] No se pierdan este hilo de Twitter. Solo he entrecomillado una parte: https://twitter.com/90248a/status/1274045397124743173?s=20&t=ohrIrbko dhE0C4pKZ_3R7Q.

Los españoles nos cambiaron oro por espejos en la conquista y colonización. Los colonos españoles intentaron engañarnos con un plan que consistía en eliminar nuestras formas de vida, la explotación del territorio, el robo del oro, la plata, el cobre. Aplicaron la esclavización, la extirpación de idolatrías y la imposición de la modernidad blanca occidental como proyecto al que acceder. Nos robaron el oro y nos quisieron robar la vida.

Devuélvannos el oro. Cosmovisiones perversas y acciones anticoloniales es un libro que refleja poco más de un año de trabajo como colectivo Ayllu, donde hemos intentado poner en valor voces, imágenes y cuerpos de personas migrantes, negras, sudacas, disidentes al régimen heteroblancocéntrico español. *Devuélvannos el oro* es un grito de dolor desde nuestra aún no cicatrizada herida colonial. Es el grito también que muestra que estamos vivxs, que hemos sobrevivido aunque los colonos y neocolonos no lo esperaran, y que hermanadxs en el ayllu, gritamos el dolor, bailamos la rabia —si hace falta, echando maldiciones mientras bailamos— y resistimos desde el goce.

[...]

Confrontamos la imposibilidad del habla impuesta por el colono como una forma de afrenta de quienes migramos y decidimos no agachar sumisamente la cabeza. «Devolver el oro» no es entonces una confrontación al reino de España desde la lectura capitalista de los metales preciosos robados del Sur global, sino que una necesidad de devolución de todas las vidas, cosmologías, epistemologías y sexualidades que Occidente, y en particular el Imperio español, nos ha querido robar. Al gritar «Devuélvannos el oro» queremos la recuperación de lo arrancado, la presencia de lo que no existente, de lo que intentaron borrar, de las vidas fugitivas, los cuerpos desterrados, los penachos, elekes y dioses secuestradxs, las ánimas perdidas, los frutos prohibidos, los manatíes y aves enjauladas, la sangre derramada, los cantos silenciados, el oro, la plata, los diamantes, la caña de azúcar, la papa, los vicios, las idolatrías extirpadas. Devuélvannos el oro es entonces recordarle al blanco que le conocimos a partir del rapto, el saqueo, la violación, y que esta violencia se reactiva cada día. No hay perdón ni olvido. La reparación que exigimos no es moneda de intercambio.

La constante victimización puede suponer grandes ventajas para la persona que se considera víctima: obtención de atención, simpatía, subvenciones y apoyo institucional. La cultura de la queja ha reportado grandes beneficios a activistas espabilados que se han dedicado a medrar persiguiendo el lucro personal, valiéndose de herramientas como la mentira, la cancelación y la dramatización hipócrita. Esta retórica funciona, los activistas lo saben y los políticos y las instituciones se sirven de ello para lavar sus conciencias dando la espalda a los verdaderos dramas de la vida. De esta manera, se explica el surgimiento de agitadores de izquierda radical como Daniela, defensora de grandes tiranos como Fidel Castro, Hugo Chávez, Evo Morales, Cristina Fernández de Kirchner o cutres aprendices de tirano como el malogrado Pedro Castillo.

Desde su tierra natal, Daniela Ortiz de Zevallos se permite el lujo de seguir hablando mal del país que la acogió con los brazos abiertos y donde se labró su fama. Y no duda en apoyar que se cometan actos de delincuencia en España, eso sí, siempre por una causa justa, no sean ustedes malpensados: «Si hay jóvenes migrantes entre quienes saquean tiendas de lujo, cadenas y multinacionales en Barcelona se merecen todo el apoyo político colectivo. Expropiar esas zapatillas y ropas es un acto mínimo de reparación ante la violencia económica que viven esos jóvenes».[14]

---

[14] Tuit publicado el 20 de febrero de 2021.

4

«NO ERES UN BLANQUITO, TE *COLONISO*»

Con este capítulo pretendo esclarecer algunas cuestiones derivadas del conflicto que deviene al usar el término «colonia» para referirse a las posesiones españolas de ultramar, y de alguna manera zanjar definitivamente la polémica.

«España no tenía colonias sino virreinatos». Esta coletilla surge inmediatamente cuando, en una red social, algún artículo habla del sistema colonial español. Esto suele dar pie a un debate estéril donde los contendientes acostumbran a intercambiar mucho exabrupto y a dar pocas explicaciones. Los lectores que se congregan, aun viéndose inermes, no dudan en sumarse a la conversación, posicionándose en uno de los bandos y, si es posible, intentando ridiculizar a sus rivales en un ejercicio de linchamiento un tanto grotesco. Ese alarde de conocimiento sin documentar nos ha servido a todos en alguna ocasión como experiencia catártica para dar rienda suelta a nuestras pulsiones más bajas.

La distinción entre colonia y virreinato es unos de los debates de historia más típicos en el mundo *interneril*; un debate que también se ha dado en el mundo académico, donde las posiciones, a diferencia del ámbito anterior, se refutan con prudencia, educación, pero principalmente con argumentos.

Para ofrecer una respuesta, se requiere un análisis profundo, abierto y, sobre todo, templado. Y, por supuesto, no es un debate apto para mentes cerriles.

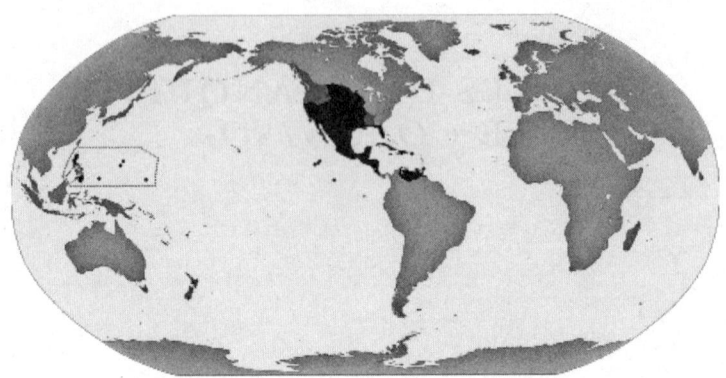

Máxima extensión del Virreinato de Nueva España, con la incorporación
de la Luisiana (1764-1803) (Wikipedia Commons).

¿Qué significa colonia?

Etimológicamente, la palabra colonia —agrupación de colonos—
viene del latín *colonia*, entendida como «territorio establecido por
gente que no es de ahí». La palabra latina deriva del verbo *colere*
(cultivar, habitar). La raíz es muy antigua, probablemente de origen
indoeuropeo y en ningún momento deriva de Cristóbal Colón,
como muchos jóvenes piensan gracias a la simpática y leyendanegrista canción *Te coloniso*, de la fábrica Playground:[1]

---

[1] En 2018, Blinklearning me invitó a dar una charla para hablar del
proyecto de Academia Play. Había varios ponentes. Antes de subir al escenario
habló Liliana Arroyo, por entonces subdirectora de Playground. Dedicó un rato
a hablar de su éxito *Te coloniso: II Encuentro #Realinfluencers | Liliana Arroyo |
Del storytelling al storydoing* (se puede ver el evento en Youtube y a un servidor
en la primera fila). Describió su vídeo como un vídeo riguroso y dijo que el
trabajo de investigación que habían realizado sus autores les había llevado a ser
expertos en Colón y en los Reyes Católicos. También animó a los profesores
de historia a usarlo en sus clases. No me cabe duda de que muchos profes lo
habrán hecho.

No amas a Yisus, te coloniso

No hablas mi idioma, te coloniso

No eres un blanquito, te coloniso

TE COLONISO

TE COLONISO

No amas a Yisus, te coloniso

No hablas mi idioma, te coloniso

No eres un blanquito, te coloniso

TE COLONISO

TE COLONISO

Soy Cristóbal Colón

Soy el puto amo y es que mola un montón

Soy navegante del Reino de Castilla

Te coloniso y te pongo de rodillas

Fernando Isa... Escucha mi teoría

Hazme un favorcito, financia mi travesía

¿Cuántos esclavos me vas a traer?

Los que quepan en el barco

Entonces te doy tres

No amas a Yisus, te coloniso

No hablas mi idioma, te coloniso

No eres un blanquito, te coloniso

TE COLONISO

TE COLONISO

No amas a Yisus, te coloniso

No hablas mi idioma, te coloniso

No eres un blanquito, te coloniso

TE COLONISO

TE COLONISO

Vaya atracón de curry está por venir

¿Estás seguro de que la India es por aquí?

¿Qué? ¿Desconfías de mí?

TE COLO...

Me colonisa, que ya lo sé, pesao, que me colonisa…
A las siete llegué a aquella playa
Y salí de ese barco que olía a cuadra,
Estaban las indias y la cosa cambiaba
Los indios me esperaban, el Cristóbal llegaba
¿A quién llamas indio?
Calla, indio, o te coloniso
Ya, pero es que aquí no hay ningún indio
Tú te callas que tú eres indio, y esclavo, y cristiano
¡SÍ!
No amas a Yisus, te coloniso
No hablas mi idioma, te coloniso
No eres un blanquito, te coloniso
TE COLONISO
TE COLONISO
No amas a Yisus, te coloniso
No hablas mi idioma, te coloniso
No eres un blanquito, te coloniso
TE COLONISO
TE COLONISO
Mueve ese tubérculo culo, culo,
Tubérculo, culo, tubérculo, culo, culo
Dame las patatas, dame las patatas tatas, tatas
Dame las patatas.
Descubriendo un nuevo mundo
Tu Colón, te coloniso
Uso colonia
Número uno en continentes
Eh… Hola, sí, perdona, eh
Bueno soy Erik el Rojo y que lo de
Llegar a América ya lo hicimos los
Vikingos hace unos años atrás
Concretamente, 510 años antes que vosotros
Así que nada, escucha esto, flipao […]

Revisemos ahora qué dice el diccionario de la Real Academia Española sobre el término colonia para entender su denotación.

Colonia. Del lat. *colonia*, de *colōnus* 'labrador', 'colono'.

1. f. Conjunto de personas que, procedentes de un territorio, se establecen en otro.

2. f. Territorio o lugar donde se establece una colonia.

3. f. Territorio fuera de la nación que lo hizo suyo, y ordinariamente regido por leyes especiales.

4. f. Territorio dominado y administrado por una potencia extranjera.

5. f. Conjunto de los naturales de un país, región o provincia que habitan en otro territorio. *Colonia asturiana en Madrid.*

6. f. Grupo de viviendas semejantes o construidas con una idea urbanística de conjunto.

7. f. Residencia veraniega para vacaciones infantiles, generalmente en el campo o en la playa. *Ha mandado a sus hijos a una colonia de verano.*

8. f. Grupo de animales de una misma especie que conviven en un territorio limitado. *Colonia de garzas.*

9. f. Animal que por proliferación vegetativa, en general por gemación, forma un cuerpo único de numerosos zooides unidos entre sí.

10. f. Hond. y Méx. En una ciudad, barrio (l cada una de las partes en que se divide).

Con la RAE en la mano, vayamos a la cuestión denotativa para posteriormente escrutar las connotaciones. La primera acepción encaja en una fase primigenia de cualquier empresa colonizadora. La tercera acepción habla de nación. ¿Hasta la Constitución de 1812 no se puede hablar estrictamente de nación española? ¿Por qué no? ¿Ni siquiera de España? ¿O sí? ¿Por qué llamarían Virreinato de Nueva España a un nuevo reino si España no existía?

Esta última pregunta siempre surge en los debates tuiteros, aunque según el contexto hay quien prefiere un término acuñado recientemente como el de «monarquía hispánica», que es la que hizo suyos los territorios descritos bajo un mismo soberano. El concepto de nación política es un concepto que surge en el siglo XVIII, no obstante, el término nación se usaba ya en la Edad Media como concepto cultural. En época visigoda, san Isidoro de Sevilla (560-636) o Gregorio de Tours (538-594) se referían a *Spania* como entidad política independiente. La identificación con España era plena en época visigoda como afirma el catedrático de Historia Antigua, Luis Agustín García Moreno. ¿Nación? Cuidado, no nos perdamos porque ese es otro debate que abordaremos más adelante. Lo importante en esta tercera definición es la parte que habla de «leyes especiales». Y aquí radica el *quid* de la cuestión, en entender la manera en la que los reinos de ese Imperio hispánico se administraban. Para la cuarta acepción, ya es necesario anticipar que los diferentes reinos españoles estaban administrados por un virrey, que representaba a la corona, es decir que no estaban exactamente administrados por una potencia extranjera como veremos a continuación. Por lo tanto, podemos afirmar que la cuarta acepción de la palabra colonia tiene un encaje más difícil, pero no siempre es así. La presencia española en América fue muy prolongada. Empieza con el Descubrimiento de América y se concluye con la pérdida de Cuba, Puerto Rico y Filipinas en 1898, que supuso el fin de las posesiones de España en ultramar. Son más de cuatrocientos años de historia en los que las estructuras administrativas fueron cambiando de nombre, de naturaleza y adquiriendo diferentes estatus y formas de gestión. ¿Alguien se atrevería a decir que España no tuvo colonias en África?

La palabra colonia es una palabra con muchas connotaciones derivadas. Sirve a los historiadores para englobar diferentes tipos de asentamientos surgidos a partir de procesos colonizadores a lo largo y ancho de la historia. En una situación colonial, los nativos del territorio colonizado poseen diferentes grados de autonomía. Cada colonia o asentamiento suele ser dependiente de un asentamiento madre o metrópoli y pueden estar sujetos a la soberanía del gobierno metropolitano, tener autonomía o algún tipo de sistema mixto en el que estén políticamente representados en cabildos o cuerpos gubernamentales. Obviamente, el sistema colonial inglés no fue igual que el sistema colonial español o francés; al igual que no todas las colonias griegas, fenicias o romanas se organizaron de la misma manera.

Virreinatos en América

El virreinato o reino[2] fue una institución local y administrativa de la Corona de España para el gobierno de sus posesiones en América a imitación de los que ya existían en Sicilia, Cerdeña, Nápoles, Galicia, Navarra, Valencia, Cataluña o Aragón —más tarde también se crearía en Mallorca—. El virreinato es de origen aragonés[3] y sería una institución típica del ortograma imperial hispánico. El primer virreinato en los nuevos territorios que habrían de descubrirse en la empresa de Indias se creó con las célebres Capitulaciones de Santa Fe, suscritas el 17 de abril de 1492 por los Reyes Católicos y Cristóbal Colón. Este último fue nombrado Almirante de la Mar Océana y recibió el título de virrey y gobernador general de todas las tierras que descubriera, cargo que le fue reconocido a su regreso del descubrimiento por cédula de los Reyes Católicos otorgada en Barcelona el 28 de mayo de 1493. Sin embargo, la poca destreza demostrada por el almirante para

---

[2] Jurídicamente la institución se conocía como «Reyno». En ausencia del rey, el reino es gobernado por un «virrey», «vice rey», «visorrey» o «alter nos» real.

[3] R.Levene, *Las Indias no eran colonias*, Espasa-Calpe (Colección Austral), Madrid, 1951, p. 33.

gobernar aquellas tierras hizo que la Corona lo destituyera de esos cargos en 1499 y le nombrara un sucesor, el cual no recibió el título de virrey. En 1509, Diego Colón, hijo del Almirante, después de tener que luchar por sus derechos en los pleitos colombinos logró el título de virrey de la isla Española y de otros territorios que hubieran sido descubiertos por su padre. Pero este título era ya solo honorífico.

El Consejo de Indias se creó en 1511 como una sección dentro del Consejo de Castilla para más tarde, en 1524, conformarse como una entidad propia. Fue el órgano más importante de la administración indiana —América y las Filipinas—, ya que asesoraba al rey en la función ejecutiva, legislativa y judicial. Los miembros del Consejo de Indias eran designados por el rey y el Consejo proponía al rey el nombramiento de los virreyes. Tras la llegada de Hernán Cortés a México y la caída de Tenochtitlán (1521), se reorganizó la institución acabando con la etapa del virreinato colombino. Con la creación del Virreinato de Nueva España, el emperador Carlos V, por cédula firmada en Barcelona el 17 de abril de 1535, nombró virrey de Nueva España y presidente de su Real Audiencia a Antonio de Mendoza y Pacheco. Fue por tanto el segundo virrey del Imperio español del Nuevo Mundo, tras Cristóbal Colón, con los nombramientos adicionales de gobernador, capitán general de Nueva España y presidente de la Real Audiencia de México, y todas las atribuciones y autoridad inherentes al cargo. Se enfrentó al capitán general Hernán Cortés, quien hasta entonces había actuado de forma independiente. Al final, Cortés tuvo que subordinarse a su mandato, luego de que Mendoza le hiciese ver que la reorganización del reino requería de su presencia, en tanto que él como virrey representaba al monarca. La estructura territorial de la época virreinal siguió el modelo del Reino de Castilla y, por tanto, en los territorios de ultramar había igualdad política y jurídica respecto a las provincias peninsulares, como Aragón o Galicia, o la mediterráneas —Sicilia, Cerdeña o Nápoles—. Se trataba de replicar el modelo peninsular allende sus fronteras: un virrey para cada reino, aunque no exactamente iguales, ya que los reinos de Indias carecían de Cortes propias. Los reinos de Indias fueron administrados por estos virreyes, que se convirtieron en los representantes del rey de España y se gobernaron conforme a las leyes castellanas, trasladando sus instituciones y creando nuevas ciudades cada una con su iglesia y su cabildo. La regla fue establecer reinos autónomos unidos por la Corona. Con el paso de los años, se crearán sociedades prósperas y pacificadas, con una estabilidad portentosa que duró tres siglos.[4]

Imperios generadores e imperios depredadores

En este punto es conveniente recordar la categorización dialéctica —nunca maniquea— que hacía el filósofo Gustavo Bueno al hablar de imperios generadores en contraposición a los imperios depredadores o coloniales. Las categorías y las etiquetas son a la fuerza reduccionistas y muchas veces tramposas, pues la realidad es siempre mucho más compleja, pero resultan sumamente útiles para abordar la historia y tratar de comprenderla.

Bueno venía a decir, al igual que han hecho muchos otros autores, que los imperios generadores crean Estados nuevos,[5] y para ello implantan sus instituciones, su religión, su cultura, su lengua, su economía y su tecnología en los territorios conquistados, convirtiendo a las sociedades colonizadas en sociedades de pleno derecho. Nunca hay que cansarse de recordar que la corona espa-

---

[4] J. Marías, *La Corona y la Comunidad Hispánica de Naciones,* Asociación Francisco López de Gómara, Madrid, 1992, p. 57.

[5] G. Bueno, *España frente a Europa,* Pentalfa, Oviedo, 2019, p. 189.

ñola dio carta de ciudadanía al indígena y prohibió su esclavitud. Sobre el papel, un indígena tenía los mismos derechos[6] y obligaciones que cualquier otro vasallo de la península. En las Instrucciones a Nicolás de Ovando se registra la declaración según la cual el gobernador debía empeñarse en consagrar el matrimonio entre españoles e indígenas, estableciéndose así la igualdad entre nativos y peninsulares. Los imperios generadores allí donde van construyen, crean y se mezclan. En esta definición, la de «imperios generadores», aún con sus actos de depredación, encajaría el Imperio español. Se trata de construir sociedades mestizas, modificando las anteriores. España hace un «injerto» de España en América, en palabras de Julián Marías.[7]

Los imperios depredadores o coloniales, al contrario, tienen como rasgo fundamental el de no mezclarse con la población aborigen del espacio conquistado, algo que siempre caracterizó al Imperio inglés, refractario al mestizaje, colonizando Norteamérica en familia, al viajar los colonos con sus esposas —e incluso con sus hijos—, expulsando a la población nativa y confinándola en reservas o directamente aniquilándola. El propósito del imperio depre-

---

[6] Y decimos sobre el papel, ya que durante muchos años el testimonio de un aborigen no se tenía en consideración en los juicios, o al menos no tenía el mismo peso que el de un español. También encontramos el experimento de las «Repúblicas de Indios», a partir de 1570, donde se permitían las leyes y costumbres nativas siempre que no entrasen en conflicto con las leyes españolas, que al fin y al cabo eran el ordenamiento jurídico común. En el siglo XVIII se dejó de usar el concepto de república, si bien algunas de sus características subsistieron en todo el período hispánico. A principios del XIX, Alexander Von Humboldt comenta que en Nueva España «los indios están exentos de todo impuesto indirecto» y que se está sopesando hacer pagar la alcabala (tributo) a los indígenas, «pero es de esperar que la corte de Madrid, que en todos tiempos ha protegido a esta clase desgraciada, les conservará la exención». Podemos comprobar con estos ejemplos que la cuestión es mucho más compleja y, por tanto, desborda los límites de esta obra.

[7] J. Marías, *La Corona y la Comunidad Hispánica de Naciones*, Asociación Francisco López de Gómara, Madrid, 1992, p. 30.

dador o colonial es el de la pura explotación económica. Esta característica privaba a la población nativa de las ventajas y de la tecnología que traían consigo los nuevos ocupantes, manteniéndoles en un estado de «barbarie». Esto no haría sino aumentar la antipatía hacia aquellos «bárbaros» que eran distintos, a los que se les apartaba, o peor aún, exterminaba. Así lo explica María Elvira Roca Barea:

> Los imperios son fenómenos de expansión con integración por replicación, esto es, emplean grandes herramientas de integración de pueblos distintos. Por el contrario, el colonialismo no genera mestizaje, ni cultural ni racial. Para los ingleses una cosa era la metrópoli y otra las colonias.[8]

Los virreinatos españoles no se consideraban como colonias *strictu sensu*, sino como reinos o provincias del imperio, con los mismos derechos que cualquier otra provincia en la España peninsular. El ilustrado Antonio Ponz lo describe de la siguiente manera: «Cada colonia es una provincia de España, donde se piensa como en el centro de las Castillas; cada individuo es un español, con las mismas ideas que si viviera en Andalucía o en la Mancha; tienen patriotismo; sienten y conocen la protección del Gobierno; aman y respetan a su Soberano y a sus representantes».[9]

---

[8] M. E. Roca Barea, «Hernán Cortés tenía un hijo indio que adoraba, mientras que Jefferson vendió a sus hijos mestizos», *ABC*, 1 de marzo de 2017, obtenido de https://www.abc.es/cultura/libros/abci-maria-elvira-roca-barea-hernan-cortes-tenia-hijo-indio-adoraba-mientras-jefferson-vendio-hijos-mestizos-201703010122_noticia.html.

[9] Citado en A. Morales Moya, J. P. Fusi Aizpurúa, A. de Blas Guerrero, *Historia de la nación y del nacionalismo español*, Galaxia Gutenberg, Barcelona, 2013, p. 149.

Comercio con las Indias. España e Inglaterra

España ejerció un necesario control restrictivo sobre el tráfico comercial de las Indias. La actividad comercial se estableció como un privilegio privativo de la Corona española, una actividad canalizada y fiscalizada a través de una institución: la Casa de la Contratación, creada en 1503. Entre sus muchas funciones, estaba la de recaudar el Quinto del Rey —impuesto regular de la quinta parte establecido en 1504 por la Corona de Castilla sobre la extracción de metales preciosos, principalmente el oro y la plata— y llevar la administración y el mando de todo lo relacionado con el comercio con América. La Casa de la Contratación se ubicó en Sevilla, aunque pronto la rivalidad de Sevilla —ciudad interior— con el puerto de Cádiz quedó patente desde el primer momento, constituyéndose a lo largo de los años un complejo portuario entre ambas ciudades como gran motor del comercio americano. Conforme pasó el tiempo, el volumen de carga de los buques cada vez fue mayor. Se limitó en 600 toneladas el porte para los navíos, que tenían la incómoda tarea de remontar el río Guadalquivir hasta llegar a Sevilla. Cádiz fue adquiriendo más importancia hasta el punto de que la Casa de Contratación se trasladó allí en 1717. En la década de 1520, y debido al incremento de la piratería inglesa y francesa, se decidió organizar un sistema de convoyes para aumentar la seguridad del transporte. Se establecieron dos flotas distintas anuales. Desde los puertos españoles se enviaba la mercancía a los puertos americanos de Veracruz (México) y Portobelo (Panamá), mediante una flota compuesta por barcos mercantes y galeones de guerra, que defendían a aquéllos de los ataques de los piratas. El intercambio comercial entre América y la metrópoli estimuló las industrias europeas que debían abastecer con sus productos a los súbditos españoles del Nuevo Mundo. Sevilla se convirtió en punto de encuentro de los más avezados navegantes y cosmógrafos de toda Europa.

Sevilla. Siglo xvi. Gracias al monopolio del tráfico comercial
y financiero con América, Sevilla se convirtió en una
de las mayores urbes del mundo (Wikimedia Commons).

El modelo de colonización inglesa partía de un concepto distinto denominado pacto colonial. El pacto colonial se basa en una relación comercial asimétrica —intercambio desigual— en el que la metrópoli (Londres), como dominadora, salía beneficiada. La Corona declaró su absoluta soberanía sobre sus colonias. Se restringió el comercio con otros países y otras colonias y además se limitó el comercio. Las colonias funcionaban como factorías y solo podían comerciar con materias primas. Estas a su vez recibían de la metrópoli los productos manufacturados. Es fácil imaginar que este sistema frenó considerablemente el desarrollo industrial de las colonias inglesas, que eran al fin y al cabo mercados cautivos.

En cuanto al sistema de precios colonia-metrópoli, era un modelo desigual que proporcionaba a la metrópoli todas las ventajas de un monopolio e impedía que los colonos se beneficiasen de precios más ventajosos que sí hubieran obtenido en un mercado no protegido. El sistema colonial inglés, nacido a raíz de la difusión de las ideas mercantilistas del siglo xvii, se refrendó mediante las Actas de Navegación dictadas en 1651, que entre otras cosas formulaban el reconocimiento de la influencia y dominio de la metrópoli sobre la colonia. El modelo estaba abocado al fracaso, pues se trataba de un mero vehículo para explotar las colonias con el fin de hacer más rica a la metrópoli. El resentimiento contra estas leyes motivó las guerras anglo-holandesas.Y un siglo más tarde también la Guerra de la Independencia de los Estados Unidos que a muchos no sorprendió, como al Conde de Broglie, quien en 1776 detalló al rey Luis XVI de Francia lo siguiente:

> Inglaterra no puede prescindir de las colonias, pues sin colonias no hay comercio, sin comercio no hay marina, y sin marina no pasaría de ser en Europa una potencia de tercer orden. [...] Es esa necesidad imperativa de poseer inmensas colonias que dependan de la metrópoli, que absorban sus productos manufacturados y que den trabajo a un inmenso plantel de marineros, lo que ha obligado, hasta ahora, al gobierno inglés a adoptar esa postura tan ciegamente obstinada de mantener a toda costa bajo su yugo a los insurrectos. [...] Si esta [la metrópoli], a su vez, las hace depender [a sus colonias] de ella a través de sus manufacturas es mediante leyes forzadas y prohibitivas que se sacudirán esos nuevos territorios, recobrando su libertad, construyendo manufacturas del mismo estilo para las cuales poseen además las materias primas en su propio seno, [...].[10]

Sin embargo, en la Corona española no nos encontramos con esa política mercantil con sus Indias.[11] No solo se permitió, sino que se fomentó la producción de manufacturas en los virreinatos que administraban, aunque estas manufacturas hiciesen la competencia a las de la propia España. Esto sorprendió enormemente a

---

[10] J.-P. Duteil, P. Villiers, *L'Europe, la mer et les colonies (xviie-xviiie siècle)*, Hachette Éducation, París, 1997.

[11] A. Morales Moya, J. P. Fusi Aizpurúa, A. de Blas Guerrero, *Historia de la nación y del nacionalismo español*, Galaxia Gutenberg, Barcelona, 2013, p. 150.

los historiadores y economistas extranjeros, que criticaron duramente esta actitud. El Imperio español, al ser un imperio por replicación, según el modelo clásico, fomentó en sus apreciadas tierras remotas, y muchas veces a un nivel superior que en la España peninsular, no solo el desarrollo económico, sino el cultural con la creación de numerosas universidades, hospitales, caminos e infraestructuras de todo tipo. «Las Indias y España son propiamente dos potencias bajo un mismo señor, pero las Indias son el principal y España no es más que lo accesorio», formuló el académico Luis Díez del Corral.[12] «Aquel imperio rico tenía una metrópoli pobre», reconoció Eduardo Galeano.[13] El polímata Alexander Von Humboldt llegó a México en 1803. Desde 1799 había estado recorriendo la América española. Es muy elocuente el vibrante retrato que hace de la ciudad de México poco antes de la emancipación hispanoamericana:

> Ninguna ciudad del nuevo continente, sin exceptuar las de los Estados Unidos, presenta establecimientos científicos tan grandes y sólidos como la capital de México. [...] No se puede negar el influjo que ha tenido este establecimiento [La Academia de Bellas Artes de México] en formar el gusto de la nación; haciéndose esto visible mas principalmente en la regularidad de los edificios y en la perfección con que se cortan y labran las piedras, en los ornatos de los capiteles, y en los relieves de estuco. Son muchos los buenos edificios que ya en el día hay en México, y aun en las ciudades de provincia, como Guanajuato y Querétaro. Son monumentos que a veces cuestan 500.000 pesos, y que podrían figurar muy bien en las mejores calles de París, Berlín y Petersburgo. [...] La enseñanza que

---

[12] L. Díez del Corral, *La Monarquía hispánica en el pensamiento político europeo. De Maquiavelo a Humboldt*, Revista de Occidente, Madrid, 1975.

[13] E. Galeano, *Las venas abiertas de América Latina*, Siglo XXI Editores, Ciudad de México, 1971.

se da en la academia es gratuita, y no se limita al dibujo del paisaje y figura; habiéndose tenido la buena idea de emplear otros medios a fin de vivificar la industria nacional, la Academia trabaja con fruto en propagar entre los artistas el gusto de la elegancia y belleza de las formas. Todas las noches se reúnen en grandes salas, muy bien iluminadas con lámparas de Argand, centenares de jóvenes, de los cuales unos dibujan al yeso o al natural, mientras otros copian diseños de muebles, candelabros u otros adornos de bronce. En esta reunión (cosa bien notable en un país en que tan inveteradas son las preocupaciones de la nobleza contra las castas) se hallan confundidas las clases, los colores y razas; allí se ve el indio o mestizo al lado del blanco, el hijo del pobre artesano entrando en concurrencia con los de los principales señores del país. Consuela, ciertamente el observar que bajo todas las zonas el cultivo de las ciencias y artes establece una cierta igualdad entre los hombres, y les hace olvidar, a lo menos por algún tiempo, esas miserables pasiones que tantas trabas ponen a la felicidad social.[14]

¿Por qué existe pues la polémica virreinato-colonia?

La disputa se populariza con el libro titulado *Las Indias no eran colonias* (1951), de Ricardo Levene, un historiador argentino fundador de la Nueva Escuela Histórica, aunque la preferencia de referirse a las posesiones ultramarinas de una forma más precisa evitando usar el término colonia viene de antes, como veremos más tarde en un documento de 1809. La Nueva Escuela Histórica pretendía profesionalizar y aplicar el método científico a los estudios históricos, dejando atrás un largo período durante el cual las publicaciones sobre historia tuvieron más bien un carácter de ensayos filosóficos

---

[14] F. H. Humboldt, *Ensayo político sobre el reino de la Nueva-España*, Tomo primero, París, 1822, pp. 227-230.

y sociológicos, e incluso psicológicos. El autor nos intenta convencer de que estamos incurriendo en un error cuando hablamos de «período colonial». Tres años antes de publicar su tesis, la Real Academia de la Historia de Argentina aprobó la propuesta de su presidente, el propio Levene, de reemplazar la denominación de «período colonial» por la de «período hispánico». Levene nos recuerda que en la literatura de los siglos XVI y XVII se habla siempre de reinos, provincias, territorios y, posteriormente, de virreinatos, incorporados de pleno derecho a España, y cuyos súbditos poseían un estatuto idéntico al de los peninsulares.

Nació entonces un deseo de ajustar la terminología en algunos autores que consideraban la denominación colonial lesiva para explicar el origen de las repúblicas hispanoamericanas. Tal fue la postura de Levene. Aparecieron nuevas fórmulas como «período hispánico», «período virreinal» o «período provincial».

Los motivos que subyacen en el empeño de no usar el término colonia suelen ser varios. Algunos autores, como Levene, han querido reivindicar el estatus de igualdad jurídica de las provincias americanas frente a las europeas durante la época moderna. Levene además nos recuerda que las palabras colonia o factoría no se mencionan en las Recopilaciones de Indias ni en la doctrina de los juristas de los siglos XVI y XVII. Y tampoco suele ocurrir en el XVIII: «En las 6377 leyes de la Recopilación de Indias de 1680 no se menciona la palabra colonia».[15]

Es bien cierto que en la literatura de los siglos XVI y XVII no se usa la denominación «colonia». Sin embargo, en época de Felipe II encontramos el término con el significado de unos pobladores que

---

[15] R. Levene, *Las Indias no eran colonias,* Espasa-Calpe (Colección Austral), Madrid, 1951. Cuando se menciona una vez la palabra colonia en la citada Recopilación es en el sentido de constituir población (ley XVIII, título VII, lib. IV) al decir que «cuando se sacare colonia de alguna ciudad...» se procuraría «que las personas que quisiesen ir a hacer nueva población» fueran los que no tuviesen tierra.

salen de un sitio para establecerse en otro. En una ordenanza de 1573 se dice: «El Concejo y República de la población que se oviere de hazer, encargue a una de las ciudades, villas y lugares de su governacion que saquen della una república formada por vía de Colonia».[16] Y añade después que pueden ir «todos los cassados y hijos y descendientes de los pobladores de donde huviere de salir la Colonia, que no tengan solares ni tierras de pasto y labor».

En pleno siglo XVIII, podemos citar el informe que presentó en 1739 ante el Consejo de Indias el misionero Joseph Gumilla, explorador de las misiones de Orinoco, en el que se ofrece un plan para «impedir a los indios Caribes y a los holandeses las hostilidades que experimentan las Colonias del Gran Río Orinoco».[17]

En el siglo XVIII, la palabra colonia llegó a deslizarse en más de un documento, probablemente por contagio borbónico, es decir, por contagio francés. El término se vio reforzado en la época de las guerras de independencia y se consolidó en el siglo XIX, el siglo colonial por excelencia, como lo demuestran infinidad de testimonios.

Sin embargo, hablar de colonias españolas a partir del siglo XVIII no es descabellado para algunos autores. Con la entrada de los Borbones en España y después de perder sus posesiones europeas tras Utrecht y Rastatt, los reyes ilustrados con sus reformas posaron su mirada en América. Se suele decir que los virreinatos españoles en la práctica se fueron convirtiendo en algunos aspectos en colonias —al modo francés—, pero sobre el papel su estatus no cambió. Como nos recuerda el profesor Tomás Pérez Vejo,[18] la idea dieciochesca de convertir los virreinatos en colonias fue «un proyecto que sin duda tentó a algunos círculos de la Corte

---

[16] D. Ramos Pérez, «Sobre la posible sustitución del término época colonial», *Boletín americanista*, 1, 1959, p. 40.

[17] Ibídem.

[18] E. Lamo de Espinosa (ed.), *La disputa del pasado. España, México y la leyenda negra*, Turner, Madrid, 2021.

de Madrid pero que nunca pasó de propuestas más o menos precisas. Una cosa son los memoriales y cartas privadas y otra muy distinta la plasmación de estas ideas en reales órdenes y documentos administrativos». No obstante, el impulso estatal colbertista francés y las ideas *protoindustriales* inglesas fueron arraigando en la España ilustrada. El reformismo borbónico pretendió convertir a las Indias en un instrumento para la reconstrucción económica de la metrópoli fomentando la exportación de manufacturas con un gran impulso de la industria peninsular y sus Reales Fábricas —Real Fábrica de Tapices en Madrid, Cristales en la Granja, Porcelana en el Buen Retiro, Sedas de Talavera de la Reina, Paños de Guadalajara...— al más puro estilo Colbert en la Francia de Luis XIV.

España e Inglaterra de nuevo. El comercio hispanoamericano

Es importante resaltar las diferencias entre el modelo colonial inglés y el modelo español, una empresa muy loable, bien defendida por los desmitificadores de la Leyenda Negra española, pues estamos ante dos planteamientos con diferencias sustanciales como antes se ha señalado. Borja Cardelús señala que «España traslada [a América] toda una estructura de Estado: llama "provincias" a sus posesiones y crea una compleja estructura administrativa de virreinatos, gobernaciones, capitanías, cabildos; construye ciudades y pueblos, caminos, monumentos, puentes; funda iglesias, hospitales, misiones; traslada colonos, frailes, soldados, funcionarios. Es el último imperio según el modelo clásico».[19]

Sin embargo, el reformismo borbónico trató de liberalizar el comercio —más si cabe— dentro de las fronteras del imperio y

---

[19] B. Cardelús, *La civilización hispánica. El encuentro de dos mundos*, Edaf, Madrid, 2018.

también abrirlo al exterior. Los británicos, claro, se frotaban las manos. Habían conseguido que sus teorías sobre el libre comercio calasen, no dentro de sus fronteras —porque ellos exportaban aquellas teorías sin practicarlas—, sino dentro de los lindes de las naciones rivales. En palabras de Joseph Nye, esto es un claro ejemplo de «poder blando», que no es más que la capacidad de algunas naciones de incidir en las acciones de otras, mediante manifestaciones culturales, ideológicas y propagandísticas.

Elvira Roca Barea, en un capítulo de su libro *Fracasología*, aborda esta cuestión, aunque en mi opinión de una manera un tanto alarmista:

> Si comparamos esto con la disparatada política económica que se sigue en el mundo hispano a fuerza de «reformas» para hacer lo que dicen los teóricos del liberalismo económico, comprenderemos muchas realidades del presente. Nuestras élites creen a pies juntillas lo que leen en los libros y no se entretienen en ver cuál es en la realidad la política económica que se practica en aquellos países de donde sale tanta teoría económica liberal. Es un efecto más de la subordinación cultural: el deslumbramiento ante todo lo que venga escrito en inglés, francés o alemán. Ya lo hemos dicho más de una vez: siempre copiando lo que dicen, pero rara vez copiando lo que hacen.[20]

Los Borbones trataron de transformar de manera paulatina con sus reformas las dependencias americanas, hasta entonces virreinatos relativamente autónomos, en «colonias» dependientes de las decisiones tomadas en España.[21] Se decía que el imperio

---

[20] M. E. Roca Barea, *Fracasología. España y sus élites: de los afrancesados a nuestros días*, Espasa, Barcelona, 2019.

[21] En toda Europa se dio un proceso de centralización del poder, no era ni siquiera algo novedoso de España.

había mostrado signos de decadencia y era importante agarrar al toro por los cuernos. Con una actitud paternalista, los monarcas fortalecieron la economía peninsular mediante el máximo aprovechamiento de los recursos provenientes de ultramar. Algunos actores económicos, contagiados de ideas foráneas, reclamaban más libertad comercial y, en definitiva, más reformas. Además se había comprobado la fragilidad e indefensión de las costas españolas. Carlos III, aplicando los principios liberales, promulgó en 1778 el reglamento de libre comercio que abría todos los principales puertos, tanto en España como de las Indias.

Con la promulgación del *Reglamento y aranceles reales para el comercio libre de España e Indias* del 12 de octubre de 1778, se dio un enorme paso en el proceso aperturista. Junto con Montevideo y Buenos Aires, otros siete puertos mayores —La Habana, Cartagena, Valparaíso, Concepción, Arica, Callao y Guayaquil— y trece menores —Puerto Rico, Santo Domingo, Montecristo, Santiago de Cuba, Trinidad, Margarita, Campeche, Santo Tomás de Castilla, Omoa, Santa Marta, Río de la Hacha, Portobello y Chagres— quedaban habilitados para el nuevo régimen en América,[22] a la vez que trece españoles conformaban el espectro peninsular: Sevilla, Cádiz, Barcelona, Málaga, Cartagena, Alicante, Santander, Gijón, La Coruña, Almería, Los Alfaques de Tortosa, Palma de Mallorca y Santa Cruz de Tenerife.[23]

Esta medida en teoría flexibilizaba el monopolio de la Casa de Contratación. El volumen de los intercambios comerciales aumentó considerablemente.[24] El comercio libre no implicó que

---

[22] Doce años más tarde se levantaron las restricciones del comercio con Venezuela y del puerto mexicano de Veracruz.

[23] H. Asdrúbal Silva, «El Comercio entre España y el Río de la Plata (1778-1810)», Banco de España - Servicio de Estudios de Historia Económica, 26, 1993, p. 13.

[24] John R. Fisher calculó que «el valor de las exportaciones de España a Hispanoamérica se incrementó no menos de cuatro veces en el período de 1778

el comercio con los extranjeros se liberalizase,[25] de hecho el mismo reglamento incorporó disposiciones diseñadas para luchar contra el contrabando, aunque este fenómeno, verdadero motor del comercio, continuó. Además, los resultados de la medida no fueron tan efectivos en los virreinatos como veremos más adelante —recordemos que el cuarto virreinato, el del Río de la Plata, se había creado dos años antes, y un año después de la promulgación del reglamento para el libre comercio España entraría en guerra con Gran Bretaña en favor de los Estados Unidos, que habían declarado su independencia—. ¿Era necesario liberalizar el comercio del imperio? ¿Acaso España no era la nación que más libremente había tratado a sus reinos ultramarinos? ¿Se puede negar que la expansión por replicación había generado prosperidad y riqueza en el Nuevo Mundo? Son muchas las cuestiones que se abren y no son fáciles de responder.

El odiado Masson de Morvilliers, aquel que se dedicó a esparcir ofensivas mentiras sobre España en su entrada de la *Enciclopedia Metódica* de 1782, sin embargo, acertaba al señalar lo que era una incómoda explicación sobre la decadencia española, teoría que ya era popular en Europa:

> Las mercancías del Nuevo Mundo son menos para España que para las naciones comerciantes, ellas confían su fortuna a los españoles y no se han arrepentido jamás. [...] Los otros pueblos hacen bajo sus ojos el comercio de su monarquía.[26]

a 1796, mientras que el de las importaciones de las colonias a España creció más de 10 veces en esos mismos años». J. A. Pearce, *El comercio británico con hispanoamérica, 1763-1808*, El Colegio de México, Ciudad de México, 2017.

[25] Ibídem.

[26] *Encyclopédie Méthodique, ou par ordre de matiéres. Geographie Moderne*, 1.1. París, 1782, p. 555. Traducción de María Pilar Pérez Cantó. Citado en M. P. Pérez Cantó, «Un debate en torno a la modernidad: la crisis de los ochenta», *Espacio, Tiempo y Forma, Serie II, Historia Moderna*, 1998, pp. 384-385.

El diplomático Francisco de Saavedra, gran conocedor de la realidad americana, a finales del siglo XVIII dejaba consignado en su diario:

Si la Inglaterra ha sido la más liberal que las demás naciones sobre varios puntos en que su prosperidad era imprescindible de la de sus colonias, se ha manifestado por el contrario más restricta que ninguna sobre todos los ramos en que no había esta identidad de intereses. Todas las gracias del sistema inglés son para los frutos de América cuáles salen de la mano de la naturaleza sin que intervenga en ellos más industria que la precisa para ponerlos en estado de transportarse. Cualquier elaboración o manufactura ulterior ha sido proscrita con toda la mezquindad que inspiran los celos mercantiles. [...] Las fábricas de toda especie de telas, y aún manufacturas de fierro, acero y cualquier otro metal están absolutamente prohibidas. Puede asegurarse que en Jamaica, y lo mismo sucede en las demás islas inglesas, solo se permiten aquellos oficios sin los cuales no podría subsistir la sociedad más sencilla. Todo se lleva de la metrópoli: la plata labrada, la ropa hecha, los zapatos, las modas mujeriles, los muebles de toda especie, y hasta las casas de madera que les sirven de habitación.

Sobre este punto han sido más generosas otras naciones con sus dominios americanos, y más que todas, la española, en cuyas posesiones se permiten y fomentan toda clase de oficios de necesidad y aún de lujo; llegando a tanto la franqueza que en los reinos de Nueva España, Santa Fé [de Nueva Granada] y el Perú hay corriente muchas fábricas de géneros bastos que llenan una gran parte de su consumo, y quitan al comercio español los renglones de mejor despacho y más ganancia. Esta es parte de una verdad de que acaso hablaré con más amplitud en el discurso de este Diario; a saber, que el gobierno español ha tratado más libremente a sus colonias que ningún otro en Europa.[27]

---

[27] F. Morales Padrón, *Diario de Don Francisco Saavedra,* Universidad de Sevilla / Consejo Superior de Investigaciones Científicas, Sevilla, 2004, pp. 115-116.

El mercado hispanoamericano era el más poblado al que podían acceder los mercaderes británicos y el que podía ofrecer los mejores beneficios. Después del ingenuo reglamento del Libre Comercio, los aranceles para productos extranjeros quedaron fijados en una tasa ridículamente baja para los puertos mayores —un 7 por ciento—, por lo que en zonas como el Río de la Plata entre 1792 y 1796 los productos nacionales arribados desde puertos españoles eran —dato sorprendente— únicamente algo superiores a los extranjeros, por lo que la medida no suponía una verdadera barrera. En los puertos menores la tasa para los productos extranjeros era todavía menor —un 4 por ciento—. Ello sin contar con el contrabando de productos foráneos, que ni mucho menos se atajó, y aunque es difícil de cuantificar, debió seguir siendo muy importante. Ya en 1765 se había concedido libertad de comercio con las islas de Cuba, Santo Domingo (La Española) y Puerto Rico. Eran comunes las quejas por parte de los comerciantes legales que se ajustaban a las normas del «monopolio español». Se quejaban, con razón, de que el Libre Comercio había creado nuevas oportunidades para la expansión del comercio ilícito.[28] Adrián J. Pearce afirma que «si bien la cuestión continúa hasta cierto punto abierta, aún no hay suficiente evidencia como para concluir que la liberalización del comercio español haya tenido un impacto negativo relevante en el contrabando británico» durante los primeros años. Pero después del estudio exhaustivo que realiza Pearce sobre estos años, su mentor John R. Fisher no tiene dudas y afirma que «después de 1796 las exportaciones de Hispanoamérica a España se fueron reduciendo de manera constante en relación con el comercio con las potencias neutrales y, de manera notable, con el enemigo». Todo ello a pesar de que España e Inglaterra entraron en guerra en 1796.

---

[28] J. A. Pearce, *El comercio británico con hispanoamérica, 1763-1808,* El Colegio de México, Ciudad de México, 2017.

Hay que recordar que los ingleses se habían establecido en Barbados a partir de 1627 y en Jamaica a partir de 1655, tejiendo un próspero comercio de mercancías ilícitas de contrabando en complicidad con mercaderes y funcionarios establecidos a pocas leguas marinas en tierra firme española. Más adelante, la Compañía del Mar del Sur (*South Sea Company*), creada en 1711 por el Ministro de Hacienda británico Robert Harley, se convierte en la gran dinamizadora del contrabando inglés tras los dos siglos previos menos articulados.[29] Carlo M. Cipolla, al estudiar las cifras del economista Earl J. Hamilton que hemos visto en el capítulo anterior, advierte al respecto: «Todo induce a pensar que la serie de Hamilton infravalora considerablemente el fenómeno que pretende ilustrar, porque ignora las importaciones de contrabando que iban alcan-

---

[29] La Paz de Utrecht que puso fin a las hostilidades entre británicos y españoles no fue demasiado beneficiosa para España. Gran Bretaña recibió Gibraltar y Menorca, y derechos muy lucrativos concedidos a la *South Sea Company* como el «asiento de negros» y el «navío de permiso». Con el navío de permiso se autorizaba a Gran Bretaña a enviar un barco con una capacidad de carga de 500 toneladas para intercambiar mercancías en la importante feria comercial que se reunía todos los años en Portobelo con la llegada de la flota de galeones españoles. Lo que en principio iba a ser un beneficioso acuerdo para la Corona británica se convirtió en un negocio que solo favorecía a unos pocos. Los comerciantes ingleses se sirvieron de todo tipo de argucias para burlar las medidas acordadas, como sobrepasar la carga autorizada, introducir gran cantidad de género de contrabando o incumplir la periodicidad de su llegada. Con el asiento de negros ocurrió algo parecido. 144.000 esclavos capturados en África se introdujeron en 30 años, a razón de 4.800 al año. Las naves negreras también se dedicaron al contrabando, aprovechando su llegada a puerto para colar mercancías. Los barcos fondeaban una y otra vez en los puertos españoles con la excusa de reparar averías. A ello se le unía el contrabando que de forma independiente practicaban los barcos ingleses que operaban desde Jamaica. Los españoles no se quedaron de brazos cruzados. Trataron de poner control a todos aquellos desmanes sirviéndose de guardacostas que inspeccionaban las embarcaciones británicas y requisaban aquellas mercancías que consideraban sospechosas, a veces incluso de manera fraudulenta. (Ver el capítulo «Cartagena de Indias» del libro *Veinticinco grandes batallas de la historia*, de Academia Play, La Esfera de los Libros, Madrid, 2021).

zando dimensiones extraordinariamente elevadas». Y más que lo sería un siglo después, donde nos hallamos. En 1766, la creación de los llamados puertos libres en las Indias Occidentales Británicas permitió que por primera vez hubiera una plataforma legal para el intercambio de mercancías entre las naciones de España e Inglaterra. La sede central estuvo en Jamaica, pero para 1805 ya abarcaba dieciséis puertos en una docena de islas en todo el Caribe. Este fue un aspecto crucial para el despegue del comercio inglés.

Además, en otros puertos españoles era relativamente fácil colar algunas manufacturas extranjeras con tal de reducir unos pocos puntos el porcentaje arancelario, que no era ni mucho menos excesivo. También los gobernadores españoles expidieron licencias para comerciar con los británicos cuando consideraron necesario. Santa Marta, Río de la Hacha, Cumaná y también regiones importantes como Cuba, Nueva Granada y Venezuela entablaron a gran escala con los británicos un comercio abierto conocido como «comercio de colonias», aunque vulnerable a los cambios políticos. Nos encontramos, pues, que los ingleses están colocando sus mercaderías a placer dentro de los confines del Imperio español, «amigo» ahora —o al menos más próximo— al libre comercio. No es que los españoles abrieran las puertas del comercio a los británicos de par en par a finales del siglo XVIII y principios del XIX, sencillamente el comercio se abrió a pesar de las trabas comerciales, que las siguió habiendo. Y es que el comercio siempre acaba encontrando sus cauces.

La documentación de la época relata que además hubo cierto colapso de productos y bajadas de precios por la abundancia de géneros. A la larga, fueron pocos los beneficiarios de la medida estrella del rey y de sus ministros ilustrados, pues el contrabando seguía siendo para los ingleses, como lo había sido antes, una forma habitual de abastecer con sus mercaderías el mercado hispanoamericano, siempre en connivencia con los españoles americanos, que en algunas ocasiones fueron los grandes damnificados, ya que parte de las fábricas textiles —obrajes— hispanoamericanas, incapaces de competir con el paño inglés, se fueron arruinando, sucediéndose una catarata de quiebras. Mientras, el gran rival, Gran Bretaña, a la vez que predicaba las bondades del libre comercio a los cuatro vientos —*res, non verba*—, también protegía su industria, cerraba con aranceles prohibitivos la entrada de los productos de otras naciones y colaba su gran producción manufacturera en el exterior. El inteligente trilerismo estratégico de los británicos abasteciendo el mercado hispanoamericano, ansioso por adquirir la producción industrial venida de Inglaterra —paños, sedas, lozas...—, fue clave para desencadenar su Revolución Industrial como sostiene el historiador Alberto Garín.[30] Hubo Revolución Industrial porque existió un mercado —el hispanoamericano— donde los ingleses pudieron colocar sus mercancías.

Adrian J. Pearce sostiene:

La característica más notable del comercio británico con Hispanoamérica entre 1763 y 1808 fue sin duda su crecimiento rápido. [...] si se acepta que mis cifras son razonablemente confiables, entonces a lo largo de estas cuatro décadas y media se dio un crecimiento de alrededor de 300 a 400 por ciento. Lo que respaldó este crecimiento, por supuesto, fue el desarrollo industrial británico (la «Revolución industrial») y sus frutos en términos de productos cada vez más baratos, manufacturados según estándares cada vez más altos y en cantidades cada vez mayores. El desarrollo industrial y comercial británico —y los sistemas financieros y de otros tipos que lo sostuvieron, desde la banca hasta la construcción de barcos— les permitió a las manufacturas británicas vencer la competencia de los

---

[30] Quiero recomendar el podcast sobre la Revolución Industrial con Fernando Díaz Villanueva y Alberto Garín: https://youtu.be/zSN2Ee6ca_w y la siguiente charla que dio Alberto Garín en el Senado: https://youtu.be/O0JxIATAR3s.

rivales extranjeros, y las hizo inmensamente atractivas para los consumidores hispanoamericanos.[31]

¿Es correcto usar colonias en el ámbito hispano?

En 1809, en plena ocupación francesa de la península aparece un documento muy interesante, una Real Orden del 22 de enero de 1809 firmada por el mismo Francisco de Saavedra —anteriormente citado—, a la sazón presidente de la Junta Suprema Central durante la guerra peninsular francesada o Guerra de Independencia:

> El rey nuestro Sr. D. Fernando VII, y en su real nombre la Junta Suprema Central Gubernativa del reino. Considerando que los vastos y preciosos dominios que España posee en las Indias no son propiamente colonias o factorías como los de otras naciones, sino una parte esencial e integrante de la Monarquía española, y deseando estrechar de un modo indisoluble los sagrados vínculos que unen unos y otros dominios, como así mismo corresponder a la heroica lealtad y patriotismo de que acaban de dar tan decisiva prueba a la España en la coyuntura más crítica que se ha visto hasta ahora nación alguna.[32]

La Junta Suprema Central fue un órgano formado en septiembre de 1808 en Aranjuez que ejerció los poderes ejecutivo y legislativo de España durante la ocupación napoleónica. En ella

---

[31] J. A. Pearce, *El comercio británico con Hispanoamérica, 1763-1808*, El Colegio de México, Ciudad de México, 2017.

[32] L. Navarro García, «Convocatoria de vocales americanos para la junta central, 1809», *Naveg@mérica. Revista electrónica editada por la Asociación Española de Americanistas,* 10, 2013, p. 2.

había representantes de las juntas que se habían formado en las provincias españolas. Francisco Saavedra, presidente de la Junta Central, mediante esta Real Orden y en nombre de la Junta llamó a su seno a diez vocales representantes de las provincias indianas, pretendiendo una equiparación de las colonias con la metrópoli. Esta medida suponía un reconocimiento del orden político hasta entonces imperante, al tratar de equilibrar las dos partes de la Monarquía española, equiparando la autoridad de las colonias con el poder peninsular —que había sido preponderante durante el período borbónico, de carácter más centralista—. Pero esta medida tan revolucionaria, lejos de favorecer o reforzar la deseada unión entre todos los españoles de ambos hemisferios, formaba parte de una dinámica creciente de incomodidad y recelos mutuos que contribuiría sensiblemente a la ruptura final. ¿Quería convertirse el imperio en nación? En esa línea gravita el artículo 1 de la Constitución española de 1812, que rezaba: «La nación española es la reunión de todos los españoles de ambos hemisferios»; mientras que 21 años antes, en 1791, el artículo 8 del Título VII de la Constitución francesa estaba escrito en la línea contraria: «Las colonias y posesiones francesas en Asia, África y América, si bien forman parte del Imperio francés, no están incluidas en la presente constitución».

El académico Luis Suárez, al igual que Saavedra, tenía muy claro que España nunca pensó reducir América al estado de colonia y lo defendió con un argumento irreprochable:

> No fueron colonias, cuando llegó el momento de la retirada [con las independencias hispanoamericanas] no quedó atrás, como en África, el retorno a la tribu, al hambre y a la desolación que ahora contemplamos, sino la espléndida floración de naciones.[33]

---

[33] J. L. Beceiro García, *La mentira histórica desvelada. ¿Genocidio en América? Ensayo sobre la acción de España en el Nuevo Mundo*, Ejearte, Madrid, 1994, p. 9.

Evidentemente, la empresa de las Indias tuvo un claro carácter colonizador como parte de las dinámicas del imperio. Prescindir de los términos «colonización» y «colonizador» sería exagerado. La Corona española hizo suyos aquellos territorios, facilitó el traslado de gente y los administró. Grecia fue una potencia colonizadora y, de análoga manera a los españoles en América, sometió mediante una acción de conquista a las sociedades de Magna Grecia (sur de Italia), Asia Menor y el Norte de África, creando en ocasiones ciudades completamente independientes. Un caso paradigmático es el del imperio que crea Alejandro Magno. Algo parecido hizo Roma colonizando culturalmente los territorios que iba conquistando. España fue el último imperio que se extendió según este modelo clásico.

¿Entonces es correcto el término colonias? Es inexacto. La acción de colonizar no implica la construcción de lo que entendemos como colonias en el siglo XIX, pero al final, por comodidad y por hacernos entender, se suele usar la palabra colonia, que no deja de ser una voz prestada, anacrónica. En los últimos tiempos todavía es común el uso de dicho término[34] en hispanistas de gran prestigio como John Elliott. Valga como ejemplo el capítulo «La conquista española y las colonias de América» en un libro coral que se editó en español en 1990.[35] Al fin y al cabo, «colonia» es un término operativo, por lo que también es frecuentemente usado por muchos historiadores españoles como Fernando García de Cortázar, Esteban Mira Caballos o por el director de la Real Academia Española, Santiago Muñoz Machado. Otros autores prefieren evitarlo. Ambas posturas son respetables.

---

[34]   «Reino» o «virreinato» son términos jurídicos, mientras que «colonia» tiene un componente más antropológico.

[35]   M. León-Portilla, M. W. Helms, J. Murra, J. Hidalgo, J. H. Elliott, N. Wachtel, D. A. Brading, *América latina en la época colonial, vol. 1: España y América de 1492 a 1808*, Crítica, Barcelona, 1990.

En suma, la controversia colonias-virreinatos acumula argumentos en varias direcciones. Se concluye que es posible aplicar la palabra colonia desprovista de connotaciones teóricas, como hemos visto que hacen algunos historiadores bienintencionados; es decir, con el sentido de poblamiento de una tierra nueva. Es lógico que algunos puristas señalen que no es del todo preciso. Pero es que la precisión absoluta es inalcanzable a la hora de verbalizar conceptos y categorías históricas. No nos pongamos tan exquisitos. Al fin y al cabo, también hablamos de Tercios españoles extendiendo lo español a un ejército que desborda con creces la nacionalidad que le da su apellido, simplemente porque, aunque las tropas españolas no eran las más numerosas, siempre fueron consideradas la élite y el soporte principal. También se habla de Imperio español desbordando el ámbito peninsular y sin que en realidad hubiera un emperador español que ostentase corona imperial alguna. Si así lo hemos denominado es porque el papel de España, en realidad el de Castilla, fue preponderante. O, por ejemplo, ¿sería más correcto decir Imperio castellano para los territorios americanos? Da igual, pues lo mismo sucede con muchos otros imperios a lo largo de la historia. Siempre estaremos a vueltas con la terminología. Otro término conflictivo es el de Reconquista, término operativo que trataré en el siguiente capítulo, y proceso histórico que un magnate del periodismo patrio consideraba «insidioso».[36] No se usaba en la época. Vale, ¿y qué? Tampoco se usaba Imperio bizantino. Pero a la vista está que un tanto «bizantinas» se pueden tornar estas discusiones.

El revisionismo terminológico es, como expresó el americanista Demetrio Ramos,[37] «empresa harto difícil», y puede tener a

---

[36] J. L. Cebrián, «Barbarie, religión y progreso», *El País,* 16 de septiembre de 2006, obtenido de https://elpais.com/diario/2006/09/17/opinion/1158444004_850215.html.

[37] D. Ramos Pérez, «Sobre la posible sustitución del término época colonial», *Boletín americanista*, 1, 1959, p. 35.

veces motivaciones perversas y resultados catastróficos. Véase por ejemplo ese engendro de palabra: «Latinoamérica», que en la presente obra abordaré. Pero antes volvamos al caso que nos ocupa... ¿Virreinatos?, ¿colonias?, ¿virreinal?, ¿colonial?... Ramos incide en que «no solo necesitaríamos ponernos de acuerdo todos los hispanoamericanos en aceptar un término propio, sino conseguir que este fuera también utilizado por los tratadistas de los demás países, lo que resulta más que problemático». Por lo tanto, la conclusión es que no hay que ponerse demasiado quisquilloso y utilizar la palabra colonia de manera precisa y honesta, señalando si es posible su problemática. ¿Virreinatos? Por supuesto. Colonias, también, pero con muchos matices.[38]

---

[38] Preferiblemente siglos XVIII, XIX y XX.

5

LA RECONQUISTA NO EXISTIÓ

Los historiadores siempre han tenido que acuñar, con mayor o menor éxito, nuevos términos para explicar y periodizar el pasado: Renacimiento, Edad Media, Guerra de los Cien Años, Califato de Córdoba, Imperio bizantino... Uno de ellos es el de Reconquista, término muy exitoso en la época de las construcciones nacionales, es decir en el siglo XIX —aunque el término se empleaba ya en la segunda mitad del siglo XVIII, como veremos a continuación—, y que describe ese período de la historia de la península ibérica de aproximadamente ochocientos años entre la caída del reino visigodo tras la batalla de Guadalete en el 711 y la caída del reino nazarí de Granada ante los Reyes Católicos en 1492.

En el siglo XX surgieron ciertas voces que reflexionaron sobre lo adecuado del término. Reducir la España medieval a un fenómeno militar puede parecer abusivo. «No entiendo cómo se puede llamar reconquista a una cosa que dura ocho siglos», diría José Ortega y Gasset. Obviamente durante esos ocho siglos no todo fue batallar y hubo periodos de paz, pactos, políticas matrimoniales; y motivaciones de avance y conquista muy variadas: el botín, repartos de tierras, cobro de tributos, ascenso social, etc. Pero si buceamos en las fuentes primarias sí que encontramos algo parecido, un fenómeno ideológico de larga duración, con sus obvios altibajos: el de la Restauración de la España perdida. No parece, pues, razonable invalidar el término Reconquista por su duración. Los procesos de larga duración —del francés *longue durée*— existen a nivel historiográfico y han sido estudiados. Designan un nivel del tiempo histórico correspondiente a las estructuras cuya estabilidad es muy grande en el tiempo —marcos geográficos, realidades biológicas, límites de productividad, incluso algunos fenómenos ideológicos como el caso que nos ocupa—. El creador de la corriente historiográfica de la Escuela de los Annales, el francés Fernand Braudel, fue el que acuñó lo de *longue durée*.

Uno de los mayores valedores de la Reconquista fue Claudio Sánchez-Albornoz, respetado medievalista que creó toda una legión de seguidores. Huelga aclarar el ferviente antifranquismo de Sánchez-Albornoz, último presidente de la II República en el exilio. Sin embargo, hay ciertos autores que siguen pensando que la utilización del término responde a un relato «nacionalista» y «franquista». Si bien el término fue manoseado hasta la caricatura por el bando nacional durante la Guerra Civil, también lo fue por los republicanos. En 1944 hubo un amago de levantamiento popular en el Valle de Arán con el objetivo de derrocar a Franco promovido por el Partido Comunista de España, cuyo nombre en clave era: «Operación Reconquista de España». Incluso algunos exiliados antifranquistas —patriotas— por esas fechas tenían un periódico semanal impreso en México que se llamaba *Reconquista de España*. En abril de 1954, el Partido Comunista de España se dirigía en un mensaje a los intelectuales patriotas para que no dejaran avasallar al «pueblo héroe de la Reconquista, que en el curso de cerca de 800 años de lucha batió al invasor». También se pueden encontrar en la web *Todocolección* pines antiguos con las tres erres: «Resistencia, Reconquista, República». Andrés Trapiello[1] señala con acierto

---

[1] A. Trapiello, *Madrid 1945. La noche de los Cuatro Caminos*, Destino, Barcelona, 2022, pp. 104-105.

que «de la misma manera que durante la guerra ambos bandos reivindicaron el 18 de julio como fecha fundacional de sus respectivos regímenes (revolucionario uno y fascista el otro), tanto el PCE como el Régimen trataron de apropiarse de la palabra y la idea de reconquista, presentando al enemigo como a moros que había que expulsar de la patria».

Hoy en día, en pleno siglo XXI, existe cierta preocupación porque el partido político VOX se haya apropiado de la idea de Reconquista con un discurso presentista que busca una superposición maniquea de la España actual con la España de tiempos pretéritos. Han surgido voces críticas, y no es que les falte razón, pero yerran el tiro si pretenden señalar a quien usa el término de tener sesgo nacionalista, o peor aún de derechas, pues en el presente sigue siendo ampliamente utilizado por los historiadores como término historiográfico meramente operativo, desconectado de cualquier sesgo ideológico actual. Así lo piensa Francisco García Fitz, catedrático de Historia Medieval en la Universidad de Extremadura: «Lo que parece indudable es que en los reinos cristianos peninsulares se elaboró desde muy pronto una construcción ideológica, a la que por su contenido no resulta descabellado llamar *Reconquista*, y que se configuró como un sistema de representaciones mentales y de valores morales, religiosos, políticos y jurídicos al servicio de aquella expansión».

Empero, hay algunos historiadores que siguen llevando la batalla al terreno ideológico, como es el caso de José Enrique Ruiz-Domènec, catedrático de Historia Medieval de la Universidad Autónoma de Barcelona, que especula al inferir que ese ideal neogótico llamado Reconquista sigue dándole legitimidad a cierto discurso político. Si bien esto podría entrañar un problema, el revisionismo terminológico de un término ampliamente aceptado por la historiografía podría entrañar un problema mayor. Otro caso es el de Alejandro García Sanjuán, catedrático de Historia Medieval en la Universidad de Huelva, especializado en historia de al-Ánda-

lus, un activista que ha emprendido una «cruzada» contra la palabra
Reconquista y ha propuesto a la Real Academia Española la modi-
ficación de su definición. Debe de andar un poco despistado y no
debe tener muy claro cómo funciona la RAE. La Academia se
limita a recoger el uso que a la palabra Reconquista han dado los
hispanohablantes y los historiadores. Es el significado más inme-
diato que se tiene en la cabeza cuando alguien hace alusión al
vocablo. «El diccionario no juzga ni opina», afirmó una vez Pérez-
Reverte. Pero García Sanjuán, desde su cuenta de Twitter, se permite el lujo de difamar continuamente a Pérez-Reverte, uno de
los miembros más conocidos de la RAE. Lo de hacer listas de buenos y malos historiadores es algo muy típico de Sanjuán. En una
de sus publicaciones en las que arremete injustamente contra Sánchez Saus por su confesión católica, luego se apoya en José Luis
Corral y en José Álvarez Junco —dos popes de la deconstrucción
nacional— para advertirnos con inquietante moralina de que el
mundo académico, al que conviene exorcizar, está contaminado de
rancio nacionalcatolicismo:

> El papel del medievalismo en la preservación y promoción de la
> rancia perspectiva historiográfica nacionalcatólica, basada en la
> denigración de al-Andalus y la glorificación de la Reconquista, no
> parece haber suscitado muchas voces críticas. Tanto es así que, hace
> pocos años, José Luis Corral llegaba a realizar un diagnóstico muy
> pesimista al respecto. Según dicho autor, «afirmar que el medieva-
> lismo español de comienzos del siglo XXI es heredero del Fran-
> quismo puede sonar demasiado fuerte, especialmente si se dice en
> voz alta y en una tribuna pública, pero no deja de ser cierto».
> Confieso que, al leerlo por vez primera, me pareció un pronuncia-
> miento exagerado, poco acorde con la realidad del contexto actual.
> Sin embargo, los ejemplos citados y, en particular, obras como la
> reseñada [*Al-Ándalus y la cruz,* de Sánchez Saus], obligan a recono-
> cer que el españolismo más rancio sigue hoy día vigente en el

marco académico. Como planteaba hace unos años Álvarez Junco refiriéndose a la Guerra de la Independencia, algunos siguen teniendo pendiente despejar la disyuntiva entre hacer patria o hacer ciencia.[2]

Es bien cierto que con Franco se reactivó la idea de Reconquista como arma ideológica e instrumento para reforzar el sentimiento patriótico, pero el mismo uso abusivo se hizo de la palabra cruzada sin que nadie haya puesto en cuestión el término.[3] Aunque lo más importante es que la ideología *reconquistadora* no se inventa en el siglo XIX, ni en el XX, ni es patrimonio de ningún partido político, sino que es un recurso ideológico que se observa a lo largo de esos casi ochocientos años que van de Covadonga a Granada.

En las crónicas medievales, el tema de la pérdida de España y su *restauratio* fue un recurso literario e ideológico de gran fortuna: crónica mozárabe, *Historia silense*, Ibn Bassám, Lucas de Tuy, Jiménez de Rada, Gil de Zamora, canciller López de Ayala, Alfonso X, Fernán González, Pedro del Corral... Este recurso no buscaba solo regodearse en tristes lamentos, sino desde la élite activar ese espíritu *reconquistador* en algunas épocas clave, es decir, como un instrumento legitimador del avance hacia el sur, que no se tradujo en propuestas concretas de reeditar una unión política entre los distintos reinos cristianos hasta que llegamos al siglo XV.[4]

---

[2] A. García Sanjuán, «La persistencia del discurso nacionalcatólico sobre el Medievo peninsular en la historiografía española actual», *Historiografías: revista de historia y teoría*, 12, 2016, pp. 132-153.

[3] M. González Jiménez, «Sobre la ideología de la Reconquista: realidades y tópicos», *Memoria, mito y realidad en la historia medieval*, XIII Semana de Estudios Medievales, Nájera, del 29 de julio al 2 de agosto de 2002. p. 151.

[4] M. Ballester Rodríguez, *La identidad española en la Edad Moderna (1556-1665). Discursos, símbolos y mitos*, Tecnos, Madrid, 2010, p. 53.

Momentos cardinales en los que se activa
la ideología reconquistadora

Podemos identificar varios momentos clave de ese proceso de restauración de la España perdida. El primero sería el período asturiano. El reino visigodo cayó, pero es el germen del proyecto del reino de Asturias, en tanto que Asturias es una copia en miniatura de dicho reino.

Alfonso II emula una nueva Toledo con su traslado a Oviedo de la capital, siendo el gran impulsor del *neogoticismo*, culminado por Alfonso III, que sufragó crónicas que trataban de buscar la legitimación en los reyes godos. «Cristo es nuestra esperanza; que por este pequeño montículo que ves sea España salvada y reparado el ejército de los godos», puede leerse en la Crónica de Alfonso III —versión rotense, finales de siglo IX—, unas palabras puestas en la boca de Pelayo cuando se habla de la batalla de Covadonga, inicio de la resistencia cristiana.

Los historiadores señalan que la batalla de Covadonga entre islámicos y rebeldes montañeses ocurrió alrededor del año 720. Escaramuza o no, lo cierto es que en torno a Pelayo se empezaría a articular un reino que, como dice el doctor en Historia Medieval José Soto Chica, «no olvidaría a los visigodos».[5] Para los historiadores es muy difícil extraer opiniones claras de los siglos VIII y IX por la escasez de fuentes escritas. Sin embargo, en el 754 nos encontramos con la crónica mozárabe escrita como una continuación de la *Historia de los Godos,* de Isidoro de Sevilla, en la que hay un pasaje conocido como el lamento por la «Pérdida de España». La crónica habla de la batalla de Poitiers, pero no menciona explícitamente Covadonga. No obstante, nombra unas gentes «asustadas» que «rechazan la paz lograda» y huyen «en desbandada a las montañas».

---

[5] J. Soto Chica, *Los visigodos. Hijos de un Dios furioso,* Desperta Ferro, Madrid, 2020, p. 518.

Los monarcas asturianos se legitiman en los reyes godos: crónicas, ideología, fórmulas y títulos, arte, Fuero Juzgo, mitos...

Un segundo período clave en la actividad restauradora sería el de Alfonso VI de León. En 1085 conquista Toledo, la antigua capital de los reyes godos, intitulándose *imperator totius Hispaniae*. El gran proceso reconquistador se puso en marcha, básicamente, a partir de aquí, una vez ya había desaparecido el califato de Córdoba.

Un tercer período llegaría con otro Alfonso, Alfonso VIII, el de las Navas, que protagoniza, en unión con otros reinos cristianos, un gran empuje reconquistador tras la victoria de las Navas de Tolosa en 1212, apuntalando el peso creciente del reino de Castilla en el ámbito peninsular. Antes de abandonar Toledo para dirigirse al campo de batalla, Alfonso VIII arengó a los combatientes hispanos: «Amigos, todos nosotros somos españoles. Los moros entraron en nuestra tierra por la fuerza y nos la han conquistado, y fueron muy pocos cristianos a los que no se desarraigó y expulsó de ella». El ideal reconquistador proporcionaba a las sociedades cristianas un objetivo superior por el que luchar. García Fitz explica que «gracias a este marco ideológico, cualquier manifestación bélica contra el islam, independientemente de sus causas reales y sus objetivos concretos, quedaba incluida en un proyecto global: la legítima recuperación de un bien perdido».[6]

El cuarto período sería el de Fernando III el Santo, hijo de Alfonso IX de León —que a su vez era primo de Alfonso VIII de Castilla—, que unificaría dinásticamente y de manera definitiva los reinos leonés y castellano. También reconquistaría los reinos de Córdoba, Jaén y Sevilla. Por otro lado, en la Corona de Aragón, Jaime I, el conquistador, extendería sus dominios sobre las islas Baleares y Valencia. En la Crónica atribuida a Jaime I, se dice que el apoyo militar de este a Alfonso X —casado con su hija Violante— frente a la insurrección musulmana de Murcia fue «per salvar Espanya».

[6] F. García Fitz, *Las Navas de Tolosa*, Ariel, Barcelona, 2005, p. 402.

Menéndez Pidal destaca que «la liberación total de la patria es llevada así a cabo como una obra conjunta de todos los españoles».[7]

Tras un parón de dos siglos —exceptuando las campañas de Alfonso XI—, el proyecto reconquistador culmina con los Reyes Católicos. El matrimonio de estos y el acceso de Fernando al trono aragonés en 1479 sellaría la unión de las Coronas de Castilla y Aragón. Ya el cronista Diego Valera había vaticinado a Fernando no solo «el dominio de estos reinos de Castilla e Aragón, mas avréis la monarchia de todas las Españas e reformaréis la silla imperial de la ínclita sangre de los godos donde venís». La idea de la reparación de una España perdida queda recogida por el poeta Íñigo de Mendoza en su *Sermón trobado* dedicado al rey Fernando:

> *Alto rey cuya potencia,*
> *cuyas virtudes y modos*
> *merece por su excelencia*
> *heredar de aquella herencia*
> *que se perdió por los godos*
> *al tiempo que don Rodrigo*
> *en pena de su luxuria*
> *recibió tan gran castigo,*
> *nos dexo tan sin abrigo*
> *sometidos con injuria*
> *a la mahometana furia,*
>
> *porque así como sus vicios*
> *merescieron pena digna,*
> *así, rey, vuestros servicios*
> *merecerán beneficios*
> *a la justicia divina,*

---

    [7] R. Menéndez Pidal, *Los españoles en la historia*, Espasa-Calpe (Colección Austral), Madrid, 1982, p. 176.

> *de manera que aplacada*
> *por vuestras obras su saña,*
> *no sólo ser subjuzgada*
> *a Castilla con Granada,*
> *mas con poca fuerça y maña*
> *vos podéis ver rey de España.*

Durante su reinado se produce la Conquista de Granada de 1492, último reducto musulmán, y es presentada como una labor que atañe a todos los hispanos. El obispo de Gerona, Joan Margarit, anuncia a los Reyes Católicos como restauradores de la unidad perdida. *«Hispania tota sibi restituta est»*, que diría Antonio de Nebrija.

¿Estamos ante un debate superado?

La discusión sobre lo adecuado del término Reconquista todavía no es ni mucho menos un debate que se haya superado en pleno siglo XXI. A pesar de que algunos historiadores lo han puesto en cuestión y otros muchos lo han matizado, una gran cantidad de prestigiosos historiadores lo usaron en su momento: Sánchez-Albornoz, Menéndez Pidal, Maravall, Vallvé Bermejo, Valdeón Baruque, Benito Ruano, Fernández Álvarez, Gárate Córdoba, Domínguez Ortiz, Ruiz de la Peña, Fernando García de Cortázar… Y otros tantos siguen usando el término a día de hoy, cada uno con sus razones, sus matices y sin que pueda englobarse a todos ellos dentro de una escuela. Hablamos de García Fitz, González Jiménez, Porrinas González, García Turza, García Fernández, Pallares Méndez, Mitre Fernández, Laliena Corbera, Portela Silva, Monsalvo Antón, Fanjul García, Alvira Cabrer, Ladero Quesada, Besga Marroquín, García Moreno, García Cárcel, Viguera Molins, Rodríguez de la Peña, Sánchez Saus, Ríos Saloma, Ribot García, Palacios

Ontalva, De Ayala Martínez, Gómez Aragonés, Soto Chica, Albarrán Iruela, José Ángel García de Cortázar…

Otros grandes medievalistas como José María Mínguez lo
hacen disculpándose. El no estar de acuerdo con el término no le
impidió titular a un libro suyo *Reconquista,* pidiendo perdón por
elegir «un título absolutamente convencional, incluso inexacto,
hasta erróneo si se me apura un poco». Es interesante leer a todos
ellos, incluso los que discrepan del término. Como dice uno de los
partidarios de utilizarlo, el catedrático de la Universidad Autónoma
de Madrid, Carlos de Ayala: «Sin duda hay razones para criticar su
uso, especialmente cuando ese uso es impropio, ideologizado o
incluso manipulado».[8]

Es curioso, pero este debate no se suele dar entre los historiadores que no son de habla hispana, probablemente más desacomplejados por estar alejados de manipulaciones ideológicas y políticas de cualquier tipo. El medievalista e hispanista británico Derek
Lomax escribió: «La Reconquista es un marco conceptual utilizado por los historiadores. Pero, a diferencia del concepto de Edad
Media, no se trata de un concepto artificial. Por el contrario, la
Reconquista fue una ideología inventada por los hispano-cristianos poco después del año 711».[9]

Si bien encontramos objeciones en algunos regeneracionistas
y e intelectuales como Ortega y Gasset, el debate sobre la conveniencia de usar el término se reactivó durante el tardofranquismo.
Concretamente a partir de 1965 con los postulados de Marcelo
Vigil y Abilio Barbero, que defendieron que los pueblos del norte,
donde supuestamente se inició la llamada Reconquista, tenían un

---

[8] C. Ayala Martínez, «¿Reconquista o reconquistas? La legitimación de la
guerra santa peninsular», *Revista del Centro de Estudios Históricos de Granada y su
Reino,* 32, 2020.

[9] M. González Jiménez, «Sobre la ideología de la Reconquista: realidades
y tópicos», Memoria, mito y realidad en la historia medieval, XIII Semana de
Estudios Medievales, Nájera, del 29 de julio al 2 de agosto de 2002.

escaso nivel de romanización y de cristianización, encontrándose en una fase tribal.

Afirmaban que aquellas gentes del siglo VIII habían mantenido una actitud de resistencia activa al pueblo visigodo igual que hicieron antes con Roma. Esa misma actitud hostil la mostrarían con la invasión árabe-bereber. Por lo tanto, no podían esos pueblos plantearse «recuperar» un reino al que jamás habían pertenecido. Aunque esta original teoría tuvo cierta acogida entre algunos historiadores españoles del momento, otros reputados medievalistas como Claudio Sánchez-Albornoz rechazaron de plano esta propuesta.

El profesor de Historia Medieval de la Universidad de Deusto, Armando Besga, llegó a señalar la inconsistencia de una de las tesis de Vigil y Barbero, la de que Asturias y Cantabria no habían sido conquistadas por los visigodos, demostrando desde una fase inicial la vinculación hispano-goda del incipiente reino de Asturias.[10] Las tesis de Armando Besga han recibido algunos apoyos de otros colegas de profesión. El catedrático de Historia Medieval de la Universidad de Cádiz, Rafael Sánchez Saus, indica que, aunque no se pueda respaldar en fuentes tempranas, en la cornisa cantábrica desde muy pronto y desde las bases de la romanización hay un sentimiento de continuidad con la identidad goda previa a la llamada batalla de Guadalete, es decir, una continuidad ideológica con la idea de España. Como vemos, muchas cuestiones siguen abiertas.

Algunos historiadores, como el militante de las JONS Ignacio Olagüe, fueron demasiado lejos en su idea de negar la Reconquista. Consideraron que la conquista árabe no fue más que un mito, suponiendo que una gran masa de españoles se habría convertido pacífica y espontáneamente al islam. Olagüe no tuvo problemas bajo el franquismo con sus atrevidas hipótesis que desacreditaban

---

[10] Ibídem.

la Reconquista, ideas que incluso llegaron a ser utilizadas por el nacionalismo andaluz. De todos modos, estas teorías apenas cuentan con apoyos en la historiografía actual.

El término Reconquista no es del XIX, es del XVIII

Afirma Martín Ríos Saloma que «la primera vez que se utilizó el término *reconquista* para hacer referencia a la lucha mantenida entre cristianos y musulmanes debe situarse en 1796 gracias a la publicación del *Compendio cronológico de la historia de España* del valenciano José Ortiz y Sanz».[11] Sin embargo, esto no es cierto.[12] Para cuando se publicó el *Compendio*, ya había una buena cantidad de obras impresas en la segunda mitad del siglo XVIII que contenían el término Reconquista refiriéndose al período histórico de casi ocho siglos de luchas entre cristianos y musulmanes o como acción de arrebatarle al musulmán una plaza dentro de aquel periodo. Incluso también encontramos «reconquista» en otros contextos diferentes al que nos ocupa. No hay que quitarle mérito a Ríos Saloma, que ayudó a romper una barrera temporal, pues con anterioridad a sus indagaciones se solía situar el nacimiento del término a principios del siglo XIX —a menudo asociado a la ocupación napoleónica—. Sin embargo, como veremos a continuación citando unos

[11]   M. Ríos Saloma, *La reconquista. Una construcción historiográfica (siglos XVI-XIX)*, Marcial Pons Historia, Madrid, 2011, p. 37.

[12]   Como señala Carlos de Ayala, el verbo reconquistar sí se utilizó —en su forma latina— en la Edad Media en algunas ocasiones. Lo vemos en la *Translatio reliquiarum Ouetum*, obra fechada entre 1173 y 1187, y que ha sido estudiada por José Carlos Martín-Iglesias. En el texto se dice: «*Dum perficeretur ecclesia, misit per uniuersum regnum suum (maximam enim Hispanie partem recunquisierat)*», que significa «mientras se completaba la iglesia, envió por todo su reino (pues había reconquistado la mayor parte de España)». C. Ayala Martínez, «¿Reconquista o reconquistas? La legitimación de la guerra santa peninsular», *Revista del Centro de Estudios Históricos de Granada y su Reino*, 32, 2020, pp. 6-7.

cuantos ejemplos, el neologismo Reconquista aparece en España medio siglo antes.

Caso aparte es el de García Sanjuán, siempre tan desatinado al manejar estas cuestiones. No le importa divulgar falsedades, como cuando ignora continuamente el hallazgo de Ríos Saloma —al que ha leído—. Este vocero con malas artes afirmó en 2019 que «el concepto se acuñó durante el siglo XIX con una fuerte carga ideológica españolista».[13] No, no se acuñó en el siglo XIX. García Sanjuán sabe que es mentira, pero se fuma un puro. Se la tiene jurada a la Reconquista[14] y cualquier camino es válido con tal de enterrar el término bajo un sepulcro con doble llave. Y que ningún historiador ose llevarle la contraria, pues lo más probable es que desde su cátedra tuitera —ojo, también tiene una real en la Universidad de Huelva— acabe tildándole de «pseudohistoriador».[15]

[13] E. Magallón, «La Reconquista que no existió. Los historiadores cuestionan el término porque lo consideran más fruto de la ideología que de la realidad», *La Vanguardia*, 8 de diciembre de 2019, obtenido de https://www.lavanguardia.com/historiayvida/20191208/472055743507/historia-y-vida-reconquista-al-andalus-historia-rae-don-pelayo-covadonga.html.

[14] Sanjuán también está en contra del término Descubrimiento de América. El 19 de enero de 2023 publicó el siguiente tuit: «Seguir hablando de "descubrimiento" de América en pleno siglo XXI. Que el conocimiento histórico no perturbe tu etnocentrismo esencialista».

[15] «Continúa la promoción del #españolismo y el blanqueamiento del #colonialismo. #Seudohistoria para cayetanos y cuñaos», puso en un tuit un 8 de octubre de 2022 al hacerse eco de una noticia de *CTXT* en la que se decía que el Instituto Cervantes y un cónsul honorario de España estaban promocionando el documental *España. La primera globalización*. En el fondo estaba atacando García Sanjuán a algunos compañeros de profesión que llevan las riendas del documental, muchos de ellos respetadísimos historiadores: Carmen Iglesias, Ricardo García Cárcel, Martín Ríos Saloma, Stanley G. Payne, Carlos Martínez Shaw, Fernando García de Cortázar, Luis Ribot, Miguel Ángel Ladero Quesada, Nigel Townson, Jaime Contreras, Manuel Lucena, Enriqueta Vila Vilar, Adelaida Sagarra... Si uno quiere leer una crítica bien fundamentada que desmonta las falacias de García Sanjuán, es imprescindible acudir a los dos volúmenes de *La Reconquista. La Restauración de España* (2022 y 2023) de Armando Besga Marroquín publicados en Letras Inquietas.

El tomo V del *Diccionario de Autoridades* —primer diccionario de la lengua castellana editado por la Real Academia Española— publicado en 1737 todavía no lleva la palabra «reconquista». Sin embargo, sí que es recogida en el tomo tercero del *Diccionario Castellano con las voces de Ciencias y Artes y sus correspondientes en las tres lenguas francesa, latina e italiana,* escrito por el jesuita Esteban de Terreros y Pando que se publicó en 1788. No obstante, la obra de Terreros se publicó póstumamente, ya que él murió en 1782. No lo tuvo nada fácil, su *Diccionario Castellano* le había llevado más de veinte años de dedicación —de 1745 a 1767— y, cuando por fin consiguió las licencias oportunas para publicar su descomunal obra, la fulminante expulsión de los jesuitas de España dio al traste con todo. Terreros, junto con sus compañeros de orden, tuvo que exiliarse en Italia y allí falleció, en la ciudad de Forlì a los 74 años. La obra, pese a las dificultades, se publicó años después de su redacción gracias a la insistencia del Conde de Floridablanca. La página 305 del *Diccionario Castellano* —tomo tercero— compila no solo la voz «reconquista», sino también dos variantes dentro de la misma familia léxica como son «reconquistar» y «reconquistado»:

RECONQUISTA, nueva conquista, ó accion con que se vuelve á conquistar alguna cosa, plaza, &c.
RECONQUISTAR, volver á conquistar, ó á ganar algun pais. Fr. *Reconquerir.* Lat. *Denuo subigere, domare.* It. *Riconquistare.* V. Herrer. *Dicc.*
RECONQUISTADO, part. pas. Fr. *Reconquisse.* Lat. *Subactus, domatus, occupatus.* It. *Riconquistato.*

Diccionario Castellano (tomo III) de Esteban Terreros y Pando.
Redactado entre 1745 y 1767. Impreso en Madrid en 1788,
en la Imprenta de la viuda de Ibarra, hijos y compañía.

Además de estas valiosas definiciones, también fue Esteban Terreros y Pando el primero en utilizar la palabra reconquista para hablar de la reconquista de Toledo. Lo dejó escrito hasta tres veces en su *Paleografía española,* libro impreso en Madrid en el año 1758 dedicado a la reina Bárbara de Braganza, esposa de Fernando VI. Reproduzco a continuación parte del párrafo que encontramos hacia la mitad de la página 16:

> Pero la reconquista de Toledo, hecha por Don Alonso VI, hijo de Don Fernando Magno à fines del siglo XI, y año 1085, dió nueva, y mayor extension á la Lengua Castellana, cuya primera juventud, por decirlo asi, duró casi dos siglos, hasta entrar en edad de discrecion en el felíz Reynado de San Fernando III, y en el de su hijo Don Alonso el Sabio. Toledo, Plaza entonces fortisima, situada en medio de nuestra Peninsula, ha tenido en ambas lineas Secular, y Eclesiastica las veces de corazon en el cuerpo de la Monarquía Española. Perdida Toledo, se perdió España, aunque se conservase la libertad en algunas Provincias.

Tras haber hecho muchas búsquedas, y comprobar que la anterior referencia de Terreros y Pando a la Reconquista de mediados del siglo XVIII es la primera que aparece en archivos digitalizados y que el mismo autor, también a mediados del siglo XVIII, compuso su *Diccionario Castellano* donde define la palabra «Reconquista» —y también dos vocablos de la misma familia léxica—, albergo fundadas sospechas de que sea el padre jesuita el introductor del término Reconquista en España. Y digo introductor, porque la palabra ya se utilizaba en Francia, Italia y Portugal. Refuerza esta tesis que el autor supiese idiomas y que casi siempre añada la traducción al francés[16] y al italiano de los términos que componen su

---

16 Iván Vélez tiene un artículo que explica el posible origen francés de la palabra: «Reconquérir», *El Catoblepas*, 202, 2023. Iván Vélez, Armando Besga y

Diccionario Castellano, véase «reconquistar» (Fr. *Reconquerir.* It. *Ricon-quistare.*) y «reconquistado» (Fr. *Reconquisse.* It. *Riconquistato.*), que se construyen de una manera parecida al español —en latín también está traducido, pero con distinto lexema, así que para el caso no nos interesa—.[17]

He afirmado que José Ortiz y Sanz no es el primero en usar la expresión Reconquista a finales del xviii. Y he documentado su uso en al menos otras diecisiete ocasiones, contando la de Esteban Terreros y Pando del año 1758. Seguramente sean más. Esto nos dice que el término Reconquista ya es de uso común en la segunda mitad del siglo xviii. Llama la atención que algunas veces el término fue utilizado por grandes literatos españoles del xviii como Campomanes, Jovellanos o Cadalso. Nombro a continuación los diecisiete ejemplos, dieciocho con el de José Ortiz y Sanz:

1. *Paleografía española* (1758). Por Esteban de Terreros y Pando.
2. *Informe de la Imperial ciudad de Toledo* (1758). P. 309.
3. *Defensa de la nación española contra la carta persiana LXX-VIII de Montesquieu* (hacia 1768). Por José Cadalso.
4. *Juicio imparcial sobre las letras en forma de breve, que ha publicado la Curia Romana, en que se intentan derogar ciertos Edictos del Serenísimo Señor Infante Duque de Parma, y disputarle la Soberanía temporal con este pretexto* (1769). Por Pedro Rodríguez Campomanes. P. 60.
5. *Diccionario histórico y forense del derecho Real de España* (1779). Por Andrés Cornejo. Pp. 95, 223 y 475.

un servidor hemos ayudado a conocer mejor el origen del término, planteando nuevos interrogantes.

[17] Después de publicada la segunda edición de este libro, un servidor descubrió que, en 1733, en el Tomo Cuarto del *Teatro Crítico Universal* de Benito Jerónimo Feijoo habla de «provincias reconquistadas» a los moros (esta nota se añade en la tercera edición y sucesivas).

6.   *Informe dado la Junta general de Comercio y Moneda, acerca del libre ejercicio de las artes* (1785). Por Gaspar Melchor de Jovellanos. P. 224.

7.   *Biblioteca española, Tomo Segundo que contiene la noticia de los escritores gentiles españoles y la de los christianos* (1786). Por Joseph Rodríguez de Castro. P. 459.

8.   *Semanario erudito* (1787). Por Antonio Valladares de Sotomayor. P. 179.

9.   *Retratos de los reyes de España desde Atanarico hasta nuestro católico monarca don Carlos III, Tomo III* (1788). Por Manuel Rodríguez. Pp. 14, 39 y 197.

10.   *Cartas Marruecas, Carta XXVI* (1789). Por José Cadalso. Aunque escritas años antes, ya que se publicaron de manera póstuma.

11.   *Memorias de la Sociedad Económica, Tomo IV, Reflexiones que hicieron los señores Don Lorenzo Irisarri Presbitero y Don Josef Olmeda y Leon leídas en junta general de 7 de diciembre de 1782.* P. 6.

12.   *Elogio de D. Ventura Rodríguez pronunciado en la Real Sociedad de Madrid en 1788* (1790). Por Gaspar Melchor de Jovellanos. P. 20.

13.   *Idea de Exea. Compendio histórico de la muy noble, y leal villa de Exea de los Caballeros* (1790). Por Joseph Felipe Ferrer y Racax. P. 59.

14.   *Espíritu de los mejores diarios literarios que se publican en Europa* (1790). Por Antonio Espinosa de los Monteros. P. 22.

15.   *Diezmos de legos en las iglesias de España: discursos histórico-jurídicos* (1791). Por Joseph de Vinuesa. P. 47.

16.   *Índice general de la synopsis histórica de España* (1791). Por Don Juan de Ferreras.

17.   *Memorias de la real Academia de la Historia, Tomo I* (1798) P. 113.

18.   *Compendio cronológico de la historia de España* (1796). Por José Ortiz y Sanz.

En el *Diccionario histórico y forense del derecho real de España,* redactado por Andrés Cornejo, hay tres alusiones a la Reconquista. Una de ellas reza lo siguiente:

> El motivo de reconquista fué verdaderamente un principio justo de su adquisición; y así es constante que el Rey D. Alonso el VII habiendo ganado de los Moros la Ciudad de Toledo, como Señor de ella, y sus términos, gozó de todos sus diezmos.

Cadalso expresa en *Defensa de la nación española contra la carta persiana LXXVIII de Montesquieu:*

> De este estado se aprovecharon los africanos, y valiéndose de las inteligencias de algunos magnates ofendidos por el infeliz Don Rodrigo, desembarcaron en la costa de Andalucía y con solo dos batallas destrozaron el lucido y magnífico, pero débil y afeminado ejército de los godos. Uno de aquellos héroes, cuya memoria siempre es sagrada para la posteridad, avergonzado del rápido progreso de los africanos, sacó desde el fondo de las montañas de Asturias un puñado de cristianos esforzados, con los cuales emprendió la reconquista de España. Siguiéronse innumerables batallas durante cerca de ocho siglos entre los cristianos y moros españoles.

Y vuelve a decir en sus conocidas *Cartas Marruecas:*

> Los de Asturias y sus montañas hacen sumo aprecio de su genealogía, y de la memoria de haber sido aquel país el que produjo la reconquista de toda España con la expulsión de nuestros abuelos.

Pedro Rodríguez Campomanes escribe en 1769:

> En aquellos tiempos guerreros quedó poco lugar para los reglamentos políticos, seculares, ni eclesiásticos. Es natural, que el valeroso D.

Pelayo y sus sucesores no celebrasen más juntas [...] Cuando ya llegó a merecer la reconquista el nombre de Reyno, parece que sucedieron a los Sínodos y los Concilios las Cortes generales.

En un discurso de 1782 pronunciado en la Real Sociedad Económica Matritense de Amigos del País —fundada en 1775— encontramos estas palabras:

Al principio de la reconquista los Españoles animados del santo zelo de su religion y libertad, se reunieron estrechamente contra los moros: nobles, plebeyos, labradores y artesanos combatian al enemigo indistintamente, pues no habia entonces diferencia entre el señor y el vasallo, el militar y el ciudadano.

En otro discurso, leído por Jovellanos un sábado 19 de enero de 1788, se hace alusión a la Reconquista para hablar del espíritu de los asturianos, en un elogio al ilustre arquitecto Ventura Rodríguez, que había fallecido tres años antes:

A la entrada del siglo VIII los árabes abren a los ojos de Rodríguez otra perspectiva todavía mas desagradable. La Arquitectura, acogida por la religión entre los visigodos, había hallado a lo menos un pobre asilo en los templos católicos: mas los árabes los arrasan todos desde Tarifa a Gijón: nada se libra de los golpes de su brazo asolador; y la pequeña porción de españoles que se salvará del naufragio, libre ya de su riesgo, cuida solamente de reganar paso a paso el país que había perdido en un instante.

En tan dificil situación Rodríguez descubre apenas las bellas artes. La guerra y la reconquista, únicos objetos del pueblo asturiano, fijan el espíritu de su constitución, y las costumbres emanadas de este espíritu se hacen como él sencillas y feroces.

Pero el ilustre Jovellanos ya había utilizado el término «reconquistar» en 1785 en su informe dado a la Junta general de Comer-

cio y Moneda acerca del libre ejercicio de las artes, en donde habla
de la honrosa restauración de la libertad de la patria perdida:

> El glorioso empeño de reconquistar un reino envilecido bajo el
> yugo de los árabes, y de arrojar de nuestro continente estos enemi-
> gos bárbaros y opresores, armó contra ellos todas las clases, sin que
> hubiese alguna que se creyese libre de la honrada pensión de restau-
> rar la libertad de su patria. El rico-hombre, el prelado, el caballero, el
> solariego, seguían el primer toque del tambor que los convocaba á la
> guerra, y marchaban en auxilio del estandarte real, á lidiar por la
> conservación de un estado, de que eran miembros y defensores.

Podría seguir añadiendo otros ejemplos de los antes enumera-
dos, todos con el sentido que le damos al período histórico de la
Reconquista, pero no es cuestión de extenderme. El lector puede
encontrar los libros a los que aludo digitalizados en internet.

6

ESPAÑA NO EXISTÍA

Me ha ocurrido cientos y cientos de veces. Es nombrar la palabra España para hablar de cualquier episodio histórico ocurrido en la Edad Moderna y ver brotar uno tras otro comentarios con la frase: «España no existía». Ya no te digo si metes la palabra de marras en la Edad Media o en la Edad Antigua. Dice Stanley Payne:

> España es el único país occidental, y probablemente del mundo, en el que una parte considerable de sus escritores, políticos y activistas niegan la existencia misma del país, declarando que «la nación española» sencillamente «no existe».[1]

España. Palabra prohibida, palabra hiriente, palabra maldita... Si uno no anda con pies de plomo, será sospechoso de ser nacionalista, facha y radical. Y en una cosa aciertan, estamos ante una cuestión «radical», por eso para entenderla debemos ir a la raíz.

---

[1] S. Payne, *En defensa de España. Desmontando mitos y leyendas negras*, Madrid, Madrid, 2017, p. 283.

¿De dónde viene la palabra España?

España viene de Hispania, corónimo posiblemente de origen fenicio. Dicen algunos expertos que Hispania ya aparece primitivamente con las formas Span, Sphan y Sphard.[2] De ahí viene también la palabra Sepharad y sefardí. El caso es que Hispania fue como llamaron los romanos a la península ibérica, donde crearon en un principio dos provincias: La Hispania Citerior, que ocupaba más o menos lo que hoy es Andalucía, y la Hispania Ulterior, que llegaba de Murcia hasta el Pirineo, con Corduba —Córdoba— y Tarraco —Tarragona— como centros políticos. Tras batallar contra celtíberos y lusitanos, y ocupada ya casi toda la península, durante las guerras cántabras las dos provincias se transformaron en tres: Bética, Lusitania y Tarraconense. Trescientos años después de aquella división, Diocleciano subdivide la Tarraconense en tres nuevas provincias —Tarraconense, Cartaginense y Gallaecia— y crea la Diócesis de Hispania, a la que incorpora una nueva provincia en el norte de África —Mauritania Tingitana—, en el actual Marruecos.[3] Iberia e Hispania son dos denominaciones de la Antigüedad clásica para un mismo territorio. Estrabón en su *Geografía* explica que:

> Con el nombre de Iberia, los primeros griegos designaron todo el país a partir del Rhodanos y del isthmo que comprenden los golfos galáticos; mientras que los griegos de hoy colocan su límite en el Pyrene y dicen que las designaciones de Iberia e Hispania son sinónimas y a sus partes las han llamado ulterior y citerior.[4]

---

[2] «Origen del nombre de España». http://hispanoteca.eu/Espa%C3%B1a/Origen%20del%20nombre%20de%20Espa%C3%B1a.htm.

[3] En el siglo IV las Baleares se desgajan de la Cartaginense para formar una nueva provincia de la Diócesis de Hispania *(Diocesis Hispaniarum)*.

[4] Estrabón, *Geografía,* (III, 4, 19).

Obviamente los hispanos no eran españoles, pero los españoles sí somos herederos de aquella realidad romana. Los hispanos, al igual que los galos, dacios y muchos otros pueblos que acabarían siendo parte del imperio, eran romanos, y tras la romanización acabarían hablando la lengua latina, la misma que con el paso del tiempo se transformaría, previa vulgarización, en castellano, catalán, gallego y portugués.

El historiador Tito Livio los describió así en el siglo I a. C.: «El hispano es ágil, belicoso, inquieto. Hispania es distinta de Italia, más dispuesta para la guerra a causa de lo áspero del terreno y del genio de los hombres».

¿Se puede entonces decir que los hispanos conformaban una nación? Bueno, se puede decir en el sentido cultural que damos hoy a la patria, pero los hispanos no tenían una entidad estatal propia, ya que debían lealtad a Roma. Y fue Roma quien moldearía el territorio europeo en gran medida. El historiador Armando Besga observa con agudeza cómo las fronteras actuales de muchos Estados europeos son herederas de las divisiones provinciales romanas. Existe una explicación:

Al tener nombre y corresponder a una gran unidad geográfica, Hispania se convirtió en una patria y en una *natio* en época romana. Y en un proyecto político cuando cesó el dominio romano, porque los invasores germanos generalmente se identificaron con las viejas divisiones administrativas romanas, dotándolas de una significación política nueva que ha llegado a nuestros días. Los visigodos lo hicieron con Hispania. Porfiaron hasta conseguir el completo dominio de la Península Ibérica, cuyo logro, durante el reinado de Suintila (621-631), fue celebrado por Isidoro de Sevilla como el mayor éxito de la historia de los visigodos en un texto que tuvo gran influencia en la España de la Reconquista.[5]

---

[5] A. Besga Marroquín, «España y Edad Media: sobre el uso del nombre de "España" en las historias medievales», *Letras de Deusto*, vol. 40, 128, 2010, p. 13.

La confusión polisémica de la palabra nación

Hablar de España exige una exégesis inicial. El reino de España hoy en día es un Estado y también una nación. Lo primero que debemos hacer es explicar con algunos trazos gruesos qué demonios significa la palabra nación, un término polisémico y confuso.

Nación cultural o patria

El término «nación cultural» es un término abstracto, difuso, subjetivo e interpretable. Un constructo imaginado, en última instancia, por aquel individuo que pertenece a una comunidad de límites imprecisos que comparten una serie de lazos comunes: características étnicas, lengua, cultura, religión, folclore, tradiciones... Es una elucubración sentimental que se extiende horizontalmente y nace de abajo, desde la conciencia individual.[6] En una misma persona pueden habitar varias naciones o patrias: asturiana, burgalesa, hispana, cristiana...

Nación histórica

Es aquella que inevitablemente vinculamos al Antiguo Régimen, pero que continúa hasta el presente. Porque antes de la aparición del Estado-nación existía el concepto de nación vinculado a la

---

[6] En ocasiones esa conciencia que nace de abajo puede tratar de reclamar soberanía propia. El problema radica cuando las élites tratan de formar entidades políticas homogéneas a partir de esos lazos comunes siempre interpretables, ya que lo normal es que en un territorio convivan sociedades multiétnicas. Esas comunidades no se pueden separar fácilmente en un mapa con escuadra y cartabón.

Corona, que muchas veces agrupaba distintos reinos. El concepto es parecido al de nación cultural. La nación histórica previa al proceso de construcción de la nación política está conformada por un conglomerado de reinos y de realidades culturales diversas —naciones culturales—. La nación histórica española descansa en una dinastía —la monarquía católica—, que en nuestro caso encabeza un extenso imperio. En la península ibérica encontramos diferentes reinos medievales vinculados al drama histórico de la Reconquista, pero es a partir del siglo xv, durante la Edad Moderna, cuando ya comienza con los Reyes Católicos un proceso de unidad y homogeneización de leyes y costumbres. Se perfila la identidad española y con ello la nación española.

El término «nación española» ya lo encontramos en repetidas fuentes desde la Baja Edad Media. Ladero Quesada afirma que «no es el resultado de elucubraciones intelectuales minoritarias, sino del reconocimiento de un hecho nacional».[7] Al igual que ocurre con la nación cultural, la nación histórica es un concepto discutible e impreciso que no siempre descansa en sólidos pilares jurídicos. En el *Tesoro de la Lengua Castellana o española* de 1610 y de Sebastián de Covarrubias, se define «nación» de la siguiente manera: «NACION. Del nombre latino natio, is, vale reyno o provincia estendida, como la nación española». Es durante la Edad Moderna, en la que el Imperio español es hegemónico, cuando comprobamos fácilmente a través de la literatura un sentimiento de orgullo hacia una cultura compartida, tanto en las élites como en el pueblo, que forjarían una honda huella identitaria. Un sentimiento de identidad no excluyente que conviviría con otras identidades colectivas: Castilla, Aragón, Vizcaya, Portugal, Cataluña… La nación histórica tiene continuidad con la nación política de la Edad Con-

---

[7] M. A. Ladero Quesada, «España en 1492», en Palacio Atard, V. (ed.), *De Hispania a España: el nombre y el concepto a través de los siglos*, Temas de Hoy, Madrid, 2005, p. 162.

temporánea.[8] Para Joaquín María Nebreda, la nación histórica es «la actualización, la permanente y evolutiva actualización, de un pasado secular».[9] Un «plebiscito permanente» en palabras de Ernest Renan.

Nación política

La nación política nace en los siglos XVIII y XIX, cuando toda la historia pasa a ser interpretada en clave nacional y tamizada a través de un novedoso filtro nacionalista. Es un proceso gradual que viene de una dinámica centralizadora y no surge *ex nihilo* de la noche a la mañana por generación espontánea. Ese constructo imaginado —el reino con sus leyes—, que antes se justificaba en una voluntad divina, cambia su sujeto de soberanía. El rey, que antes gobernaba por la gracia de Dios, es sustituido por «el pueblo». La soberanía ahora reside en los ciudadanos y los ciudadanos son la nación, como bien escribió el diputado catalán Antonio Capmany tras el levantamiento popular contra la ocupación peninsular de las tropas de Napoleón: «Vosotros habéis hecho ver ahora al mundo que el pueblo es la nación».[10] Para ello se pone en marcha un proceso de construcción nacional de manera que cada individuo —ciudadano y sujeto soberano— solo puede pertenecer a una nación cuyos límites coinciden con los del Estado. Con la construcción de las grandes historias nacionales —*nation*

---

[8] M. Ballester Rodríguez, *La identidad española en la Edad Moderna (1556-1665). Discursos, símbolos y mitos,* Tecnos, Madrid, 2010, p. 23.

[9] J. M. Nebreda, *Historia Traicionada. Nación española y refutación del nacionalismo vasco,* Almuzara, Córdoba, 2021, p. 156.

[10] Este catalán llamado Antonio de Capmany, diputado de las Cortes de Cádiz, fue el que en 1811 propuso instaurar la fiesta del 2 de mayo. La conmemoración se convirtió desde ese año en fiesta nacional, y mito fundacional de la nación política en España.

building—, el Estado-nación se acaba sublimando en un concepto unívoco, uniformador y disolvente, que prorrumpe de arriba hacia abajo —en términos jurídicos solo se puede ser de una nación— y del que surgirán nuevas e inciertas complicaciones como el nacionalismo fraccionario. Por otra parte, «aquellos Estados que no fueron capaces de construir o imaginar naciones a su medida acabaron desapareciendo», como expone el profesor Pérez Vejo en su *España imaginada*.[11] España como nación política surge en el siglo XIX durante la invasión napoleónica y la descomposición de un imperio que, incumpliéndose el sueño de Bolívar, acabaría partido en muchas naciones. La nación española es un invento de los liberales que se hayan provistos de nuevas recetas ensayadas durante la Revolución francesa. Un primer intento lo tenemos plasmado en la Constitución de 1812 cuando el imperio trata de convertirse en una sola nación con «la reunión de los españoles de ambos hemisferios». Pero con aquel ensayo fallido no se acabaría evitando la fragmentación imperial. Las siguientes constituciones del siglo XIX ubicaron la soberanía en la nación (1837 y 1869) o establecieron una cosoberanía compartida entre las Cortes y el Rey (1845 y 1876). El miedo a seguir el sendero de la Francia revolucionaria llevó a los españoles, tanto a los liberales más conservadores como a los más revolucionarios, a fundamentar los proyectos de Constitución en una tradición previa, sin romper por completo con el pasado.[12] Así echó a andar la nación política. Sobre este nuevo armazón se levanta el proyecto de país liberal del que somos deudores, con un nuevo sujeto político soberano del que emana el poder del Estado: la nación. El Estado vendría a ser la gran superestructura de gestión y representación. Y ha de estar limitado con

[11] T. Pérez Vejo, *España imaginada. Historia de la invención de una nación*, Galaxia Gutenberg, Barcelona, 2015, p. 16.

[12] A. Calderón Argelich, *Olvido y memoria del siglo XVIII español*, Cátedra, Madrid, 2022.

contrapesos, vigilancia, control, derechos regulados y separación de poderes —legislativo, ejecutivo y judicial—.

Ya, pero... ¿desde cuándo existe España?

No espere el lector una respuesta sencilla. Entraña gran dificultad dar una respuesta a la pregunta de cuándo nace España, debido a que la palabra «España» está cargada de connotaciones que van cambiando con el tiempo.[13] El concepto de nación española es igual de confuso. Algunos autores prefieren esquivar el término «España» para hablar de ciertos periodos del Medioevo peninsular. Bien, es respetable —aun cuando la grafía «España» se había popularizado en los escritos de la Baja Edad Media— y sus razones tendrán, pero la ofuscación llega a la paranoia cuando se evita el uso durante la Edad Moderna. De ahí las fórmulas: monarquía hispánica, monarquía compuesta o unidad dinástica, términos, a veces estomagantes, que, si bien son útiles y se puede echar mano de ellos para explicar o enfatizar ciertas cuestiones, otras veces son utilizados de manera abusiva para negar la existencia histórica de España como nación.

Una primera pregunta que hay que hacerse es de dónde procede y cuándo nace la grafía actual —España—. Lo primero es bastante intuitivo, pues España viene de Hispania. Más dificultad

---

[13] Mi amigo Javier Santamarta ha acuñado una expresión la mar de ingeniosa: La España de Schrödinger. ¿En qué consiste? En «algo como lo de que el gato está vivo y muerto al mismo tiempo dentro de la caja. En este caso, España existe y no existe. Si comete genocidio en América, ¡España existe! Si hablamos de que en España surge el primer parlamento con ciudadanos, reconocido así por la UNESCO, con las Cortes de León de 1188, entonces ¡España no existe! Si hablamos de la malvadísima Inquisición, esta ha de apellidarse española, faltara o faltase. Pero si hablamos de las Leyes de Burgos de 1512, ¡esa legislación no es española!». J. Santamarta del Pozo, *Fake News del Imperio español*, La Esfera de los Libros, Madrid, 2021, p. 55.

implica rastrear el momento exacto en el que «Hispania» empieza a escribirse de otra manera debido a la escasez de fuentes escritas en los años oscuros de la Edad Media. Pero sí sabemos que a finales de la Alta Edad Media es evidente que el latín se ha corrompido, han surgido las lenguas romances, e Hispania probablemente es pronunciada «España». No hay más que articular rápido ambas voces para comprobar que son prácticamente homófonas, es decir, indistinguibles.

Sin meternos en complejas disquisiciones filológicas, lo que está claro es que en esa transición gradual que se produce en la Alta Edad Media, la grafía «Hispania» empieza a verse escrita de distintas formas: Spania, Spanie, Espanna, Spanya, Epaña... Esto ocurre en época visigótica cuando se configura un nuevo concepto de Hispania o Spania que va mucho más allá de lo meramente territorial. Hay un componente étnico construido sobre una entidad política que es el Reino visigodo con capital en Toledo. Así lo entiende Isidoro de Sevilla, que trata de explicar el Reino visigodo como un matrimonio entre la tierra y el pueblo godo, que en la práctica también funcionó como una unión entre Roma y el Reino toledano. La *Historia Gothorum* de San Isidoro de Sevilla compuesta en el siglo VII gozaría de gran popularidad y acabaría marcando la pauta para las siguientes historias de España que habrían de escribirse. Comienza con la famosa *Laus Spaniae* —alabanza de Hispania—, donde ensalza con inmoderado paroxismo las excelsas virtudes de las tierras hispanas:

> De todas las tierras que hay desde el poniente hasta la India eres la más bella, oh, Hispania, sagrada y siempre feliz madre de príncipes y de pueblos. Con razón tú ahora eres de todas las provincias reina, de la que no solo el Occidente sino también el Oriente toma prestada tu luz. Tú, belleza y ornato del orbe, la más ilustre porción de la tierra, en la que la gloriosa fecundidad del pueblo godo disfruta mucho y abundantemente florece. Merecidamente la natura-

leza, muy bondadosa, te ha enriquecido con abundancia de todos
los seres vivos. Tú, abundante en aceitunas, caudalosa en uvas, fértil
en mieses; te vistes de campos de cereales, te envuelves en la sombra de los olivos, te adornas con viñas. Tú, floreciente en tus campos, en tus montes frondosa, llena de peces en tus costas. A ti,
situada en la región más agradable del mundo, ni te quema el
ardor del veraniego sol ni te consume el frío glacial, sino que,
rodeada por una zona templada del cielo, te nutren favorables céfi-
ros. Pues todo lo que hay de fecundo en los campos, todo lo que
hay de precioso en las minas, todo lo que hay de bello y útil en los
animales tú lo produces. No tienes que ser pospuesta a aquellos
ríos a los que hace famosos la ilustre fama de sus impresionantes
rebaños. El Alfeo es inferior a ti en caballos, el Clitumno en vaca-
das, aunque el sagrado Alfeo ejercite por el campo de Pisa a las ala-
das cuadrigas para conseguir las palmas olímpicas y el Clitumno
hace tiempo inmolara grandes novillos como víctimas capitolinas.
Tú ni deseas, muy rica en pastos, los sotos de Etruria ni admiras,
repleta de palmas, los bosques del Molorco ni por la carrera de tus
caballos envidias a los carros de la Élide. Tú, rica en rebosantes ríos;
tú, dorada por tus torrentes aurífluos. Tú tienes la fuente de la raza
equina. Tú tienes vellones teñidos con púrpura indígena que bri-
llan como la púrpura de Tiro. Tú tienes la piedra reluciente en la
oscuridad del interior de los montes, que se ilumina con un brillo
cercano al del vecino sol. Así pues, rica en pupilos, en piedras pre-
ciosas y en púrpura, igualmente fértil en gobernantes y en méritos
del imperio, eres tan rica en adornar príncipes como feliz en
engendrarlos. Así con razón ya hace tiempo que la dorada Roma,
cabeza de los pueblos, te deseó y a pesar de que la misma virtud
romúlea, primero vencedora, te desposó con sí misma, sin embargo, finalmente el floreciente pueblo de los godos, después de
numerosas victorias en el orbe, con empeño te raptó y te amó, y
hasta hoy disfruta de ti entre regias ínfulas y abundantes riquezas
seguro de la prosperidad de su Imperio.

Siglos más tarde, verían la luz otras historias nacionales de inspiración isidoriana en las que se trató de reconstruir la unidad perdida de los visigodos y a la vez labrar una identidad y conciencia colectivas: El *Chronicon mundi* de Lucas de Tuy, *Historia de rebus Hispaniae* de Rodrigo Jiménez de Rada o la *Estoria de España* de Alfonso X el Sabio.

Hispania era la tierra de los hispanos. El insigne filólogo Rafael Lapesa Melgar observó[14] que en la zona de Cataluña tras la conquista islámica los hispano-godos, muchos de ellos refugiados, eran conocidos como *hispanioli*, es decir, que el primer testimonio del gentilicio español aparece a finales del siglo XI en el norte del Pirineo. «Español» no es una palabra que naciera en los dominios de nuestra lengua, de haber sido así seguramente la palabra hubiese sido *españuelo* y no *hispanioli* o *espaniol* —a la que le siguen *espannol, espagnol, espainnol*—, por lo que el gentilicio surge no en España sino en el sur de la Francia meridional, en la época de la promoción del culto a Santiago.

En el manuscrito de Per Abbat, copiado a principios de siglo XIII, primer poema del *Mío Cid* que se conserva y primera gran obra literaria en lengua romance castellana, encontramos varias veces la palabra «España», escrita con «s» larga (ſ). En la parte del «Cantar de las bodas» se puede leer:

> *El que en buen ora nasco | non lo detardava;*
> *ensiellan le a Bavieca, | cuberturas le echavan,*
> *mio Çid salio sobr'el | e armas de fuste tomava;*
> *vistios el sobregonel; | luenga trahe la barba;*
> *por nombre el cavallo | Bavieca cavalga;*
> *fizo una corrida; | esta fue tan estraña*
> *quando ovo corrido | todos se maravillavan;*
> *des dia se preçio Bavieca | en quant grant fue España.*

---

[14] E. Benito Ruano (ed.), *España. Reflexiones sobre el ser de España*, Real Academia de la Historia, Madrid, 1998, pp. 504-505.

En el último renglón dice: «Desde ese día se apreció a Babieca en cuanto grande fue España».[15] Se suele repetir muchas veces que la palabra «España» no es más que una expresión geográfica, que viene a ser el equivalente a «península ibérica». Como si España únicamente fuese un conjunto de accidentes geográficos. Esta reducción no es del todo cierta, ya que muchas veces se empleó con un significado cultural —asociado a excelsas virtudes, a ciertos mitos y a ciertas fatalidades históricas—,[16] e incluso político, con un pasado compartido que los cronistas sitúan en un tiempo lejano. Da apuro comprobar cómo la reducción geográfica se ha convertido en una especie de mantra que se corea de manera instintiva, una enunciación que produce cierto alivio contra el escozor que sienten algunos al comprobar que en las crónicas medievales la palabra prohibida menudea de forma incómoda. Igualmente, con eso de que España no es más que un concepto geográfico podemos postergar el nacimiento de la nación hasta donde queramos, incluso hasta el siglo XX. Nadie pone en duda que toda expresión geográfica es operativa para enmarcar un territorio. Y por supuesto eso hicieron los hispanos de la Edad Media y los monarcas que se intitulaban como *reges hispaniae*, en una realidad histórica con distintos reinos y con fronteras siempre cambiantes. Sin embargo, todas estas aproximaciones que hicieron nuestros antepasados del Medievo terminaron superando los niveles descriptivos, convirtiéndose en geografía humana, es decir, aquella que habla de los pueblos que habitan el territorio. Y luego esas realidades humanas acaban asociándose con una dimensión histórica mucho más compleja. Miguel Ángel Ladero Quesada dice que es un error «suponer que España era solo un concepto

---

[15] Aquí, probablemente se hace mención a la España anterior a la invasión islámica, a la España perdida de los godos.

[16] L. A. García Moreno, «Etnia goda e iglesia hispana», *Hispania Sacra*, vol. 54, 110, 2002, pp. 415-442.

geográfico»[17] durante la Edad Media. José Antonio Maravall ya dedicó muchas páginas a hablar sobre el concepto de España en la Edad Media, en la obra de mismo título, por lo que no me extenderé demasiado. Simplemente pretendo advertir sobre cierto sesgo rayano en lo obsesivo en el momento en el que, no ya se limita, sino que se censura la palabra «España», pero por otro lado se habla con naturalidad de otros países en edades tempranas. Lo cierto es que hablar continuamente de «península ibérica» no es más que un anacronismo, y no, no hay ningún problema en acuñar expresiones anacrónicas más o menos acertadas, pero no a costa de condenar al ostracismo la expresión primigenia de manera prejuiciosa. Por cierto, «península ibérica» es un término que populariza en el siglo XIX un francés.[18] Fue un término que acabó por asentarse, ya que la geografía permite librarse de las cargas políticas e ideológicas, de ahí su utilidad. Sin embargo, la proteica España cristiana, durante la Edad Media, no solo alude a un concepto geográfico. Hay detrás un concepto cultural con vocación de hermanamiento y unidad en la diversidad. Antonio Rumeu de Armas señaló al respecto:

---

[17] M. A. Ladero Quesada, «España en 1492», en Palacio Atard, V. (ed.), *De Hispania a España: el nombre y el concepto a través de los siglos,* Temas de Hoy, Madrid, 2005.

[18] «Las divisiones establecidas por los hombres sobre la faz de la tierra están tan sujetas a cambios, que en este capítulo, dedicado a la descripción física de España y Portugal, usaremos la menor cantidad posible de estos nombres de reino, que el capricho de las revoluciones puede confundir y hacer desaparecer. El nombre Península Ibérica nos parece más adecuado, y lo adoptaremos para designar esta parte de Europa». El artífice del término «Península Ibérica» es por tanto Jean-Baptiste Bory de Saint-Vincent en su *Guide du voyageur en Espagne* de 1823. Citado en J. C. Castañón Álvarez, F. Quirós Linares, «La contribución de Bory de Saint-Vincent (1778-1846) al conocimiento geográfico de la Península Ibérica. Redescubrimiento de una obra cartográfica y orográfica olvidada», *Ería: Revista cuatrimestral de geografía,* 64, 2004, p. 184. La traducción es mía.

El fraccionamiento político de España no destruyó la idea de unidad. Entre las comunidades históricas se descubre un estrecho vínculo espiritual y vital a lo largo del medievo. Una común sensibilidad, capacidad emotiva e ímpetu personal, es decir, una similar contextura temperamental. Las acciones y reacciones de sus hombres —sobre todos los más representativos— se asemejan. La idea de unidad está presente en todos los escritores de la Edad Media desde el juglar de Medinaceli autor del *Cantar del Mío Cid* hasta el cronista catalán Muntaner, pasando por Lucas de Tuy y Ximénez de Rada, castellano-leoneses; Fernández de Heredia, aragonés; Garcá Enguí, navarro; y Ribera de Perpejá, catalán. Un hispanismo integral alienta por igual en Raimundo Lulio que en don Juan Manuel o el canciller de Ayala.[19]

Ladero Quesada dice que «no hay ningún motivo para ignorar o negar que existió una España medieval, igual que hubo una Alemania, una Italia, una Inglaterra o una Francia medievales, con independencia de los grados de cohesión o disgregación política que se dieran en ellas». En el Concilio de Constanza (1414-1418) se afirmó de una manera natural que la identidad europea venía a estar formada por cinco naciones con voz y voto: Italia, Francia, Alemania, Inglaterra y España.

La política matrimonial regia fomentó la unidad peninsular, aspiración conseguida de manera definitiva tras el matrimonio de Isabel y Fernando de la casa Trastámara, que unirían las coronas de Castilla y Aragón por la cabeza en el momento en que fallece Juan II de Aragón en 1479. Su hijo Fernando, que ya era rey castellano, hereda la Corona de Aragón, surgiendo en consecuencia la Corona o Monarquía española como unidad política y territorial.

Julio Valdeón escribió —en su libro *La Reconquista*— que «coincidiendo con el brillante reinado de los Reyes Católicos, cayó en

---

[19] E. Benito Ruano (ed.), *España. Reflexiones sobre el ser de España*, Real Academia de la Historia, Madrid, 1998, pp. 292-293.

poder cristiano el reino nazarí de Granada, que era el último reducto que subsistía del islam peninsular».[20] Ante la presión que ejercían los castellanos desde el campamento de Santa Fe, el sultán Boabdil decide rendirse y entregar las llaves de la ciudad. Según cuenta el cronista Hernando del Pulgar, el 2 de enero de 1492 el conde de Tendilla y Gutierre de Cárdenas «entraron en el Alhambra, y encima de la torre de Comares alzaron la cruz, é luego la bandera real». Continúa Valdeón diciendo que «aquel acontecimiento ponía punto final a la llamada "Reconquista", iniciada en las primeras décadas del siglo VIII a raíz de la victoria obtenida por los astures, dirigidos por el antiguo espatario visigodo Pelayo». Estamos ante un hecho de enorme magnitud, esperado durante siglos. Antonio de Nebrija expresa:

> Los miembros e pedazos de España, que estavan por muchas partes derramados, se reduxeron e aiuntaron en un cuerpo e unidad de Reino, la forma e travazón del cual assí está ordenada que muchos siglos, injuria e tiempos no lo podrán romper ni desatar.[21]

Aun así, la unidad no se había completado del todo. Faltaban Navarra y Portugal. Pedro Mártir de Anglería, cortesano al servicio de los Reyes Católicos, le quita importancia:

> Reyes de España llamamos a Fernando e Isabel porque poseen el cuerpo de España; y no obsta, para que no los llamemos así, el que falta de este cuerpo dos dedillos, como son Navarra y Portugal.

Los Reyes Católicos, al igual que sus predecesores medievales, popularmente fueron conocidos como Reyes de España. Dentro

---

[20] J. Valdeón Baruque, *La Reconquista. El concepto de España: unidad y diversidad*, Espasa, Madrid, 2006.

[21] Citado por Carlos Seco Serrano en E. Benito Ruano (ed.), *España. Reflexiones sobre el ser de España*, Real Academia de la Historia, Madrid, 1998, p. 322.

de España y fuera de España. Y así aparece en muchos textos, gene-
ralizándose la voz «España» en el ámbito europeo. El académico
José Manuel Nieto Soria ha explicado con numerosos ejemplos
que abarcan desde lo geográfico a lo etnográfico cómo con el reinado de Isabel y Fernando entramos en un «proceso de transición
de una España histórica a una España política».[22] El conocido hispanista francés Pierre Vilar, autor de una importante *Historia de
España,* subraya que después de la incorporación del reino de
Navarra a los otros reinos hispanos, «en el extranjero ya no se dice
más que "el rey de España"». Además, el cronista Hernando de
Pulgar detalla una anécdota muy curiosa: a principios del reinado
de los Reyes Católicos, se discutió si los Reyes Católicos debían
intitularse Reyes de España pero prefirieron usar otra fórmula,
sobre todo para evitar suspicacias con el rey de Portugal:

> Platicose en el Consejo del Rey y de la Reina cómo se debían inti-
> tular; y como quiere que los votos de algunos de su Consejo eran
> que se intitulasen Reyes y Señores de España, pues sucediendo en
> aquellos Reinos del rey de Aragón eran señores de toda la mayor
> parte de ella, pero determinaron de no hacerlo e intituláronse en
> todas sus Cartas en esta manera:
>
> Don Fernando y doña Isabel, por la gracia de Dios, rey y reina
> de Castilla, de León, de Aragón, de Sicilia, de Toledo, de Valencia,
> de Galicia, de Mallorca, de Sevilla, de Cerdeña, de Córdoba, de
> Córcega, de Murcia, de Jaén, del Algarbe, de Algecira, de Gibraltar,
> conde y condesa de Barcelona, señores de Vizcaya y de Molina, du-
> ques de Atenas y de Neopatria, condes de Rosellón y de Cerdaña,
> marqueses de Oristán y de Gociano.[23]

---

[22] J. M. Nieto Soria, «Concepto de España en tiempos de los Reyes Católicos», *Norba. Revista de Historia,* Vol. 19, Universidad de Extremadura, 2006, p. 123.

[23] H. del Pulgar, *Chronica de los muy altos y esclarecidos Reyes Catolicos Don Fernando y Doña Isabel de gloriosa memoria,* Sebastián Martínez, Valladolid, 1565, p. 124.

¿Acabó la Reconquista con la capitulación de Granada en 1492? Exacto, pero ciertas dinámicas son complicadas de cortar por lo sano. Íñigo de Mendoza, poeta franciscano del siglo XV, habla de un «afán imperialista». En 1497 los Reyes Católicos conquistan la ciudad norteafricana de Melilla. Al frente del ejército iba Pedro de Estopiñán, quien llevaba consigo a unos cinco mil peones. Pero donde realmente cuaja ese ideal imperial gestado tras la Reconquista y la Guerra de Granada no es en África, sino en su proyección sobre América —que se descubre ese mismo año—, como bien han destacado muchos autores, entre ellos José Luis Villacañas, Gustavo Bueno, Richard Konetzke, Hanns-Albert Steger o Martín Ríos Saloma.

Tras el Descubrimiento de América en 1492 y las bulas alejandrinas de 1493, donde se establece la obligación de evangelizar a los nativos, por fin se consuma la expansión atlántica, que se refrenda con el Tratado de Tordesillas de 1494. Colón se había establecido en una isla a la que puso de nombre La Española, honrando al país que le había permitido la gloria. Las columnas de Hércules eran la última frontera que los navegantes del Mediterráneo podían alcanzar. Según la mitología griega, Heracles (Hércules) había colocado dos pilares entre África y Europa que se creía que eran el límite del mundo. Geográficamente, las columnas de Hércules corresponden con el estrecho de Gibraltar y los dos accidentes montañosos que lo flanquean: por un lado, el monte Calpe, hoy llamado peñón de Gibraltar —en el lado europeo— y por el otro lado, el monte Abyla —en el lado africano—. En el mundo antiguo, las columnas de Hércules eran el *Non terrae plus ultra* —«No existe tierra más allá»—. Con el Descubrimiento de América, el lema *Non plus ultra* perdió su significado simbólico. España había desbordado las columnas de Hércules y por eso el rey Carlos, más tarde emperador, hizo suyo el nuevo lema *Plus ultra* —sin la negación, es decir, hay algo más allá, lema que hoy está en el escudo de España rodeando las columnas—. La acción imperial había excedido los límites del mundo conocido. Sumado a la herencia territorial de Carlos V, España alcanzaba una dimensión mayor a cualquier potencia conocida, sus dominios se extendían por todo el orbe. Los españoles conectaban todos los mares, obtenían victorias en los campos de batalla y se enseñoreaban del mundo: una nación, pero también un imperio. Un imperio diverso y mestizo donde se hablaban muchas lenguas. También en la península, en la que se podían oír diferentes lenguas romances provenientes del latín. Debido al peso de Castilla, en toda la geografía el castellano era lengua bien conocida, como se infiere de las afirmaciones de Juan de Valdés de 1533, ya en tiempos de Carlos V:

> La lengua castellana se habla no solamente en Castilla, también en Aragón, en Murcia con toda Andaluzia, y en Galicia, Asturias y Navarra, y esto aún hasta entre la gente vulgar, porque entre la gente noble tanto bien se habla en todo el resto de Spaña.[24]

Juan de Mariana en su *Historia general de España* (Toledo, 1601) también señala que el castellano es la lengua común de la nación española:

> Todos los españoles tienen en este tiempo y usan una lengua común, que llamamos castellana, compuesta de avenida de muchas lenguas, en particular de la latina corrupta.[25]

Portugal es un reino nacido de la historia medieval española, muy parecido a los otros reinos, aunque la guerra contra Castilla a finales del siglo XIV y la victoria en la batalla de Aljubarrota

---

[24] «Diálogo de la lengua». https://www.cervantesvirtual.com/obra-visor/dialogo-de-la-lengua--0/html/fede437e-82b1-11df-acc7-002185ce6064_2.html.

[25] Mariana, Juan, *Historia General de España* (lib. I, cap. V).

«agudizaron su conciencia protonacional».[26] También lo hizo su situación atlántica y toda la tradición marítima y exploradora fomentada posteriormente por los monarcas de la Casa Avís. Luís de Camões, poeta portugués del siglo XVI, distingue entre portugueses y castellanos «porque españoles lo somos todos», sin embargo, hay algunos autores[27] que han observado que a finales del siglo XV hay cierta tendencia a emplear la palabra España para hablar del bloque Castilla-Aragón, excluyendo a Portugal. O en la primera mitad del siglo XVI, cuando Juan de Valdés escribe: «Portugal, como veis, aun agora está apartada de la Corona de España».

Felipe II alcanzaría la ansiada unión con Portugal en 1580, unificando en unión dinástica los territorios de la Península Ibérica y culminando la restauración de la España perdida. Y es normal que los escritores del Siglo de Oro dejen claro que Portugal es parte de España, como hace Quevedo a principios del siglo XVII:

> Propiamente, España se divide en tres coronas: de Castilla, Aragón y Portugal. Cierra los términos de Europa; yace entre África y Francia, y es ceñida del estrecho del Océano y de los Pirineos.[28]

Felipe II dejó consignado en su Testamento su deseo de que Portugal y Castilla siempre quedasen unidos:

> Quiero, y es mi voluntad, que los dichos reynos de la corona de Portugal hayan siempre de andar y anden juntos y unidos con los

---

[26] M. A. Ladero Quesada, «España en 1492», en Palacio Atard, V. (ed.), *De Hispania a España: el nombre y el concepto a través de los siglos*, Temas de Hoy, Madrid, 2005, p. 163.

[27] Pérez, J., *Isabel y Fernando. Los Reyes Católicos*, Nerea, San Sebastián, 2008, p. 16.

[28] F. de Quevedo, *España defendida*, Cryptoebooks, 2015.

reynos de la de Castilla, sin que jamás se puedan dividir ni apartar los unos de los otros por ninguna cosa que sea.[29]

Para el historiador Ricardo García Cárcel, durante la Edad Moderna, la palabra «España» «hasta entonces de uso casi exclusivamente geográfico [yo añadiría también cultural], se va cargando de connotaciones políticas».Y eso empieza a suceder con Felipe II. Para Mateo Ballester Rodríguez, este es un tiempo decisivo en la afirmación de la identidad española, tesis principal de *La identidad española en la Edad Moderna (1556-1665): discursos, símbolos y mitos.*

«¡Oh honor y espejo de la nación española!», pone Cervantes en boca de uno de sus personajes en la segunda parte del *Quijote.* El morisco Ricote también le espeta a Sancho Panza: «Doquiera que estamos lloramos por España, que, en fin, nacimos en ella y es nuestra patria natural». «¿Por qué te falta, España, quien lo diga?», escribía Lope de Vega en *La Dragontea.* Los escritores del siglo de Oro se veían a sí mismos herederos orgullosos de Numancia, de los godos y del Cid, y el público recibía sus obras con gran ardor y entusiasmo. Así se sentían aquellos españoles del siglo XVI, tanto las élites como los infelices plebeyos.Y es la labor de un buen historiador analizar aquellos hechos —sin duda, apasionados— de la manera más desapasionada posible.

En 1701 ve la luz *Nenias Reales y lagrimas obsequiosas por la muerte de Carlos II, rey de las Españas y emperador de la América,* un libro publicado en Barcelona por el barcelonés Josep Amat de Planella que está escrito en castellano. En la agrupación de los territorios de varias naciones europeas subdivididos por continentes queda muy claro que Portugal no es España. Son dos cosas distintas. Se verifica que se ha producido un divorcio definitivo entre Portugal y España. España ya no va a ser un concepto geográfico. España

---

[29] Citado por Manuel Fernández Álvarez en E. Ruano (ed.), *España. Reflexiones sobre el ser de España,* Real Academia de la Historia, Madrid, 1998, p. 155.

ahora es una unidad política y Portugal no forma parte de ella. Con el fallecimiento de Carlos II se encuentran los españoles con una Guerra de Sucesión provocada por la subida al trono de Felipe V, de la dinastía Borbón, que se asientan y legitiman en la legalidad anterior. Ningún historiador serio se atreve a afirmar que España no existe después del aterrizaje de los Borbones, ya que estos llevan a cabo grandes reformas y una centralización administrativa, como si con ello naciese un nuevo orden político que aglutina por fin a todos los españoles. Esto no es del todo cierto. Aun así hay autores que prefieren decir que España nace en el XVIII y otros lo aplazan al XIX. Luego hay excepciones disparatadas como José Luis Corral, que dice que «España solo existe como nación desde el punto de vista político y jurídico desde 1978». Esta imaginativa afirmación del catedrático novelista —anda que no hay que ponerle grandes dosis de fantasía al asunto— es la típica gansada de un saltimbanqui de la profesión con ganas de llamar la atención, por lo que no hay que tenerla demasiado en cuenta. Sin embargo, Corral no hace más que exprimir hasta la parodia la teoría modernista, aquella que asevera que las naciones son un invento exclusivo de las revoluciones burguesas, o lo que es lo mismo, que la nación nace en el XIX con la Edad Contemporánea. En los últimos años, sin embargo, han aflorado algunas investigaciones desprejuiciadas que cuestionan las teorías modernistas, como las de Mateo Ballester, que, alejadas de un ñoño esencialismo, defienden que el fenómeno nacional tiene un origen histórico más temprano. Ballester ubica la consolidación de la identidad española en el Siglo de Oro y lo sostiene con sólidos argumentos.

El Siglo de Oro. Permítanme que vuelva a este período de nuestra historia. No puedo dejar de esbozar una sonrisa cuando leo al influyente historiador José Álvarez Junco —rocoso paladín de la teoría modernista—, y cómo califica ese modo de pensar —el de los Lope de Vega, Quevedo, Cervantes, Fray Luis de León, Calderón de la Barca, etc.— como expresiones de «fanfarronería»

e «insoportable jactancia».[30] Pareciera como si le doliesen los
escritos de aquellos genios de la literatura. El historiador siempre
se ha declarado ajeno a cualquier tipo de tribalismo y siente la
constante necesidad de advertirnos al resto de los mortales de los
peligros de dejarnos llevar por nuestras desviaciones nacionalistas
—a veces simplemente patrióticas—. Incluso a costa de autores
que llevan muertos varios siglos. Pero acierta Álvarez Junco cuando en los compases iniciales de su *Mater dolorosa*[31] —una de las
obras de referencia que se han escrito para entender el fenómeno
de la nación y el nacionalismo español—, sumándose al descrédito
que tienen las visiones esencialistas hoy en día, afirma que:

> Ni la identidad española es eterna, ni su antigüedad se hunde en la
> noche de los tiempos. Pero tampoco es una invención del siglo xix,
> como ha llegado a escribirse en épocas recientes.

Álvarez Junco está especializado en historia del pensamiento
y es de los que aplazan el nacimiento de España al xix.[32] El politólogo e historiador es un tipo inteligente sin duda, tiene oficio y
sabe escribir, es un autor muy respetado, sobre todo entre la
izquierda. Es uno de esos intelectuales con gran predicamento
a los que siempre acude el PSOE[33] cuando quiere deconstruir la
nación española, porque él no participa de esa borrachera colectiva

---

[30] J. Álvarez Junco, *Mater dolorosa*, Taurus, Madrid, 2010.

[31] *Mater Dolorosa* de Álvarez Junco fue Premio Nacional de Ensayo en
2002, es decir, durante la época de Aznar.

[32] P. R. Blanco, «España no es la nación más antigua de Europa por mucho
que Rajoy insista», *El País*, 5 de marzo de 2017, obtenido de https://elpais.com/
elpais/2017/03/03/hechos/1488544294_076383.html.

[33] José Álvarez Junco, catedrático de Historia del Pensamiento y de los
Movimientos Sociales y Políticos de la Universidad Complutense de Madrid, en
mayo de 2004 fue nombrado Director General del Centro de Estudios Políticos y Constitucionales (CEPC), tras la llegada al poder de José Luis Rodríguez
Zapatero.

de nacionalismo irracional de la que participamos el resto de españolitos. Él es un ser de luz, racional y cabal, de los que no se llaman a engaños ni a obscenas maniobras propagandísticas. Sin embargo, en 2005 el catedrático de Ciencia Política Antonio Elorza cargaba[34] —con razón— contra Álvarez Junco considerando que «consciente o inconscientemente» sus tramposas tesis servían de respaldo al catalanismo de historiadores como Borja de Riquer, hoy independentista. Borja de Riquer es hijo del gran medievalista Martín de Riquer —sí, aquel que participara en la batalla del Ebro de parte del bando nacional y que fuera figura muy bien tratada durante la dictadura publicando obras en catalán—. Parece que estamos ante uno de tantos acomplejados que han acabado abrazando el catalanismo más radical en un intento de hacerse perdonar. Lo que salta a la vista es que ni de lejos heredó el talento del padre. En sus libros he detectado pequeñas manipulaciones, como cuando llega a poner en boca de Ortega y Gasset la siguiente frase pronunciada un 12 de marzo de 1910: «Dado que España no existe como nación, el deber de los intelectuales es construir España». La frase viene acompañada de una cita a pie de página que nos remite a un texto de Álvarez Junco,[35] pero es que Junco solo entrecomilla «construir España» y ni siquiera Ortega utiliza ese tiempo verbal. Es cierto que un jovencísimo Ortega leyó el 12 de marzo de 1910 una conferencia[36] en la Sociedad *El Sitio* de Bilbao titulada *La Pedagogía social como programa político*. Esa charla está llena de europeísmo costista —termina con la rotunda sentencia: «Se vio claro desde un principio que España era el problema y

[34] A. Elorza, «La nación española», *El País*, 20 de noviembre de 2005, obtenido de https://elpais.com/diario/2005/11/21/opinion/1132527606_850215.html.

[35] J. Álvarez Junco, «El nacionalismo español como mito movilizador: Cuatro Guerras», en R. Cruz, M. Pérez Ledesma, *Cultura y movilización en la España contemporánea*, Alianza Universidad, Madrid, 1997, p. 55.

[36] J. Ortega y Gasset, *La Pedagogía social como programa político*, Obras Completas, vol. I, pp. 494-513, Revista de Occidente, Madrid, 1946.

Europa la solución»——, pero el famoso filósofo simplemente se victimizaba de modo pretencioso y sobreactuado quejándose de lo mucho que le dolía España:

> España es un dolor enorme, profundo, difuso: España no existe como nación. Construyamos España, que nuestras voluntades haciéndose rectas, sólidas, clarividentes, golpeen como cinceles el bloque de amargura y labren la estatua, la futura España magnífica en virtudes, la alegría española. Sea la alegría un derecho político, es decir, un derecho a conquistar. Podemos reconocer nuestro itinerario moral en aquel lema que Beethoven puso sobre una de sus sonatas: *A la alegría por el dolor*.

En marzo de 1910 Ortega tenía solo 26 años. Desde luego no estamos ante el mejor Ortega, solo ante un bisoño patriota con una apasionada visión constructivista de la nación y que emula a los intelectuales que admira, en este caso a Joaquín Costa, como bien reconoce: «La palabra regeneración no vino sola a la conciencia española: apenas se comienza a hablar de regeneración se empieza a hablar de europeización. Uniendo fuertemente ambas palabras. D. Joaquín Costa labró para siempre el escudo de aquellas esperanzas peninsulares. Su libro *Reconstitución y europeización de España* ha orientado durante doce años nuestra voluntad». El problema de construir citas de manera torticera a modo de *teléfono escacharrao* como hace Riquer es que estas luego son aprovechadas por los nacionalistas catalanes y vascos para intentarte demostrar que España no existe. «La declaración de que España no es una nación se encuentra ya en textos catalanistas de fines del siglo xix y ha mantenido su vigencia entre nacionalistas radicales, y otros que no lo parecían tanto»,[37] revela Antonio Elorza.

---

[37] A. Elorza, «La nación española», *El País*, 20 de noviembre de 2005, obtenido de https://elpais.com/diario/2005/11/21/opinion/1132527606_850215.html.

Las teorías modernistas sostienen que la nación española nace en el XIX, pero realmente lo que nace en el XIX es lo que se conoce como nación política. Las naciones históricas europeas, homologables a la española, tal como las entendemos hoy en día, son fruto de la Edad Media y la Edad Moderna, y por supuesto de los profundos cambios que ocurrieron a finales del siglo XVIII y primera mitad del XIX. Hay que hacer ciertas contorsiones retóricas para afirmar que en España no existió un fenómeno nacional hasta por lo menos 1808, cuando el pueblo español se levanta en armas contra la invasión napoleónica. En los siglos previos hay un sinfín de referencias a la nación española y es innegable que existía una identidad nacional antes de 1808. La mejor prueba es cómo esa nación se levantó contra los franceses. Hay una reacción porque hay una nación previa, una nación que reacciona «al unísono». Y no fue aquella respuesta la que acabaría uniéndolos, sino porque había unión hubo respuesta. Hubo unión porque existía la nación.[38]

Después de 1808, y con los diferentes textos constitucionales, España se transforma en una «nación política» (el Estado-nación).[39] No tengo muy claro si el modelo de Estado nación está abocado a una metamorfosis radical o incluso al fracaso. Muchos analistas aler-

---

[38] Hacer este tipo de afirmaciones no significa comprar los mitos de la España inmarcesible o la España eterna que hunde sus raíces en la noche de los tiempos.

[39] ¿Acaso algún historiador duda que la España de Franco era una nación? Sin embargo, la definición de Estado-nación donde la soberanía reside en sus ciudadanos no parece muy aplicable a la dictadura franquista. Por eso restringir la idea de nación exclusivamente a la «nación política» decimonónica resulta muy problemático. Dice Mateo Ballester que «la concepción que identifica nación con soberanía nacional, muy arraigada, resulta no obstante confusa y no operativa por su carácter excesivamente restringido. De asumir esta definición, habría de dejarse fuera de la calificación de nacionales a infinidad de realidades en las que no concurre el criterio señalado, desvirtuando con ello profundamente el término». M. Ballester Rodríguez, «Sobre la génesis de una identidad nacional: "España" en los siglos XVI y XVII», *Revista de estudios políticos*, 146, 2009, pp. 149-178.

tan de manera catastrofista de que las élites occidentales con que-
rencia «globalista» tratan de destruir los Estados-nación. El conflicto
de intereses en liza hace que la información que nos llega se desdi-
buje, más aún en un mundo hipertecnológico, lo que produce
enconadas pugnas de poder y guerras propagandísticas en un escenario todavía de bloques. Estamos asistiendo a cambios dramáticos
en estos compases iniciales del siglo XXI. Se está reajustando el
orden mundial,[40] como por otra parte siempre ha ocurrido. Lo que
no sabemos es hacia dónde. Todo está por demostrar y las predic-
ciones a futuro del estilo de Francis Fukuyama pocas veces aciertan.
En Occidente hay cada vez menos gente ilusionada con el modelo
de democracia liberal —no se puede decir que esto sea un triunfo— y estoy convencido de que el gran reto de nuestro tiempo es
que nuestras defectuosas y desprestigiadas democracias no se con-
viertan paulatinamente en autocracias. Hay señales que no invitan
al optimismo. Yendo al caso que tengo más cercano, en España
pocos se atreven a defender la idea de nación, unas veces por miedo
a las etiquetas ideológicas, otras por una clara vocación de atomiza-
ción y balcanización. Los primeros tienen más delito, más aún
cuando son manipulados por cierta *intelligentsia* progre que gusta de
lucir como un sambenito el recuerdo de la larga dictadura franquista para impugnar el concepto de nación.[41] Y acaba ocurriendo que
los primeros —los que piensan que la nación es un concepto
facha— le hacen el caldo de cultivo a los segundos —los que buscan
fragmentar la nación—. Conviene de nuevo recordar que, atendiendo a la distinción derecha/izquierda según la dicotomía privilegio/

---

[40] Me resisto a utilizar lo de NOM (Nuevo Orden Mundial).

[41] Es paradigmático que parte de nuestra *izquierda caviar* piense que la
nación es un constructo franquista y a la mínima te amoneste con un *francomodín*,
una carta que te hace salir airoso de cualquier debate político interrumpiéndolo
instantáneamente. Luego está aquel que intenta absolver los pecados de un pasado familiar ligado al régimen y reniega de la nación, no sabemos si por miedo a
que alguien vaya y les diga que es un nacionalista (español, claro).

igualdad, podríamos afirmar que la nación política es una creación de la izquierda. Y contradictoriamente, de izquierdas se perciben muchas personas que hoy aborrecen la idea de nación —si quieren la concesión— siempre imperfecta, siempre subjetiva, siempre imaginada. Pero como bien expresa José María Marco: «No ha habido otro marco institucional que mejor se avenga a la libertad, la democracia y la prosperidad que la nación. ¿Existirá otro? Es posible, pero recae en quienes detestan la idea de la nación la tarea de demostrarlo, en vez de dedicarse a arrasar lo que ha costado tanto esfuerzo poner en pie»,[42] porque ya sabemos, y aquí es fundamental el pensamiento orteguiano, que es mucho más fácil destruir que construir.

Las polémicas de Álvarez Junco: Carlos V y Elcano

Los desatinos de Álvarez Junco a lo largo de su exitosa carrera, muchas veces al calor del poder, son varios. Quiero recordar aquí dos polémicas. La primera tiene que ver con Carlos V, si bien esta cuestión no fue más allá del ámbito tuitero. La segunda tiene que ver con Elcano y la primera circunnavegación terráquea, e involucró al gobierno de Pedro Sánchez, a Portugal y a la Real Academia de la Historia. Hay más, pero tampoco es cuestión de extenderse demasiado.

Vayamos con la primera polémica: en cierta ocasión, Álvarez Junco fue invitado al Instituto Cervantes a dar una ponencia[43] en la que afirmó que «si a Carlos V le hubieran dicho que él era rey de España se habría sentido muy ofendido». Entre otras cosas por-

---

[42] J. M. Marco, «Álvarez Junco, el Deconstructor», *La Ilustración Liberal,* 37, 2008, obtenido de https://www.clublibertaddigital.com/ilustracion-liberal/37/alvarez-junco-el-deconstructor-jose-maria-marco.html.

[43] J. Álvarez Junco, «Galdós y el nacionalismo español», Canal de Youtube del Instituto Cervantes, https://youtu.be/HCBimXMKFUg, 2020.

que le hubiese gustado que le llamaran «*Caesar Imperator*, romano» y porque no existía España, pues lo que había era una monarquía imperial. Ya hemos comentado que para Álvarez Junco —sin llegar al extremo de Corral— España solo existe a partir del siglo xix. También se ha señalado que la organización política imperial del Antiguo Régimen nada tiene que ver con la del Estado-nación, sin embargo, sí que existía cierta identidad nacional peninsular en tiempos de Carlos V que se acrecentaría con su hijo Felipe II. El ejemplo que pone Álvarez Junco no es válido porque no es cierto, ya que en 1520, el mismo año en el que nuestro Carlos sería elegido emperador del Sacro Imperio romano Germánico, el obispo de Badajoz se enorgullecía[44] de que el imperio había ido a «*buscar el Enperador a España*» y también exclamaba que «nuestro Rey de España es fecho par la gracia de Dios, Rey de Romanos y Enperador del mundo». En su coronación imperial de 1530 en Bolonia, todo el mundo exclamó de manera atronadora: «Imperio, Imperio, España, España»,[45] tal como relata fray Prudencio de Sandoval en *Historia de la vida y hechos del emperador Carlos V*. Podemos hablar, por ejemplo, de *El caballero determinado,* un libro de caballerías traducido por Hernando de Acuña, que está dedicado al «Emperador Carlos Quinto Máximo Rey de España nuestro Señor». No ha quedado constancia de que el emperador se ofendiese en ningún momento de su vida por haberle llamado «rey de España». También Hernán Cortés se dirigió en 1525 a don Carlos como «*semper*

---

[44] E. Berzal de la Rosa, *Los comuneros: de la realidad al mito*, Sílex, Madrid, 2008, p. 56.

[45] P. de Sandoval, *Historia de la vida y hechos del emperador Carlos V,* segunda parte, Libro XVIII, Pamplona, 1614, p. 152. Las alusiones al «rey de España» en *Historia de la vida y hechos del emperador Carlos V* son constantes. En esta obra se cuenta la curiosa anécdota de que Solimán el Magnífico no llamaba a Carlos V «emperador», sino «rey de España», ya que el turco se creía «sucesor de Constantino y señor de la ciudad imperial de Constantinopla», aunque esta hubiese caído en 1453.

Augusto y rey de España». Al igual que el cronista López de Gómara cuenta la anécdota de cómo Cortés tuvo que explicar durante la conquista de México quién era «el emperador, rey de España». Tampoco se conoce disputa alguna entre Cortés y el monarca por tan ofensivas palabras. O con López de Gómara, quien escribió esas palabras a través de datos de terceros, ya que nunca llegó a viajar a las Indias. Todos estos hechos no es que tengan que ser conocidos por todos los historiadores, pero al menos Álvarez Junco debería ser más prudente al pontificar sobre determinadas cuestiones con esa vehemencia suya que siempre le acompaña.

La teoría modernista es muy exitosa entre historiadores hispanófobos que se abrazan a ella de manera balsámica. El caso es afirmar que España nunca ha existido antes de la Edad Contemporánea, y esto nos lleva a la segunda polémica ocurrida el 1 de abril de 2019, cuando el ministro portugués Augusto Santos Silva, la vicepresidenta española Carmen Calvo y el historiador José Álvarez Junco, junto a los retratos del rey Felipe VI, Magallanes y Elcano, comparecieron en el cuartel general de la Armada española con el propósito de dar el pistoletazo de salida a una conmemoración hispanolusa del quinto centenario de la primera vuelta al mundo (2019-2022). Álvarez Junco señaló que en la «conmemoración hay lugar para muchas cosas menos para glorias nacionalistas actuales»[46] y habló de «gesta humana», no fuese alguien a confundirla con una gesta marciana. Carmen Calvo aprovechó y dio las gracias a todos los que iban a colaborar en los actos de aquella «gesta ibérica», un «esfuerzo europeo por la actitud abierta de descubrirnos a nosotros mismos». No contentos con aquello, Álvarez Junco hizo hincapié en que en 1519 «España no existía» y que

---

[46] España y Portugal celebran la «gesta ibérica» de la primera vuelta al mundo. Agencia EFE, 2019. https://www.lavanguardia.com/politica/20190401/461388381827/espana-y-portugal-celebran-la-gesta-iberica-de-la-primera-vuelta-al-mundo.html.

«España en esos años significa península ibérica», con Portugal, claro.[47] ¿Y si España para Junco también es Portugal por qué no podemos conmemorar una «gesta española»? ¿Pero realmente significaba lo mismo ser español que portugués? A tenor de las palabras de Antonio Pigafetta, cronista de la expedición y testigo de excepción, no:

> El capitán general Fernando de Magallanes había resuelto emprender un largo viaje por el Océano, donde los vientos soplan con furor y las tempestades son muy frecuentes. Había resuelto también abrirse un camino que ningún navegante había conocido hasta entonces; pero se guardó muy bien de dar a conocer este atrevido proyecto temiendo que se procurase disuadirle en vista de los peligros que había de correr y que le desanimasen las tripulaciones. A los peligros naturalmente inherentes a esta empresa, se unía aún una desventaja para él, y era que los comandantes de las otras cuatro naves, que debían hallarse bajo su mando, eran sus enemigos por la sencilla razón de que eran españoles y Magallanes portugués.[48]

No reparó Álvarez Junco en que en esa época se hacía distinción entre españoles y portugueses. Tampoco reparó en que los portugueses intentaron boicotear la expedición en todo momento. Un gran error, que se ve con mucha frecuencia, es pensar que Magallanes quiso dar la vuelta al mundo. No es cierto. Magallanes, que por cierto se naturalizó castellano —es decir, español— a su llegada a Castilla, pretendía alcanzar la especiería navegando hacia el oeste buscando lo que se conoce como «el paso» —el paso entre

---

[47] J. García Calero, «Carmen Calvo pide a un historiador que certifique que la hazaña de Magallanes y Elcano no fue española», *ABC,* 2 de abril de 2019, obtenido de https://www.abc.es/cultura/abci-carmen-calvo-pide-historiador-certifique-hazana-magallanes-y-elcano-no-espanola-201904020203_noticia.html.

[48] A. Pigafetta, *Primer viaje en torno del globo,* Francisco de Aguirre, Buenos Aires, 1970, p. 7.

el Océano Atlántico y el que acabaría siendo bautizado como «Mar Pacífico»— para luego regresar por la misma ruta. Magallanes ni siquiera regresó a España, ya que murió en Mactán (Filipinas) sin ver su sueño cumplido. Sin desmerecer a Magallanes, los verdaderos artífices de la vuelta al mundo fueron los tripulantes al mando de Juan Sebastián Elcano, que fueron los que llegaron a las islas de las Especias, cargaron las bodegas de la nao *Victoria* de clavo y regresaron a Sanlúcar de Barrameda doblando el cabo africano de Buena Esperanza, aún a riesgo de ser apresados por los portugueses.

Con esta anécdota, de nuevo queda en evidencia esa perenne obsesión de Álvarez Junco y del PSOE actual por deconstruir la identidad española. Gesta ibérica, gesta europea, gesta de la humanidad... Cualquier cosa menos española. Álvarez Junco, en un bochornoso caso de servilismo político, pareció ignorar el contundente informe que había emitido un mes antes la Real Academia de la Historia sobre la primera circunnavegación a la tierra y «sobre los hechos históricos objetivos que demuestran la españolidad oficial de la gesta»:

1.   Magallanes, natural de Portugal, sirvió a esta Corona participando en varios viajes al Índico. Las mismas Capitulaciones de Valladolid de 1518 así lo avalan, cuando el rey Carlos I dice «por cuanto vos Fernando de Magallanes, caballero natural del reino de Portugal...». Pero ya en 1517, Magallanes, enojado con don Manuel de Portugal por no reconocer sus méritos, decide abandonar su país, dejar de servir a su rey y viajar a España, concretamente a Sevilla, donde se instaló, contrajo matrimonio y desde entonces estuvo al servicio del rey Carlos I, castellanizando su nombre portugués Fernão de Magalhaes por Fernando de Magallanes. Y algo muy importante: cuando antes de partir la expedición dictó y firmó su testamento en el Alcázar de Sevilla, instituyó un mayorazgo en el que dejaba heredero a su hijo Rodrigo, nacido en Sevilla y, si este falleciese sin descenden-

cia, impone a su familia portuguesa que quien lo herede debería castellanizar su apellido, llevar sus armas y vivir en Castilla. Se considera por tanto un castellano más.

2.   El 18 de marzo de 1518 Magallanes viajó a Valladolid a presentar su proyecto, el de encontrar el paso a las islas de la Especiería, al rey Carlos I y firmó con él las Capitulaciones «…queriéndonos hacer señalado servicio, os obligáis descubrir en los términos que nos pertenecen e son nuestros en el mar océano dentro de los límites de nuestra demarcación islas y tierra firme…» A cambio, don Carlos se comprometía a sufragar la expedición y a concederle una serie de ventajas y nombramientos, entre ellas la de nombrarlo capitán general de la armada para lo que Magallanes debió rendirle pleito homenaje y servir siempre los intereses de la Corona de Castilla, algo que Magallanes cumplió fielmente hasta su muerte. La legislación que arranca de las Partidas y es recogida por las Leyes de Indias, imponía que todo caudillo de mar prestase a su rey Pleito-Homenaje y le rindiese pleitesía según uso y fuero de Castilla, convirtiéndose así, si no lo era ya, en su vasallo. Estableciéndose que, según la antigua costumbre de España, vasallos de un rey o señor podían ser tanto los naturales como los otros que vienen a él o a su tierra… (Ley IV, Título 25, Partida 4). El marino se comprometía particularmente a defender hasta la muerte el estandarte real que habría de enarbolar su buque o su capitana de flota, bajo pena de muerte y nota de infamia.

3.   Las cinco naves de la expedición se equiparon y aderezaron en Sevilla a pesar de los muchos inconvenientes que pusieron en todo momento tanto el embajador de Portugal, Alvaro Da Costa, como el factor en Andalucía del rey portugués don Manuel, Sebastián Álvarez, quienes intentaron por todos los medios que el viaje no se realizara porque consideraban que se había entregado a una empresa española, por lo que lo calificaban como «renegado» y «traidor» a Magallanes, y como tal ha venido siendo considerado por buena parte de la historiografía portuguesa.

4. El coste de la expedición estuvo sufragada de la siguiente manera: un 75 por ciento por la Corona castellana y el otro 25 por ciento por un grupo de comerciantes burgaleses, entre los que destaca Cristóbal de Haro, importante mercader en el comercio de las especias.

5. Carlos I nombró capitán de otras naves a destacados castellanos de su confianza, como Juan de Cartagena, capitán de la nao *San Antonio* o la *Concepción*, que capitaneaba Gaspar de Quesada.

6. La flota partió de Sevilla el día 10 de agosto de 1519 hacia Sanlúcar, donde se incorporó Magallanes después de hacer testamento en el Alcázar de Sevilla, donde había vivido los dos años anteriores.

7. Fernando de Magallanes, tras una serie de contratiempos y motines entre la tripulación, logró encontrar el paso al océano Pacífico por el estrecho que lleva su nombre y una vez cruzado este océano, con solo tres navíos, murió en Mactán, una isla del archipiélago de las Filipinas.

8. Después de la desaparición de Magallanes, se hicieron cargo de los dos navíos que quedaban una vez que llegaron a las Molucas, Juan Sebastián Elcano de la *Victoria* y Gonzalo Gómez de Espinosa de la *Trinidad*.

9. Después de cargados los navíos, pusieron rumbo a Tidore, desde donde Elcano, a bordo de la *Victoria,* partió para el viaje de vuelta, decidiendo hacerlo por el cabo de Buena Esperanza, y Gómez de Espinosa, que pensaba volver por la ruta contraria, tuvo que detenerse a reparar la *Trinidad*.

10. Según los cronistas, el viaje de vuelta por el Índico, huyendo de los portugueses e intentando no aproximarse a sus enclaves, fue el más peligroso de toda la inmensa travesía, tanto por los fenómenos naturales como por la necesidad de evitar las aguas portuguesas.

11. Después de sortear los peligros del Índico, así como de un intento de apresamiento en las islas de Cabo Verde, Elcano regresó a España, llegó a Sanlúcar de Barrameda y luego, remolcados hasta Sevilla, desembarcaron dieciocho hombres de los 237 que aproxi-

madamente partieron —en el número de los que partieron, hay varias versiones muy parecidas.

12.   Cuando Juan Sebastián Elcano llegó a Sanlúcar de Barrameda, lo primero que hizo fue escribir una carta a Carlos I, resaltando no las penalidades, ni el camino recorrido, ni el encuentro con las islas de la Especiería, sino el hecho de haber conseguido circunnavegar la tierra por primera vez en nombre del Rey Emperador.

13.   Los tripulantes de la *Trinidad*, apresados por los portugueses, no pudieron regresar hasta varios años después, cuando fueron liberados al pactar las coronas de Castilla y Portugal un acuerdo sobre la posesión de las Molucas.

Con tales datos, absolutamente documentados, es incontestable la plena y exclusiva españolidad de la empresa.

Madrid, 1 de marzo de 2019.[49]

Un 8 de abril de 2019, Carmen Iglesias, directora de la Real Academia de la Historia, tuvo ocasión de mencionar la redacción del informe con los trece puntos anteriores y a la vez reprender a aquellos que pretenden negar o diluir la españolidad de la expedición que acabó dando la vuelta al mundo.[50] Y habló de «falsa polémica» y de «tonta polémica», aunque inmediatamente se corrigió a sí misma e indicó que de tonta no tenía nada. Afirmó, además, que hay que analizar la historia de España con hechos y no con teorías superestructurales. Unas palabras muy sabias, ya que nada hay mejor que acudir a los hechos, en este caso a las fuentes

---

[49] La RAH emitió el dictamen a petición del director de *ABC*, Bieito Rubido, después de conocerse que los portugueses querían apropiarse exclusivamente el mérito del viaje de Magallanes-Elcano. Se puede consultar aquí: www.rah.es/informe-de-la-real-academia-de-la-historia-sobre-la-primera-circunnavegacion-a-la-tierra/.

[50] M. E. Roca Barea, C. Iglesias, «El mundo panhispánico: abriendo caminos», Casa de América, 8 de abril de 2019, obtenido de https://youtu.be/M3F0zADLTbI.

originales, que siempre son de gran utilidad, y le permiten a uno vacunarse de metarrelatos fabricados por politólogos. Si se quiere comprender la historia, hay que huir de aquellos intelectuales que, para contentar al que paga, te afinan cualquier hecho histórico. De la nación española se podrá esgrimir que es un gran constructo imaginado, un constructo idealizado o un constructo artificial; pero imaginado o no, idealizado o no, artificial o no, ese constructo está ahí y ha llegado a nuestros días.

¿La Primera España?

José Antonio Maravall afirma en *El concepto de España en la Edad media*, una de sus obras más influyentes, lo siguiente:

> Lo cierto es que fueron los visigodos […] los creadores del concepto político de España, creación que iba a gozar de una muy singular fortuna y cuya fuerza real se comprueba al verla soportar la experiencia, tan dramáticamente adversa, de la Reconquista.

En una búsqueda de identidad alejada de la romana, Leovigildo, rey de los visigodos, legalizó los matrimonios mixtos entre godos e hispanorromanos. Su hijo Recaredo culminó la unificación religiosa con su conversión al catolicismo. Suintila, según afirmaba el destacado eclesiástico y erudito san Isidoro de Sevilla, fue «el primero que obtuvo el poder monárquico sobre toda la España peninsular». De ahí que los reyes visigodos del siglo VII y comienzos del VIII se hacen llamar *reges Hispaniae* (reyes de España). Como ha señalado el historiador y académico Luis Agustín García Moreno, uno de los mayores expertos mundiales en la España visigoda, se había producido «un deslizamiento lingüístico» del *regnum Gothorum* al *regnum Hispaniae*. San Isidoro formuló la unión de la identidad étnica goda con la patria hispana. San Julián identificaba por completo a los godos con los hispanos. La idea de *Spania* era tan fuerte en el 711 que tanto los conquistadores árabe-bereberes como conquistados la hicieron suya desde el primer momento. Puede parecer chocante que en al-Ándalus perviviera una imagen de *Spania*, pero durante una fase de dominación islámica —siglos VIII-X— el componente étnico fue más importante que el religioso. Prueba de la pervivencia de *Spania* en la primera fase andalusí es que el cronista mozárabe del 754 utilizaría la fórmula *regnat in Spania* cada vez que un valí de al-Ándalus iniciara su gobierno, o que acuñaran monedas en las que figurarían las letras latinas *SPAN* en uno de los lados.[51] Esa idea de *Spania* se iría diluyendo en la zona islámica, al mismo tiempo que iba cobrando fuerza en los reinos cristianos del norte. En aquel *regnum Hispaniae* de los godos con capital en Toledo —el filósofo Gustavo Bueno la denominó «proto-España»— está la semilla misma del proyecto político de la España cristiana, un proyecto en el que era fundamental englobar la totalidad de la península ibérica[52] y que con sus indudables cambios formales, guerras, luces, sombras y muchas otras vicisitudes, llega hasta nuestros días.

¿Nace España con los visigodos?

Sí y no. Si aceptamos que España nace con los visigodos, hemos también de admitir que esa España muere en el 711. Aunque los reyes cristianos la tuviesen en el recuerdo y quisieran recuperarla, no hay una clara continuidad. La pregunta sobre si los visigodos

---

[51] J. Soto Chica, *Los visigodos. Hijos de un Dios furioso*, Desperta Ferro, Madrid, 2020, pp. XVIII-XX.

[52] El Reino Visigodo abarca la totalidad de la península ibérica y parte del sur de Francia, pero los visigodos no trocean el solar español como sí hacen otros pueblos germánicos en Francia o en Inglaterra.

son los padres de España es sumamente interesante, por supuesto, pero no me perturba no ofrecer al lector una respuesta clara —y no por miedo a ser tildado de «esencialista»—. En el reino visigodo algunos historiadores han querido ver una primera España —hay otros que ven esa primera España en la Hispania romana—. No soy yo quién para negarlo. No obstante, a mi juicio, es inútil intentar dar con una fecha exacta que dé comienzo a lo que hoy conocemos como España —19 a. C., 587, 711, 1479, 1492, 1714, 1812...—. La historia está formada por muchas capas y todas son importantes. Miguel Ángel Ladero Quesada, catedrático en la Universidad Complutense de Madrid, señala que a partir de la herencia visigoda se pudieron construir los argumentos ideológicos de reconquista y restauración, y que hubo toda una generación de hombres entre los siglos XI y XIII que «pusieron los cimientos y construyeron la primera traza de una España que, mediando el paso de los siglos y la mudanza de los tiempos, ha venido a ser esta España nuestra». Dejémoslo ahí.

7

UNA INQUISICIÓN DESPIADADA QUE PERSEGUÍA A LOS HOMBRES POR ATREVERSE A SOÑAR

Con ocasión de las celebraciones del Quinto Centenario del Descubrimiento de América se rodaron varias películas sobre Cristóbal Colón. Una de ellas, la protagonizada por Gérard Depardieu, contó con un gran presupuesto, el mayor hasta esa fecha para una coproducción europea, unos 50 millones de dólares. El Ministerio de Cultura español quiso dar su apoyo al proyecto aportando 200 millones de pesetas.[1] ¿Y quién la dirigió? Pues un británico: Ridley Scott, un estupendo cineasta que ya había dirigido películas de la talla de *Alien* o *Blade Runner*. El guion corría a cargo de Roselyne Bosch, una periodista francesa, hija de un catalán refugiado en Aviñón durante la dictadura franquista. La película se llamó *1492: la conquista del paraíso*.

En declaraciones de 1992 a *Los Angeles Times*,[2] Ridley Scott no parecía tener una imagen muy leyendanegrista de la figura de

---

[1] «Ridley Scott califica su 'Colón' de película profundamente española», *El País,* 9 de octubre de 1992, https://elpais.com/diario/1992/10/10/cultura/718671612_850215.html.

[2] J. Mathews, «Viaje de redescubrimiento: con *1492,* el director Ridley Scott y la escritora Roselyne Bosch pretenden retratar a Cristóbal Colón no como una leyenda, sino como una persona extraordinaria, aunque imperfecta», *Los Angeles Times*, 3 de mayo de 1992, https://www.latimes.com/archives/la-xpm-1992-05-03-ca-2005-story.html.

Colón: «Era un visionario y ciertamente era un hombre con conciencia. Pero, sobre todo, era un hombre de su época, y los tiempos eran diferentes». En su compañera Roselyne Bosch tampoco se percibía una visión del navegante alarmantemente negativa: «Ahora me temo que existe el cliché del genocidio. La verdad está en el medio. [Colón] no era Cortés, era un explorador. Impuso su punto de vista una vez que llegó aquí, pero culparlo por las masacres que siguieron es como culpar a Cristo por la Inquisición».

A pesar de sus buenas intenciones, tanto en Francia como en Inglaterra la Leyenda Negra y la propaganda histórica han permeado de manera indeleble, y comprobamos una y otra vez que, por mucho que la gente intente informarse, acaban asumiendo de manera acrítica una imagen de España y de su historia completamente deformada. Prueba de ello es cómo comienza la película de Scott. Y es que no puede hacerlo de peor manera. En los créditos de apertura se van intercalando los famosos grabados de matanzas que realizó Theodor de Bry tintados en color rojo sangre, al compás de una música terrorífica compuesta por Vangelis. Sin abandonar el fondo sangriento, aparece un texto: «Hace 500 años, España

Indorum occiduntur alij, alij incendio pereunt. Grabado de Theodor de Bry. Representa a los crueles españoles atacando a un pueblo de indios en el Caribe. Es el grabado que aparece en los títulos de crédito de la película de Ridley Scott.

era una nación dominada por el miedo y las supersticiones, gobernada por la Corona y una Inquisición despiadada que perseguía a los hombres por atreverse a soñar. Un hombre desafió este poder, impulsado por su sentido del destino, cruzó el mar de las tinieblas, en busca del honor, el oro y la mayor gloria de Dios».

En un libro editado y premiado en 2019 por el Ministerio de Defensa capitaneado por Margarita Robles, que lleva por título *La imagen de la presencia de España en América (1492-1898) en el cine británico y estadounidense,* su autor, Esteban Vicente Boisseau, recalca:

En la película *1492: La conquista del Paraíso* (Scott, 1992) se muestra la imagen de una Castilla sombría con una escena de ejecución de herejes. Dado que la Inquisición española ejecutó a unas tres mil personas durante su existencia de más de tres siglos, es decir, diez por año, sería de esperar que, puesto que Enrique VIII ejecutó a más de 50.000 católicos[3] durante los quince años desde su ruptura con la Iglesia católica y su muerte —es decir, más de tres mil muertos al año— y su hija Elizabeth los reprimió también sin piedad en Inglaterra e Irlanda, las películas sobre sus reinados mostraran continuas ejecuciones, pero no parece ser así.[4]

---

[3] Esteban Vicente Boisseau probablemente esté asumiendo como válidas las cifras que se suelen dar sobre las ejecuciones ocurridas durante el reinado de Enrique VIII, que varían entre 57.000 y 72.000, y que calculó el cronista de la época Raphael Holinshed. Carlos Martínez Shaw considera inverosímiles estas cifras, pero sí reconoce que el rey inglés fue «uno de los mayores verdugos que ciñeron corona en los tiempos modernos». Otros historiadores como Jasper Ridley, autor de *The Tudor Age,* sí dan por buena la cifra de 72.000 —un 2,5 por ciento de la población inglesa— y tratan de argumentarlo. Holinshed habla de «ladrones y vagabundos», no necesariamente católicos —esto ya es más difícil de calcular—, pero no por esto el argumento de Boisseau deja de perder fuerza.

[4] E. Vicente Boisseau, *La imagen de la presencia de España en América (1492-1898) en el cine británico y estadounidense,* Ministerio de Defensa, Secretaría General Técnica, Madrid, 2019.

Hubo contactos para presentar la película de Scott en el pabellón español de la Expo de Sevilla del año 1992, hacia el 12 de octubre, haciendo coincidir el preestreno con el día de la clausura que presidió el rey Juan Carlos I. Al final no se hizo, presumiblemente por la falta de rigor histórico mostrado en el metraje.[5] Se acabó presentando en el Festival de Sitges.

Pero ¿por qué en los títulos de crédito Ridley Scott hablaba de Inquisición? Sencillamente porque le venía como anillo al dedo para ensalzar la valentía de Colón. No hay que darle muchas más vueltas. Ya se dio cuenta Menéndez Pelayo hace más de un siglo de que es algo que se repite una y otra vez:

> Porque ese terrorífico nombre de Inquisición, coco de niños y espantajo de bobos, es para muchos la solución de todos los problemas, el *Deus ex machina* que viene como llovido en situaciones apuradas. ¿Por qué no había industria en España? Por la Inquisición. ¿Por qué había malas costumbres, como en todos tiempos y países, excepto en la bienaventurada Arcadia de los bucólicos? Por la Inquisición. ¿Por qué somos holgazanes los españoles? Por la Inquisición. ¿Por qué hay toros en España? Por la Inquisición. ¿Por qué duermen los españoles la siesta? Por la Inquisición. ¿Por qué había malas posadas y malos caminos y malas comidas en España en tiempo de Madame D'Aulnoy? Por la Inquisición...[6]

---

[5] «El pabellón español de la Expo dice que nunca dio su apoyo al 'Colón' de Scott», *El País*, 6 de octubre de 1992, https://elpais.com/diario/1992/10/07/cultura/718412401_850215.html.

[6] M. Menéndez y Pelayo, *Mr. Masson Redivivo. Al señor D. Gumersindo Laverde Ruiz, Catedrático de Literatura en la Universidad de Valladolid*, Biblioteca Virtual Miguel de Cervantes, obtenido de https://www.cervantesvirtual.com/obra-visor/la-ciencia-espanola-polemicas-indicaciones-y-proyectos—0/html/fefce194-82b1-11df-acc7-002185ce6064_50.html#I_8_.

La Inquisición ¿española?[7]

Cuando oímos la palabra Inquisición, inmediatamente pensamos en muertes, torturas, fanatismo, intolerancia, control y miedo. Estas características indudablemente existieron y por ello se ha tendido a explicar este fenómeno desde un punto de vista un tanto sensacionalista y muchas veces deformado. Tanto es así, que la antropóloga Christiane Stallaert incluso llegó a escribir un libro comparando la España inquisitorial con la Alemania Nazi. También el presidente de los Estados Unidos Barack Obama comparó la Inquisición con el terrorismo del Estado Islámico. Por eso quiero en este capítulo tratar de desmentir una serie de tópicos comúnmente aceptados, la mayoría de las veces por bombardeo de información errónea o manipulada.

La Inquisición española o Tribunal del Santo Oficio fue una institución que se creó en 1478 por los Reyes Católicos para mantener la unidad religiosa dentro de sus reinos y luchar contra la apostasía y más tarde contra la herejía, es decir, contra cualquier desviación de la fe verdadera. Tuvo una vida de unos 350 años. A finales del siglo XVIII la inquisición entró en un período de decadencia, convirtiéndose en una antigualla que navegaba en contra de los vientos liberales que soplaban, y finalmente murió de vejez en el siglo XIX.

La institución inquisitorial no es un invento español como mucha gente piensa, pero inevitablemente la gente la asocia con España. Esto tiene que ver con la puesta en marcha de una maquinaria de propaganda antiespañola muy eficaz que duró varios siglos. Sin embargo, la Inquisición nace en Francia con el catarismo, que es la doctrina de los cátaros —o albigenses, llamados así

---

[7] Este capítulo es una adaptación de un vídeo que guionicé para el canal de Youtube de Academia Play en el que conté con la ayuda de César Cervera para revisar algunos datos.

por la ciudad de Albi—, un movimiento religioso de carácter gnóstico que se extendió por Europa Occidental a mediados del siglo X y logró arraigar hacia el siglo XII. Tenía influencias del maniqueísmo, con sus dos fuerzas opuestas, el bien y el mal, representadas por la dualidad Jesús-Satanás. La Iglesia católica consideró la doctrina de los cátaros como herética. Nace así la Inquisición medieval, establecida en 1184 mediante la bula del papa Lucio III *Ad abolendam*, como un instrumento para acabar con la herejía cátara. Frente a la creciente influencia y extensión de los cátaros, la Iglesia terminó por invocar el apoyo de la corona de Francia para lograr su erradicación violenta a partir de 1209 mediante la cruzada albigense.

Esa primera Inquisición no funcionó porque no dependía de una autoridad central, sino que era administrada por los obispos locales —de ahí que se llame Inquisición episcopal—. Tras dicho fracaso, el papa Gregorio IX creó en 1231 la Inquisición pontificia o Inquisición papal, dirigida por él mismo confiando la empresa a la orden mendicante de los dominicos, fundada por santo Domingo de Guzmán. La Inquisición pontificia funcionó sobre todo en el sur de Francia y en el norte de Italia. En España existió en la Corona de Aragón, pero no en la de Castilla.

Después de haber señalado que el Tribunal de la Santa Inquisición no fue solo español, y de hablar de la Inquisición medieval francesa para combatir a los cátaros, hay que terminar puntualizando que también durante la Edad Moderna surgirían en Portugal y en Italia la Inquisición portuguesa y la romana. La romana es famosa por condenar a la hoguera a Giordano Bruno y por investigar a Galileo Galilei por sus teorías —aunque a Galileo nunca le llegaron a condenar a muerte como mucha gente piensa—. ¿Inquisición medieval? ¿Inquisición episcopal? ¿Inquisición pontificia? ¿Inquisición romana? ¿Inquisición portuguesa? Es igual, por mucho que nos empeñemos en matizar, la Inquisición siempre tendrá apellido español.

¿Cómo nació la Inquisición española?

Remontémonos siglos atrás, antes de que los Reyes Católicos creasen el Tribunal del Santo Oficio. Durante siglos, en la Edad Media, se había producido dentro de los reinos de la península ibérica una coexistencia relativamente tranquila —aunque no exenta de incidentes— entre cristianos, musulmanes y judíos. Los judíos fueron siempre un grupo minoritario. A finales del siglo XIV hubo en algunos lugares de España una ola de violencia anti-judía debida a las envidias que despertaban. Los judíos sirvieron como chivo expiatorio para canalizar el descontento de una sociedad que pasaba hambre y veía con celo cómo la clase judía prosperaba, entre otras cosas, con el comercio y los préstamos con interés. Fueron especialmente cruentas las matanzas del año 1391 en ciudades como Sevilla, Valencia, Barcelona o Córdoba. Por ello, durante el siglo XV se va a producir una conversión forzosa de estos al cristianismo para escapar de la muerte.

Los cristianos viejos, los de toda la vida, sospecharon que muchas de estas conversiones no eran sinceras. Para descubrir y acabar con los falsos conversos, los Reyes Católicos decidieron que se introdujera la Inquisición en Castilla, y el papa dio su consentimiento en 1478 mediante la promulgación de una bula. El 1 de noviembre de ese año, el papa Sixto IV promulgó la bula *Exigit sinceras devotionis affectus*, por la que quedaba constituida la Inquisición para la Corona de Castilla. Años más tarde, la institución también se estableció en la Corona de Aragón.

El primer auto de fe se celebró en Sevilla en 1481 y fueron quemadas seis personas en la hoguera. La maquinaria inquisitorial se puso a rodar con fuerza. Entre las víctimas del primer año estaba Diego Susón, un judeoconverso que había amasado una gran fortuna y según un relato planeaba una sublevación contra el Santo Oficio. Naturalmente, la fortuna de los supuestos judaizantes era confiscada y pasaba a manos de la Iglesia.

¿Qué eran los autos de fe?

Un auto de fe era un acto público organizado por la Inquisición. Lo que comenzó como un acto religioso para expiar pecados y repartir justicia, sin mucha pompa, acabó siendo un espectáculo popular parecido —*mutatis mutandis*— a una verbena o a una corrida de toros. Los autos de fe fueron ganando en solemnidad y duración. La gente acudía en tropel a verlos. También acabó acudiendo incluso el mismo rey. Hoy en día la Inquisición está muy mal vista, pero en esa época los autos de fe eran extraordinariamente populares, sobre todo en el siglo XVI.

En realidad, no se ejecutaba a nadie en el acto en sí, sino que los condenados a muerte, que comparecían ataviados con el tradicional sambenito, eran entregados al brazo secular encargado de ejecutar la sentencia en un lugar cercano por la tarde o la noche, sin teatralidad ceremonial y sin la presencia de las autoridades. Eran montados sobre asnos y conducidos al fuego. Los que lograban escapar de la hoguera por haber huido o haber muerto durante los interrogatorios eran quemados en efigie, es decir, a través de un muñeco del tamaño de un ser humano que los representaba.

Conforme iban aumentando el número de inquisidores, se hizo necesaria la designación de un inquisidor general para la Corona de Castilla y Aragón que coordinase la actuación del organismo. En 1483 se nombró para este cargo al dominico fray Tomás de Torquemada. Con la creación de este puesto, se centralizaba la dirección del Santo Oficio en una persona. El nombramiento correspondía al papa, aunque eran los reyes en la práctica quienes proponían el nombre.

La expulsión de los judíos

El problema de los judíos no se arregló con la Inquisición, sino que más bien se agravó. Finalmente, en 1492 los Reyes Católicos decretaron la expulsión de los judíos de España mediante el Edicto de Granada con la finalidad, según el decreto, de impedir que siguieran influyendo en los judeoconversos que abrazaron el cristianismo, llamados cristianos nuevos. La medida fue aplaudida en Europa y, de hecho, otros países como Francia e Inglaterra habían realizado expulsiones parecidas.[8] Las razones no solo fueron religiosas. También hubo un intento de restablecer el orden social. Se les dio un plazo a los judíos y se les permitió emigrar prácticamente con la totalidad de sus posesiones. Los reyes dejaron de ingresar los tributos de esta minoría, aunque la pérdida más dramática fue el capital humano. A los judíos también se les permitió convertirse a la fe católica si no querían abandonar. Más o menos la mitad se marcharon, unos 50.000 judíos según las fuentes más fiables. Hay personas que siguen repitiendo que la causa de la expulsión fue el dinero, pero Henry Kamen se encarga de desmentirlo:

> Numerosos autores han dado por hecho que la expulsión vino motivada por la codicia y el deseo de apropiarse de los bienes de los judíos. Una circunstancia harto improbable de la que apenas existen pruebas. La corona no se aprovechó ni tuvo intención de aprovecharse de la expulsión. Nadie sabía mejor que el rey que los judíos en España constituían una minoría cada vez más reducida y cada vez con menos recursos. Como reconocería el propio Fernando, el monarca iba a dejar de ingresar en sus arcas algunos tributos; pero la suma reunida por las autoridades con la venta de los bienes de los judíos fue irrisoria. Aunque las propiedades comunales hebreas, principalmente las sinagogas y los cementerios, pasaban a manos de la corona, en muchos casos fueron entregadas a las comu-

---

[8] En Francia habían sido expulsados por primera vez en 1182, y de nuevo en 1306, 1321, 1359 y 1394. En Inglaterra se les expulsó en 1290, en Alemania en 1348, en Austria en 1421, en Parma en 1488 y en Milán en 1490.

nidades locales. A los exiliados se les concedió el derecho de llevarse ciertos bienes autorizados. A los judíos de Aragón, por ejemplo, les fue «expresamente permitido llevarse todas sus posesiones, incluidos el oro, la plata, los animales y la ropa, y recibieron la garantía de que sus propiedades no iban a ser requisadas para el pago de compensaciones». Las listas de embarque de los puertos de Málaga y Almería, en Andalucía, ponen de relieve que fueron muchos los que sacaron del país considerables sumas de dinero. Varios individuos afortunados recibieron licencia para llevarse casi todos sus bienes y joyas.[9]

A los judeoconversos se les llamaba marranos. Muchos de ellos seguían practicando su religión de manera clandestina. En los primeros años de vida del Santo Oficio, los inquisidores no prestaron atención a la herejía en general. Se interesaron especialmente en vigilar a este grupo mientras los musulmanes seguían gozando plenamente de libertad religiosa, pero por poco tiempo.

Cuando los inquisidores llegaban a una ciudad, leían el edicto de fe, que era una larguísima relación de todas las creencias y conductas heréticas. A continuación, se invitaba a que los que habían cometido herejía se autodenunciasen o denunciasen a otros. Hasta el año 1500 hubo un período de gracia, un plazo de entre treinta o cuarenta días en el que se intentaba provocar la autodelación, durante el cual el hereje no era castigado con penas severas. Con un pago en metálico bastaba. Miles de conversos se presentaron voluntariamente ante los inquisidores. Algunos ni siquiera practicaban su religión en secreto. El miedo les podía. Más tarde se iniciaría una dura persecución de los conversos que no se habían acogido a los períodos de gracia, iniciándose un auténtico terror colectivo.

---

[9] H. Kamen, *La Inquisición española. Mito e historia*, Planeta, Barcelona, 2013, p. 49.

Prácticas judaizantes y herejía protestante

Buena parte de la actividad del Santo Oficio —que esencialmente perseguía las prácticas judaizantes— se concentró en los primeros años, donde se realizaron auténticas tropelías sin pruebas convincentes, con testimonios muchas veces inconsistentes basados en rumores. Aunque hay que decir que la gran mayoría de los encausados en 350 años de Santo Oficio lograría salvar la vida. Menos de un 2 por ciento moriría en la hoguera.[10] Desde luego, la cifra total de ejecuciones dista mucho de la que suele rondar en el imaginario colectivo. La Inquisición no mató a decenas de millones de personas. Ni siquiera a millones. Esto lo sabemos bien, pues la Inquisición española tuvo un gran aparato burocrático y se ha conservado una enorme cantidad de documentos sobre los procesos que han permitido a los historiadores investigar minuciosamente el tema.

En 1517, la Iglesia se dividió en dos por la reforma protestante. Carlos I de España acabaría sucediendo a los Reyes Católicos y terminaría heredando los títulos de su padre Felipe el Hermoso, casado con Juana la Loca, convirtiéndose en emperador y en el hombre más poderoso del planeta. También se erigió como defensor de la cristiandad católica, declarando a Lutero como hereje. Los protestantes, sin embargo, tuvieron un arma muy poderosa para luchar contra el hombre más poderoso del mundo: la propaganda, con la imprenta de Gutenberg como aliada.

Precisamente, a raíz de la propaganda lanzada por un caudillo protestante, Guillermo de Orange, la Inquisición española adquirió esa fama de tribunal inhumano y monstruoso, pese a que el odio religioso estaba instalado en todos los rincones europeos como muestra el *Libro de los mártires* de 1554, escrito por otro protestante, John Foxe, que también contribuyó a acrecentar la Leyen-

---

[10] B. Comella, *La Inquisición española*, Rialp, Madrid, 1998, p. 155.

da Negra española, en parte gracias a los grabados de torturas y malos tratos que ilustrarían algunas de sus ediciones. La primera edición fue en latín. Más tarde se publicaría en inglés en 1563. La obra se fue reimprimiendo y actualizando a lo largo de los siglos. Por supuesto, Foxe dedicó un capítulo entero a la Inquisición española.[11] Aunque quizá la crítica más letal contra la institución vino de la mano de un protestante sevillano que huyó de España y escribió *Artes de la Inquisición española*. Firmó su obra con el nombre de Reginaldo González Montano, un pseudónimo que los especialistas asocian con los religiosos Antonio del Corro y Casiodoro de Reina.[12] El libro se publicó en latín en el año 1567. Inmediatamente fue traducido al inglés, al francés, al neerlandés, al alemán y al húngaro. El mismo Shakespeare se inspiraría en este texto para escribir *Hamlet*.

La mayor actividad del Tribunal de la Inquisición se sitúa entre los años 1569 y 1621, y es muy acusada a finales del reinado de Felipe II.[13] Se ocupó en esta etapa de perseguir prácticas heréticas de protestantes y moriscos.[14] Después de esos años, la influencia decreció y el Santo Oficio entró en declive centrándose en otros delitos como blasfemia, bigamia, sodomía o brujería... Y ya en los siglos XVIII y XIX la Inquisición estuvo prácticamente inactiva.

Algunos se preguntarán si el Tribunal del Santo Oficio se trasladó a los territorios españoles de América, y así fue, pero sus accio-

---

[11] La contrapropaganda también existió, pero fue muchísimo menor en comparación. Prueba de ella son las seis escenas del martirio de dieciocho cartujos bajo Enrique VIII de Inglaterra que se conservan en la Biblioteca Nacional de Madrid. http://bdh-rd.bne.es/viewer.vm?id=167696.

[12] Conocido por traducir la Biblia al castellano (la *Biblia del oso*), que tras la revisión de Cipriano de Valera dio lugar a la famosa Reina-Valera.

[13] B. Comella, *La Inquisición española*, Rialp, Madrid, 1998, p. 81.

[14] Los moriscos eran musulmanes que fueron obligados forzosamente a convertirse al cristianismo.

nes no se dirigieron contra los indígenas, sino contra el mismo perfil de gente que las sufría en Europa: conversos, protestantes, blasfemos, etc. Debido al escaso número de bautizados en el Nuevo Mundo, los tribunales americanos tuvieron una actuación muy reducida en comparación con la península.[15] A los indios, afortunadamente, se los dejó tranquilos debido a su «rudeza e incapacidad».[16]

Un tribunal más garantista que otros

La inquisición española vista siglos después nos parece una barbaridad, por supuesto, esto es innegable, pero antes sumerjámonos en los datos.

Los tribunales inquisitoriales, como hemos visto, eran mucho menos garantistas que los tribunales de hoy en día. Era el reo el que tenía que confesar un supuesto delito chivado por otra persona. Un delito secreto que no se le comunicaba al detenido. Sin embargo, eran más garantistas que cualquier otro tribunal de su tiempo. El ajusticiado tenía muchas más garantías procesales que en los tribunales civiles ordinarios. Aunque no lo parezca, esto fue un avance para la época. Además, en la cárceles inquisitoriales se daba mejor trato que en las cárceles seculares ordinarias. Muchos de los detenidos en las cárceles civiles blasfemaban para que les juzgase el tribunal del Santo Oficio y pasar así a sus cárceles, más decorosas y humanas que las otras.

La Inquisición española recurría a la tortura en muy pocas ocasiones,[17] a menudo junto a un médico, y siempre bajo super-

[15] B. Comella, *La Inquisición española*, Rialp, Madrid, 1998, p. 79.

[16] L. Hanke, *La lucha por la justicia en la conquista de América*, Ediciones Istmo, Madrid, 1988, p. 71.

[17] H. Kamen, *La Inquisición española. Mito e historia*, Planeta, Barcelona, 2013, p. 313.

visión de un inquisidor que tenía orden de evitar daños permanentes —esto contrasta con las brutales torturas aplicadas por las autoridades civiles por toda Europa—. El desarrollo de la tortura era registrado escrupulosamente por los secretarios. Las confesiones obtenidas durante el tormento no eran válidas por sí mismas y debían ser ratificadas en las siguientes veinticuatro horas. Además, el Santo Oficio tenía un manual de procedimiento que prohibía muchas formas de tortura usadas en otros sitios de Europa. De hecho, muchas de las sádicas torturas que se han atribuido a la Inquisición española simplemente no son ciertas.[18]

Las torturas encaminadas a arrancar una confesión —también comunes en tribunales civiles— que se aplicaban en la mayoría de los casos fueron las siguientes:[19]

1. El potro: se tumbaba al reo en una tabla con correas que se iban apretando.
2. La toca: se introducía un paño empapado en la boca y se tapaba la nariz para crear una sensación de asfixia.
3. La garrucha: se colgaba al reo de las muñecas con las manos atadas a la espalda.

El estudioso Henry Kamen afirma que en Europa, entre los siglos XV y XVIII, por cada cien penas de muerte dictadas por tribunales ordinarios, la Inquisición emitió una.

Inquisición y brujería

Tampoco se dio en España esa histeria europea con la caza de brujas. La inquisición española apenas persiguió la brujería, propia de

---

[18] Ibídem, p. 314.
[19] Ibídem, p. 314.

mujeres de clase baja carentes de formación y por tanto con poca influencia en la sociedad.

En este aspecto contribuyó a sentar precedente el caso del inquisidor español Alonso de Salazar y Frías, cuya fama se debió principalmente a su participación en el Tribunal de la Inquisición española que juzgó el caso de las brujas de Zugarramurdi en 1610. Durante la sentencia, y sobre todo en la posterior revisión del caso, destacó por su oposición a dar credibilidad a las teorías sobre brujería. Su exhaustivo memorial enviado a la Suprema, que era el máximo órgano de la institución, constituyó la base para que la jurisprudencia inquisitorial española fuera escéptica sobre la realidad de la brujería y se mostrara muy reticente a tramitar denuncias por este tema.

Los estudiosos Gustav Henningsen y Jaime Contreras cifran en 1.346 las víctimas mortales de la Inquisición española en los años de mayor actividad, de 1540 a 1700. El historiador Henry Kamen cree que el Tribunal del Santo Oficio en sus 350 años de existencia causó unos 3.000 muertos. En un período similar, Alemania quemó a 25.000 brujas y en toda Europa se quemaron a unas 50.000. Sin embargo, la Inquisición española solo quemó a 59 mujeres por brujería.[20]

Nobody expects the Spanish Inquisition

Los protestantes se dedicaron a difamar a los católicos y en especial a los españoles con su malvada y temible inquisición, mientras ellos

---

[20] C. Cervera, «Las mentiras sobre la persecución de brujas en España, el país que no se unió a la masacre de mujeres», *ABC*, 20 de mayo de 2016, obtenido de https://www.abc.es/historia/abci-leyenda-negra-mentiras-sobre-persecucion-brujas-espana-pais-no-unio-masacre-mujeres-201605200105_noticia.html.

quemaban a mujeres acusadas de brujería a un ritmo vertiginoso. La intolerancia del protestantismo no fue menos tiránica que aquella que se le achaca al catolicismo. De hecho, el terror protestante, a juzgar por sus cifras y por los datos de los que disponen los historiadores, fue mucho más violento y se cobró muchas más víctimas.

La inquisición fue terrible, sin duda, pero no tanto como les hubiese gustado a los rivales de España.

8

SIERRAS ESPAÑOLAS, DESGARRADORES DE SENOS, APLASTACABEZAS, DONCELLAS DE HIERRO Y OTRAS FANTASÍAS INQUISITORIALES

A finales de 2013, el periodista Antonio Maestre publicó un tuit con una foto de un aparato de tortura que rezaba: «El desgarrador de senos. Tortura de la Inquisición a la que se sometía a mujeres que abortaban voluntariamente». Meses antes, en enero de ese año, había publicado otra foto de lo que parece ser un viejo exprimidor de limones, a la que añadía la leyenda: «El aplastacabezas. La #inquisición es amor».

No eran mensajes aislados. Los tuits se habían ido encadenando a lo largo del mes de enero: sillas con pinchos para interrogar mujeres y otros objetos propios de una película de terror. Antonio estaba crecido y parecía querer contarnos algo con ese festival del horror que iba desplegando por goteo: «La sierra española. Al estar boca abajo no se desmayaban hasta que llegaba al ombligo. Para homosexuales»; «La pera anal o vaginal. Destinada a homosexuales y mujeres impuras. Sobran explicaciones. #Inquisición». Precisamente lo que faltaban eran explicaciones y lo que sobraban eran las mentirijillas. Y no es que hayan faltado argumentos señalando los errores de esos desafinados trinos por parte de algunos tuiteros curtidos en destapar mentiras en redes sociales, pero Antonio siempre ha hecho oídos sordos.

¿Dónde se estaba informando Antonio Maestre? Al ser preguntado, reveló que las fotografías eran de un catálogo de la expo-

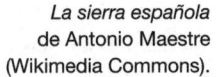
La sierra española
de Antonio Maestre
(Wikimedia Commons).

sición *Instrumentos de tortura desde la Edad Media a la época industrial*, catálogo que no pude evitar adquirir de segunda mano en *Todocolección*. Es el catálogo de una exposición itinerante que ha recorrido muchos «museos» de la Inquisición desde 1983. El catálogo es de 1985 y la edición que yo tengo traducida al castellano es de 1987. Los objetos que aparecen en él son de colecciones privadas. Todo el contenido es de aúpa y las descripciones que hace de la Inquisición española conseguirían ruborizar a cualquier aficionadillo a la historia. Las firma un tal Robert Held, del que no he encontrado mucha información. Estas son algunas de las lindezas que contiene el texto introductorio:

> Muy pronto los inquisidores, que habían iniciado sus trabajos en Sevilla, disfrutaban tanto con la sangre y carne asada que incluso el Papa estaba un poco sorprendido, y trataba de imponer algunas limitaciones; pero era demasiado tarde: porque los Reyes de España tenían en sus manos un arma tan invencible que no estaban intencionados a abandonar ni entonces ni nunca.

[...]

[Torquemada] era también una fuerza potente tras del edicto real del 31 de Marzo 1492 que expulsó a todos los judíos de España, un golpe grave, agravado aún más con la expulsión de los musulmanes diez años más tarde, del cual la cultura española no se ha recuperado completamente hasta hoy.

Hacia el 1500 la Inquisición se extendió en el Nuevo Mundo sobre todo en Perú y en México, donde destruyó enteras civilizaciones —un genocidio con tortura—, aunque los buenos frailes acostumbraban a bautizar a los bebes y los niños antes de tirarlos a los perros hambrientos o quemarlos vivos.[1]

Los cientos de museos de la Inquisición que existen por el mundo son un fraude, un negocio, eso sí, que da de comer a muchas bocas, alimentando también la Leyenda Negra española. Como advertimos en el capítulo dedicado a la Inquisición, el Santo Oficio tenía un manual de procedimiento que seguía con escrúpulo y, salvo raras excepciones, estipulaba solo tres tipos de tortura: el potro, la garrucha y la toca. Así que la mayoría de objetos que se ven en esos museos son anacrónicos o directamente son inventos del Romanticismo, como la doncella de hierro, jamás usada por la Inquisición. La *Iron Maiden* (doncella de hierro) no es más que un invento romántico del XIX popularizado entre otros por el escritor Bram Stoker, y que servía de atracción en circos y ahora en museos de la Inquisición, provechosas empresas con las que se lucra mucha gente. Propongo que cada vez que visitemos esos museos —aunque ya de por sí es algo retorcido que alguien en su sano juicio pague por semejante estafa— deberíamos dejar constancia a sus dueños, mediante el libro

---

[1] R. Held, *Guía bilingüe de la exposición de Instrumentos de Tortura desde la Edad Media a la época industrial presentada en diversas ciudades europeas*, Dorset Press, Dorset, 1987.

de visitas o cualquier otro método civilizado, de que están engañando al personal. Porque ese tipo de museos dan lugar a que luego se hagan producciones de vídeos disparatados y morbosos para Youtube con millones de visitas, como *What Made the Spanish Inquisition So Horrible?*,[2] donde aparecen espantosas torturas asociadas a España como el aplastapulgares, el desgarrador de senos, la silla de Judas, el tenedor del hereje y por supuesto, cómo no, la doncella de hierro.

Durante las guerras napoleónicas, fueron muy comunes los relatos terroríficos sobre la Inquisición española, aunque las Cortes de Cádiz hubiesen abolido ya el tribunal del Santo Oficio. Tampoco importaba que durante el siglo XVIII la Inquisición no fuera más que una sombra de sí misma. En un relato del siglo XIX, publicado como apéndice a una reedición del *Libro de los Mártires* de John Foxe, se describe cómo las tropas francesas de liberación entran en las cárceles inquisitoriales de Madrid y se encuentran con diabólicas máquinas de tortura que solo podían haber sido concebidas por mentes enfermas y depravadas. Así se describe la más terrorífica de todas ellas, por supuesto inventada:[3]

> Superaba a todas las demás por su terrible ingenio. Exteriormente era como una muñeca grande, ricamente ataviada y con la apariencia de una mujer hermosa que tenía los brazos extendidos como para abrazar a la víctima. A su alrededor había sido trazado un semicírculo y la persona que cruzaba esta marca fatídica tocaba un resorte que hacía que se abriera aquel diabólico invento, sus brazos se cerraban de inmediato y se le clavaban mil cuchillas que lo cortaban en otros tantos pedazos.

---

[2] The Infographic Show, *What Made the Spanish Inquisition So Horrible?*, youtu.be/9aKCxOlpKNo.

[3] H. Kamen, *La Inquisición española. Mito e historia*, Planeta, Barcelona, 2013, p. 480.

En *El pozo y el péndulo* (1842), el protagonista se salva cuando las tropas francesas del general Lasalle entran en Toledo. Este relato cuenta una de las historias más pavorosas y agónicas que se han escrito dentro de la literatura de terror psicológico y lleva la firma del conocidísimo Edgar Allan Poe. El protagonista de la narración es presentado dentro de una oscura celda de la Inquisición españo-la, donde se le va a aplicar la peor de las torturas posibles. En ese habitáculo del demonio, pensado por mentes retorcidas, descubre un pozo. Poco después termina atado mientras observa cómo un péndulo con una cuchilla se le acerca lentamente:

> El camino del péndulo había aumentado casi una yarda y, como consecuencia natural, su velocidad era también mucho mayor. Pero, principalmente, lo que más me impresionó fue la idea de que había descendido visiblemente. Puede imaginarse con qué espanto obser-vé entonces que su extremo inferior estaba formado por una media

The Pit and the Pendulum. Película de terror de 1961 protagonizada por Vincent Price y Barbara Steele y ambientada en España (Wikimedia Commons).

luna de brillante acero, que, aproximadamente, tendría un pie de largo
de un cuerno a otro. Los cuernos estaban dirigidos hacia arriba, y el
filo inferior, evidentemente afilado como una navaja barbera. También parecía una navaja barbera, pesado y macizo, y ensanchábase
desde el filo en una forma ancha y sólida. Se ajustaba a una gruesa
varilla de cobre, y todo ello silbaba moviéndose en el espacio. Ya no
había duda alguna con respecto a la suerte que me había preparado
la horrible ingeniosidad monacal.

Dentro de la literatura gótica, el relato inquisitorial fue uno
de los temas preferidos por los autores y también de los más
demandados por los lectores. Tenemos como ejemplos *El Monje*
(1796), de M.G. Lewis, una novela ambientada en Madrid con cárceles inquisitoriales; *El italiano o el confesionario de los penitentes
negros* (1797), de Ann Radcliffe; *Cornelia Bororquia, historia verdadera
de la Judith española* (1800), del escritor afrancesado Luis Gutiérrez,
una novela que lucha contra la intolerancia clerical e inquisitorial
que termina circulando de forma clandestina; o *Melmoth el Errabundo* (1820), de Charles Maturin, donde se detallan todo tipo de
torturas. Otro libro que ayudó a cristalizar muchas fantasías sobre
la Inquisición y sobre sus crueles máquinas de tortura fue *Misterios
de la Inquisición en España y otras sociedades secretas de España*, publicado en Francia en 1845. Se trataba de una novela muy entretenida escrita por Madame de Suberwick, que firmó con el nombre
de M.V. de Féréal. El texto iba acompañado de numerosas imágenes, algunas de ellas de lo más morboso —auto de fe, duelo a
puñales, interior de una prisión inquisitorial, orgía, castigo del fuego, suplicio de la calle, suplicio del agua...—, y se presentaba como
una historia verdadera. La obra se hizo muy popular y aquella imaginería de la tortura caló como pocas.

Respecto a la famosa doncella de hierro, ya la tenemos en un
libro publicado en Madrid en 1893 titulado *Historia de los judíos en
las Edades Antigua, Media y Moderna*. El libro lo había escrito un

pastor unitarista estadounidense llamado James Kendall Hosmer en 1889. Lo más sorprendente es que la versión española de este libro pseudohistórico es de Eduardo Toda y Güell, académico correspondiente de la Real Academia de la Historia, conocido por haber sido bautizado como el primer egiptólogo de España. En el Capítulo X titulado «Los Holocaustos de España», después de hablar de la Inquisición española, se dice:

> A través de pasillos tortuosos se llega hasta la caverna situada en las entrañas de la tierra donde está la «doncella de hierro», aparato para las ejecuciones secretas. Tocando un resorte se abre en dos una figura de mujer toscamente representada, apareciendo las puntas de hierro a la luz de la antorcha como se hacía en tiempo de las ejecuciones; debajo hay un pozo profundo cuyo fondo son las aguas que recogían el triturado cuerpo del condenado. Al hablar de semejantes cosas es preciso pedir perdón. El hombre de los tiempos modernos se estremece al recuerdo de aquellas cosas. ¿De dónde viene aquel pueblo que hizo y usó semejantes máquinas? ¿Cómo puedo creer que aquellos seres eran de la misma naturaleza que yo?[4]

Del mismo año de la traducción del libro anterior es el relato *La Squaw* (1893), de Bram Stoker, conocido por ser el creador de *Drácula*:

> Pero el objeto principal de aquella cámara de los horrores era el artilugio conocido como la Virgen de Hierro [o Doncella de Hierro] colocado en el centro de la habitación. Tenía la forma aproximada de una mujer de amplias formas. Uno apenas hubiera reconocido en ella la figura humana si no se hubiera preocupado el herrero

---

[4] J. K. Hosmer, *Historia de los judíos en las Edades Antigua, Media y Moderna*, El Progreso, Madrid, 1893, p. 134.

de dar a su rostro una forma más cuidada. El artefacto estaba cubierto por una capa de óxido y polvo; había una cuerda atada a una anilla en la parte delantera, más o menos donde debiera de haber tenido la cintura, cuerda que pasaba por una polea clavada a la viga de madera que sostenía el techo. Tirando de la cuerda, el guardián nos mostró que la parte frontal se movía sobre unas bisagras como si fuera una puerta; entonces vimos que el artilugio tenía unas paredes de considerable grosor, que apenas dejaban lugar en su interior para que en él fuera introducido un cuerpo humano. La puerta era de grosor similar y gran peso, pues fue necesario todo el esfuerzo del guardián, ayudado por la polea, para abrirla.

La doncella de hierro es uno de los cacharros estrella en todo buen museo de la Inquisición que se precie, junto a otros instrumentos fantasiosos como la cuna de Judas o la pera de la angustia o pera vaginal. También el legendario toro de Falaris. En el Museo de la Inquisición de Granada tienen hasta una Guillotina, una máquina de decapitación que se empezó a usar durante la Revolución francesa. Respecto a la doncella de hierro, no hay ninguna evidencia de que existiesen doncellas de hierro antes del siglo XIX, a pesar de su reputación como instrumento medieval de tortura o instrumento inquisitorial. De la primera que tenemos noticia es de una que fue exhibida en Núremberg en 1803, que poco a poco se fue haciendo muy popular, igual que las máquinas de tortura que han ido apareciendo en museos, todas de nueva fabricación. Estos artilugios en un principio procedían de las colecciones de algunos particulares que adquirían objetos de dudosa procedencia. Enseguida se exhibieron en exposiciones itinerantes, ya que ciertos empresarios astutos observaron que estos objetos despertaban mucho morbo, y comprendieron que sería buena idea mostrarlos al gran público, hasta que, con el tiempo, toda esta farsa de la tortura y el espanto se ha terminado convirtiendo en un provechoso negocio.

La Inquisición tenía un especial odio
a las mujeres

En el año 2016, Antonio Maestre volvió a sorprendernos a todos con un artículo publicado en *La Marea:* «Auto de fe a la bruja Maestre» —lo de Maestre no era por él, sino por la profanadora de capillas Rita Maestre, condenada por el Juzgado de lo Penal número 6 de Madrid—. En ese artículo volvía a la carga con la Santa Inquisición, y eso que había tenido tres años para documentarse mejor:

> La Inquisición tenía un especial odio a las mujeres. Muestra extrema de la inquina de la religión católica hacia el género femenino. Las consideraba impuras, y cualquier excusa valía para someterlas a autos de fe en los tribunales inquisitoriales acusándolas de brujas o herejes. Uno de los castigos habituales a los que los verdugos de los sacros tribunales sometían a las mujeres condenadas por faltar a los dogmas de la fe era el desgarro de los senos.
>
> La creatividad en la crueldad contras las mujeres hacía que incluso hubiera instrumentos de tortura para actuar contra los pechos de las consideradas brujas. Uno de los más terribles se llamaba arañas españolas o arañas de la bruja. Desde el siglo XVI hasta el XIX los verdugos usaron esta herramienta. Constaba de una garra de hierro de cuatro puntas que, tanto fría como caliente, servía para alzar por los senos a la «bruja» hasta desgarrarle los pechos.
>
> Rita Maestre va a tener suerte, los tribunales que hoy en 2016 juzgan a las mujeres por enseñar las tetas en una capilla y ofender los dogmas católicos no emplean tales instrumentos.[5]

---

[5] A. Maestre, «Auto de fe a la bruja Maestre», *La Marea*, 19 de febrero de 2016, https://www.lamarea.com/2016/02/19/auto-de-fe-a-la-bruja-maestre/.

La Inquisición no tuvo un especial odio hacia las mujeres[6] y tampoco ninguno de los instrumentos de los que nos había hablado Antonio Maestre hasta la fecha fueron usados por el famoso tribunal. Pero sin duda lo que más llamó la atención de ese artículo fue la imagen de la portada. Nada más y nada menos que el *Martirio de Santa Águeda*, como bien observó el divulgador Darío Madrid. Antonio Maestre se había vuelto a columpiar. Da la casualidad de que Santa Águeda fue martirizada en el siglo III, mucho antes de que existiese el Tribunal del Santo Oficio. Y fue martirizada por ser cristiana, no por heresiarca ni nada parecido. ¿Creéis que Antonio Maestre en algún momento reconoció su error? Doy por hecho que el astuto lector no necesita que le brinde la respuesta.

Pero no seamos tan malos con Antonio Maestre. Quizá el periodista, además del catálogo antes citado, también había leído *El Código Da Vinci*, el *bestseller* de Dan Brown de 2003, que, con ochenta millones de copias vendidas, es a día de hoy uno de los libros más leídos de la historia. Y puede que después de haberlo leído se animara a redactar el artículo. Es una posibilidad. Habría que preguntarle. Y es que, en la novela de Brown, un libro de lo más leyendanegrista, podemos leer la siguiente sucesión de disparates descacharrantes:

Nadie podía negar el enorme bien que la Iglesia moderna hacía en el atormentado mundo actual, pero no se podía obviar su historia de falsedades y violencia. Su brutal cruzada para «reeducar» a los paganos y a los practicantes del culto a lo femenino se extendió a lo largo de tres siglos, y empleó métodos tan eficaces como horribles. La

---

[6] En el famoso caso de las brujas de Zugarramurdi se suele obviar que también hubo brujos. Henry Kamen afirma que «en líneas generales, la actividad inquisitorial no hizo distinciones entre hombres y mujeres, y no hay fundamento alguno para pretender analizar sus procedimientos en términos de prejuicios de género». H. Kamen, *La Inquisición española. Mito e historia*, Planeta, Barcelona, 2013, p. 357.

Inquisición publicó el libro que algunos consideran como la publicación más manchada de sangre de todos los tiempos: el *Malleus Malleficarum* —El martillo de las brujas—, mediante el que se adoctrinaba al mundo de «los peligros de las mujeres librepensadoras» e instruía al clero sobre cómo localizarlas, torturarlas y destruirlas. Entre las mujeres a las que la Iglesia consideraba «brujas» estaban las que tenían estudios, las sacerdotisas, las gitanas, las místicas, las amantes de la naturaleza, las que recogían hierbas medicinales, y «cualquier mujer sospechosamente interesada por el mundo natural». A las comadronas también las mataban por su práctica herética de aplicar conocimientos médicos para aliviar los dolores del parto —un sufrimiento que, para la Iglesia, era el justo castigo divino por haber comido Eva del fruto del Árbol de la Ciencia, originando así el pecado original—. Durante trescientos años de caza de brujas, la Iglesia quemó en la hoguera nada menos que a cinco millones de mujeres.

Somos las nietas de todas las brujas que nunca pudisteis quemar

Uno de los eslóganes feministas por antonomasia es el de «somos las nietas de todas las brujas que nunca pudisteis quemar». La frase de marras se ha convertido casi en una marca dentro del feminismo pop y la hemos visto en cientos de carteles, ilustraciones, camisetas... y hasta en portadas de libros. La cuenta de Twitter *Feminismos Madrid* compartía en 2018 el eslogan añadiendo la frase «a las brujas no las quemaron por malas, nos quemaron por libres, por inteligentes, por rebeldes». Todo este alarde de pensamiento crítico iba acompañado de una imagen de la película de Disney *El retorno de las brujas*.

En las *manifas* se suele reforzar el eslogan añadiendo un intenso dramatismo. En esto las feministas son muy creativas y suelen marchar ataviadas con gorros de bruja, escobas y medias moradas a rayas, portando cartelería *cuqui* y empuñando vistosas antorchas, que por cierto aportan una estética de lo más inquisitorial. Sobre todo, cuando se juntan las antorchas con las hogueras, dándose casos de quemas de libros prohibidos al grito de «fuera machos». Nuestros ojos han visto en los últimos años imágenes esperpénticas; historia transfigurada en histeria colectiva ruidosa y lisérgica. Rebeldía lo llaman. Y, por supuesto, luego todo se tuitea desde el último modelo de iPhone. Para que se vea bien la opresión. Todo ideal de la muerte, pero, eso sí, a muerte con la mujer ideal. Porque la mujer ideal oprime. Recuerdo que Colita, autora de *Antifémina,* llegó a declarar que «a la mujer ideal tendrían que quemarla viva como a Juana de Arco». Ya que «las mujeres ideales han hecho mucho daño... y siguen haciéndolo». Y luego que si Inquisición y tal.

Si las cacatúas que graznan lo de «las nietas que nunca pudisteis quemar» fuesen alemanas aún tendría un pase, ya que en Alemania, según Gustav Henningsen —que es probablemente el mayor experto mundial en el fenómeno de la «brujomanía»— se quemaron unas 25.000 brujas durante la Edad Moderna. Unas 50.000 en toda Europa. Pero muy poquitas en España. La brujería en nuestro país es un fenómeno muy marginal, debido a que a partir de 1526 se elaboraron unas instrucciones muy minuciosas para proceder con las acusaciones de brujería, instrucciones que no tienen parangón en toda Europa. Además, con el auto de fe de Logroño de 1610 —el de las famosas brujas de Zugarramurdi—, el inquisidor Alonso de Salazar Frías no dio pábulo a los rumores sobre brujas: «No hubo brujos ni embrujados hasta que se comenzó a tratar y escribir de ellos». También llevó a cabo una escrupulosa investigación que sirvió para implantar nuevas instrucciones dentro del Consejo de la Suprema Inquisición. Como dice el historiador danés: «Gracias a las investigaciones de Salazar, la Inquisición abolió la quema de brujas en todo el Imperio español, adelantándose así cien años al resto de Europa».[7]

---

[7] G. Henningsen, «La brujería y la Inquisición», *Príncipe de Viana,* 278, 2020.

9

CRISTÓBAL COLÓN NO DESCUBRIÓ AMÉRICA. AMÉRICA YA ESTABA DESCUBIERTA

De todas las frases tontas del repertorio indigenista, izquierdista y leyendanegrista, esta es de las más usadas. Es de una perversidad supina, pero lo que demuestra es un desconocimiento alarmante. Imaginemos a alguien diciendo: «Newton no descubrió nada, la gravedad ya estaba ahí». Efectivamente, pensaríamos que esa persona es idiota. Pero es que resulta que esta idiotez no solo es repetida en círculos indigenistas americanos. Me he quedado asombrado al comprobar que algunos historiadores españoles recién licenciados repiten la misma cantinela. Como dijo Elvira Roca Barea, con esa guasa suya tan característica: «Analfabetos ha habido siempre, pero nunca habían salido de la universidad».[1]

Puede que la frase de marras se empezase a extender por culpa de Eduardo Galeano, quien escribió: «Pero me parece a todas luces evidente que América no fue descubierta en 1492, del mismo modo que las legiones romanas no descubrieron España cuando la invadieron en el año 218 antes de Cristo».[2] En junio de 1991, La

---

[1] Entrevista a Elvira Roca Barea por Emilia Landaluce, «Analfabetos ha habido siempre pero nunca habían salido de la universidad», *El Mundo*, 17 de diciembre de 2016, https://www.elmundo.es/opinion/2016/12/17/58541208 268e3e257c8b465c.html.

[2] E. Galeano, «Ladrillos de una casa por hacer», *El País*, 11 de octubre de 1988, obtenido de https://elpais.com/diario/1988/10/11/espana/592527605_850215.html.

Casa de las Américas de Cuba, con Roberto Fernández Retamar de director, publicaba su posición ante el Quinto Centenario del Descubrimiento de América.[3] El punto número dos rezaba:

> Por supuesto, es inaceptable llamar «descubrimiento» a aquella llegada. En nuestro Continente existían en 1492 decenas de millones de seres humanos, descendientes de los únicos auténticos descubridores de estas tierras, venidos milenios atrás en oleadas sucesivas sobre todo de Asia, y al parecer también de Oceanía; y existían varias culturas enteramente originales, algunas de ellas más adelantadas en ciertos aspectos que la de los europeos de la época. Tales culturas, las de quienes el guatemalteco Manuel Galich llamó «nuestros primeros padres», no fueron descubiertas, sino desbaratadas por los europeos.[4]

Estas tesis que niegan el descubrimiento suelen obedecer a consignas políticas bien aprendidas e interiorizadas, sin embargo, son fáciles de rebatir. Para empezar, habría que esgrimir que «descubrir» significa «quitar el velo», manifestar algo que estaba oculto. América existía, sí, obvio, pero no había sido descubierta. Porque solo lo que ya existe puede ser descubierto. Descubrir es dar a conocer y eso se produce en el mapa. Los mapas que hicieron cartógrafos y cosmógrafos castellanos, flamencos y portugueses[5] después de 1492. Los pueblos precolombinos no sabían que estaban en un continente porque desconocían que había otros continentes con los que América estaba en relación. Porque muchas veces esos pueblos florecían en compartimentos estancos ignorándose entre sí.

---

[3] En el quinto centenario el término «Descubrimiento» causó gran incomodidad en muchas partes de Hispanoamérica al considerarlo un término «eurocentrista». En México, el historiador Miguel León Portilla propuso denominarlo «Encuentro de dos mundos», feliz expresión que arraigó incluso en España.

[4] R. Fernández Retamar, *Contra la Leyenda Negra*, Verbum, Madrid, 2019, p. 198.

[5] Juan de la Cosa, Américo Vespucio, Pedro Reinel, Diego Ribero, Martín Fernández de Enciso, Ortelius, Diego Gutiérrez, Jacodus Hondius, Gerardo Mercator...

¿Que hubo un primer contacto entre Europa y América antes que Colón? Pues sí, las sagas vikingas hablan de Leif Erikson, hijo de Erik el Rojo. Pero Leif Erikson no dio a conocer el descubrimiento al mundo. Muchas veces se dice: «Bueno, fue un descubrimiento al menos para los europeos». Una trampa en la que no debe uno caer porque para los habitantes del Nuevo Mundo también lo fue, pues, como ya he mencionado, desconocían que habitaban en un continente que se relacionaba con otros. Y fueron los europeos los que pudieron materializar ese descubrimiento y no al revés. La tecnología, la navegación, la cartografía, el conocimiento sobre la esfericidad de la tierra desde hacía muchos siglos... Todo ello permitió que se descubriese América. Y alguno podrá alegar que Colón murió sin conocer que había llegado a un nuevo continente. Cierto. De una manera un tanto obstinada, pues aunque la evidencia apuntaba en otra dirección, el navegante genovés creyó firmemente que en sus cuatro viajes había llegado a las Indias orientales a través de una nueva ruta. Pero fue Cristóbal Colón el que quitó el velo. Otra cosa es que muriese sin saber qué había detrás. Pero ese velo lo quitó Colón, no Américo Vespucio u otros cartógrafos como a veces se suele afirmar. Por lo tanto, se debe gritar bien claro y bien alto: ¡Cristóbal Colón descubrió América!

Abya Yala

Pero, por mucho que se insista en esta cuestión, la confusión se perpetúa y se agrava constantemente con el proselitismo indigenista que prefiere el apelativo de *Abya Yala* para el continente americano. *Abya Yala* no es más que un término inventado en 1975 y popularizado por Constantino Lima, un importante activista boliviano que, inspirado en el caudillo aimara Túpac Katari, quiso dar cohesión a su movimiento indianista con la difusión de la *wiphala* —la colorida bandera de forma cuadrada que Evo Morales convirtió en símbolo nacional—. El término *Abya Yala* se sumó a la nómina de símbolos indianistas con el objetivo de dar un nombre propio al continente, distinto al dado en honor al «criminal» Américo Vespucio. Según el propio Constantino Lima, siempre quiso rebautizar América desde que comenzó su vida política y finalmente dio con el nombre tras una visita a una de las cientos de islitas que forman el archipiélago de San Blas (Panamá), después de que unos locales le revelaran un nombre —*Abya Yala*— transmitido de generación en generación.[6] El problema es que, como hemos indicado con anterioridad, ningún indígena conocía la continentalidad del suelo en el que habitaban antes de la llegada de los españoles y mucho menos unos simples y primitivos isleños. Por lo que el término *Abya Yala,* además de inventado, es diabólicamente engañoso.

Cartel político contra la memoria del descubrimiento.

---

[6] P. Portugal Mollinedo, C. Macusaya Cruz, *El indianismo katarista. Una mirada crítica*, Fundación Friedrich Ebert, La Paz (Bolivia), 2016, pp. 271-273.

10

NOS INVADISTEIS, NOS ESCLAVIZASTEIS Y VIOLASTEIS A NUESTRAS MUJERES

Produce gran sonrojo que desde sectores indigenistas se acuse a los españoles de haber traído la esclavitud y otra serie de males a sus tierras, como si en las sociedades precolombinas las invasiones, la esclavitud, los robos, las matanzas y las violaciones hubieran sido inexistentes. Son tantas las cosas que están mal en la frase que encabeza el capítulo que vamos a ir por partes. Empecemos por el «nos».

¿Nos?

En el año 1988 se publicó en *ABC* un artículo de Rafael Hernández Colón, a la sazón Gobernador de Puerto Rico, que decía:

> No voy a ser yo, un señor llamado Hernández y nada menos que Colón, quien se rasgue las vestiduras por los aspectos negativos de la Conquista y la Colonización de América. Hace muchos años que advertí la injusticia esencial que existía en esa frecuente queja de algunos sectores hispanoamericanos, consistente en depositar en los españoles de la península lo que para bien o para mal realizaron nuestros antepasados en América. No fueron ustedes, que quedaron en España, quienes hicieron o deshicieron. Fuimos nosotros, nues-

tros abuelos y tatarabuelos, a quienes hay que asignar, en primer término, las glorias y yerros de aquella formidable aventura.

Menos mal que hay compatriotas hispanoamericanos que han
sabido reconocer tamaña obviedad. Cuando alguien me viene con
esta memez de «nos invadisteis», lo primero que respondo es que
yo no invadí nada. He nacido 460 años después de la conquista de
México y 450 años después de la conquista del Perú. Pero que yo
sepa mis antepasados no hicieron las Américas y se quedaron en la
Península, por lo que tampoco son sospechosos de invadir a nadie.
En todo caso, la persona que invadió un nuevo continente realizando a continuación toda clase de tropelías es el antepasado de
quien vierte esas acusaciones tan fatuas. Pero es que ni siquiera,
porque los españoles durante la conquista fueron más bien pocos.
Hay una frase del escritor mexicano José Vasconcelos y recogida
también por Carlos Pereyra que se ha repetido hasta la saciedad y
que nunca está de más traerla de nuevo: «La conquista la hicieron
los indígenas y la independencia, los españoles».

¿Invasión o conquista?

Invadir requiere irrumpir, entrar por la fuerza en un territorio con
el fin de instalarte en él. Conquista significa ganar territorios
mediante acciones de guerra y alianzas. Ambas implican adueñarse
de tierras ajenas. La invasión no requiere necesariamente de revertir el orden político interno, la conquista por lo general sí, aunque
también puede hablarse de conquistar una posición. Incluso pueden darse ambas cosas: una primera fase de invasión, de carácter
breve, y otra de conquista. Como vemos son términos similares
que generan confusión. Para la mayoría de los historiadores, lo que
ocurrió en América a partir de 1492, pero sobre todo después de
la época antillana, fue una conquista, pero si el historiador es un

consumado consumidor de Leyenda Negra enfocado en el activismo y la propaganda te remarcará continuamente lo de «invasión», ya que suena peor.

Poco más que añadir al respecto. Que cada uno elija el término que prefiera en función de sus intereses.

¿Esclavitud?

Suele ser una práctica común la ocultación de la esclavitud indiana entre los propagadores de la Leyenda Rosa, aunque lo primero que debemos tener en cuenta es que la esclavitud en los siglos XVI, XVII y XVIII era moneda de cambio habitual. ¿Es algo de lo que deba avergonzarse España? La historia no funciona de esa manera. No debemos ni enorgullecernos ni avergonzarnos, simplemente tratar de entender el pasado y aproximarnos a él sin partidismos y sin prejuicios de ningún tipo —*bona fides, sine ira et studio*—.

Desde tiempos de Isabel de Castilla, y gracias a los monarcas españoles, los amerindios fueron considerados vasallos de la Corona de Castilla, razón por la cual su trata y esclavitud suponía una evidente incompatibilidad. De hecho, cincuenta años después del Descubrimiento, la esclavitud del indígena se acabó prohibiendo, si bien hasta entonces solo era legal en casos especiales. Contrasta esta actitud de la Corona con la del navegante genovés. A la vuelta del primer viaje de Colón, cuenta Francisco López de Gómara que entre los varios presentes que el almirante traía a los Reyes Católicos figuraban diez indios semidesnudos con zarcillos de oro en la nariz y en las orejas, de los que solo seis llegaron a la corte, ya que los restantes no sobrevivieron a la dura travesía oceánica. En estos compases iniciales de la gesta indiana, siempre titubeantes, el tráfico de indios y la esclavitud de los mismos fue tolerada por los reyes de España. Durante el segundo viaje colombino, el cronista Miguel de Cuneo relata cómo Colón reunió a 1.600 indios y tomaron de ellos a los mejores hombres y mujeres para embarcarlos en carabelas rumbo a España. Subieron a bordo al menos a quinientos cincuenta y dejaron escapar a cuatrocientos de ellos.

Sin embargo, en 1495 Isabel lo meditó mejor y ordenó que se suspendiese todo el tráfico indiano mientras tomaba una decisión definitiva. En la mente de Cristóbal Colón, conocedor de los pingües beneficios que obtenían los negreros portugueses, siempre bulló la idea de hacer dinero con la venta de esclavos, así que con la orden de la reina tuvo que abandonar, al menos momentáneamente, su proyecto de traer cuatro mil esclavos del Nuevo Mundo a razón de 1.500 maravedís la pieza. La reina siempre procuró que los indios de aquellas tierras fueran tratados con sumo cariño, por lo que se empezó a impacientar al ver que el genovés se estaba excediendo en sus atribuciones. «¿Qué poder tiene mío el almirante para dar a nadie mis vasallos?», parece que exclamó airada cuando supo de los planes esclavistas del navegante. Había que cortar por lo sano. Hacia el año 1500, gracias a la voluntad expresa de Isabel la Católica, se dispuso que todos los indios que se habían traído a la península se pusiesen en libertad y se devolviesen a sus tierras de donde eran naturales.

En 1503 se autorizarían varias excepciones. Los indios podrían ser traídos a Castilla previa autorización de estos. También se autorizaría cautivar indios caribes, que eran los más belicosos.[1] Pero hecha la ley, hecha la trampa. Algunos aventureros que cruzaron el océano

---

[1] «Por la presente doy licençia y facultad a todas e qualesquier personas que con mi mandado fueren, asy a las yslas e Tierra Firme del mar Oçeano que fasta agora estan descubiertas como a los que fueren a descubrir otras qualesquier yslas e Tierra firme para que fagan guerra a los caribes de las yslas [...] e los puedan cautivar e cautiven para los llevar a las partes e yslas donde ellos quisieren e para que los puedan vender e aprovecharse dellos sin que por ello caygan ni yncurran en pena alguna». Pregón de una Real Provisión dando licencia a cautivar y vender por esclavos a los caribes de las islas leído en Sevilla, 28 de febrero de 1512.

se las ingeniaron para seguir trayendo indios, incluso en connivencia con veedores de su majestad y oficiales de la Casa de la Contratación. Las cifras de indios esclavizados traídos a España, difíciles de medir, nunca fueron escandalosas si las comparamos con las de otras potencias. El americanista Esteban Mira Caballos ha identificado al menos la presencia de 2.442 indios en la península ibérica en el período que va de 1493 a 1550.[2]

Repartimientos, Encomiendas, primeras denuncias y Leyes de Burgos

Tras la destitución de Colón por el interino Bobadilla, el primer gobernador real de La Española, Nicolás de Ovando llegó a las Indias para poner orden. Dictaminó que ningún español se sirviese de los indios sin la voluntad expresa de estos y retribuyendo su trabajo como les pareciese justo. Es decir, debían obligar a los indios a trabajar bajo su tutela, siempre considerando su libertad y con la remuneración debida. Sin embargo, los indios huían a las montañas a la primera de cambio, por lo que se echó mano del reclutamiento forzoso. Por entonces, los conquistadores de La Española estaban tratando de controlar a sangre y fuego el cacicazgo de Jaragua de la india Anacaona. Era evidente que el sistema de repartimientos legalizado en diciembre de 1503 —que había abierto la veda del trabajo forzoso contrario al espíritu de Isabel la Católica— había quedado en cierta medida obsoleto. Ovando, que era encomendero mayor de la orden de Alcántara, conocedor del oficio, dejó atrás el sistema de repartimiento de indios para empezar a encomendarlos. La encomienda, introducida en 1505, fue un gran avance jurídico, pues era una formalidad contractual de tipo feudal

---

[2] E. Mira Caballos, «De esclavos a siervos: Amerindios en España tras las Leyes Nuevas de 1542», *Revista de Historia de América*, 2009.

en la que se regulaba la relación existente entre los conquistadores y los indios. En el régimen de encomienda, concebido como una merced real, un grupo de indígenas estaba obligado a retribuir en trabajo a la Corona a través de la figura del encomendero. Los españoles debían dar educación y protección a los indígenas, y estos a su vez debían prestar un servicio laboral al encomendero.

Esteban Mira Caballos explica una de las diferencias fundamentales frente al régimen anterior:

> Mientras el repartimiento quedaba fuera del control real, la encomienda era plenamente dirigida por la Corona. Efectivamente después de hacer un repartimiento era muy difícil convencer a los españoles de que devolviesen lo que ellos creían que se les había entregado legalmente. En cambio, la encomienda no presentaba esta problemática porque era una regalía regia. Solo a la Corona correspondía decir quién recibiría una encomienda, con cuántos indios y, finalmente, por cuánto tiempo.[3]

Pero los nativos de las Indias seguían teniendo que aceptar trabajar para los encomenderos contra su propia voluntad, muchas veces a regañadientes. El sistema había cambiado en apariencia formal, pero ahí seguían los trabajos forzosos. Tras esta primera experiencia antillana, no solo empiezan a aparecer voces que denuncian los abusos, sino que sectores de la propia Iglesia ponen en duda la legitimidad de la soberanía española. Fray Pedro de Córdoba, formado en Salamanca y primer inquisidor de América, reprobó los excesos y las injusticias que observó cuando llegó. También discutió el sistema jurídico establecido y las cuestiones de fondo que lo sustentaban. Este fraile encabezó el primer grupo

---

[3] E. Mira Caballos, «El origen de las encomiendas de indios», 2021, obtenido del blog de Esteban Mira Caballos: https://estebanmiracaballos.com/2021/03/14/el-origen-de-las-encomiendas-de-indios/.

de dominicos que llegó a Santo Domingo en 1510. Ese año, junto a fray Pedro de Córdoba, se establecieron en La Española fray Bernardo de Santo Domingo, fray Domingo de Villamayor y fray Antonio Montesino. Este último supuso un antes y un después con su eficaz sermón de diciembre de 1511 denunciando los malos tratos de los encomenderos.

La situación forzó a la Corona a replantear las circunstancias y en 1512 el rey Fernando el Católico convocó una junta extraordinaria en Burgos. Acudieron juristas y teólogos para resolver cuestiones de fondo concernientes a la Conquista. Finalmente se promulgaron treinta y cinco leyes conocidas como las Leyes de Burgos, también llamadas Las Reales Ordenanzas dadas para el buen Regimiento y Tratamiento de los Indios, que constituyen todo un hito en la historia del humanismo cristiano, pues resulta bastante infrecuente que una nación fuera tan magnánima con los pueblos a los que había sometido. La riqueza de las Indias precisamente estaba en sus indios, mas los indios eran súbditos de la Corona, en teoría hombres libres, y como tal debían ser tratados siempre con la cristianización como objetivo en el horizonte. Podían ser obligados a trabajar, pero habían de recibir un salario justo en dinero o en especie. Además, había que dotarles de casa y hacienda propia. Las obligaciones laborales contemplaban descansos y se prohibía expresamente que las mujeres embarazadas trabajaran en las minas. El texto también procuraba que los indios no sufrieran abusos físicos o verbales. La guerra contra el indio era justa, pero solo en el caso de que los indios se resistieran a la evangelización. Instruir en la fe apostólica de Cristo seguía siendo el principal motor de la conquista desde que el papa concediese las bulas alejandrinas a petición de los Reyes Católicos. Concluidas estas reformas legales,[4] que no eran más que una recopilación de

---

[4] Desde hace años se viene diciendo que en las Leyes de Burgos podemos encontrar el origen de los derechos humanos. Es cierto que son novedosas en

leyes que se habían expedido en años anteriores, llegó a Castilla desde las Indias fray Pedro de Córdoba, quien informó al rey Fernando sobre la situación real de los indios en América. No estuvo de acuerdo con el consenso alcanzado en la Junta de Burgos, lo que motivó una nueva reunión de consejeros y teólogos para que se revisasen las leyes. Finalmente, dichas disposiciones legales fueron matizadas, completadas y ampliadas en 1513 en otra junta convocada en Valladolid, mejorando sustancialmente las condiciones de las mujeres y los niños indígenas. La última de las disposiciones ordenaba que todos los indios que hubieran prestado servicio durante dos años, y que ya supieran valerse por sí mismos, si adoptaban un tipo de vida cristiana, podían agotar su servidumbre empezando a realizar las típicas actividades propias de los españoles.

Además de las Leyes de Burgos, el año 1512 también alumbró el famoso Requerimiento redactado por el jurista Juan López de Palacios Rubios, quien también fue un miembro destacado de la Junta de Burgos. El Requerimiento era un texto que se les leía a los caciques indígenas conminándoles a someterse de forma pacífica aceptando la religión católica. Se les comunicaba que en el caso de que opusiesen resistencia serían sometidos por la fuerza, tomados todos sus bienes y convertidos en esclavos. El Requerimiento era una formalidad jurídica, pero no dejaba de ser un disparate, ya que los indios no entendían nada de lo que se les leía. Ante la confusión, cualquier reacción podía ser interpretada como

muchos aspectos y que tratan de regular el buen trato hacia los indios, pero hablar de derechos humanos es del todo exagerado. Como expresa José Sánchez-Arcilla Bernal, las Leyes de Burgos de 1512 «no hicieron más que consagrar el régimen de repartimientos y encomiendas», es decir, un sistema de servidumbre. Sin embargo, hay otra serie de autores que con más acierto consideran la aparición de los derechos humanos como un proceso histórico de larga duración, que arranca en el siglo XVI con Francisco de Vitoria, la Escuela de Salamanca y sus reformulaciones del Derecho natural.

rebeldía y, por lo tanto, motivo más que suficiente para declararles la guerra. Y en la práctica así funcionó durante algunos años, por lo que los españoles en no pocas ocasiones interpretaron la letra del Requerimiento a conveniencia y se entregaron al pillaje y a la caza de esclavos de manera inmisericorde.

Encomiendas, ¿esclavitud encubierta?

La tesis del exterminio deliberado del indígena se cae ante la evidencia de que lo que más les interesaba a los españoles era tener abundante mano de obra, y esa mano de obra la consiguieron entre la población aborigen. Un genocidio hubiera sido algo totalmente ilógico desde un punto de vista económico. ¿Quién en su sano juicio exterminaría a las personas a las que ha puesto a trabajar? Sería algo del género idiota, y las personas que se lanzaron a la conquista del Nuevo Mundo podrían tener multitud de vicios, pero no eran del todo idiotas. Desde que las embarcaciones españolas asomaron sus proas en América, se pusieron en marcha una serie de mecanismos para hacer uso y disfrute de la mano de obra indígena. Todo con apariencia legal y con la ayuda de notarios y escribanos. A pesar de la condición de hombre libre del indio y de que los encomendados no eran propiedad de los encomenderos, se dieron prácticas abusivas desde el primer momento, por lo que muchos han visto en la encomienda un sistema de esclavitud encubierta. Pero también persistió la esclavitud no encubierta, ya que los indios podían seguir siendo tomados como botín de guerra para luego ser esclavizados. Por lo tanto, era relativamente fácil contar con esclavos indígenas de manera legal. Las Leyes de Burgos no derogaban la esclavitud del indígena. Para eso habría que esperar todavía 30 años.[5]

---

[5] A. Reséndez, *La otra esclavitud: Historia oculta del esclavismo indígena*, Grano de sal, Ciudad de México, 2019.

Bartolomé de las Casas

Bartolomé de las Casas nació en Sevilla y realizó estudios en Salamanca. Su tío participó en el primer viaje de Colón. Su padre lo hizo en el segundo. De vuelta, trajo un indio que regaló al joven Bartolomé para que le sirviera. Hacia 1500 llegó a las Indias y allí, en La Española, se ordenó sacerdote dominico y recibió su primera encomienda de indios. En la isla también comenzó a escribir. Las Casas fue ordenado sacerdote en 1507 en Roma y acompañó a Pánfilo de Narváez —dando fe de las matanzas y actos de tiranía de sus hombres— en la conquista de Cuba. Su estimable *Historia de las Indias,* que empezó a componer en 1527, fue una gran desconocida hasta que fue impresa en Madrid en 1875. En cambio, tuvo gran predicamento su otro libro, *Brevísima relación de la destruición de las Indias* (1552), opúsculo archiconocido sin ningún tipo de rigor histórico. La edición príncipe del texto apareció en Sevilla. Fue dedicada al príncipe Felipe y apuntala la idea —con cifras inverosímiles que hablan de decenas de millones de muertos— de que los españoles no hicieron en América otra cosa que destruir, matar, robar, violar y hacerle la vida imposible a todos los indios que encontraban a su paso, a los que el padre dominico describía casi como criaturas angelicales, sin ningún tipo de defectos:

En estas ovejas mansas y de las calidades susodichas por su Hacedor y Criador así dotadas, entraron los españoles desde luego que las conocieron como lobos y tigres y leones crudelísimos de muchos días hambrientos. Y otra cosa no han hecho de cuarenta años a esta parte hasta hoy, y hoy en este día lo hacen, sino despedazallas, matallas, angustiallas, afligillas, atormentallas y destruillas por las extrañas y nuevas y varias y nunca otras tales vistas ni leídas ni oídas maneras de crueldad, de las cuales algunas pocas abajo se dirán, en tanto grado que habiendo en la isla Española sobre tres cientos de ánimas que vimos, no hay hoy de los naturales della docientas personas.

Las Casas ha pasado a la historia por su cruda denuncia de los horrores de la conquista y, por lo general, los manuales de historia pasan por alto que no fue el primero en denunciar los abusos. Hubo otros antes que él, como el dominico Antonio Montesino en su célebre sermón de un domingo de adviento —*ego vox clamantis in deserto*— de 1511:

> Decid, ¿con qué derecho y con qué justicia tenéis en tan cruel y horrible servidumbre aquestos indios? ¿Con qué auctoridad habéis hecho tan detestables guerras a estas gentes que estaban en sus tierras mansas y pacíficas, donde tan infinitas dellas, con muerte y estragos nunca oídos habéis consumido? ¿Cómo los tenéis tan opresos y fatigados, sin dalles de comer ni curallos en sus enfermedades en que, de los excesivos trabajos que les dais, incurren y se os mueren y, por mejor decir, los matáis por sacar y adquirir oro cada día? ¿Y qué cuidado tenéis de quien los doctrine y cognozcan a su Dios y criador, sean baptizados, oigan misa, guarden las fiestas y domingos? ¿Éstos, no son hombres? ¿No tienen ánimas racionales? ¿No sois obligados a amallos como a vosotros mismos? ¿Esto no entendéis? ¿Esto no sentís? ¿Cómo estáis en tanta profundidad de sueño tan letárgico dormidos?[6]

---

[6] B. de las Casas, *Historia de las Indias,* Libro 3, Capítulo IV, Biblioteca Virtual Miguel de Cervantes, siglo XVI, obtenido de https://www.cervantesvirtual. com/obra-visor/historia-de-las-indias--0/html/d31cc52d-acd9-4776-a069-ee37b963f399_12.html. Hay que tener cuidado con la reproducción de las palabras del sermón de Montesino, pues posiblemente esté ligeramente manipulado. Natalia K. Denisova, quién ha dedicado mucho tiempo al estudio de las crónicas de Indias, advierte: «La acción de Las Casas a partir de los primeros contactos con los dominicos viene marcada por la denuncia, su estilo ampuloso y acusatorio proviene de los sermones y, antes que nada, del sermón de Montesinos. Aunque aquí el paralelismo entre el estilo de Las Casas y de Montesino es fácil de explicar: la única versión del sermón procede del propio Las Casas, quien la redacta años después de ser pronunciada. Y si añadimos a esto el modo lascasiano de "transcribir" introduciendo lo que le parece conveniente en el texto, entonces

Las Casas no fue el primero en denunciar los abusos. No obstante, su *Brevísima* contenía un mensaje incendiario que la hacía única, a lo que hay que sumar los esfuerzos del protector de indios por ser escuchado. Si no hubiera escrito esa obra, que acabaría jugando un papel importantísimo, probablemente Las Casas sería hoy un personaje relativamente desconocido. Sin embargo, su feroz crítica no pasó inadvertida en España y tampoco lo hizo en Europa, a pesar de que su prosa es contradictoria y oculta todo aquello que no le interesa. Los datos son dudosos y muchas veces habla de oídas. Manipula constantemente por mor de una causa noble. Las cifras que da Bartolomé de las Casas son completamente exageradas. Se valió de la mentira para denunciar la injusticia. Ya en el prólogo encontramos la primera mentira: «Como hombre que por cincuenta años y más de experiencia siendo en aquellas tierras presente». Las Casas duplica sin ruborizarse los años que había estado en las Indias. Menéndez Pidal llegó a percibir que Las Casas era un «paranoico» con «delirios de grandeza», incluso le dedicó un libro no muy conocido: *El Padre Las Casas: su doble personalidad* (1963). Claramente sentía una gran antipatía intelectual por el personaje, y es que seguramente ningún español ha contribuido tanto a irradiar la Leyenda Negra como él, por lo que su controvertida figura, a pesar de sus supuestas nobles intenciones, no ha dejado de acumular enemigos. Dice Julián Marías a propósito de Las Casas y de la furibunda crítica lascasiana de Ramón Menéndez Pidal:

A Menéndez Pidal, todo rigor y probidad intelectual, lo sacaba de quicio la absoluta irresponsabilidad del obispo de Chiapas, su cons-

podemos dudar de que el estilo de Las Casas proviene del sermón de Montesino, sino al revés: el sermón está reconstruido por Las Casas según su criterio». N. Korotkikh Denisova, *Filosofía de la historia de América: los cronistas de Indias en el pensamiento español*, tesis doctoral, Madrid, 2018, p. 407.

tante y patológica exageración, su constante desfiguración, no ya de la realidad, sino de lo posible.[7]

Escribe Menéndez Pidal:

Ni por un momento cabe pensar que Fray Bartolomé fuese un farsante, un simulador, de alma ruin. Poco precisa me parece también la actitud de algunos críticos eclesiásticos (PP. Bayle y Sáenz) que condenan horrorizados tal falta de caridad cristiana en Las Casas o que le califican de loco. Ni era santo, ni era impostor, ni malévolo, ni loco; era sencillamente un paranoico. La realidad es que en el sacerdote Las Casas coexisten, de una manera habitual, no solo las acciones buenas con las simplemente defectuosas, sino las acciones virtuosas con las anticristianas y perversas. Entonces, para exculpar la total falta de caridad, la falsedad monstruosa y contumaz en un hombre de vida religiosamente ascética, no hay que acudir al escamoteo de la falsedad, practicado por Quintana y por todos los demás biógrafos; hay que recurrir a la única explicación posible, la enfermedad mental.[8]

La retórica de *Brevísima* con frases como «Hacían apuestas sobre quién de una cuchillada abría el hombre por medio o le cortaba la cabeza de un piquete o le descubría las entrañas» o «cortábanles ambas manos y de ellas llevaban colgando...», siguen enervando a muchos estudiosos de su figura, pero lo que aquí nos interesa —sin entrar en valoraciones morales y psicológicas— es

---

[7] J. Marías, *España inteligible. Razón histórica de las Españas*, Alianza Editorial, Madrid, 1985, p. 205.

[8] R. Menéndez Pidal, *El padre Las Casas. Su doble personalidad*, Espasa-Calpe, Madrid, 1963. «Diga a los hispanistas ingleses que si volviera a escribir el libro sobre Las Casas, lo haría menos polémico», confesó Menéndez Pidal a Rafael Lapesa antes de morir. El libro no le había dejado demasiado satisfecho. Citado en B. Hernández, *Bartolomé de las Casas*, Taurus, Barcelona, 2015.

Brevísima relación de la destrucción de las Indias, de Bartolomé de las Casas. 1552 (Wikimedia Commons).

que su *Brevísima* fue de una enorme eficacia, pues su valioso testimonio —tramposo y deformado— sacudió la España del emperador Carlos, donde fue bien atendido. Pero no menos importante fue el impacto que la obra de Las Casas tuvo en el extranjero. En esto poca discusión puede haber. Ciertamente, Las Casas contribuyó a difundir la imagen negativa de España, pero tuvieron que pasar unas décadas para que aparecieran las primeras traducciones de su obra al holandés, al francés, al inglés y por último al alemán. Para entonces, las estremecedoras historias de crueldad por parte de los españoles ya eran conocidas en Europa a través de otras obras como las del viajero italiano Girolamo Benzoni, quien había publicado en 1565 su *Historia del Mondo Nuovo,* y las de otros cronistas de la conquista como Fernández de Oviedo o López de Gómara.[9] Sin embargo, no es nada casual que la primera traduc-

___

[9] M. Molina Martínez, *La leyenda negra,* Nerea, Madrid, 1991, pp. 158-159, según un texto de Benjamin Keen.

ción de la *Brevísima* apareciera en Holanda en 1578,[10] probablemente publicada en Amberes o Bruselas,[11] en plena rebelión contra la Monarquía de los Habsburgo y con Juan de Austria como gobernador de los Países Bajos. Para 1617 la obra había sido objeto de hasta dieciséis reimpresiones.[12] El objetivo era demostrar hasta dónde podía llegar «la furia española».

En 1579, un año después de haberse publicado en holandés, un protestante flamenco llamado Jacques de Miggrode publicó la *Brevísima* en Amberes bajo el título manipulado de *Tyrannies et cruautez des Espagnols, perpetrees és Indes Occidentales, qu'on dit le Nouveau Monde* (*Tiranías y crueldades de los españoles perpetradas en las Indias Occidentales, lo que se llama el Nuevo Mundo*). En el propio título aclara que el libro se publica «para servir de ejemplo y advertencia a las 17 provincias de los Países Bajos», es decir, con una clara vocación de servir a la causa holandesa, y antes de entrar en faena con la traducción del texto lascasiano se añaden unas páginas a modo de prefacio. El contenido introductorio se nutre de una prosa inflamada en la que no se esconden las razones que motivan al traductor a dedicar su obra a las provincias rebeldes de los Países Bajos que luchan contra la tiranía que representa el monarca español. También se pregunta cómo el papa de Roma ha podido repartir el mundo de esa manera. ¿Qué derecho tienen los españoles sobre los indios? ¿Es necesario «asesinar a 12, 15 o 20 millones de pobres criaturas razonables, creadas, como nosotros a imagen del

---

[10] Esta traducción se limita a traducir el título: *Seer cort Verhael vande destructie van d'Indien*. No obstante, la edición holandesa de 1579 —un año después— sería —junto con la francesa de ese mismo año— la primera en cambiar el título de la obra lascasiana, llamándose *Spieghel der Spaenscher Tirannije*, que significa «Espejo de la tiranía española».

[11] M. Delahaye, *Viaje de exploración hacia la lengua de la historiografía: Las Crónicas de Indias en su trayectoria europea*, vol. I., Universidad Católica de Lovaina, Lovaina, 2012, p. 189.

[12] M. Molina Martínez, *La leyenda negra*, Nerea, Madrid, 1991, p. 17.

Dios viviente»? Esta traducción fue muy exitosa y sirve para trazar una de las ramas genealógicas de los cientos de versiones que vendrían después. De hecho, fue la traducción francesa de Miggrode la que citaría Voltaire en su *Ensayo sobre las costumbres y el Espíritu de las Naciones*.[13]

Cuatro años más tarde se publicó en Londres la primera traducción al inglés (1583) con el título: *The Spanish Colonie, Or Brief Chronicle of the Actes and Gestes of the Spaniardes in the West Indies, Called the Newe World, for the Space of XL. Yeeres* (*La Colonia Española, o Breve Crónica de las Actas y Gestas de los Españoles en las Indias Occidentales, Llamado Nuevo Mundo, para el espacio de cuarenta años*). El título, cierto es, parece menos dramático que la versión francesa de la que bebe, pues la confusión inicial sobre si estamos ante una traducción que entronca con la familia francesa se resuelve inmediatamente después al mostrar las mismas páginas de advertencia al lector que incluía su antecesora.[14] En 1577, Felipe II había publicado la Pragmática del 5 de agosto en la que prohibía que navíos extranjeros cargasen mercancías en puertos españoles, a excepción de la sal, una medida inserta en un repertorio de regulación proteccionista, que aunque no inquietó demasiado a los británicos sí buscaba beneficiarse de mejores condiciones comerciales.[15] Estamos en una época en las que las relaciones entre España e Inglaterra se estaban deteriorando. Los corsarios Francis Drake y John Hawkins, al servicio de Isabel I de Inglaterra, habían importunado

---

[13] D. R. Brunstetter, *Tensions of Modernity: Las Casas and His Legacy in the French Enlightenment*, Routledge, Nueva York, 2012, p. 97.

[14] En las páginas de advertencia al lector se indica que el traductor es un tal James Aliggrodo. Sin embargo en el título de portada se dice que el traductor es «M.M.S.». Hay varias teorías, pero me inclino a pensar que M.M.S. traduce directamente del francés todo el texto y que James Aliggrodo es el mismo Jacques de Miggrode, a quien el traductor quiere dar crédito.

[15] C. Gómez-Centurión Jiménez, *Felipe II, la empresa de Inglaterra y el comercio septentrional (1566-1609)*, Naval, Madrid, 1988, p. 91.

a la flota de Indias en el Caribe. Drake no dejó en esos años de lanzarse a por los barcos españoles que navegaban por las aguas de los dominios ultramarinos del rey de España. La integridad de los barcos españoles cada vez se resentía más en el Canal de la Mancha por la acción de los piratas protestantes —franceses, ingleses y los mendigos del mar holandeses—. La seguridad de las comunicaciones marítimas dependía de que el rey de España consiguiera incorporar a sus dominios las provincias rebeldes de los Países Bajos y, por otra parte, de las buenas relaciones con Inglaterra. Hay que entender que en ese contexto se publicó la *Brevísima* en Londres, un año antes del asedio de Amberes y dos años antes del comienzo de la guerra anglo-española (1585-1604), cuyo *casus belli* fue la firma del Tratado de Nonsuch, por el cual los ingleses enviarían tropas para ayudar a sus hermanos protestantes de las Provincias Unidas de los Países Bajos contra la dominación de los Habsburgo.

En 1597 se publicó en Frankfurt una edición en alemán, también traducida de la edición francesa, en la que se elevaba la apuesta con un título aún más morboso: *Newe Welt: Warhafftige Anzeigung der Hispanier grewlichen, abschewlichen vnd vnmenschlichen Tyranney, von jhnen inn den indianischen Ländern, so gegen Nidergang der Sonnen gelegen, vnd die Newe Welt genennet wird, begangen* (*Nuevo Mundo: Fiel indicio de la tiranía creciente, depravada e inhumana que cometieron los hispanos en las tierras indias así situadas hacia la puesta de los soles, y llamadas Nuevo Mundo*).

Por último, vale la pena recordar la versión publicada en latín en 1598 —que lleva por título *Narratio regionum indicarum per hispanos quosdam deuastatarum verissima* (*Un relato muy veraz de las devastaciones de algunas de las regiones de las Indias por los españoles*)— con unas efectivas ilustraciones del grabador y editor flamenco Theodore de Bry, basadas en trabajos previos del pintor Joos van Winghe. Era la primera vez —aunque haya autores que erróneamente afirmen lo contrario— que el texto de la *Brevísima* se complementaba con grabados: diecisiete imágenes poderosamente evocadoras más una portada ilustrada. En los grabados contemplamos toda clase de horrores: ahorcamientos, personas asadas en parrillas —incluso bebés—, sádicas torturas, familias arrojadas en fosas, esclavitud, mutilaciones, miembros descuartizados vendidos por los conquistadores en carnicerías... Una crueldad indiscutiblemente inhumana. Y ya se sabe que una imagen vale más que mil palabras. Y esas imágenes hicieron mella, mucho más que cualquier palabra escrita.

Hay autores que afirman que lo inteligente hubiese sido una respuesta contundente, coordinada y simétrica por parte de España que buscase neutralizar aquellas falacias. Estos autores opinan que la reacción nunca se dio, quizás por considerarla innecesaria, o que, de haberse dado, no fue una respuesta sagaz y con la suficiente mala leche. Aunque sí hubo respuesta como bien expone Rómulo D. Carbia.[16] Tenemos la *Historia general de los hechos de los castellanos en las islas i tierra firme del Mar Oceano*, también conocida como *Décadas* —publicada entre 1601 y 1615—, de Antonio de Herrera y Tordesillas, obra muy exitosa que tendría ediciones impresas en Ámsterdam, Fráncfort, París, Londres o Amberes, traducidas del español. Otra respuesta fue la de Bernardo Vargas Machuca en sus *Apologías y discursos de las conquistas occidentales* (1612), que es una refutación de la *Brevísima* de Las Casas punto por punto. Fue la lectura de una edición francesa del panfleto del obispo de Chiapas lo que movió a Vargas Machuca a escribir su visión de lo sucedido en las Indias.[17] Vargas Machuca no niega los excesos, pero defiende que esa no fue la tónica general de los conquistadores y considera que las generalizaciones que hace Las Casas no son justas. Por último, cabe destacar la respuesta por parte

---

[16] R. D. Carbia, *Historia de la Leyenda Negra hispano-americana*, Espasa-Calpe, Madrid, 1944, pp. 197-213.

[17] B. Vargas Machuca, *Apologías y discursos de las conquistas occidentales*, Junta de Castilla y León, Ávila, 1993, p. 24.

del jurista Juan Solórzano Pereira con su *Indiarum Iure* (1629 y 1639), una obra erudita y magistral en la que invalida el testimonio lascasiano, aunque también es una obra larga, farragosa y escrita en latín que probablemente ningún propagandista hostil a España leyó, o al menos no le hizo cambiar su opinión. ¿La tímida reacción de una Leyenda Rosa puede explicar el éxito arrollador de la Leyenda Negra? No estoy seguro. ¿Y si los españoles hubieran calumniado más a sus rivales?, se preguntan algunos. Entraríamos en el peligroso terreno de la historia contrafactual. Aunque, puestos a plantear hipótesis, soy de la opinión de que tratar de detener textos propagandísticos injuriosos con más propaganda inversa, por mucho que algunos autores lo lamenten, no tiene por qué funcionar. Si la monarquía de los Habsburgo se hubiese puesto a imprimir de manera industrial cientos de miles de folletos llenos de calumnias atacando a sus rivales, nunca hubiera frenado la panfletística adversa, es más, puede que la hubiese intensificado.

La propaganda infamante queda fuera del campo racional. Y busca hacer daño al enemigo. Cuanto más, mejor. Por eso —aunque nos parezca triste— la reimpresión de la *Brevísima* siempre se activa cuando toca difamar a España. Es una constante a lo largo de la historia. Incluso dentro de España. Ricardo García Cárcel advierte que «el lascasianismo fue extraordinariamente promocionado en la Cataluña revolucionaria de 1640 (es significativo que la primera edición española de la *Brevísima* de Las Casas, después de la de Sevilla de 1552, fuera la barcelonesa de 1646)».[18] Uno de los casos más paradigmáticos es el de 1898. En plena guerra hispano-estadounidense se editó en Nueva York con el título de *Horrible atrocities of Spaniards in Cuba. An historical and true account of the cruel massacre and slaughter of 20.000.000 of people in the West Indies by the Spaniards* (*Horribles atrocidades de los españoles en Cuba. Un relato his-*

---

[18] R. García Cárcel, *El demonio del sur. La leyenda Negra de Felipe II*, Cátedra, Madrid, 2017, p. 27.

tórico y verdadero de la cruel masacre y matanza de veinte millones de personas en las Indias Occidentales por parte de los españoles). Se supone que era una traducción de una edición francesa de 1620, pero el escrito estaba mutilado y completamente transformado hasta quedar irreconocible, empezando por el título. Así comienza (la traducción es mía):

> En el año 1492 se descubrieron las Indias Occidentales, y al año siguiente fueron visitadas por los españoles.
>
> Las islas estaban habitadas por una multitud indefinida de personas que no conocían el fraude, la astucia o la malicia, y eran fieles y obedientes a sus príncipes.
>
> Hacia estas personas tranquilas y amantes de la paz, los españoles llegaron como tigres, lobos y leones, enfurecidos de apetito.

Una de las muchas reediciones de la *Brevísima*, de Bartolomé de las Casas. Esta es la de 1898 (Wikimedia Commons).

La parte adulterada de Las Casas ocupaba cuatro páginas. Luego incorporaba otros relatos ficticios, cosecha del traductor, intercalando grabados de De Bry, sin atribución y presentados como si hubieran sido aprobados por Las Casas. Lo más delirante es que la quinta página estaba en blanco con el siguiente aviso: «Esta placa ha sido retirada por el editor, siendo demasiado horrible para imprimir». La última de las imágenes que presenta este grotesco libelo es la de un hombre famélico, víctima de las iniquidades del gobierno del cesado Valeriano Weyler. Hay que entender la publicación de esta mistificada *Brevísima* de Las Casas como parte de una guerra de papel. Por esos años (1897-1898) la prensa amarillista norteamericana controlada por los magnates William Randolph Hearst y Joseph Pulitzer —culpables en gran medida de que se desatara la guerra— pedían la intervención en Cuba, presuntamente para erradicar las matanzas indiscriminadas de civiles que había perpetrado Weyler.

Las Leyes Nuevas y la Controversia de Valladolid

Bartolomé de las Casas no pudo prever todo el revuelo que se armó tras la publicación de su *Brevísima*. Es más, nunca tuvo intención de publicarla, cosa que finalmente se hizo en 1552 para que sirviese a los jóvenes dominicos que habían de dirigirse al Nuevo Mundo a modo de «cuadernos de trabajo».[19] No era ni mucho menos una obra destinada al gran público. Puede que, de haber sabido que su obra iba a ser utilizada de manera torticera por los enemigos de España, se hubiese cuidado de mostrar un estilo tan panfletario. No sabemos. Comenzó su redacción definitiva en 1540 y su intención simplemente era la de llamar la atención del emperador Carlos para que tratara de corregir los excesos de la

---

[19] J. L. Martín Rodriguez, T. Egido Lopez, C. Varela Bueno, *La tolerancia en la historia*, Secretariado de publicaciones e intercambio editorial, Universidad de Valladolid, 2004, p. 98.

Conquista. Y en buena medida lo consiguió. O al menos logró que se volviera a legislar en la dirección adecuada. Muchos lascasistas, encabezados por Lewis Hanke y Manuel Giménez Fernández, han defendido que sus fines fueron honestos y no tenemos pruebas suficientes para pensar que no fuera así.

En abril o mayo de 1542, Las Casas fue recibido en la corte del emperador Carlos para informar de las crueldades que se estaban cometiendo en las Indias.[20] El terco dominico no se cansó de defender una evangelización pacífica que no tuviese que estar acompañada de las armas, sin duda un fin muy noble que hoy percibimos como algo irreprochable. No obstante, algunas de las personas que le conocieron no tenían una opinión muy favorable del apóstol de los indios, a quien veían como un impertinente pleitista de lo más cargante, siempre obsesionado por codearse con el poder. Tal es el caso de fray Toribio de Benavente, quien describió a Las Casas como un injuriador y un mal criado que descuidaba su vida religiosa. Pero gracias al relato de Las Casas, y a las noticias que llegaban de América, y a los informes de los frailes, y a las bulas papales, y a las ideas de la Universidad de Salamanca con las tesis del prestigioso Francisco de Vitoria, se reformó el derecho indiano con la promulgación de unas leyes en 1542. Aquel cambio legislativo no hubiera sido posible sin la invectiva incendiaria contenida en la *Brevísima*, y aunque no había sido todavía publicada, tanto el rey como los juristas y teólogos que reformularon la legislación indiana conocían bien su contenido. Bartolomé de las Casas tenía muy claro que las Leyes de Burgos y las Leyes de Valladolid habían quedado anticuadas. Múltiples voces autorizadas pedían a gritos corregir muchos de los excesos, ya que los treinta años que van de las Leyes de Burgos a las nuevas leyes de 1542 fueron devastadores para las poblaciones indígenas del Caribe. Las epidemias

---

[20] S. Muñoz Machado, *Hablamos la misma lengua*, Planeta, Barcelona, 2017, p. 146.

hicieron estragos. Sin embargo, aunque aquellos grupos originarios del continente americano hubieran quedado muy mermados tan solo por la exposición a la viruela, la malaria, el tifus o la gripe, hubo otros factores que sin duda hicieron que la debacle demográfica aumentara considerablemente, como la guerra, los trabajos forzados, la esclavitud, el hambre o las condiciones de los indígenas en las bodegas de unos barcos que navegaban las aguas tropicales con un calor y una humedad insoportables. De hecho, los españoles empezaron a informar de casos de viruela de manera relativamente tardía. El primer gran brote ocurrió en 1518, pero para entonces los habitantes de La Española ya se encontraban camino de la extinción. Y hubo que expedir nuevas licencias para encontrar y capturar nueva mano de obra en cualquier isla de la zona, con todo tipo de argucias, para que aquellas presas humanas estuvieran dentro de un marco legal. Algunos autores suelen destacar que la enfermedad es la gran causa del descenso poblacional. Sin embargo, para otros, esto no está tan claro. Por ejemplo, el historiador de la Universidad de California, Andrés Reséndez, abriga la tesis de que la esclavitud fue «uno de los peores asesinos». Pero deja bien claro que:

> La corona española nunca pretendió cometer un genocidio o perpetrar la esclavización sistemática de los pobladores nativos del Caribe. Estos resultados eran totalmente contrarios a la moral cristiana y los intereses económicos e imperiales españoles más elementales. Y, sin embargo, un puñado de decisiones individuales, la naturaleza humana y la geografía del archipiélago condujeron a ese dantesco escenario.

Los primeros contactos de los españoles con las culturas antropófagas del Caribe habían fomentado la idea de que la dominación y el sometimiento eran prácticas más que razonables. En esos tiempos la monarquía española era famosa por ser muy minuciosa con las decisiones que se tomaban tanto en la península como en Europa y en América. El exceso de burocratismo hacía que las medidas adoptadas llegaran con lentitud, pero, a cambio, a base de prueba y error, en muchas ocasiones fueron dando con la tecla adecuada que les serviría de guía. Es cierto que a los monarcas españoles se les puede achacar ser cómplices de la explotación de los indígenas de América, pero también fueron capaces de adoptar medidas justas que a día de hoy siguen causando admiración. A principios de la década de 1540, un grupo de defensores de los derechos de los indígenas se reunió con representantes de la corte española con el firme propósito de mejorar las condiciones de los nativos caribeños y evitar una nueva catástrofe demográfica.[21] Bartolomé de las Casas había sido nombrado años antes *Protector universal de todos los indios*, a instancias del Cardenal Cisneros, y siempre fue bien recibido en la corte y escuchado. Es más, le animaron a poner por escrito sus denuncias. Por lo tanto, hay que desestimar esa imagen de Las Casas jugándose la piel mientras lucha contra viento y marea, tratando de imponerse a la cerrazón de la intolerante Corona española. Nada de eso es verdad. Gracias al apoyo del rey Carlos V, y al calor de las ideas de Francisco de Vitoria y de la Escuela de Salamanca, Las Casas fue bien atendido. Consecuencia de todo ello es que se terminaron redactando un conjunto de leyes radicalmente nuevas para América con el fin de mejorar la vida y la dignidad de los nativos americanos. Estas *Leyes y ordenanzas nuevamente hechas por su Majestad para la gobernación de las Indias y buen tratamiento y conservación de los Indios*, conocidas como las Leyes Nuevas, buscaban establecer un nuevo contrato con los habitantes originarios del Nuevo Mundo. Entre otras cosas, las Leyes Nuevas de 1542 hacían ilegal la concesión de nuevas encomiendas con el propósito de erradicar el sistema de explota-

---

[21] A. Reséndez, *La otra esclavitud: Historia oculta del esclavismo indígena*, Grano de sal, Ciudad de México, 2019.

ción laboral de los indígenas, reorganizaban el Consejo de Indias y las audiencias reales, impedían que los colonos obligaran a los indígenas a transportar cargas contra su voluntad y prohibían la esclavitud indígena de manera definitiva. El texto no dejaba lugar a la interpretación: [22]

> Así que de aquí adelante, por ninguna causa de guerra ni otra alguna, aunque sea so título de rebelión, ni por rescate, ni de otra manera alguna, no se pueda hacer esclavo indio alguno. [...] Como habemos mandado proveer que de aquí adelante por ninguna vía se hagan los indios esclavos, ansí en los que hasta aquí se han hecho contra razón y derecho, y contra las provisiones e instrucciones dadas, ordenamos y mandamos que las abdiencias, llamadas las partes, sin tela de juicio, sumaria y brevemente, sola la verdad sabida, los pongan en libertad.

Las Leyes Nuevas de 1542 anulaban la transmisión hereditaria de los encomenderos a sus herederos, lo que provocó una avalancha de reacciones en contra, que llegó incluso al conflicto armado contra los oficiales de la Corona que trataron de aplicarlas. Este conflicto es conocido como la gran rebelión de encomenderos. El rey Carlos V envió al Perú a Blasco Núñez de Vela, como nuevo virrey del recién creado Virreinato del Perú, al que dieron muerte los sublevados. Gonzalo Pizarro, hermano de Francisco Pizarro, fue el líder de la revuelta, pero su pulso a la Corona no concluyó bien, ya que tras la batalla de Jaquijahuana fue apresado y decapitado en 1548.

Pero aquí no acaba la cosa. Si hablamos del padre Las Casas, es necesario hablar de la Controversia de Valladolid, un célebre debate que tuvo lugar en 1550 y 1551 en el Colegio de San Gregorio de Valladolid, dentro de la llamada polémica de los naturales y que

---

[22] Ibídem.

enfrentó dos formas distintas de concebir la conquista de América. En aquella junta de teólogos se confrontaron las tesis de los defensores de los indios representadas por Bartolomé de las Casas y las de Juan Ginés de Sepúlveda, que defendía el derecho y la conveniencia del dominio de los españoles sobre los indígenas debido a su superioridad. Las tesis lascasianas estaban muy influenciadas por la Escuela de Salamanca. Varios en esa Junta —Domingo de Soto y Melchor Cano— eran discípulos de Francisco de Vitoria, fallecido cuatro años antes, en 1546. Por mucho que intentemos ponernos las gafas adecuadas con las que mirar aquella época, sigue sorprendiéndonos que Carlos I de España, V de Alemania, el hombre más poderoso de su tiempo, en aquel año de 1550 tratara de parar por un tiempo indefinido la conquista para dirimir si lo que estaban haciendo en las Indias era lo correcto. El prestigioso hispanista John Elliott habla de la Controversia de Valladolid en su obra *Imperios del mundo atlántico* de esta manera:

> La campaña de Las Casas y sus hermanos dominicos en defensa de los indígenas fue lo bastante poderosa como para persuadir a Carlos V, con la recomendación del Consejo de Indias, para que ordenara en 1550 que todos los planes de expediciones de conquista en el Nuevo Mundo se suspendieran hasta que una junta de teólogos se hubiera pronunciado sobre las cuestiones morales implícitas. Esta, convocada en Valladolid en septiembre de 1550 y otra vez reunida en mayo de 1551, consideró los argumentos opuestos de Las Casas, obispo de Chiapas, y Sepúlveda, capellán del emperador, quien carecía de un conocimiento directo de los indios americanos pero había afirmado su inferioridad natural en el tratado *Democrates secundus* basándose en su lectura de Aristóteles. Era esta inferioridad, en opinión de Sepúlveda, lo que justificaba hacerles la guerra. Los jueces, sin duda apabullados por los cinco días que duró la lectura del desmesuradamente largo tratado de apología a favor de los indios que Las Casas había escrito en latín, nunca llegaron a pro-

nunciar su veredicto. Aunque fracasaran en su propósito principal de mejorar la posición social y las condiciones de vida de los indígenas, Las Casas y sus partidarios lograron crear un clima moral en el que la corona se vio forzada a recordar su obligación de defenderlos contra sus opresores y de hacer cuanto pudiera para aliviar su suerte.[23]

¿Violaciones?

En su primer viaje, Cristóbal Colón dejó instrucciones claras a los treinta y nueve hombres que quedaron en el Fuerte de Navidad levantado en la isla de La Española con los restos del naufragio de la Santa María. Insistió en que no se agraviase a los indios y sobre todo que «se guardasen y huyesen de hacer injuria o violencia a las mujeres», hecho que constituía una infamia para los cristianos. Lo que no sabemos a ciencia cierta es si los hombres que allí se quedaron obedecieron a Colón, pues todos ellos murieron. Es un dato curioso: la primera matanza en el Nuevo Mundo no la cometieron españoles, sino indígenas. Pero ¿qué ocurrió exactamente? Las indagaciones posteriores llevaron a algunos a pensar que aquello se debió a la actitud de los forasteros, que no hicieron caso a las indicaciones dadas por el navegante genovés. El cronista oficial Fernández de Oviedo señalaría años más tarde que, faltos de liderazgo, los nuevos inquilinos de La Española tomaron a las mujeres de los indios contra su voluntad. No está claro lo que allí sucedió, lo que sería absurdo es pensar que no hubo violaciones tras la llegada de los españoles al Nuevo Mundo. Igual de absurdo sería concebir aquel territorio como un idílico paraíso tropical donde las violaciones no estaban a la orden del día.

---

[23] J. Elliot, *Imperios del Mundo Atlántico. España y Gran Bretaña en América (1492-1830),* Taurus, Barcelona, 2021.

El cínico Miguel de Cuneo, compañero de andanzas de Cristóbal Colón, también genovés, durante su segundo viaje, relata lo que a nuestros ojos parece la primera violación documentada en las Indias. El suceso ocurre en el año 1495:

> Estando yo en la barca tomé una cambala bellísima, la cual me regaló el señor Almirante; y teniéndola en mi camarote, al estar desnuda según su usanza, me vino deseo de solazarme con ella; y al querer poner en obra mi deseo, ella, resistiéndose, me arañó de tal modo con sus uñas que yo no hubiese querido entonces haber comenzado; (…) agarré una correa y le di una buena tunda de azotes, de modo que lanzaba gritos inauditos (…). Por último, nos pusimos de acuerdo de tal manera que os puedo decir que de hecho parecía amaestrada en la escuela de rameras.[24]

Hay que ser ingenuo para defender que no hubo violaciones. Sin embargo, tan ingenuo como lo anterior es ver la empresa de Indias como una empresa asentada en agresiones sexuales. Sería de un simplismo ilógico meter todas las relaciones sexuales bajo el manto de la violencia, obviando los intereses mutuos y la codependencia, por una parte, y los lazos afectivos desinteresados, por otra.[25] Y no debemos olvidar que el principio rector fue siempre el mestizaje. En 1514, mediante Real Cédula, Fernando el Católico aprobó la ley de matrimonios mixtos. La finalidad era dar un estatus legal a lo que era una realidad evidente: que una buena parte de los colonos castellanos ya estaban amancebados con mujeres indígenas:

> Es nuestra voluntad, que los indios e indias tengan, como deben, entera libertad para casarse con quien quisieren, así con indios,

---

[24] Relación de Miguel de Cuneo, 1495.
[25] E. Mira Caballos, «Terror, violación y pederastia en la Conquista de América», *Jahrbuch für Geschichte Lateinamerikas*, 44, 2007, p. 171.

como con naturales de estos nuestros reinos, o españoles nacidos en las Indias, y que en esto no se les ponga impedimento. Y mandamos, que ninguna orden nuestra que se hubiere dado, o por nos fuere dada, pueda impedir ni impida el matrimonio entre los indios e indias con españoles o españolas, y que todos tengan entera libertad de casarse con quien quisieren, y nuestras audiencias procuren que así se guarde y cumpla.[26]

Sin duda, este tipo de ley marca una diferencia notable a la hora de comparar la conquista española de las Indias con cualquier otro proceso del mismo tipo protagonizado por otros reinos europeos. Sorprende por lo temprano. Por ejemplo, el matrimonio interracial para todos los Estados de Estados Unidos fue legal solo a partir de 1967. Y todavía encontramos partes del mundo donde no ya el matrimonio, sino las relaciones entre dos razas diferentes son vistas como inmorales y están castigadas con la muerte.

Para ponerle el broche final a este capítulo, quiero terminar con unas palabras del novelista e historiador mexicano Jaime Montell:[27]

¿Conquista? ¿México? ¿Nuestro país fue conquistado? Casi automáticamente utilizamos la expresión «nos conquistaron los españoles», «fuimos conquistados», punto de vista impuesto en la imaginería y la cultura popular: nosotros, los mexicanos, fuimos conquistados por los españoles, enunciando una interpretación que no corresponde a

---

[26] D. Fernando V y doña Juana en Valbuena a 19 de octubre do 1514, y en Valladolid a 5 de febrero de 1515. D. Felipe II y la princesa gobernadora allí a 22 de octubre de 1556. *Recopilación de Leyes de los Reynos de las Indias de 1680,* Centro de Estudios Políticos y Constitucionales y Boletín Oficial del Estado, Libro VI, Título I, Ley II, Madrid, 1998.

[27] J. Montell, *Era nuestra herencia una red de agujeros. La caída de México-Tenochtitlan,* Fuentes para la historia antigua de México. Secretaría de Cultura, México, 2021, prólogo.

la realidad histórica y que, por tanto, la deforma. Esta declaración se nos ha inculcado desde la educación elemental, inmersa en los libros de texto gratuitos, acompañada con imágenes teatrales sobre la supuesta codicia del español, que sojuzga al indígena sometido, lo tortura y explota. Imágenes de esta naturaleza fueron pintadas sobre grandes murales posrevolucionarios, expuestos a la vista pública en edificios gubernamentales, como el Palacio Nacional, entre ellas las de Diego Rivera, de Orozco, de Siqueiros, o el conocido *Abrazo* de González Camarena, donde se ve enzarzados en mortal combate a un español cubierto de armadura y a un guerrero águila, matándose mutuamente; este enfoque puede verse también en diversos programas televisivos y populares acerca de la llamada «conquista», al igual que en historietas, en memes o en las redes sociales. [...]

Hemos caído en la confusión de suponer que la caída del señorío mexica, asentado en México-Tenochtitlán, ocurrida en agosto de 1521, fue la que definiera la conquista de todo nuestro país, lo cual sucedió a través de largo tiempo. [...]

En cuanto a que «nos conquistaron», habrá que preguntar, por superfluo que nos parezca, qué entendemos acerca del pronombre «nos», seguramente no incluirá a la gran mayoría de los actuales mexicanos, mestizos como somos, mezcla genética indígena y española. Hay que admitir que los llamados «conquistadores» fueron en realidad una alianza de etnias nativas y de españoles, ambos son nuestros ancestros, y que, en su tiempo, la llamada «conquista» fue vista por los indígenas aliados a los europeos como una lucha más entre los señoríos nativos, de los muchos enfrentamientos endémicos, frecuentes desde hacía ya tiempo.

¿Vencedores o vencidos? O su variante: los conquistadores son españoles y los conquistados indígenas. Dicotomía enraizada en nuestro subconsciente mexicano. Tal vez la respuesta sea otra.

11

¿HISPANOAMÉRICA, LATINOAMÉRICA O IBEROAMÉRICA?

Veamos qué dice la FundéuRAE:

Hispanoamérica, Iberoamérica y Latinoamérica no tienen el mismo significado, como señala el Diccionario panhispánico de dudas, por lo que no es adecuado emplearlos indistintamente.

Hispanoamérica se refiere al 'conjunto de países americanos de lengua española', su gentilicio es hispanoamericano y cabe recordar que se refiere a lo relativo a la América española sin incluir lo perteneciente a España.

Latinoamérica engloba 'el conjunto de países del continente americano en los que se hablan lenguas derivadas del latín (español, portugués y francés)'. La denominación América Latina es igualmente adecuada. Su gentilicio es latinoamericano.

Para referirse exclusivamente a los países de lengua española es más propio usar el término específico Hispanoamérica o, si se incluye Brasil, país de habla portuguesa, el término Iberoamérica, cuyo gentilicio es iberoamericano.

Por último, se recuerda que el término sudamericano no es correcto cuando se habla de mexicanos, panameños, cubanos, etc., porque no pertenecen al sur de América sino al norte, al centro o a los países del Caribe.

La FundéuRAE es clara: cuando no se incluye a Brasil o a las colonias francesas, es inexacto hablar de Latinoamérica. Pero, aunque queramos incluir a Brasil y a Francia, ¿alguien piensa que Quebec es parte de Latinoamérica? Además, con frecuencia, el término se utiliza de manera incorrecta utilizando Latinoamérica como sinónimo de Hispanoamérica, cuando no lo son y, por mucho que se advierta, la gente no quiere salir de su error. Es una batalla —me temo— perdida. El profesor de la Universidad de Stanford, Aurelio Macedonio Espinosa, a principios del siglo XX, comentó que el término «América latina» era un «intruso» que debía «probar su derecho a existir».[1] Sin embargo, hoy en día es común en muchas publicaciones académicas. Aún así, algunos autores nos resistimos a usarlo. Y no nos faltan razones.

¿De dónde nace el término Latinoamérica?

Hasta el siglo XIX, el término América latina o Latinoamérica no existía y lo normal era hablar de «América española» para referirse a la América controlada por el Imperio español. Pero es que América desde hacía tiempo ya no estaba únicamente controlada por el Imperio español y no es extraño que apareciera un nuevo término con fines propagandísticos colonialistas. Y es exactamente lo que ocurrió. Surgió un término, el de «América latina», que nace —asociado a una nueva modernidad que representa la Francia de las luces y la razón— en una conferencia leída en París por el chileno Francisco Bilbao un 22 de junio de 1856, en un contexto de creciente panlatinismo que se inserta dentro de una visión expansionista e impostada de dialéctica de imperios. El panlatinismo fue una ideología creada por el político francés Michel Chevalier que

---

[1] A. M. Espinosa, *América española o Hispano América. El término "América latina" es erróneo*, Universidad de Stanford, Madrid, 1919, p. 6.

promovía una agrupación de los pueblos de lengua latina. Podríamos decir que Chevalier es uno de los primeros «analistas geopolíticos», en el peor sentido de la palabra. Las *Lettres sur l'Amérique du Nord* de Chevalier fueron publicadas en París en 1836 y circularon en Chile al menos desde el año 1842. Para la llegada de Bilbao a Francia en 1845, la publicación de Chevalier era un éxito editorial y un referente para muchos. Para Chevalier, América está compuesta por tres «familias»: una latina, otra germana y otra eslava, y cada una de estas tres familias está encabezada por una nación, a saber, Francia, Inglaterra y Rusia. Estas tres naciones son las «tres cabezas» de Europa y son las que cortan el bacalao en la escena mundial, aunque Rusia es «una recién llegada» según Chevalier. Europa, por lo tanto, dejando de lado Rusia, está dividida principalmente en dos esferas de influencia: una «Europa latina» y una «Europa teutónica». La primera está constituida por los pueblos del Sur cuyas lenguas proceden del latín y cuya religión es la católica romana. La segunda es la del Norte, que en cambio es protestante y habla lenguas germanas. El mismo esquema, señala Chevalier, se ha reproducido en el Nuevo Mundo: «América del Sur es, como la Europa meridional, católica y latina. La América del norte pertenece a una población protestante y anglosajona». Por otra parte, le corresponde a Francia liderar al «grupo latino» y tutelarlo, ya que los pueblos que se han emancipado del Imperio español «no se encuentran aún en condiciones de bastarse a sí mismos». Según Chevalier, Francia «es responsable de los destinos de todas las naciones del grupo latino en ambos continentes. Ella sola puede impedir que esta familia entera de pueblos sea sepultada por el doble despliegue de los germanos y sajones, y de los eslavos. A ella le corresponde despertarlos del letargo en que se encuentran inmersos en ambos hemisferios, elevarlos a la altura de otras naciones y prepararlos para figurar en el mundo». Todo esto lo afirma Chevalier en un artículo publicado en la *Revista Española de Ambos Mundos* de 1853 donde añade: «nos parece que la Francia está llamada a ejercer un patronazgo benévolo y fecundo sobre los pueblos de la América del Sur».[2]

En el nuevo escenario global, después del colapso del Imperio español, con Francia e Inglaterra como imperialismos rivales en el norte de América, y también Rusia insinuándose en esa rivalidad, la intelectualidad criolla hispanoamericana que había conseguido su ansiada emancipación buscó un aliado ante las adquisiciones territoriales de Estados Unidos[3] y creyó encontrarlo en la ideología francesa de la latinidad. Propone por ello Bilbao, que ha leído a Chevalier, un contrapeso «latino» al poder anglosajón (inglés y estadounidense):

Pero la América vive, la América latina, sajona e indígena protesta, y se encarga de representar la causa del hombre, de renovar la fe del corazón, de producir, en fin, no repeticiones más o menos teatrales de la edad-media, con la jerarquía civil de la nobleza, sino la acción perpetua del ciudadano, la creación de la justicia viva en los campos de la República.

[...]

Permitid que insista. Tenemos que desarrollar la independencia, que conservar las fronteras naturales y morales de nuestra patria, tenemos que perpetuar nuestra raza Americana y Latina, que desarrollar la República, desvanecer las pequeñeces nacionales para elevar la gran nación Americana, la Confederación del Sur.

[...]

Y todo esto, fronteras, razas, República y nueva creación moral, todo peligra, si dormimos. Los Estados Des-Unidos de la América del Sur empiezan a divisar el humo del campamento de los Estados

---

[2] M. Chevalier, «Sobre el progreso y el porvenir de la civilización», *Revista Española de Ambos Mundos*, vol. I, Establecimiento Tipográfico de Mellado, Madrid, 1853, pp. 1-10.

[3] Recordemos que el Tratado Guadalupe Hidalgo por el que México cede gran parte de su territorio a Estados Unidos es de 1848.

Unidos. Ya empezamos a sentir los pasos del coloso que sin temer a
nadie, cada año, con su diplomacia, con esa siembra de aventureros
que dispersa; con su influencia y su poder crecientes que magnetiza
a sus vecinos, con las complicaciones que hace nacer en nuestros
pueblos; con tratados precursores, con mediaciones y protectorados;
con su industria, su marina, sus empresas; acechando nuestras faltas
y fatigas; aprovechándose de la división de las Repúblicas; cada año
más impetuoso y más audaz, ese coloso juvenil que cree en su imperio, como Roma también creyó en el suyo, infatuado ya con la
serie de sus felicidades, avanza como marea creciente que suspende
sus aguas para descargarse en catarata sobre el Sur.

Meses después, el término «América latina» vuelve a aparecer
en el poema *Las dos Américas* del diplomático colombiano José
María Torres Caicedo, poema fechado en Venecia el 26 de septiembre de 1856, que posteriormente fue publicado en *El Correo
de Ultramar* el 15 de febrero de 1857. Existe la probabilidad de que
Torres Caicedo asistiera a la conferencia de Francisco Bilbao:

> *Mas aislados se encuentran, desunidos,*
> *Esos pueblos nacidos para aliarse:*
> *La unión es su deber, su ley amarse:*
> *Igual origen tienen y misión;*
> *La raza de la América latina,*
> *Al frente tiene la sajona raza,*
> *Enemiga mortal que ya amenaza*
> *Su libertad destruir y su pendón.*

Francisco Bilbao debió parir el término de América latina en su
segundo viaje a Europa entre los años 1855 y 1857. Es justo en este
segundo viaje cuando un 22 de junio de 1856 pronuncia el término
por primera vez. En esta ocasión tuvo gran interés en conocer la
Francia imperial de Napoleón III y quedó prendado de ella, difun-

diendo sus ideas y consignas. Lo mismo hizo Chevalier, que colabora activamente en la política expansionista de Napoleón III. Michel Chevalier va a ser uno de los grandes publicistas de la expansión colonial, creyendo que Francia podía beneficiase de la riqueza mineral de México. De ahí nace la idea de desligarse del pasado hispanoamericano introduciendo el concepto de latino con miras a legitimar la toma de control de los franceses. Chevalier, que en puridad es el creador del concepto «América latina» —aunque no fuera el primero en escribirlo como tal— fue el que impulsó el término como comprobamos en el artículo «Situation de la latinité», escrito por L. M. Tisserand en 1861 para la publicación *Reveu des Races Latines*. En ese artículo, el término *l'Amérique latine* se usa varias veces. Da la «casualidad» que en ese mismo año Benito Juárez suspendía los pagos a Francia, España y Reino Unido, después de que estos países hubieran apoyado la causa liberal en la guerra civil conocida como la Guerra de los Tres Años (1858-1861). Los españoles e ingleses transigieron con la demora en los pagos. Sin embargo, Napoleón III tuvo la excusa perfecta para tratar de instaurar una monarquía en México colocando a Fernando Maximiliano de Austria como emperador del Segundo Imperio mexicano con el nombre de Maximiliano I.

Y es curioso porque Francisco Bilbao, tras numerosos desengaños, deja de emplear el término «América latina» con motivo de la intervención francesa de México en 1862, pensando que podría legitimar el colonialismo francés.[4] En *Emancipación del espíritu en América* de 1863, Bilbao habla en estos términos de la Francia imperial:

Atrás la Francia Imperial, personificación de la hipocresía y de la perfidia; hipócrita, pues se llama protectora de la raza latina para some-

---

[4] A. García San Martín, «Francisco Bilbao, entre el proyecto latinoamericano y el gran molusco», *Latinoamérica. Revista de estudios Latinoamericanos*, 56, 2013, p. 145.

terla a su régimen de explotación; pérfida, pues habla de libertad y nacionalidad cuando, incapaz de libertad, conquista para esclavizar.

La intervención militar francesa en México termina en desastre: pierden la Batalla de Puebla en 1862 y, aunque consiguen ocupar la Ciudad de México al año siguiente, Maximiliano es fusilado en 1867. Ahí terminaría el sueño imperialista. Sin embargo, inexplicablemente, el término *Amérique Latine*, un nombre «colonialista» según Julián Marías, que fue «inventado para favorecer una intervención enteramente ajena»,[5] siguió gozando de enorme éxito.

Julián Marías lo tenía claro:

> Hispanoamérica o Iberoamérica parecen los nombres preferibles y más justos (y enteramente equivalentes, ya que Hispania e Iberia significan lo mismo, ambos incluyen a Portugal, y por consiguiente sus compuestos americanos comprenden igualmente el Brasil; Camoens lo sabía muy bien cuando cantaba precisamente a los portugueses como *uma gente fortíssima d'Espanha*).[6]

Por último, llama la atención que Francisco Bilbao, aquel que se apresuró a pronunciar por primera vez el término de América latina, fuera también un gran propalador de Leyenda Negra antiespañola en la década de los sesenta, ya que se había introducido en círculos masónicos y había leído con fruición a los ilustrados franceses comprando buena parte de su mercancía. En sus afirmaciones se nota la influencia de Masson de Morvilliers:

> La raza española es inferior en inteligencia a las razas europeas; o si se quiere, su superstición ha hecho que lo sea. La forma de su frente

---

[5] J. Marías, *La Corona y la Comunidad Hispánica de Naciones*, Asociación Francisco López de Gómara, Madrid, 1992, p. 89.

[6] J. Marías, *Hispanoamérica*, Alianza Editorial, Madrid, 1986, p. 77.

revela más bien la fortaleza de la tenacidad que la habitación de la inteligencia. El español es dado a la sensación, a la pasión, a la imaginación, no a la razón. No cuenta un solo gran hombre en filosofía, en la gran poesía, en la política, en las ciencias. La humanidad no le debe un sistema, a no ser el de Ignacio de Loyola, una escuela, una teoría, ni ninguno de los grandes descubrimientos industriales o científicos. No ha dado una institución, a no ser la Inquisición. La España puede tener todas las buenas calidades morales que sus hijos le atribuyan, pero no se puede negar que es la raza más limitada en cuanto a desarrollo intelectual.[7]

¿Hispanoamérica es Occidente?

La denominación Latinoamérica impuesta por Francia no hace más que provocar confusión. El término nace hace más de siglo y medio con un propósito disgregador que acaba desdibujando la relación histórica íntima entre España e Hispanoamérica. Esto acabó provocando graves distorsiones, ya que en ocasiones a España e Hispanoamérica no se las estudia integradas dentro de un paraguas cultural «occidental».

Por una parte, el movimiento indigenista rechaza todo lo español y occidental con tal de preservar las esencias nativas de los llamados pueblos originarios, que fueron destruidas por el colonialismo europeo. Y por otra parte hay una visión en Estados Unidos que suele excluir a España y a Hispanoamérica de la civilización occidental, puede que por estar contaminados de esa visión romántica difundida por Washington Irving y otros autores de que Europa empieza en los Pirineos. Esa percepción de España como una excepción europea también ha sido aceptada por autores espa-

---

[7] F. Bilbao, *El evangelio americano*, Imp. de la Soc. Tip. Bonaerense, Buenos Aires, 1864, p. 46.

ñoles como Unamuno, Ortega y Gasset o Vicens Vives. Este último se quejaba de la «incapacidad de España para seguir el curso de la civilización occidental en sus aspectos económicos, políticos y culturales».[8] Como si existiera una «civilización española» separada de la «civilización occidental». Europa no empieza en los Pirineos, sino en el estrecho de Gibraltar. Emilio Lamo de Espinosa, catedrático emérito de sociología de la Universidad Complutense de Madrid, defiende que:

> ... el espacio ibérico (y el español) son parte de la civilización romanocristiana, que es el germen de Occidente. En resumen, es simplemente una tontería hablar de una «civilización española». Fue necesaria una transición política muy exitosa y realizada contra toda expectativa, y una acelerada modernización económica, social y cultural, es decir, una clara y nítida europeización y «normalización» de España, para entender algo obvio: que siempre fuimos Europa, por supuesto, y que lo sorprendente no es la respuesta, sino la pregunta misma y que, incluso nosotros mismos, la aceptáramos como una pregunta digna de interés.

En 1993, el politólogo estadounidense Samuel P. Huntington, exasesor de Lyndon B. Johnson, publicó un artículo titulado *El choque de civilizaciones*, cuyas tesis las amplió en el libro *El choque de civilizaciones y la reconfiguración del orden mundial* (1996), una obra enormemente exitosa que es citada por analistas del mundo entero como si fuese la biblia de la geopolítica, aunque en determinados medios especializados —no propagandísticos— no goza de ningún prestigio. Huntington llegó a la conclusión de que tras la Guerra

---

[8] E. Lamo de Espinosa, «¿Es América Latina parte de Occidente?», Real Instituto Elcano, Documento de trabajo 18/2018, 2 de octubre de 2018, obtenido de https://media.realinstitutoelcano.org/wp-content/uploads/2021/10/dt18-2018-lamodeespinosa-es-america-latina-parte-de-occidente.pdf.

Fría los conflictos del nuevo milenio podrían no tener lugar entre dos grandes bloques, sino entre grupos culturales o «civilizaciones». Y para ello definió ocho principales:[9]

1. Occidental
2. Islámica
3. Eslavo-ortodoxa
4. Japonesa
5. Africana subsahariana
6. Hindú
7. China
8. Latinoamericana

A las que añadió también una posible novena: la budista. Lo preocupante es que para Huntington la «civilización latinoamericana» es distinta de la «civilización occidental». El politólogo afirma que «el origen de la civilización occidental se suele datar hacia el 700 u 800 d.C.» y que «por lo general, los investigadores consideran que tiene tres componentes principales, en Europa, Norteamérica y Latinoamérica». Luego se detiene en describir la «civilización latinoamericana»:

> Latinoamérica ha seguido una vía de desarrollo bastante diferente de Europa y Norteamérica. Aunque es un vástago de la civilización europea, también incorpora, en grados diversos, elementos de las civilizaciones americanas indígenas, ausentes de Norteamérica y de Europa. Ha tenido una cultura corporativista y autoritaria que Europa tuvo en mucha menor medida y Norteamérica no tuvo en absoluto. Tanto Europa como Norteamérica sintieron los efectos de la Reforma y han combinado la cultura católica y la protestante.

---

[9] Samuel P. Huntington, *El choque de civilizaciones y la reconfiguración del orden mundial*, Editorial Paidós, Barcelona, 2005.

Históricamente, Latinoamérica ha sido católica, aunque esto puede estar cambiando. La civilización latinoamericana incorpora las culturas indígenas, que no existían en Europa, que fueron eficazmente aniquiladas en Norteamérica, y cuya importancia oscila entre dos extremos: México, América Central, Perú y Bolivia, por una parte, y Argentina y Chile, por la otra. La evolución política y el desarrollo económico latinoamericano se han apartado claramente de los modelos predominantes en los países del Atlántico norte. Subjetivamente, los mismos latinoamericanos están divididos a la hora de identificarse a sí mismos. Unos dicen: «Sí, somos parte de Occidente». Otros afirman: «No, tenemos nuestra cultura propia y única»; y un vasto material bibliográfico producido por latinoamericanos y norteamericanos expone detalladamente sus diferencias culturales.

Latinoamérica se podría considerar, o una subcivilización dentro de la civilización occidental, o una civilización aparte, íntimamente emparentada con Occidente y dividida en cuanto a su pertenencia a él. Para un análisis centrado en las consecuencias políticas internacionales de las civilizaciones, incluidas las relaciones entre Latinoamérica, por una parte, y Norteamérica y Europa, por otra, la segunda opción es la más adecuada y útil.

Huntington tiene que hacer una serie de contorsiones argumentativas para separar lo que él llama «civilización latinoamericana» de Occidente. ¿Acaso no ha habido «cultura corporativista y autoritaria» en Europa durante el siglo XX? ¿Acaso recibir los efectos de la Reforma te hace más Occidental? Dando por válido este supuesto, los españoles no seríamos demasiado occidentales y estoy convencido de que Huntington lo piensa. ¿Aniquilar «eficazmente» culturas indígenas también es una muestra de occidentalidad? Está claro que Huntington ve a los hispanoamericanos como personas de segunda. Hace unos años argumentó en un artículo titulado «The Hispanic Challenge» que la llegada de hispanos a Estados Unidos suponía una gran amenaza, ya que podría destruir el país tal y como lo conocemos.[10] Además, algunos eran católicos y hablaban español, por lo que podían tener «lealtades duales». Añadía que «América fue creada por colonos de los siglos XVII y XVIII que eran abrumadoramente blancos, británicos y protestantes» y que «sus valores, instituciones y cultura proporcionaron los cimientos y marcaron el desarrollo de los Estados Unidos en los siglos posteriores». Pero ser americano no es ser blanco, protestante y hablar inglés. Estados Unidos es un país que ha engullido a muchos inmigrantes europeos y que ha tenido que encajar a una comunidad afroamericana e hispana, aunque haya costado mucho esfuerzo. La historiadora Carrie Gibson, que de manera admirable ha reivindicado el papel de España en Estados Unidos, comenta que esas lealtades de los inmigrantes hispanos que preocupan a Huntington no son inflexibles:

> La gente puede hablar español y ser católica y seguir disfrutando de aspectos de la cultura estadounidense, como la tarta de manzana y el béisbol. Por la misma regla de tres, los estadounidenses angloprotestantes pueden disfrutar comiendo tacos y escuchando música cubana sin renunciar a sus orígenes y religión. Las combinaciones culturales posibles en los Estados Unidos modernos son infinitas. La cuestión que se presenta al país en este momento es cómo reconciliar estas dos visiones, o si tal cosa sucederá: ¿será por asimilación, por variación o, prescindiendo de estos binarismos, por alguna especie de combinación?

> Uno de los consuelos que ofrece la historia es que, aunque los eventos en sí mismos no pueden deshacerse, sí se puede revisitar el modo en que se piensa sobre ellos y, en caso de necesidad, revisarlo. Este ha sido el caso —y lo sigue siendo— con relación a la realidad y el legado de la esclavitud en Estados Unidos. Estas

---

[10] C. Gibson, *El Norte. La epopeya olvidada de la Nortemaérica hispana*, Edaf, Madrid, 2022, p. 454.

revaluaciones también se están produciendo, por necesidad, en el pasado hispánico. Los hispanos fueron parte del pasado de Estados Unidos, y también serán parte del mañana[11] [como también lo son del presente, añadiría yo].

Como defiende Carlos Rangel: «Latinoamérica es esencialmente occidental [...] por sus lenguas, su visión del mundo, su cultura y su población».[12] Es un absoluto desatino suponer que pueda existir una cierta «civilización latinoamericana» separada de la civilización occidental. Esta segregación típicamente supremacista y racista que hacen algunos autores trata de extirpar las raíces culturales de Hispanoamérica, obviando que la cultura hispánica es capaz de convivir perfectamente dentro de cualquier democracia occidental, como es el caso de Estados Unidos, y lo puede hacer en perfecta armonía, y de hecho lo hace de manera pujante. No hay más que echar un vistazo a Miami, Los Ángeles o San Antonio. Conviene tener en cuenta que la cultura anglosajona y la cultura hispánica parten del mismo tronco romano y cristiano. Y por mucho que le pese a Huntington, es imposible explicar Hispanoamérica —incluyendo Estados Unidos— sin el concurso de España o de Europa.

---

[11] Ibídem, p. 456.

[12] C. Rangel, *Del buen salvaje al buen revolucionario*, Monte Ávila Editores, Caracas, 1976.

OJALÁ NOS HUBIERAN CONQUISTADO LOS INGLESES

Mario Benedetti escribió una columna en *El País* en el año 1984 en la que hacía una referencia a una anotación de Colón en su diario: «Mas me pareció que era gente muy pobre de todo». El escritor uruguayo se quejaba de que los habitantes de América seguían siendo pobres: «Casi cinco siglos después, la mayor parte de los habitantes del continente entonces descubierto sigue en esa indigencia».[1]

En 1992, año del Quinto Centenario del Descubrimiento, el famoso dibujante mexicano Eduardo del Río, Rius, publicó un libro con simpáticas ilustraciones titulado *500 años fregados pero cristianos*[2] en el que se hacía eco de la observación de Benedetti. Este libelo leyendanegrista y antihispánico fue todo un éxito de ventas.

Planteaba que el subdesarrollo de las sociedades hispanas se debía a la católica conquista española. Asimismo, lo bosquejaba con un desafortunado contraejemplo: América del Norte.

El mexicano Rius no debía conocer cuando ilustró su libro que dos terceras partes de lo que hoy es Estados Unidos fueron

---

[1] M. Benedetti, M., «La América por descubrir», *El País*, 12 de marzo de 1984, obtenido de https://elpais.com/diario/1984/03/12/opinion/447894009_850215.html.

[2] Eduardo del Río, (*Rius*), *500 años fregados pero cristianos*, Grijalbo, México D.F., 1992.

Ilustración del prólogo del libro *500 años fregados pero cristianos*, de Rius, editorial Grijalbo (Google Books).

parte de la América española. Es más, el estado de California perteneció no solo al Imperio español, sino también a México, antes de la Guerra de Estados Unidos y del tratado Guadalupe Hidalgo de 1848. Convendría recordar que California es hoy el Estado más rico de Estados Unidos. Sí, y fue conquistada por hispanos. Además, el grupo étnico mayoritario, un 39 por ciento de la población del pujante estado de California según los datos del censo de 2015, es hispano[3] y principalmente católico.[4] Si la hispana California fuera un país independiente, sería la quinta economía del mundo.[5] Ahí es nada. California es el Estado con más PIB de Estados

---

[3] «Los hispanos ya son mayoría en California, según datos del Censo de EE.UU», *BBC,* 9 de julio de 2015, https://www.bbc.com/mundo/noticias/2015/07/150708_eeuu_california_hispanos_mayoria_censo_jg.

[4] «Religious composition of adults in California who identify as Latino», Pew Research Center, https://www.pewforum.org/religious-landscape-study/racial-and-ethnic-composition/latino/state/california/.

[5] P. Ximénez de Sandoval, «California ya es la quinta mayor economía del mundo», *El País,* 9 de mayo de 2018, https://elpais.com/elpais/2018/05/09/opinion/1525882179_659426.html.

Unidos. Le siguen Texas (39,44 por ciento de población hispana), Nueva York (19,07 por ciento de población hispana) y Florida (25,78 por ciento de población hispana).[6]

¿Cuándo se produjo entonces el declive económico de algunas regiones? Este tema lo trata muy bien Tomás Pérez Vejo. También Elvira Roca Barea en *Imperiofobia y Leyenda Negra*, donde afirma:

> El declive económico del Sur se produjo después de la década de 1830, no antes. En el momento de la independencia, América del Sur cuenta con las ciudades más pobladas y con las mejores infraestructuras del continente. México tiene, alrededor de 1800, unos 137.000 habitantes, y Lima, Bogotá y La Habana superan los 100.000. En este momento Boston, que es una de las ciudades más pobladas del Norte, cuenta solo con 34.000 habitantes.[7]

Es decir, la América española era mucho más rica que la América inglesa —ahora estadounidense— tras las independencias americanas. Por lo tanto, la culpa no puede ser del Imperio español. En todo caso, la culpa del posterior fracaso fue de los mismos habitantes de las repúblicas hispanoamericanas que tanto lamentan su dicha.

Weber y la ética protestante

Pedro Vallín, examigo de Pablo Iglesias —ya no lo es tanto, ¿no?— y gran referente de la izquierda *posmo*, nos regaló un delicioso tuit en noviembre de 2021:

---

[6] «Hispanic Population by State 2023», World Population Review, https://worldpopulationreview.com/state-rankings/hispanic-population-by-state.

[7] M. E. Roca Barea, *Imperiofobia y leyenda negra: Roma, Rusia, Estados Unidos y el Imperio español*, Siruela, Madrid, 2016, p. 346.

Yo he tenido suerte en ese sentido. Los pequeños pueblos de la costa asturiana son culturalmente bastante atlánticos, y por eso, pelín
protestantes, por así decir, en comparación con la Meseta o el Mediterráneo.

Asturias, cuna de la Reconquista de un país de raíces católicas como España, resulta que se diferencia de la Meseta y del
Mediterráneo por un atlantismo que le confiere una pátina protestante. Y Vallín —nacido en Colunga, Asturias— se siente afortunado por ello. El tuit es un disparate lo mires por donde lo
mires. Consciente o inconscientemente, el polemista asturiano se
estaba dejando llevar por las tesis de Weber. Este sociólogo alemán es conocido por escribir a principios del siglo XX. *La ética
protestante y el espíritu del capitalismo*, un libro que ha sido tan
influyente que ni siquiera es necesario haberlo leído para estar
contaminado de su tesis principal, una tesis interiorizada en buena parte de la sociedad. Sin embargo, el alcance de la teoría
weberiana que asocia protestantismo, laboriosidad y riqueza hace
aguas por todos los lados, por mucho que de manera insistente se
nos torture una y otra vez con la misma falsedad, una falsedad
que al contrario que la Leyenda Negra antiespañola sí que es
repetida por algunos historiadores serios que abrazan de soslayo
«la tópica contraposición norte-sur, trabajo y ocio, productividad
y relajación».[8] Como subraya Ricardo García Cárcel, este tópico
«no se refiere únicamente a España, sino al conjunto de países
mediterráneos».[9]

Weber estaba convencido de que las empresas capitalistas más
punteras son de «índole por excelencia protestante», así como sus
más altos directivos, pues poseen «más experiencia técnica o

---

[8] R. García Cárcel, *El demonio del sur. La leyenda Negra de Felipe II*, Cátedra,
Madrid, 2017, p. 14.

[9] Ibídem.

comercial».[10] También dice que los protestantes estadísticamente están en mayor «posesión del capital» que otras confesiones religiosas, es decir, que son más ricos. Y ello lo achaca en parte a «motivos históricos» y que el resultado de aquellas diferencias está motivado por el «apego a un determinado credo religioso». Aclara que las diferencias económicas no hicieron a unos católicos y a otros protestantes, sino que después de la escisión religiosa, los protestantes se hicieron más ricos. Y decimos «aclara» porque pocas líneas después dice lo contrario: a saber, que «muchos de los habitantes de una gran parte de las tierras más ricas del Reich, a las que la naturaleza ha favorecido de preferencia, amén de su privilegiada posición geográfica, tan determinante para la actividad comercial, y cuyo desenvolvimiento fue el mejor logrado en el orden económico, de manera especial en la mayoría de las más ricas poblaciones» se convirtieron al protestantismo en el siglo XVI. ¿Qué fue antes, el huevo o la gallina? ¿Se hicieron protestantes porque eran ricos? ¿O se hicieron ricos después de hacerse protestantes? Pues Weber afirma categóricamente que las dos cosas son ciertas, metiéndose en un jardín innecesario.

Max Weber también toca el manido y complejo tema de la usura ligada al catolicismo: «Lutero, al proferir sus diatribas contra la usura y el préstamo a rédito, pone al descubierto un estrecho criterio "reaccionario" (visto por el capitalismo) concebido con respecto al beneficio, ante la escuela escolástica». La actitud de Lutero rompe con la tradición económica católica, opuesta a la nueva concepción que crea el protestantismo. Lutero es un reaccionario y la Reforma activa la laboriosidad:

> Opuestamente a la concepción del catolicismo, lo característico y específico de la Reforma es el hecho de haber acentuado los rasgos

---

[10] M. Weber, *La ética protestante y el espíritu del capitalismo*, Premià editora de libros, Ciudad de México, 1991.

y tonos éticos y de haber acrecentado el interés religioso otorgado al trabajo en el mundo, relacionándolo con la profesión.

Si, como decía Weber, el protestantismo implica una capacitación técnica unida a un proverbial esfuerzo en el trabajo, y todo ello conlleva un significativo aumento de la riqueza, ¿por qué hay países protestantes que son pobres de pedir? Pues es bastante sencillo de entender: la riqueza no depende de la confesión religiosa tal y como afirman machaconamente Weber y sus apologetas.

Pongamos por caso Liberia, un país de África fundado por los Estados Unidos en el siglo XIX y ubicado en la antigua Costa de la Pimienta. Se creó como un asentamiento para sus antiguos esclavos, ya que incomodaban en América. Y es que a algunos ciudadanos estadounidenses les desagradaba ver negros formando comunidades de hombres libres en su propio suelo y creían que podían acabar ocasionando problemas. Además de haberlos liberado, lo que realmente querían era librarse de ellos. Ese fue el motivo fundacional del Estado de Liberia, el nuevo hogar de aquellas gentes. En 1847 se redactó una constitución desde Washington, muy parecida a la de Estados Unidos, y se declaró la República de Liberia. Con la abolición de la esclavitud después de la Guerra Civil americana (1861-1865), la llegada de libertos se intensificó. De hecho, los antiguos esclavos se convertirían en esclavistas. Es curioso, porque en Liberia, a pesar de descender de esclavos explotados por estadounidenses, adoran la cultura yanqui y sus costumbres, que en buena medida han conservado. Los pocos turistas estadounidenses que viajan a Liberia suelen afirmar que se sienten como en casa. Debido a su génesis, en Liberia, país de unos cinco millones de habitantes, el 85 por ciento de la población es protestante.

Pues bien, siguiendo los razonamientos de Weber, Liberia debería ser un país próspero. Nada más lejos de la realidad, los liberianos son pobres, muy pobres, pobres de solemnidad. El PIB per cápita de Liberia es uno de los más bajos del mundo —una media de dos dólares al día para subsistir—. Estamos hablando de un Estado fallido que ha sufrido guerras civiles y golpes de Estado, una nación insegura, azotada por las epidemias, llena de corrup-ción, donde se violan de manera persistente los derechos humanos. En definitiva, y pese a las esperanzas de algunos, es un país de lo menos atractivo, que está lejos de prosperar y enriquecerse por mucha «ética protestante» que haya dentro de sus fronteras.

Algo parecido se podría decir de Sierra Leona, país vecino de Liberia, excolonia británica, que fue fundada con un espíritu muy parecido al de Liberia. De idéntica manera, antes incluso que los estadounidenses, los ingleses empezaron a liberar esclavos para devolverlos a África, a un paraíso que denominaron la Provincia de la Libertad. Sin embargo, Sierra Leona es otro de los países más pobres del mundo. En este caso, se puede aducir que los cristianos protestantes no son mayoría —solo representan un 20 por ciento de la población, el resto son musulmanes—. Aun así, podría espe-rarse que ese significante 20 por ciento haya representado siempre a una élite pujante dentro del país, y tampoco es el caso.

Kenia, Zambia (Rodesia del Norte) y Zimbabue (Rodesia del Sur) también están entre los países más pobres del mundo, y resulta que también fueron excolonias británicas. Además, la mayo-ría de la población es de confesiones cristianas protestantes. Dentro de África tenemos a Sudán o a Nigeria, que también son países pobres y angloparlantes, aunque aquí el islam gana al protestantis-mo. Otras excolonias como Jamaica y Sudáfrica —mayoría protes-tante— o Egipto y la India, que, aunque en algunos aspectos son mercados emergentes, distan mucho de ser países ricos y prósperos.

Así que malas noticias para los hispanoamericanos que desea-rían haber recibido una ética protestante en vez de una ética cató-lica, siempre, claro, en el supuesto caso de que los ingleses hubiesen estado dispuestos a repartir ética. Ellos en la práctica eran más par-tidarios de repartir esclavitud, segregación y muerte en sus colo-nias. Pero es que ni siquiera hay que irse hasta las colonias. En

Europa, los cinco países con más PIB per cápita son Mónaco, Lie-
chtenstein, Luxemburgo, Irlanda y Suiza,[11] y da la casualidad de
que en todos esos países hay una mayoría católica. Dentro de la
misma Alemania —no hay que olvidar que Weber era alemán—
la pujante región de Baviera, con el mayor nivel de renta per cápita
del país, también es de mayoría católica. Podría decirse, por llevarle
la contraria a Weber, que en Baviera es donde reside el verdadero
«espíritu del capitalismo». Es en aquel *länder* donde se encuentra la
sede central de muchas de las grandes empresas del país: Audi,
BMW, Siemens, MAN, Puma, Adidas, Allianz, etc. Fernando Díaz
Villanueva siempre ha criticado los razonamientos de Weber:

> Zimbabue, Zambia o Kenia son mayoritariamente protestantes, pero
> nadie explica su subdesarrollo a través de la religión, cosa que sí
> sucede con Ecuador, Colombia o Nicaragua. Las tesis de Weber
> pueden ser muy queridas por los pastores evangélicos hispanoame-
> ricanos, pero no se corresponden con la realidad. Se diría que Max
> Weber elaboró su teoría sin mirar el mapa, sin advertir que la propia
> Europa de su época estaba llena de católicos que prosperaban en
> igual medida que los protestantes, e ignorando que las principales
> instituciones del capitalismo habían nacido en países católicos como
> Italia o Flandes. No es del todo casual que Weber naciese en Turin-
> gia o que fuese criado por una madre que era una calvinista muy
> devota. Traspasó sus propios prejuicios religiosos a sus textos.[12]

Alberto Garín, en conversación con Díaz Villanueva,
encuentra una explicación al éxito de estas teorías, ya que nadie
puede negar que psicológicamente el discurso funciona a las mil
maravillas:

---

[11] https://datosmacro.expansion.com/pib.
[12] A. Garín García, F. Díaz Villanueva, *Lutero, Calvino y Trento. La reforma que
no fue*, Almuzara, Córdoba, 2022.

Lo curioso es que las teorías de Max Weber, que no dejaban de constituir un debate entre eruditos, adquieren una importancia notable en esta nueva confrontación entre protestantes y católicos en el mundo hispanoamericano a partir de los setenta. A ello se une el proceso de izquierdización de parte de la Iglesia católica con la Teología de la Liberación. Por eso, en Hispanoamérica, el éxito de Weber unido al rechazo de ese catolicismo de izquierdas explica la expansión del protestantismo. Ante los problemas de desarrollo de muchas repúblicas hispanoamericanas los protestantes llegados desde Estados Unidos ofrecen una Iglesia económicamente exitosa, un evangelio de la prosperidad personal. Es ahí donde lo que no era más que una mera reflexión académica se convierte en toda un arma política. Muchos católicos entienden que, si se convierten al protestantismo, el desarrollo económico y la riqueza no tardarán en llegar.[13]

Pero el capitalismo no brota por arte de magia del protestantismo, algo que Fernand Braudel, maestro espiritual de Alberto Garín —quien afirma que su mentor realmente fue Jean Chapelot—, lo tenía muy claro, pues el capitalismo no es una ideología, sino más bien un sistema económico que se va fraguando poco a poco a lo largo de la historia. Este historiador francés de la Escuela de los Annales, en sus reflexiones sobre el origen del capitalismo —que el autor sitúa mucho antes— y su desarrollo, no se olvidó de darle un conveniente recadito a Max Weber:

Para Max Weber, el capitalismo en el sentido moderno de la palabra no era nada más y nada menos que una creación del protestantismo o, para ser más exacto, del puritanismo. Todos los historiadores se han opuesto a esta tenue teoría, aunque no han conseguido deshacerse de ella de una vez por todas. Sin embargo, es claramente falso. Los países del norte tomaron el lugar que antes habían ocupado

---

[13] Ibídem.

durante tanto tiempo y de manera tan brillante los viejos centros capitalistas del Mediterráneo. No inventaron nada, ni en tecnología ni en gestión empresarial. Ámsterdam copió a Venecia, como Londres copiaría posteriormente a Ámsterdam, y como Nueva York copiaría algún día a Londres. Lo que estaba involucrado en cada ocasión fue un cambio del centro de gravedad de la economía mundial, por razones económicas que no tenían nada que ver con la naturaleza básica o secreta del capitalismo El cambio definitivo al final del siglo XVI desde el Mediterráneo hasta el Mar del Norte representó la victoria de una nueva región sobre una vieja.[14]

El trato dispensado por los ingleses a los nativos

Hay que recordar que, por lo general, en la América hispana la hispanofobia es representativa, pero seguramente más lo es el antiamericanismo y la anglofobia. Y es curioso porque muchas veces los mismos que desprecian la cultura anglosajona, por prejuicios infundados, son los que más subordinados están del Imperio yanqui a nivel cultural. Y son también los que en el fondo querrían haber sido conquistados por los ingleses. Echan la culpa de su desgracia a los españoles y anglosajones a partes iguales. Los imperialistas españoles les jodieron en el pasado, los imperialistas yanquis les joden ahora. Es algo que se repite. Siempre hay alguien que les está jodiendo y que impide que sus pueblos se autoafirmen y maduren en plenitud.[15] Y no faltan los políticos que no se cansan de recordarlo. El problema nunca es de ellos, es de los demás. Son pobres porque hay algunos seres llenos de codicia que, en el repar-

---

[14] F. Braudel, *Afterthoughts on Material Civilization and Capitalism*, Johns Hopkins University Press, Baltimore, 1977, pp. 66-67.

[15] Carlos Rangel desarrolla esto de manera brillante en *Del buen salvaje al buen revolucionario* (1976).

to del pastel de la riqueza, solo les han dejado las migajas. Les resulta imposible comprender que no hay que mendigar pasteles, sino ponerse en harina y fabricarlos.

Casi siempre son razones de índole político-económico las que subyacen cuando se esgrime el argumento de «ojalá nos hubieran conquistado los ingleses», con la paradoja de que se olvidan rápidamente de las limpiezas étnicas que cometieron los ingleses. Aún así, hay algunos despistados que sostienen aquella majadería, algo que no es ni mucho menos descabellado, pues es un argumento que se utilizó en el pasado. Philip W. Powell sostiene que la afirmación «nosotros hubiéramos tratado al indio mejor que los españoles» es una frase que se remonta a tiempos de la Inglaterra isabelina y que queda bien reflejada en la literatura de la época. Y como botón de muestra tenemos el informe que le presentó uno de los grandes promotores de la colonización de Norte América, Richard Hakluyt, en 1584 a la reina Isabel I. En ese escrito describe la tiranía y las terribles crueldades cometidas por los españoles en las Indias, mayores incluso que las que cometen los turcos, según el autor, claro. Y por descontado queda que ellos —los hijos de su graciosa majestad— son capaces de hacerlo mucho mejor, una bravuconada que la historia acabaría por demostrar como falsa.

13

VERGÜENZA DE ESTADO
AQUEL QUE CELEBRA
UN GENOCIDIO

«Vergüenza de estado aquel que celebra un genocidio y encima con un desfile militar que cuesta 800.000 euros», tuiteó la alcaldesa Ada Colau el día de la Hispanidad de 2015 en un mensaje al que añadió dos hashtags: #ResACelebrar y #ResistenciaIndigena. A la hora de redactar estas líneas he tenido que comprobarlo desde otra cuenta, ya que la ilustre alcaldesa me tiene bloqueado en Twitter,[1] y eso que nunca he intercambiado una opinión con ella. Es más, jamás he hablado de ella en público. En este libro es la primera vez que la menciono.

En la misma línea, el periodista e historiador del arte Peio H. Riaño, puritano, censor *woke*, partidario de la vandalización de estatuas y cuadros en museos, generador de ruido, intoxicador profesional —lo digo con conocimiento de causa— y pesadilla para el Museo del Prado —que ha llegado a confesar que las salas saturadas de cuadros de mujeres desnudas son desagradables—, compartía al año siguiente un artículo de *El Español* titulado «La Hispanidad, ¿un genocidio encubierto?»[2] en el que se cita al catedrático

---

[1] El 11 de abril de 2021 la alcaldesa abandonó Twitter de manera indefinida.

[2] M. Á. Delgado, «La Hispanidad, ¿un genocidio encubierto?», *El Español*, 11 de octubre de 2016, https://www.elespanol.com/cultura/historia/20161011/162234140_0.html.

de Historia Moderna afincado en Barcelona Antonio Espino López, quien afirmó en una entrevista que España se comportó igual que Leopoldo II de Bélgica en el Congo y que «todos los imperialismos europeos han sido bastante genocidas»[3]. Habría que preguntarse qué es eso de «bastante».

Lo del genocidio perpetrado por los españoles es un lugar común en el indigenismo. Diez años antes del tuit de la alcaldesa Ada Colau, Télam, la agencia oficial argentina, afirmaba en una nota de prensa que «con la llegada de los conquistadores se inició un exterminio que arrasó con 90 millones de pobladores de la región y quebró el desarrollo cultural de este lado del Atlántico [...] El mayor genocidio de la historia». Estas mismas palabras las suscribía el presidente de Venezuela Hugo Chávez, que decía que de los 90 millones de nativos que había en América a finales del siglo XV, doscientos años después solo quedaban tres millones de aborígenes. De sobra es sabido que Hugo Chávez también inició una campaña contra la Hispanidad cambiando la fiesta por el día de la resistencia indígena y derribando estatuas de Colón por «genocida».

¿Qué significa genocidio?

Un genocidio es el exterminio o eliminación sistemática y deliberada de un grupo humano por motivo de raza, etnia, religión, política o nacionalidad. Es un término acuñado por el jurista polaco Raphael Lemkin —de familia judía— en 1944. Pero Lemkin no acuñó el término a raíz del Holocausto de los judíos como puede comprobarse al inspeccionar sus escritos inéditos, en los que habló, entre muchos otros, del «genocidio colonial español». Esos estudios son de antes de

---

[3] Entrevista a Antonio Espino, catedrático de Historia Moderna de la UAB: https://www.youtube.com/watch?v=Il1AYWV7nH8.

la Segunda Guerra Mundial[4] y están convenientemente apuntalados con datos de su admirado Bartolomé de las Casas, cuyo «nombre ha vivido a través de los siglos como uno de los más admirables y valientes cruzados por la humanidad que el mundo haya conocido». Por otra parte, entra en cuestiones valorativas al presentarnos a los aztecas con apreciaciones tan ridículas como que su gobierno era justo y democrático. Para Lemkin, el «genocidio biológico» consistió en violaciones indiscriminadas y madres esclavas agotadas que no podían amamantar a sus hijos, ignorando el papel de las enfermedades introducidas por los europeos. Sin embargo, cuando escribe sobre el genocidio de Tasmania sí observó que «muchos nativos murieron a causa de las enfermedades de los hombres blancos».

Si bien el concepto de genocidio traído por Lemkin es una contribución importante para el derecho internacional, cuando el jurista se mete a historiador, fracasa. La historiografía contemporánea ha dejado en evidencia aquellos precipitados trabajos. En una publicación de 2005 del prestigioso *Journal of Genocide Research*, revista académica que cubre estudios sobre el genocidio, los historiadores Michael A. McDonnell y A. Dirk Moses cuestionan la metodología usada por Raphael Lemkin:

Lo que encontramos es que él [Raphael Lemkin] consideraba el concepto de genocidio como perfectamente adecuado para analizar

---

[4] La asamblea General de las Naciones Unidas tras la Segunda Guerra Mundial declaró que el genocidio es un delito de derecho internacional contrario al espíritu y a los fines de las Naciones Unidas y que el mundo civilizado condena. Y así lo definió: «se entiende por genocidio cualquiera de los actos mencionados a continuación, perpetrados con la intención de destruir, total o parcialmente, a un grupo nacional, étnico, racial o religioso: a) Matanza de miembros del grupo; b) Lesión grave a la integridad física o mental de los miembros del grupo; c) Sometimiento intencional del grupo a condiciones de existencia que hayan de acarrear su destrucción física, total o parcial; d) Medidas destinadas a impedir los nacimientos en el seno del grupo; e) Traslado por fuerza de niños del grupo a otro grupo».

los complejos procesos del colonialismo, pero que su adhesión a ciertas fuentes y perspectivas lo cegó en algunos aspectos del caso español.[5]

Para que se dé un genocidio es muy importante que exista una voluntad de exterminio. Y eso no ocurrió en América. Nunca hubo una política planeada de exterminio, por mucho que se dieran guerras, matanzas indiscriminadas, crímenes... Por lo tanto, los que hablan de «genocidio» están faltando a la verdad epistemológica.

Las cifras de decenas de millones de personas exterminadas que se suelen dar son ridículas. Para empezar, hay que hacer un cálculo de cuántas personas había en todo el continente americano a la llegada de los españoles en 1492, algo que ha traído de cabeza a los historiadores, ya que no existía información censal en ese momento. Hay quien habla de dos millones, otros hablan de cinco y otros se van a los cien millones. A nuestro criterio, y habiendo consultado con varios especialistas, las cifras más rigurosas las dio un filólogo venezolano que estudió bien el tema: Ángel Rosenblat. Según este experto, la población indígena en América antes de 1492 era de unos 13,4 millones de habitantes representando el cien por cien de la población —nada que ver por cierto con los 90 millones de los que hablaba Chávez—.

Sigamos con las cifras de Rosenblat. En 1570, casi 80 años después, la población indígena se había reducido a 10,8 millones y ya solo conformaba el 96 por ciento de la población. El 4 por ciento restante eran españoles y mestizos. 80 años más tarde, en 1650, la población indígena era ya solo del 80,1 por ciento. Así podemos llegar a 1940, donde la población indígena es de un 5,9 por ciento, sin embargo, vemos que ha crecido hasta los 16,2 millones en términos absolutos. Es decir, en 1940 —y a día de

---

[5] M. A. McDonnell, D. Moses, «Raphael Lemkin as historian of genocide in the Americas», *Journal of Genocide Research*, diciembre de 2005, pp. 501–529.

hoy— hay más indígenas que a la llegada de los españoles. Curioso, ¿no? Pero por indígenas no estamos contando a los mestizos. La población hispanoamericana es principalmente mestiza. Un mestizo es un indígena menos, pero nunca un indígena exterminado. Por eso es muy importante saber el porcentaje de población mestiza que hay hoy en algunos países y compararse. Según *The World Factbook*,[6] una publicación anual de la Agencia Central de Inteligencia de los Estados Unidos con información básica tipo almanaque acerca de diversos países del mundo, los datos dicen que la población en Perú de mestizos e indios es del 86 por ciento, en Bolivia y en México es del 90 por ciento, en Ecuador el 90,6 por ciento y en Honduras llegamos hasta el 97 por ciento. ¿Dónde está el genocidio?

Año	N° de indígenas	Disminución o aumento de indígenas	Población total	% de población indígena
1492	13.385.000		13.385.000	100 %
1570	10.827.150	-2.557.850	11.229.650	96,41 %
1650	10.035.000	-792.150	12.411.000	80,85 %
1825	8.634.301	-1.400.699	34.531.506	25,10 %
1940	16.211.670	+7.577.369	274.275.111	5,91 %

Cuadro con las cifras de Rosenblat.[7]

Ningún historiador medianamente serio —ni español ni extranjero— habla en términos de genocidio. Ni tampoco lo hacen las personas mínimamente formadas. En abril de 1992, Mario Var-

---

[6]   https://www.cia.gov/the-world-factbook/.

[7]   Á. Rosenblat, *La población indígena de América. Desde 1492 hasta la actualidad*, Institución cultural española, Buenos Aires, 1945.

gas Llosa tachó de progresistas acomplejados a los intelectuales que
arremetían contra el Quinto Centenario del Descubrimiento de
América por ser incapaces de desprenderse de las orejeras del marxismo. Aquellos opinólogos —más moralistas que materialistas— de
los que hablaba nuestro premio Nobel, por entonces solo hablaban
de la faceta más cruel de la Conquista, dando cifras descabelladas de
decenas de millones de muertos. Algunos de ellos incluso se atre-
vían a imputar a los españoles el dudoso honor de haber cometido
el mayor genocidio de la historia. Aquel día de 1992, Vargas Llosa
prosiguió con este encendido alegato:

> Quienes se indignan tan terriblemente por los crímenes y cruelda-
> des de los conquistadores españoles contra los incas jamás se han
> indignado por los crímenes y crueldades que cometieron los con-
> quistadores incas contra los chancas, por ejemplo —que están bien
> documentados—, o contra los demás pueblos que colonizaron y
> sojuzgaron, ni contra las atrocidades que cometieron uno contra el
> otro Huáscar y Atahualpa, ni han derramado una lágrima por los
> miles, o acaso cientos de miles (pues ninguna comisión de profeso-
> res universitarios se ha puesto a calcular cuántos fueron), de indias e
> indios sacrificados a sus dioses en bárbaras ceremonias por incas,
> mayas, aztecas, chibchas o toltecas. Y, sin embargo, estoy seguro de
> que todos ellos estarían de acuerdo conmigo en reconocer que no
> se puede ser selectivo con la indignación moral por lo pasado, que la
> crueldad histórica debe ser condenada en bloque, allí donde aparez-
> ca, y que no es justo volear la conmiseración hacia las víctimas de
> una sola cultura olvidando a las que esta misma provocó.
>
> No estoy en contra de que se recuerde que la llegada de los
> europeos a América fue una gesta sangrienta, en la que se come-
> tieron inexcusables brutalidades contra los vencidos; pero sí de que
> no se recuerde a la vez que remontar el río del tiempo en la his-
> toria de cualquier pueblo conduce siempre a un espectáculo feroz,
> a acciones que hoy nos abruman y horrorizan. Y de que se olvide

que todo latinoamericano de nuestros días, no importa qué apellido tenga ni cuál sea el color de su piel, es un producto de aquella gesta, para bien y para mal.

Yo creo que sobre todo para bien. Porque aquellos hombres duros y brutales, codiciosos y fanáticos que fueron a América —y cuyos nombres andan dispersos en las genealogías de innumerables latinoamericanos de hoy— llevaron consigo, además del hambre de riquezas y la implacable cruz, una cultura que desde entonces es también la nuestra. Una cultura que, por ejemplo, introdujo en la civilización humana esos códigos de política y de moral que nos permiten condenar hoy a los países fuertes que abusan de los débiles, rechazar el imperialismo y el colonialismo, y defender los derechos humanos no solo de nuestros contemporáneos, sino también de nuestros más remotos antepasados.

Los incas no hubieran entendido que alguien pudiera cuestionar el derecho de conquista y criticara a su propia nación y se solidarizara con sus víctimas, como lo hizo Bartolomé de las Casas en nombre de una moral universal, superior a los intereses de cualquier Gobierno, Estado o patria. Ese es el más grande aporte de la cultura que creó al individuo y lo hizo soberano, dueño de unos derechos que los otros individuos y el Estado debían tener en cuenta y respetar en todas sus empresas. La cultura que daría a la libertad un protagonismo desconocido, en todos los ámbitos de la vida, alcanzando gracias a ello un progreso científico y técnico y una abundancia que haría de ella el sinónimo de la modernidad.[8]

La realidad siempre es tozuda y no entiende de apriorismos. Aun así, seguiremos oyendo hablar de genocidio hasta la eternidad. Y hablando de genocidio y eternidad, no podemos pasar por alto

---

[8] M. Vargas Llosa, «Cabezazos con la Madre Patria», *El País*, 26 de enero de 1992, obtenido de https://elpais.com/diario/1992/01/26/opinion/696380409_850215.html.

a Los Eternos, unos superhéroes que se hicieron muy famosos tras el estreno de *Eternals* en el año 2021, una superproducción de la factoría Marvel Studios distribuida por Disney, en la que participan grandes estrellas de Hollywood como Angelina Jolie o Salma Hayek. Los Eternos son unos seres inmortales muy poderosos que llegan a nuestro planeta en tiempos de la antigua Mesopotamia. A lo largo de milenios, tratan de proteger a la humanidad de Los Desviantes, unas criaturas malvadas de aspecto alienígena. Sin embargo, tras miles de años se acaban cansando de los humanos. Todo tras ver una escena que les parte el corazón y les hace reflexionar. Se trata nada más y nada menos que del Sitio de Tenochtitlán del año 1521. En la pantalla se ve a los malvadísimos españoles masacrando mexicas bajo la atenta mirada de una frágil e indefensa niña indígena. La matanza se hace insoportable para los Eternos y uno de ellos incluso califica aquello de «genocidio». A partir de entonces los Eternos se dispersan cada uno por su lado. Y pasarán quinientos años para que sus caminos se vuelvan a unir. ¿Cuántos millones de adolescentes habrán visto esta película en todo el mundo? ¿Cuántos habrán interiorizado la Leyenda Negra contenida en ella? ¿De verdad creen algunos autores que la Leyenda Negra ha muerto?

¿Genocidio azteca?[9]

Si nos atenemos a la definición de genocidio, podríamos pensar que sí que hubo un genocidio en América y este cesó con la llega-

---

[9] Puede que el primero que acuñara lo de «genocidio azteca» fuera Octavio Paz en *La democracia: lo absoluto y lo relativo* (1992), planteando una divertida ucronía relacionada con el presunto «genocidio español». Pero ni mucho menos afirma Octavio Paz que los aztecas hubieran cometido un genocidio, cosa que sí hacen algunos escritores como Marcelo Gullo.

da de los españoles.[10] Puede parecer un tanto exagerado —y lo es—, pero cuando Hernán Cortés llegó a la fascinante ciudad de México-Tenochtitlán con cuatrocientos hombres no se encontró la sociedad justa y democrática de la que hablaba Lemkin. Según William Prescott, «los sacrificios humanos comenzaron a usarse entre los aztecas en el siglo XIV, doscientos años antes de la llegada de los españoles. Raros al principio, fueron siendo más frecuentes al paso que se dilataba el imperio, hasta que últimamente no había fiesta que no acabase con tan cruel y abominable ceremonia».[11]

En su primera carta al rey de España, Hernán Cortés describe con horror los sacrificios rituales que habían contemplado algunos de sus hombres:

> Y tienen otra cosa horrible y abominable y digna de ser punida, que hasta hoy visto en ninguna parte, y es que todas las veces que alguna cosa quieren pedir a sus ídolos, para que más aceptación tenga su petición, toman muchas niñas y niños y aun hombres y mujeres de más mayor edad, y en presencia de aquellos ídolos los abren vivos por los pechos y les sacan el corazón y las entrañas, y queman las dichas entrañas y corazones delante de los ídolos, ofreciéndoles en sacrificio aquel humo. Esto hemos visto algunos de nosotros, y los que lo han visto dicen que es la más terrible y más espantosa cosa de ver que jamás han visto. Hacen estos indios tan frecuentemente y

---

[10] Ahora bien, los aztecas —o mexicas— no tenían la intención de eliminar a los otros grupos sistemáticamente, por lo que también hay que tener cuidado al hablar de «genocidio azteca —o mexica—». Suponiendo que una de las razones de los sacrificios era tener proteína con la que alimentarse —ateniéndonos a las desacreditadas teorías de Marvin Harris—, esto también —por muy brutal que nos parezca— descartaría la teoría del genocidio. Además hay autores que prefieren evitar el término para hablar de episodios anteriores a la Edad Contemporánea.

[11] W. H. Prescott, *Historia de la conquista de México*, Libro Primero, Capítulo III, Antonio Machado, Madrid, 2003.

tan a menudo que, según somos informados, y en parte habemos visto por experiencia [...].[12]

Por lo que Cortés más bien chocó con una tiranía que exigía anualmente miles de almas para ser sacrificadas. Los desdichados —o afortunados, según se prefiera— que iban a ser ofrendados, al llegar a la parte superior de las pirámides, eran inmovilizados por sus verdugos que lo sujetaban de sus extremidades, y uno de ellos, el sacerdote, les abría el pecho con un cuchillo de obsidiana llamado *técpatl*, les arrancaba el corazón y los decapitaba. Esta operación duraba unos minutos. Uno a uno iban avanzando los prisioneros recibiendo el mismo castigo. Los cuerpos eran descuartizados al pie de las gradas. La cabeza iba a parar al *tzompantli*, una de las piernas y los dos brazos, ya desmembrados, cocinados y trinchados se repartían exclusivamente entre los nobles. El muslo de la otra pierna se reservaba al gran señor (*Huey Tlatoani*). La gente común no podía probar la carne humana de los sacrificados, so pena de muerte.[13] El obispo Zumárraga escribió una carta en la que afirmaba que morían veinte mil personas al año en la capital, razón más que suficiente para poner freno a aquellas costumbres bárbaras y legitimar la Conquista como una misión divina y evangelizadora. No obstante, es una estupidez pensar que Cortés llegó a Tenochtitlán con el objetivo de frenar un genocidio como sostienen algunos activistas por redes. Primero, porque por muchas almas que sacrificaran Moctezuma Xocoyotzin y los suyos, en el bando de Cortés había numerosos guerreros pertenecientes a señoríos que también inmolaban víctimas en sus altares. Y segundo, porque aunque fuese un

---

[12] Primera carta de relación de la justicia y regimiento de la Rica Villa de la Vera Cruz a la reina doña Juana y al emperador Carlos V, su hijo.

[13] J. Ruvalcaba Mercado, «Los sacrificios humanos y su relación con la dieta y el canibalismo azteca en el momento de la Conquista», *Revista Española de Antropología Americana*, 48, 2018, p. 131.

exterminio sistemático y deliberado por razones de índole religiosa, la nobleza de Tenochtitlán no quería acabar con los señoríos independientes de Mesoamérica con los que intercambiaban víctimas para los sacrificios de manera pactada —Tlaxcala, Huexotzinco, Cholula y otros—.[14] Por otra parte, el resto de señoríos, una vez conquistados, eran pueblos tributarios, es decir, que para estar en paz con Tenochtitlán contraían otro tipo de compromisos, como el de aportar valiosos gravámenes: plumas de quetzal, enaguas, mantas, armas, huipiles, trajes de guerrero, oro, madera, algodón, etc.

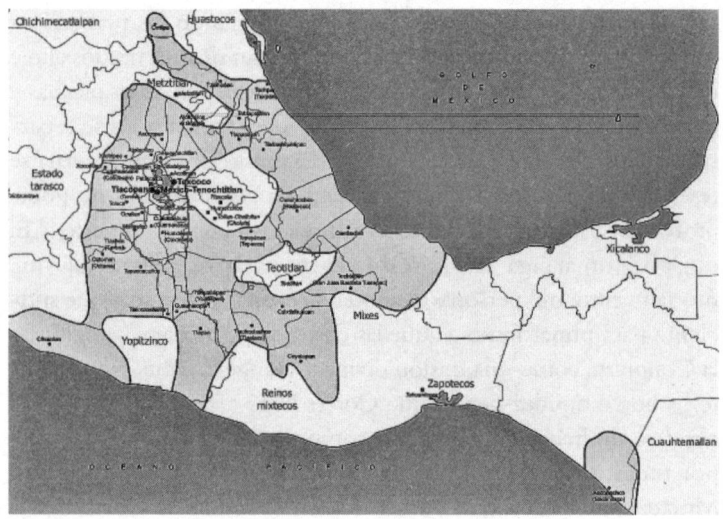

Provincias tributarias de la Triple Alianza (Wikipedia Commons).

Ha habido historiadores que han negado taxativamente las ofrendas de sangre aztecas —también llamados mexicas o tenochcas—. La arqueóloga mexicana Eulalia Guzmán Barrón llegó a

---

[14] También se inmolaba en los altares a los prisioneros de guerra y a los condenados por delitos (robo, asesinato, deudas…).

afirmar en 1989 que los sacrificios humanos no eran más que una invención de las crónicas y las epístolas para justificar la conquista.[15] Sin embargo, esta opinión difundida entre algunos historiadores —desde los que niegan las fuentes a los que empequeñecen considerablemente las cifras— no se basan en evidencias empíricas, sino en meras especulaciones. Todos los testimonios de la época aseveran que los sacrificios humanos masivos existieron, pero es que además se han encontrado pruebas arqueológicas más que contundentes, sobre todo a raíz del descubrimiento del *Huey tzompantli* gracias al Programa de Arqueología Urbana del INAH iniciado en 2015. Un *tzompantli* era una estructura con forma de andamio donde se exponían hileras de cráneos a modo de altar para honrar a los dioses. Existen muchos *tzompantli* en Mesoamérica, pero sin duda los más espectaculares se hallaban en Tenochtitlán, el corazón del Imperio mexica. Los documentos virreinales dan cuenta de la existencia de ocho *tzompantli* en el recinto del Templo Mayor de Tenochtitlán. El cronista Andrés de Tapia habla de 136.000 cabezas sin contar con las de las torres. Está describiendo el más importante de los tzompantli de este recinto sagrado, denominado *Huey tzompantli*, localizado enfrente del templo doble —una pirámide con dos santuarios en la cima— ofrecido a los dioses Huitzilopochtli —dios solar— y Tláloc —dios de la lluvia–. Tenía unas proporciones colosales —36 metros de largo, 6 de ancho y 5 de altura— y constaba de varias filas con miles de cráneos sostenidos por altas vigas que formaban un vistoso entramado flanqueado por dos torres circulares, también formadas por numerosos cráneos. Los cráneos analizados corresponden principalmente a hombres adultos, pero también hay un 20 por ciento de cráneos de mujeres y un 5 por ciento de niños. Para el año 2017 se

---

[15] E. Guzmán Barrón, *Una visión crítica de la historia de la conquista de México-Tenochtitlan*, Universidad Nacional Autónoma de México, Instituto de Investigaciones Antropológicas, México, 1989, p. 133.

habían descubierto unos setecientos cráneos prácticamente completos y otros muchos fragmentos. Los investigadores creen que en su mayor momento pudo contener más de sesenta mil cráneos, un número menor del que dio Andrés de Tapia, aunque todavía queda mucho por excavar y clasificar. También se han encontrado decenas de cuchillos de obsidiana con restos de sangre. Las evidencias halladas son irrefutables: el escenario con el que se toparon los conquistadores españoles era espantoso, pero sobre todo era real. Los dioses mexicas necesitaban alimentarse con sangre humana:

> El Sol-Huitzilopochtli podría ser fortalecido, si se le proporcionaba la energía vital que está encerrada en el líquido precioso que mantiene vivos a los hombres. Ese líquido precioso, el *chalchíuhatl*, era la sangre. Elevando el número de los sacrificios de hombres, cuyo corazón y cuya sangre se ofrecieran al Sol-Huitzilopochtli, se lograría alimentar su vida indefinidamente.[16]

Así describió el insigne historiador mexicano Miguel León Portilla la sed de sangre de la deidad solar Huitzilopochtli. Los sacrificios humanos habían llegado a su etapa más sanguinaria tras las reformas de Tlacaélel (1398-1475), quien había institucionalizado las guerras floridas,[17] unas luchas pactadas contra algunos señoríos cercanos en las que el Imperio mexica —y también los txax-

---

[16] M. León Portilla, Los *antiguos mexicanos a través de sus crónicas y cantares,* Edición conmemorativa 70 Aniversario, Fondo de Cultura Económica, Ciudad de México, 1961.

[17] En las Guerras Floridas se enfrentaban la Triple Alianza —formada por Tenochtitlán, Texcoco y Tlacopán— contra Tlaxcala, Huexotzinco, Cholula y otros señoríos. Ambos bandos se surtían de personas para ser sacrificadas (I. Bueno Bravo, «Las Guerras Floridas», *Revista de Historia Militar,* Instituto de Historia y Cultura Militar, Ministerio de Defensa, 106, 2009, pp. 11-34). No hay que omitir que los tlaxcaltecas —aliados de Cortés— también practicaban sacrificios humanos.

caltecas— se aseguraban un número importante de prisioneros que luego acababan sacrificados. Pero los sacrificios no fueron exclusivos del Imperio mexica. Más al sur nos encontramos con el Tawantinsuyu o Imperio incaico. Se ha dicho que los incas no practicaban habitualmente sacrificios propiciatorios, pero estudios arqueológicos recientes señalan que sí los hubo con cierta periodicidad. Uno de los rituales más importantes era el *capac cocha*, una festividad de gratitud al dios creador Viracocha, en donde se sacrificaban niños y niñas. Otros pueblos que no llegaron al nivel civilizatorio mexica o inca también practicaban sacrificios rituales de niños, como los chibchas de Colombia.

Hoy los sacrificios humanos y el canibalismo nos parecen prácticas abominables que hacen que a uno se le revuelva el estómago solo de pensar en ellas. Una sensación no muy distinta debieron sentir los españoles del siglo XVI, gente mucho más curtida y habituada a vivir en un mundo feroz. Estos hábitos crueles e inhumanos causaron gran estupor y desmienten con rotundidad ese mito del buen salvaje que habla de pueblos precolombinos viviendo en una Arcadia feliz.

14

DESTRUYERON
NUESTRAS LENGUAS

Una de las patrañas de la Leyenda Negra más fáciles de contrarrestar es aquella que dice que los conquistadores destruyeron todas las lenguas autóctonas que se hablaban en América. Una mentira que tiene las patas muy cortas, pues gracias a los misioneros españoles se consiguieron salvar buena parte de las lenguas amerindias. La empresa de Indias tuvo una misión trascendente, la de expandir la fe por todos los rincones del Nuevo Mundo, y para ello los misioneros españoles se valieron de todas las artimañas posibles, entre ellas, utilizar las lenguas que les eran propias a los indígenas.

En 1493, cuando se tuvo noticia de unas tierras al otro lado del océano, el papa valenciano Alejandro VI otorgó mediante las bulas alejandrinas el derecho a los Reyes Católicos de conquistar América a cambio de evangelizarla. Los españoles se pusieron manos a la obra. Tanto es así, que si hoy la Iglesia católica goza de un gran número fieles es en buena parte gracias a la labor misional llevada a cabo por España. Algo que el papa Juan Pablo II tenía muy claro: «La porción más numerosa de la Iglesia de Cristo habla hoy y reza a Dios en español».

En palabras del hispanista Lewis Hanke: «Ninguna nación europea se responsabilizó de su deber cristiano hacia los pueblos nativos tan seriamente como lo hizo España».[1] La misión cristiana en la que se legitiman los españoles será el motor de la conquista. Pero no fue tarea sencilla. Se contó para la labor evangelizadora con un número muy pequeño de clérigos, en clara desproporción con la magnitud de aquel empeño titánico. El encargo fracasó en la primera etapa antillana debido a la dispersión de los nativos y al descenso demográfico causado por las epidemias y los abusos. Sin embargo, la Corona cuidó con gran celo que las comunidades indígenas no fueran agraviadas y que fueran doctrinadas como personas libres y no como siervos. Se procuró que la evangelización se llevase a cabo en castellano, por considerar que el idioma de los colonos era el mejor método para instruirles en la fe. Las Leyes de Burgos indicaban que aquella labor recaía en los encomenderos, que debían velar, siempre con el apoyo de los frailes, por que se alcanzara el compromiso doctrinal con la Santa Sede. Los encomenderos emprendían aquella ardua tarea como contraprestación por todas las mercedes que estaban recibiendo.

En 1504, mediante bula papal, se crearon las tres primeras diócesis en América en la isla de La Española —Yaguata, Maguá y Baynúa—. En 1508 se suprimieron para crearse otras tres nuevas —Santo Domingo, Concepción de la Vega y San Juan de Puerto Rico—.[2] En 1510 empezó a ser explorada la Tierra Firme y en 1513 se creó la diócesis de Santa María la Antigua del Darién. En 1515, un reducido número de frailes, entre los que se contaban Pedro de Córdoba, Antonio de Montesinos y Bartolomé de las Casas, llevó a cabo en Cumaná, en la costa de las perlas venezolana, un intento pacífico de

---

[1] P. W. Powell, *Árbol de Odio. La Leyenda Negra y sus consecuencias en las relaciones entre Estados Unidos y el Mundo Hispánico,* José Porrúa Turanzas, Madrid, 1972, p. 24.

[2] M. Saavedra Inaraja, *La forja del Nuevo Mundo. Huellas de la Iglesia en la América española,* Sekotia, Madrid, 2008, p. 79.

evangelizar a los indios sin la amenazante presencia de soldados. Sin embargo, la misión constituyó un absoluto fracaso.[3] En los siguientes años se crearon diócesis en México, Guatemala y Honduras.

Tras la conquista de México, Cortés propuso al rey Carlos V que fueran clérigos instruidos en la fe los que se encargaran de la evangelización de los indios. Y había que hacerlo en castellano. Fueron llegando a México en pequeños grupos misioneros procedentes de distintas órdenes religiosas. En 1524 llegaron doce franciscanos y dos años más tarde llegó otra docena de dominicos. En 1533 llegarían algunos agustinos y en 1568 un puñado de jesuitas.[4] A mediados de siglo XVI se planteó si utilizar la lengua de los indios era un buen recurso para explicar los misterios de la fe católica, pero Carlos V desechó la idea, ya que podían producirse «grandes disonancias e imperfecciones». Por ello se volvió a insistir en que había que poner escuelas con maestros de lengua castellana.[5] Se imprimieron miles de cartillas para que los indios de la Nueva España aprendieran castellano, pero tenían que hacerlo de manera voluntaria y no a la fuerza, lo que complicaba las cosas. La política de Carlos V y de los siguientes reyes de la casa Habsburgo era clara: los indios tenían que aprender el castellano. Por otro lado, frailes y misioneros creían que el método contrario, el de usar la lengua mexicana para la predicación, traería mejores resultados.[6] El problema es que no había demasiados misioneros que conocieran las lenguas indígenas y muchos sacerdotes predicaban por medio

---

[3] G. Céspedes del Castillo, *América Hispánica (1492-1898)*, Marcial Pons, Madrid, 2021, p. 63.

[4] S. Muñoz Machado, *Hablamos la misma lengua*, Planeta, Barcelona, 2017, p. 194.

[5] *Recopilación de Leyes de los Reynos de las Indias de 1680*, Libro VI, Título I, Ley XVIII, Centro de Estudios Políticos y Constitucionales y Boletín Oficial del Estado, Madrid, 1998.

[6] S. Muñoz Machado, *Hablamos la misma lengua*, Planeta, Barcelona, 2017, pp. 195-196.

de intérpretes, llamados «lenguas». Sin embargo, en la segunda mitad del siglo XVI, el náhuatl, el idioma amerindio dominante en México, empezó a ser utilizado por muchos misioneros, que lo hablaban —ya para esta época— con cierta soltura. El náhuatl era una especie de lengua franca, pero los clérigos no se limitaron a aprender náhuatl, también estudiaron otras lenguas de la zona como el otomí, el tepehuán, el michoacano, el huasteco, el totonaco, el mixteca, el chichimeco, el tlapaneco, el ocuiteco... Los avances fueron extraordinarios. De pronto, los religiosos españoles empezaron a dominar una enredosa babel de lenguas amerindias y se lanzaron a componer textos en diversas latitudes de la geografía americana.

Lo de imponer un idioma de arriba abajo —la castellanización— se fue dando por imposible, y el caso es que nunca funcionó a gran escala, por mucho que los monarcas lo intentaran. En el otro lado, los clérigos no cejaron en su empeño por aprender las lenguas autóctonas, una proeza asombrosa, según el director de la RAE, Santiago Muñoz Machado:

> El mérito de lo que hicieron es impresionante. Los frailes se convirtieron en los primeros lingüistas y antropólogos de América. Aprendieron las lenguas amerindias, prepararon diccionarios y gramáticas de muchas de ellas, y estudiaron la cultura de aquellos pueblos, sus costumbres, su religión y sus creencias.[7]

Lo normal era que el vencedor impusiera su idioma al vencido. Ese era el espíritu con el que escribió Antonio de Nebrija su *Gramática de la lengua castellana* de 1492, en la que se decía en el prólogo: «Después que vuestra Alteza metiese debajo de su yugo muchos pueblos bárbaros y naciones de peregrinas lenguas, y con el vencimiento aquellos tenían necesidad de recibir las leyes que el vencedor pone al vencido, y con ellas nuestra lengua». Sin embar-

---

[7] Ibídem, p. 201.

go, en América ocurrió algo insólito. El vencedor se puso a aprender la lengua del vencido. Y no solo una lengua, sino cientos de ellas. Tan solo en México a finales del siglo XVI se habían publicado ciento nueve obras dedicadas a las lenguas amerindias.[8] Se redactaron gramáticas —o «artes»— siguiendo el modelo nebrijense. Y se compusieron diccionarios ordenando alfabéticamente las palabras de aquellos idiomas desconocidos para los colonos que venían del viejo mundo, con la dificultad de que las lenguas amerindias no tenían escritura, por lo que fijar reglas gramaticales, codificar el idioma y poner por escrito sus sonidos era una tarea titánica. Listamos a continuación los diccionarios o vocabularios que se han conservado del siglo XVI:[9]

- *Vocabulario trilingüe castellano, latino y mexicano* (1540). Este vocabulario es una adaptación manuscrita del *Vocabulario español-latino* de Antonio de Nebrija en el que se añaden equivalencias en lengua náhuatl. No está clara la autoría, aunque algunos autores lo han atribuido a Bernardino de Sahagún.

- *Vocabulario de verbos nahuas* (1547). Es un texto manuscrito de fray Andrés Olmos. Se trata de un diccionario bidireccional que presenta primero entradas de verbos en náhuatl con sus correspondencias en castellano, y luego lo hace a la inversa.

- *Vocabulario en lengua castellana y mexicana* (1555). Es obra de fray Alonso de Molina y es el primer diccionario impreso en el Nuevo Mundo. Lleva por título *Aqui comiença un vocabulario enla lengua castellana y mexicana* y fue editado en México por Juan de Pablos.

---

[8] Ibídem, p. 210.

[9] E. Hernández, E., «La lexicografía hispano-amerindia del siglo XVI», *Philologia Hispalensis*, vol. 22, 2008, Universidad de Sevilla.

- *Vocabulario cakchiquel y castellano* (1555). Es un manuscrito compuesto por fray Domingo de Vico. Solo tiene entradas en la lengua cakchiquel de los mayas sin tener correspondencia con entradas en castellano.
- *Vocabulario de la lengua michoacana y castellana, y castellana y michoacana* (1559). Es una obra bidireccional impresa compuesta por el franciscano fray Maturino Gilberti. Entre las palabras castellanas ya encontramos indigenismos como *cacao, tamales, canoa, maíz, aguacate, tomate, guayaba* o *petaca*.
- *Vocabulario castellano-quechua* (1560). Compuesto por el dominico fray Domingo de Santo Tomás. También conocido como *Vocabulario de la lengua general del Perú*.
- *Vocabulario en lengua castellana y mexicana, y mexicana y castellana* (1571). El libro de fray Alonso de Molina fue reeditado por Antonio de Spinosa. La gran novedad de esta edición es que se añadió la parte que traduce el náhuatl al castellano.
- *Diccionario de la lengua tarasca* (1574). Es un diccionario etimológico de lengua tarasca —también llamada michoacana o purépecha— compuesto por fray Juan Baptista de Lagunas.
- *Vocabulario de la lengua castellana y zapoteca* (1578) de fray Juan de Córdova. Un diccionario unidireccional basándose en el diccionario de Molina.
- *Vocabulario de la lengua castellana y cakchiquel chi* (1578). Probablemente compuesto por fray Juan Alonso. El cachiquel o *kaqchikel* es la lengua que se hablaba en el centro de Guatemala.
- *Vocabulario de lengua española y maya yucateco* (1580). Atribuido a Francisco de Solana.
- *Vocabulario de la lengua castellana y de la lengua quechua* (1586). Es un diccionario bidireccional para entender la lengua del Perú. No está muy clara la autoría.

- *Vocabulario en lengua castellana y maya yucateco* (1590). Manuscrito unidireccional para entender la lengua maya de Yucatán. No está muy clara la autoría.
- *Vocabulario de la lengua castellana y mixteca* (1593). Compuesto por fray Francisco de Alvarado para entender la lengua mixteca del sur de México.

Pedro de Gante, fray Andrés de Olmos y fray Alonso de Molina fueron los primeros grandes estudiosos de la lengua náhuatl. Pieter van der Moere —más conocido como Pedro de Gante— fue uno de esos franciscanos que llegaron a México antes de la primera remesa de 1524. En 1527 envió a Flandes, donde había nacido, un catecismo para aprender a leer con vistosos pictogramas que fue editado en 1528. También fundó en 1527 el colegio de San José de los Naturales en Texcoco para educar a los nativos, y más tarde un hospital real. Fray Andrés de Olmos llegó a Nueva España en 1528 y participó en la fundación del Colegio de la Santa Cruz de Tlatelolco. Además del náhuatl llegó a aprender otros idiomas como el huasteco, el tepehuán o el totonaco. Fray Alonso de Molina llegó a México siendo niño en 1522, un año después de que Hernán Cortés finalizara su conquista. El pequeño Alonsito convivió con niños indígenas y aprendió a dominar el náhuatl muy temprano. En presencia de Fray Juan de Zumárraga, Alonso de Molina fue el primer sacerdote en ordenarse en la Nueva España a la edad de veinticuatro años. En 1547 redacta *Doctrina christiana breve traduzida en lengua mexicana*, uno de los primeros libros de lengua náhuatl que conocemos. Después, entre otras tareas evangelizadoras, basándose en las *Introducciones latinas* y en el *Vocabulario español-latino* de Antonio de Nebrija, se dedicó a escribir un diccionario de lengua náhuatl, que finalmente se publicó en 1555. En el prólogo explica los daños e inconvenientes que se derivan, en lo temporal y en lo espiritual, de la ignorancia de los idiomas aborígenes:

¿Qué mayor daño puede ser, ni mas contra la naturaleza e inclinación de los hombres, que siendo naturalmente —según la sentencia de Aristóteles— amigos de conversación y compañía, les falte el principal medio para la contratación humana, que es ser el lenguaje uno? Porque mal se puede tratar y conversar los que no se entienden. Este daño e inconveniente experimentamos en esta tierra, donde puesto caso que la piedad cristiana nos incline a aprovechar a estos naturales, así en lo temporal como en lo espiritual, la falta de la lengua nos estorba: y no es pequeño inconveniente que los que han de gobernar y regir, y poner en toda buena policía, y hacerles justicia, que tienen en la intención buena o mala del nahuatlato o intérprete. No fue pequeña la angustia y desconsolación que nuestra España tuvo cuando el invictísimo Cesar [Carlos V] comenzó a reinar, no mas por no entenderse con los suyos, a causa de ser los lenguajes diferentes. Y así, por el contrario, fue muy grande el contentamiento y alegría que se tuvo cuando entendió y habló nuestra lengua, sin medio de intérprete: porque muchas veces, aunque el agua sea limpia y clara, los arcaduces por donde pasa la hace turbia. Pues si en lo temporal, donde se aventura solamente la hacienda, honra o vida corporal, es tan conveniente que se entiendan con estos naturales los que hubieren de regir y gobernar, ¿cuánto será más necesario en lo espiritual donde no va menos que la vida del alma y su salvación o perdición? Por esta causa deberían los ministros de la fe y del evangelio trabajar con gran solicitud y diligencia de saber muy bien la lengua de los indios, si pretenden hacerles buenos cristianos. Pues, como dice San Pablo escribiendo a los romanos, la fe se alcanza oyendo. Y lo que se ha de oír ha de ser la palabra de Dios y ésta se ha de predicar en lengua que los oyentes la entiendan; porque de otra manera, como dice el mismo San Pablo, el que habla será tenido por bárbaro. Y para declararles los misterios de nuestra fe no basta saber la lengua como quiera sino entender bien la propiedad de los vocablos y maneras de hablar que tienen; pues por falta de esto podría

acaecer que habiendo de ser predicadores de verdad lo fuesen de
error y falsedad. Por esta causa, entre otras muchas fue dado el
Espíritu Santo a los apóstoles el día de Pentecostés en diversidad
de lenguas, para que fuesen todos entendidos. Y dejada a parte la
gran necesidad que tienen de saber esta lengua los ministros de
la Iglesia para convertirlos, traerlos a la fe y confirmarlos en ella
por la predicación, es también muy necesario para que puedan
administrar los sacramentos como conviene: pues podrán mal
saber y descubrir los impedimentos que tienen en sus matrimonios no sabiendo su lengua; y fiar o confiar una cosa tan grave
como esta de un muchacho sólo por entender un poco de lengua
y esa muy diferente de lo que es menester para el negocio que se
trata: téngolo por cosa perjudicial y aún para sus conciencias no
muy segura. También tenemos muy entendido y bien experimen-
tado que para la enmienda y reformación de sus vidas les aprove-
cha mucho a estos naturales —como a todos los demás— el sacra-
mento de la penitencia. Pues claro está que los podrán mal inducir
y atraer a la contrición de sus pecados y al examen de su conciencia y oírlos en la confesión, y darles o negarles la absolución no
entendiendo bien lo que dicen. Mal podrá el juez dar sentencia en
la causa que no entiende, ni el médico curar la llaga o enfermedad
secreta si no sabe lo que dice el enfermo cuando le hace relación
de lo que padece.[10]

Colegios y Universidades

Los monarcas españoles, según les iban llegando noticias de América, fueron convenciéndose de que, aparte de intentar imponer el

---

[10] F. A. Molina, *El vocabulario en lengua castellana y mexicana*, (prólogo) Casa
de Antonio de Spinosa, México, 1571. El prólogo se repite en la edición de 1555
y en la de 1571.

castellano, no era mala idea enseñarles a los indios el abecé de la fe cristiana en las lenguas que dominaban. Había que explorar esta vía y, en ocasiones, incluso prescindiendo del castellano. Así, en 1536 se fundó el colegio de Santa Cruz de Tlatelolco, la primera institución de educación superior en América, que estaba destinada a dar una buena formación exclusivamente a las élites indígenas como preparación para la universidad. En este colegio se enseñó latín y náhuatl, pero no castellano. Todo iba viento en popa, y tras unos años muy prósperos el experimento educativo terminó naufragando, y es que algunos alumnos empezaban a dominar el latín, incluso redactaban versos heroicos, por lo que algunos colonos empezaron a ver ciertos peligros. ¿Y si del colegio salía un nuevo Lutero con una herejía entre las manos? ¿Tenían estos indios las aptitudes suficientes para no desviarse de la fe verdadera? Por si fuera poco, en 1545 una epidemia acabó con algunos de los alumnos más brillantes. Para evitar la herejía se optó por una solución radical en 1555. A los mestizos, indios y negros se les prohibiría ordenarse sacerdotes.[11]

Las experiencias del colegio de San José de los Naturales y el de Santa Cruz de Tlatelolco fueron prontamente imitadas en Puebla —colegio del Espíritu Santo—, Tepotzotlán —colegio de San Martín—, Pátzcuaro —colegio de San Nicolás Obispo—, Guadalajara, Bogotá, Lima, Cuzco, Santiago y muchos otros lugares. En 1534 ya había ocho colegios de niñas en la Nueva España. Allá donde iban los religiosos españoles se establecía una escuela para los indígenas. Felipe II, en una Real Cédula de 1580, dejaba por escrito que «la inteligencia de la lengua general de los indios es el medio más necesario para la explicación y enseñanza de la Doctrina Cristiana y que los curas y sacerdotes le administren los santos sacramentos. Y hemos acordado, que en las Universidades de Lima

---

[11] S. Muñoz Machado, *Hablamos la misma lengua*, Planeta, Barcelona, 2017, p. 205-207.

y México haya una cátedra de la lengua [indígena] general».[12] En todo momento se procuró hacer un injerto de la vida española en América, poniendo el foco en la conversión espiritual del indígena con el firme propósito de incorporarlo a la vida «civilizada». También encontramos razones más pragmáticas, como la de ofrecer oportunidades educativas para llenar los puestos que demandaba la burocracia virreinal.[13]

La primera universidad del Nuevo Mundo se fundó en La Española en 1538. Fue la Universidad de Santo Tomás de Aquino y se creó mediante bula papal. Tomó como modelo la Universidad de Alcalá de Henares. Sin embargo, las dos universidades más importantes del período virreinal son las de San Marcos de Lima (Perú) y la de México, ambas fundadas en 1551.[14] Fueron creadas por iniciativa de la Corona española y tuvieron carácter de universidades mayores, reales y pontificias.[15] La manera en que se constituyeron y sus estatutos, inspirados en la tradición de las universidades de Salamanca y la ya mencionada Alcalá de Henares, fueron copiados por muchas otras universidades del continente. En total se fundaron veinticinco universidades en América en el lapso de

---

[12] *Recopilación de Leyes de los Reynos de las Indias de 1680*, Libro I, Título 22, Ley XLVI, Centro de Estudios Políticos y Constitucionales y Boletín Oficial del Estado, Madrid, 1998.

[13] C. Tünnermann, *Historia de la Universidad en América Latina. De la época colonial a la Reforma de Córdoba*, Editorial Universitaria Centroamericana, San José, 1991, p. 18.

[14] Los británicos fundaron la universidad de Harvard en América del Norte en 1636, ochenta y cinco años después de la fundación de las dos grandes universidades españolas en el Nuevo Mundo en 1551 —la de Lima y la de México—, aunque no hay que olvidar que la colonización inglesa es más tardía. Peor parada sale Portugal en la comparación, que en trecientos años no implantó ninguna universidad en Brasil.

[15] C. Tünnermann, *Historia de la Universidad en América Latina. De la época colonial a la Reforma de Córdoba*, Editorial Universitaria Centroamericana, San José, 1991, p. 47.

casi tres siglos, y otras dos en Filipinas. A las universidades creadas acudían funcionarios de la administración, hijos de peninsulares, criollos e indios.

(Wikimedia Commons)

Como colofón a este capítulo, quiero recalcar —aunque ya lo haya hecho de manera brillante Santiago Muñoz Machado—, que el poder religioso, aunque en ocasiones derribara ídolos y templos precolombinos, conservó las lenguas indígenas. Y puso gran esmero en ello. En cuanto al español —o castellano—, es cierto que se trató de imponer en América por parte de los monarcas españoles, de una manera muy tibia con los Habsburgo y con un esfuerzo mayor a finales del XVIII por los Borbones. En las puertas de las independencias —siglo XIX— de los más de quince millones de habitantes que tenía por entonces la América española,[16] apenas tres millones dominaban el idioma castellano. Este dato nos revela dos conclusiones:

1. Las políticas de castellanización hasta entonces habían producido resultados muy pobres.
2. La castellanización de Hispanoamérica realmente se produce después de las independencias.

[16] S. Muñoz Machado, *Hablamos la misma lengua,* Planeta, Barcelona, 2017, p. 525.

15

COLÓN:
HÉROE DE LOS RACISTAS

Tras la muerte de George Floyd en mayo de 2020, el movimiento antiracista Black Lives Matter se ensañó con las estatuas de Cristóbal Colón en Estados Unidos. Cristóbal Colón fue el personaje de la historia de España más ultrajado. Pero también hubo otros como Junípero Serra, Juan de Oñate e incluso Miguel de Cervantes que sufrieron la ira de este movimiento por tener ideas presuntamente racistas.

Stephen A. Crockett Jr., editor de opinión del *Huffington Post*, que también escribe para *The Root* —una revista digital que ofrece comentarios y noticias que invitan a la reflexión desde una variedad de «perspectivas negras»—, empezaba así uno de sus artículos:

> Cristóbal Colón es considerado un héroe por los racistas, y con razón. Era un marinero inepto que tropezó con una tierra habitada, la reclamó como propia y luego hizo que la policía, que viajaba con él, matara a todos los que vivían allí por pequeñas infracciones, como trotar, cruzar la calle imprudentemente y dormir, y a los que no pudieron matar cumplieron órdenes de arresto.[1]

---

[1] S. A. Crockett Jr., «Trump: Racists Call It Columbus Day, So I'm Calling It Columbus Day!», *The Root,* 12 de octubre de 2020, https://www.theroot.com/trump-racists-call-it-columbus-day-so-i-m-calling-it-1845346398.

Stephen A. Crockett Jr. continuaba el artículo atacando a Donald Trump por haber defendido el legado de Cristóbal Colón. Decía el presidente de los Estados Unidos en 2020: «Lamentablemente, en los últimos años, los activistas radicales han tratado de socavar el legado de Cristóbal Colón». El articulista de *The Root* improvisaba unas líneas de manera apresurada tras escuchar las declaraciones de Trump en las que se mostraba partidario de que al 12 de octubre se le llame *Columbus Day* y no Día del Pueblo Indígena —como viene siendo cooficial tras el cambio de inquilino en la Casa Blanca—. Crockett mostraba su faceta más azorada pintando un retrato grosero de Trump: el de un chiflado que defiende una «historia racista» muy del gusto de esa deplorable *white trash* que compra sus peregrinas ideas.

Suponemos que al tal Crockett le importa tres cojones faltar a la verdad, pues la historia de España no es una historia asentada sobre ideas racistas.[2] Gregorio Marañón, al prologar un libro de José Pérez de Barradas sobre *Los mestizos de América*, trató este asunto con prosa certera:

> La verdad es que lo étnico ha sido un factor accesorio en el repertorio de nuestras preocupaciones y, sobre todo, que nunca hemos hecho violencia en nombre de la raza. Los españoles, a través de los siglos, buscaron sus razones para pelear —y, ¡ay!, las encontraron a la vuelta de cada esquina— por motivos religiosos, como en toda la larga lucha de moros y cristianos en la Edad Media y, de modo más puro y desinteresado, en los tiempos de la Contrarreforma. Muchas veces lucharon también por razones políticas, ya de carác-

---

[2] Aún así podemos encontrar ejemplos sueltos, como cuando en *Acción Española* se colaban artículos racistas debido al entusiasmo que en algunos españoles empezaba a despertar el III Reich. Un ejemplo es el artículo del eminente doctor Francisco Murillo Palacios titulado «El mejoramiento de la raza, base del engrandecimiento de Alemania».

ter internacional, ya de enconada pugna fraterna. En otras ocasiones, por bravío espíritu de independencia. Jamás por encono racista. Los que tramaron la Leyenda Negra eludieron, como es natural, el tocar este punto, que representa una gloria nada banal en nuestro haber civilizador.[3]

Gregorio Marañón murió sin ver españoles matando en nombre de la raza, una tragedia que acabaría sucediendo poco tiempo después, al calor de las ideas racistas que venían cociéndose a fuego lento dentro del País Vasco. La banda terrorista ETA comenzó su actividad asesina en 1968, ocho años después de que Marañón falleciera. Y esa infame matanza étnica de inspiración revolucionaria, consumada por la izquierda abertzale durante varias décadas, se hizo contra la idea de España, nunca en nombre de España y de los españoles.[4] Es un hecho constatado por Marañón, por Pérez de Barradas y por muchos otros autores que los españoles combatieron durante siglos contra el musulmán, pero jamás se hizo en nombre de la raza, sino de la religión. Y lo mismo ocurrió cuando, en su cruzada particular contra el infiel, el Imperio desbordó los límites de la geografía abriendo nuevos horizontes de expansión de la fe a partir de 1492. Los españoles de todas las clases sociales y durante todo el período de dominio hispánico se mezclaron con los nativos americanos sin reservas de ningún tipo. El americanista Guillermo Céspedes del Castillo lo explicó perfectamente en su libro *América Hispánica*:

---

[3] J. Pérez de Barradas, *Los mestizos de América*, Espasa-Calpe (Colección Austral), Madrid, 1976, pp. 9-10.

[4] Ideas racistas y xenófobas también han existido en el seno de la extrema derecha, como en el Partido Racial Democrático, un partido completamente marginal fundado por unos orates que buscaban hacer algo de ruido después de muerto Franco, y cuya meta era mantener el estatus de la «raza celtibérica», «expulsar a los intrusos gitanos» y «negar permisos de residencia a moros, negros y judíos». Afortunadamente nunca se mancharon las manos de sangre.

Los españoles no concibieron su etnocentrismo en términos de raza, sino de religión ante el infiel y el pagano. Así pues, una mujer india podía ser perfectamente esposa o amante con tal de recibir el bautismo, y un hijo mestizo, si bautizado y legítimo, era cien por cien castellano en las Indias, portugués en Brasil. El verdadero prejuicio en el siglo XVI no fue la raza, sino la ilegitimidad aplicada a todas las razas, la europea incluida; la obsesión peninsular por la limpieza de sangre, que encuentra en Ultramar un eco cierto, aunque muy atenuado, no tiene que ver con el origen racial más que en la medida en que este pueda originar la menor sospecha sobre la pureza religiosa del linaje: lo único importante es ser cristiano viejo e hijo legítimo. Un mestizo reunía estas condiciones si su madre estaba bautizada y casada.[5]

El concepto de superioridad racial es un concepto absurdo en el mundo hispano, pues es imposible discernir una raza pura en un ámbito donde ha habido tanta mezcla biológica, porque al final lo que encontramos son rasgos genéticos hereditarios de todo tipo. Y ojo, lo mismo ocurría en la América precolombina y en mayor o menor medida en muchas partes del mundo. El naturalista español Antonio de Ulloa, que llegó a ser gobernador de Luisiana, en su obra *Noticias Americanas* (1772), escribió: «Visto un indio de cualquier región, se puede decir que se han visto todos», una afirmación completamente errada, pues no se puede sostener que los indios americanos formaran un único grupo racial. El concepto de raza es algo que no goza de ningún prestigio en el ámbito científico y más después de los avances que ha habido en los últimos cien años en el mundo de la genética. También existe cierta prudencia al hablar de diferentes razas humanas después de las espantosas limpiezas raciales que se hicieron en el siglo XX. José Marín

---

[5] G. Céspedes del Castillo, *América Hispánica (1492-1898)*, Marcial Pons, Madrid, 2021, p. 188.

Gonzáles, doctor en Antropología por la Universidad de la Sorbona, dice que «las razas no existen, ni biológicamente ni científicamente. Los hombres por su origen común pertenecen al mismo repertorio genético. Las variaciones que podemos constatar no son el resultado de genes diferentes. Si de 'razas' se tratara, hay una sola 'raza': la humana».[6] Parece, pues, más prudente agrupar en grupos étnicos, en los que también se tienen en cuenta patrones religiosos y culturales, que en razas.

Y que nadie se llame a engaño. Los españoles que desembarcaron en las costas americanas entre los siglos XVI y XVIII no se puede decir que no se sintieran culturalmente superiores, porque así lo sentían. Y también encontramos testimonios en los que afirmaban sentirse biológicamente más capacitados. Para el cronista Fernández de Oviedo, los indios eran «seres inferiores, holgazanes por naturaleza e inclinados al vicio». Pero no encontramos argumentos científicos de raza, simplemente porque la pseudociencia de razas, conocida como «racismo científico», aún estaba en pañales. Sin embargo, la evidencia muestra que por muchos prejuicios que aquellos intrépidos aventureros lanzados a conquistar el Nuevo Mundo pudieran tener, el principio por el que se rigió aquella conquista no fue otro que el mestizaje. Las teorías de la Escuela de Salamanca también sirvieron de guion rector, en donde primaba el deber cristiano de hacer discípulos en todas las naciones. Para Francisco de Vitoria, influenciado por el tomismo, los indios gozan de juicio: «Es manifiesto que tienen cierto orden en sus cosas, puesto que tienen ciudades debidamente regidas, matrimonios reglamentados, magistrados, señores, leyes, artesanos, mercados, todo lo cual requiere uso de razón. Tienen también una especie de religión, y no yerran tampoco en las cosas que para los demás son evidentes». Hubo clérigos de todo tipo, como en la viña del Señor,

---

[6] J. Marín Gonzáles, «Las "razas" biogenéticamente, no existen, pero el racismo sí, como ideología», *Revista Diálogo Educacional*, vol. 4, 9, 2003.

que se encontraron más alejados de aquellas posturas, pero aquella otredad nunca se discutió en términos raciales. Si bien los nativos fueron respetados, gozando de derechos desde una fase muy temprana, cuestión diferente era la de los negros. Fray Tomás de Mercado, también de la Escuela de Salamanca, decía que los negros «no se mueven jamás por razón, sino por pasión»,[7] alejándose de las tesis de Vitoria sobre los indios. Las Casas, al igual que Vitoria, intentó buscar pruebas de racionalidad indígena en la ancestral arquitectura mexicana, siendo contrariado por Sepúlveda, que aducía que las abejas y las arañas también producían estructuras que ningún hombre podía imitar, quedando patente que el pensamiento acerca de los naturales no era ni mucho menos uniforme. Sus posiciones acabarían enfrentadas en la Junta de Valladolid de 1550.

El mestizaje

El mestizo es un producto en el que se difuminan todos los rasgos fenotípicos. Vasconcelos, en una contribución ideológica destinada a mejorar la moral de la raza oprimida, lo denominó «la raza cósmica». Y esta es la mayor contribución de España en América. El venezolano Arturo Uslar Pietri describió el fenómeno del mestizaje de esta manera tan hermosa:

> Lo que vino a realizarse en América no fue ni la permanencia del mundo indígena, ni la prolongación de Europa. Lo que ocurrió fue otra cosa y por eso fue Nuevo Mundo desde el comienzo. El mestizaje comenzó de inmediato por la lengua, por la cocina, por las costumbres. Entraron las nuevas palabras, los nuevos alimentos, los nuevos usos. Podría ser ejemplo de esa viva confluencia creadora aquella

---

[7] Citado en J. Elliott, *El viejo Mundo y el Nuevo (1492-1650)*, Alianza Editorial, Madrid, 2015, p.79.

casa del capitán Garcilaso de la Vega en el Cuzco recién conquistado. En un ala de la edificación estaba el capitán con sus compañeros, con sus frailes y sus escribanos, metido en el viejo y agrietado pellejo de lo hispánico, y en la otra, opuesta, estaba la Ñusta Isabel, con sus parientes incaicos, comentando en quechua el perdido esplendor de los viejos tiempos. El niño que iba a ser el Inca Garcilaso iba y venía de una a otra ala como la devanadera que tejía la tela del nuevo destino.[8]

¿Qué hicieron los anglosajones y otros imperios tildados de «depredadores»?

Se han escrito últimamente algunos ensayos notables contrastando el comportamiento entre ingleses y españoles a la hora de abordar su empresa colonial o imperial. Sin embargo, la literatura comparada no es ni mucho menos reciente. Ahí tenemos el texto clásico de Alexis de Tocqueville, *La democracia en América*, cuya primera parte fue publicada en 1835, que se sumaba a una larga tradición de ejercicios comparativos que se remonta por lo menos hasta el siglo XVI. Afortunadamente este tipo de estudios, que en un principio fueron meramente propagandísticos, se han ido afinando con el tiempo. No es el caso de Tocqueville, que contribuyó a sembrar la confusión:

> La conducta de los americanos de los Estados Unidos hacia los indígenas refleja, por el contrario [en comparación con España], el más puro amor a las formas y a la legalidad. Con tal de que los indios permanezcan en estado salvaje, los americanos no se entrometen en modo alguno en sus asuntos y los tratan como pueblos independientes, no se permiten ocupar sus tierras sin haberlas adquirido

---

[8] A. Uslar Pietri, *En busca del Nuevo Mundo*, Fondo de Cultura Económica, Ciudad de México, 1969, pp. 25-26.

debidamente por medio de un contrato y si, por casualidad, una nación india no puede ya vivir en su territorio, la toman frecuentemente de la mano y la conducen ellos mismos a morir fuera del territorio de sus padres. Los españoles, con ayuda de monstruosidades sin ejemplo, cubriéndose de una vergüenza indeleble (que vivirá tanto como su nombre), no han conseguido exterminar la raza india, ni siquiera impedirle compartir sus derechos. Los americanos de los Estados Unidos han alcanzado ese doble resultado con una maravillosa facilidad, tranquilamente, legalmente, filantrópicamente, sin derramar sangre, sin violar, a los ojos del mundo, uno de los grandes principios de la moral. No se podrían destruir los hombres respetando mejor las leyes de la humanidad.[9]

Resulta cuando menos curioso que «exterminar la raza india» sea visto por el ensayista francés como algo digno de admiración. Eso dice mucho de la mentalidad del siglo XIX. El autor no miente, el exterminio fue real, pero el texto también incurre en algunas falsedades. Como señala Muñoz Machado, Tocqueville se equivocaba, pues «no es verdad que [los ingleses y luego los colonos norteamericanos] actuaran contra los indios tranquilamente y sin derramar sangre», aunque sí es cierto que «encubrieron sus acciones en una apariencia de estricta legalidad».[10] Mientras que la conquista española se sustentó en origen en una donación papal, la colonización inglesa estuvo respaldada por la propiedad de la tierra cultivada. El que trabajaba la tierra y la destinaba a explotarla agrícolamente pasaba inmediatamente a ser el propietario. Eso llevó a declarar *res nullius* a todas las tierras que fueran de paso y no estuvieran sometidas a una explotación productiva. John Locke, en su *Second Treatise of Government* (1690), construyó un tratado de la

[9] S. Muñoz Machado, *Civilizar o exterminar a los bárbaros*, Crítica, Barcelona, 2019, p. 92.

[10] Ibídem.

propiedad que sirvió de sustrato legitimador a los colonos de Norteamérica. Muñoz Machado repara en que «la misión americana de los ingleses no eran los indios, su civilización y cristianización, sino las tierras, su cultivo y mejora, para extraer de ellas la riqueza con que Dios las había creado», pero también trata de probar que pese a las patrañas vertidas por los ilustrados franceses, o el mismo Tocqueville un siglo más tarde, en cuanto al pensamiento jurídico y político no hay diferencias sustanciales entre el modelo español y el modelo inglés, para empezar porque «los escritores ingleses tuvieron a mano y siguieron de cerca la mayor parte de las doctrinas sostenidas por los juristas y teólogos españoles». De hecho, y siguiendo el canon tomista-vitoriano de «guerra justa», cuando los ingleses vieron que el grado de incivilidad era suficiente como para justificar una acción armada, no se arredraron y la llevaron a cabo sin contemplaciones.

Es fácil perderse si uno intenta abordar la colonización inglesa desde un marco jurídico, ya que el repertorio de procedimientos de adquisición de tierras fue muy variado. Conviene mejor ir a los números. Dos capítulos atrás hemos demostrado que no hubo ningún genocidio en América materializado por españoles. Y dimos una serie de cifras sobre la población mestiza en los países hispanos. Hagamos el ejercicio de confrontar esas cifras del imperialismo español con las del colonialismo inglés o francés. *The World Factbook* registra que en Canadá hay un porcentaje de indios de un 4,4 por ciento; en los Estados Unidos es 1,3 por ciento.[11] Aquí la información étnica se presenta de otra manera. No hay datos de

---

[11] No se incluyen los hispanos porque la Oficina del Censo de Estados Unidos considera que los hispanos son personas de origen español/hispano/latino, incluidas las de origen mexicano, cubano, puertorriqueño, dominicano, español y centro o sudamericano que viven en los Estados Unidos y pueden ser de cualquier raza o grupo étnico —blanco, negro, asiático, pueblo nativo originario o mezcla de alguno de estos—. De todas formas, se estima que el 18,7 por ciento de la población total de Estados Unidos es hispana, según datos de 2020.

población mestiza, algo que tiene su lógica, ya que no tiene mucho sentido hablar de mestizos porque el colonialismo «depredador» de franceses e ingleses no era muy partidario de mezclarse con la población local. Cuando pudo, los exterminó o los confinó en reservas practicando aquella máxima que decía que «en las colonias inglesas los únicos indios buenos eran los indios muertos». Así que nuestra mejor apología, la de los hispanos, no es la del genocidio, sino la del mestizaje como bien indicó el historiador Venancio Diego Carro:

> Ahí está la misma permanencia de los indígenas de Hispano-América, que superan en mucho a los existentes en los países civilizados por otras naciones europeas. La cara de muchos hispano-americanos es un documento viviente y nuestra mejor apología.[12]

En el siglo XVI asistimos a la primera aplicación del concepto racial de una nación cuando Edmund Spenser habla de la «*english race*» de un caballero sajón en *The Faerie Queene* (1589). En 1684, el médico francés François Bernier utilizaba por vez primera el término aplicándolo a las razas humanas.[13] Estos atisbos de protorracismo en la Edad Moderna pudieron llegar después de que entre los siglos XIII y XV, tras mucho tiempo de olvido, se recuperase el pensamiento taxonómico-biológico de Aristóteles.[14] También es atribuible a ese renacer aristotélico la obcecación por la pureza de sangre en los cristianos viejos, un prejuicio absurdo y obsesivo que no había formado parte hasta entonces de una doctrina cristiana dirigida siempre «a todas las gentes». La barrera divisoria estaba

---

[12] V. D. Carro, *La Teología y los teólogos-juristas españoles ante la Conquista de América*, Biblioteca de teólogos españoles, Salamanca, 1951, p. 9.

[13] F. Bernier, «Nouvelle division de la terre par les différentes espèces ou races d'hommes qui l'habitent», In: *Journal des sçavans*, vol. 6, 1684, pp. 133–140.

[14] M. Eliav-Feldon, B. Isaac, J. Ziegler, *The Origins of Racism in the West*, Cambridge University Press, Cambridge, 2013.

entre cristianos y paganos —bárbaros—, pero nunca en la línea sanguínea. Ya en el siglo XVIII empiezan a incubarse las bases del racismo. El zoólogo sueco Carlos Linneo, en 1735, plantea en su *Systema naturæ* un catálogo de especies humanas —*americanus, europeanus, asiaticus, africanus y monstrosus*— asignándoles características fisionómicas y psicológicas. En 1753, uno de los grandes filósofos ilustrados, el escocés David Hume, declaró:

> Me inclino por sospechar que los negros son por naturaleza inferiores a los blancos. Apenas ha habido nunca una nación civilizada de ese color de piel, y ni siquiera un individuo eminente en la acción o en la especulación. No existen entre ellos fabricantes ingeniosos, y no cultivan las artes ni las ciencias. Por otra parte, los más rudos y bárbaros de los blancos, como los antiguos germanos o los tártaros actuales, tienen sin embargo algo eminente: su valentía, su forma de gobierno o algún otro particular. Una diferencia tan uniforme y constante no podría darse a la vez en tantos países y épocas si la naturaleza no hubiese establecido una diferencia original entre estas estirpes humanas. Por no mencionar nuestras colonias, hay esclavos negros dispersos por toda Europa, de los que ninguno ha mostrado jamás ningún signo de ingenio, mientras que, entre nosotros, gente baja, sin ninguna educación, llega a distinguirse en todas las profesiones. En Jamaica se habla de un negro que es un hombre de talento. Pero es probable que se le admire por logros menores, como a un loro que llega a pronunciar algunas palabras inteligibles.[15]

Thomas Jefferson, tercer presidente de los Estados Unidos de América, persona docta y respetable, miembro de una élite ilustrada, afirmó en sus «Notas»: «Con gran timidez podemos arriesgar la opinión de que [los negros] son inferiores en cuanto facultades de

---

[15] D. Hume, *Ensayos morales, políticos y literarios*, Colección Clásicos Universales de Formación Política Ciudadana, México, 2018, p. 175.

razón e imaginación». A partir de la Revolución Francesa se le empezó a dar una pátina científica a esas ideas que tenían Hume, Jefferson y otros intelectuales. Johann Friedrich Blumenbach (1752-1840) se convirtió en pionero de una nueva rama «científica» llamada «antropología física» en la Universidad de Göttingen, al sostener en su *Collectionis Suae Craniorum Diversarum Gentium Illustratae Decades* (*Partes ilustradas de su colección de cráneos de varios pueblos*, 1790-1828) que, a pesar de existir una unidad en el género humano, se podían introducir elementos clasificatorios dentro de él. Vinculando pigmentación de piel e identidad surgió la división en cinco «razas humanas» que Blumenbach clasificó como: la caucásica, etíope, americana, mongola y malaya. Esta división en el siglo xix se asoció con una paleta de colores: blanco, negro, rojo, amarillo y café, con lo blanco en la cúspide.[16] Llegaba la siniestra obsesión de aplicar colorímetros y medir los cráneos, y el racismo científico, que de científico no tenía nada. En 1853, el francés Joseph Arthur Gobineau publicó *Ensayo sobre la desigualdad de las razas humanas*, la obra cumbre de la filosofía racista, un libro que pasó desapercibido hasta que el músico Richard Wagner y su círculo lo empezaron a publicitar en Alemania.[17]

Con el tiempo, la praxis colonizadora —en ciertos ámbitos, incluido el anglosajón— se acabó sustentando en la convicción de una superioridad racial asociada al progreso, después materializada en un aislamiento de las razas que consideraban inferiores y, por supuesto, con la idea de no mezclarse con los pueblos que iban subyugando a su paso, lo que muchas veces devenía en exterminio. Lo vemos, por ejemplo, cuando a mediados del siglo xix los Estados Unidos ya se estaban planteando comprar la isla de Cuba a los

---

[16] L. Knauth, «Los procesos del racismo. Desacatos», *Revista de antropología social*, 4, México, 2000, pp. 13-16.

[17] El libro ve la luz por primera vez en España en mitad de la Guerra Civil. Lo publica en 1937 una editorial progresista, la editorial Apolo. Y lo hace en Barcelona, zona republicana.

españoles. *The Northern farmer* en 1853 decía que no la querían ni regalada por razones como la siguiente:

> Nuestros oficiales enviados allí para hacer cumplir la ley de nuestro país estarían en constante peligro de perder la vida a manos de los naturales de España, que apuñalan a un hombre con tan poca compunción como matarían a un reptil.[18]

La asunción del español como hombre cruel y despiadado no es más que la constatación de un estereotipo muy de la época, pero no es lo que aquí nos interesa, solo lo destacamos como curiosidad. Pasemos a otra noticia. El periódico *The Manufacturer* de Filadelfia traía en marzo de 1889 una columna en la que se hacía una serie de preguntas al respecto de lo de Cuba en donde se aprecia el racismo anglosajón en todo su esplendor.[19] Por una parte, alababan las cualidades naturales y geográficas de aquella hermosa isla cercana a Florida. Pero, por otra, alertaban al lector de no dejarse seducir por aquellas bondades. Comprar la isla de Cuba a los españoles suponía un error garrafal:

> Pero el asunto tiene otro aspecto. ¿Cuál será el resultado de la tentativa de incorporar a nuestra comunidad política una población tal como la que habita la Isla? Ni un solo hombre entre ellos habla nuestro idioma. La población se divide en tres clases: españoles,

---

[18] *The Northern Farmer*, agosto 1853, Nueva York.

[19] María de Guzmán, de la Universidad de Carolina del Norte en Chapel Hill, analiza en *Spain's Long Shadow* la creación de la etnia blanca angloamericana como algo específico y excluyente del estadounidense: «Desde finales del siglo XVIII hasta mediados del XIX, los usos de la Leyenda Negra comenzaron a configurar una tipología racializada del "español" que fijó el temperamento y el carácter a los signos físicos externos de la piel, la fisonomía y el comportamiento físico» (M. de Guzmán, *Spain's Long Shadow. The Black Legend, Off-Whiteness, and Anglo-American Empire*, University of Minnesota Press, Mineápolis, 2005, p. 6). Esta visión convivió durante un tiempo con la de los hispanófilos estadounidenses que traían una revisión romántica de la cultura española.

cubanos de ascendencia española, y negros. Los españoles están probablemente menos preparados que los hombres de ninguna otra raza blanca para ser ciudadanos americanos. Han gobernado a Cuba siglos enteros. La gobiernan ahora con los mismos métodos que han empleado siempre, métodos en que se juntan el fanatismo a la tiranía, y la arrogancia fanfarrona a la insondable corrupción. Lo menos que tengamos de ellos será lo mejor. Los cubanos no son mucho más deseables. A los defectos de los hombres de la raza paterna unen el afeminamiento, y una aversión a todo esfuerzo que llega verdaderamente a enfermedad. No se saben valer, son perezosos, de moral deficiente, e incapaces por la naturaleza y la experiencia para cumplir con las obligaciones de la ciudadanía en una república grande y libre. Su falta de fuerza viril y de respeto propio está demostrada por la indolencia con que por tanto tiempo se han sometido a la opresión española; y sus mismas tentativas de rebelión han sido tan lastimosamente ineficaces que se levantan poco de la dignidad de una farsa. Investir a semejantes hombres con la responsabilidad de dirigir este gobierno, y darles la misma suma de poder que a los ciudadanos libres de nuestros Estados del Norte, sería llamarlos al ejercicio de funciones para las que no tienen la menor capacidad.

En cuanto a los negros cubanos están claramente al nivel de la barbarie. El negro más degradado de Georgia está mejor preparado para la Presidencia que el negro común de Cuba para la ciudadanía americana. Podríamos arreglarlo de modo que la Isla quedase como un territorio o una mera dependencia; pero en nuestro sistema no hay lugar para cuerpos de americanos que no sean, o que no puedan aspirar a ser, ciudadanos.

La única esperanza que pudiéramos tener de habilitar a Cuba para la dignidad de Estado, sería americanizarla por completo, cubriéndola con gente de nuestra propia raza; y aún queda por lo menos abierta la cuestión de si esta misma raza no degeneraría bajo un sol tropical y bajo las condiciones necesarias de la vida de Cuba. Estos son hechos que merecen cuidadosa atención antes de que se consume ningún proyecto para la adquisición de la Isla. Podríamos hacernos de Cuba a un precio muy bajo, y pagarla todavía cara.[20]

Estas calumnias fueron debidamente contestadas por José Martí en una carta pública —*Vindicación de Cuba*— en la que defendía con ardor que «ningún cubano honrado se humillará hasta verse recibido como un apestado moral» —dirigida al periódico *The Evening Post* de Nueva York[21] que aquí no reproduciremos porque no viene al caso—. Lo que nos interesa es evidenciar esa mentalidad anglosajona, plasmada en el escrito de *The Manufacturer,*

«School Begins», semario *Puck* (25 de enero de 1899). Caricatura en la que Filipinas, Hawái, Puerto Rico y Cuba son representados como niños morenos, salvajes y malcriados a los que hay que educar con mano dura. Detrás están los disciplinados niños blancos estadounidenses y en un segundo plano podemos ver a un niño negro limpiando la ventana, un niño indio leyendo un libro al revés y otro niño chino esperando en la puerta (Wikimedia Commons).

---

[20] Fragmento de «¿Queremos a Cuba?», *The Manufacturer*, 16 de marzo de 1889, Filadelfia.

[21] R. Eduardo Chao, *Rescatando a Martí*, Dupont Circle Editions, Washington, 2016, p. 326.

que habla de cubrir la isla con su propia raza, una raza que estiman superior, mucho mejor preparada que la de los españoles, y por supuesto que la de los cubanos y los negros.

La concepción anglosajona de la raza es contraria al mestizaje y está en las antípodas del espíritu con el que se acabó forjando la Hispanidad. Ramiro de Maeztu defendía que el valor de la Hispanidad consistió en «incorporar las razas de color a su propia civilización cristiana»:

> Ningún otro pueblo lo ha logrado. Ni Inglaterra con sus «hindús», ni Francia con sus bereberes, ni Holanda con sus malayos, ni los Estados Unidos con sus aborígenes y negros, como no sea para confinarlos en reservados, o en un *status* de inferioridad.[22]

Pero por mucho que se insista no hay manera de que entre en algunas cabezas. Los activistas seguirán a lo suyo, como es el caso de Tenoch Huerta, que, si bien conoce perfectamente las diferencias entre el «racismo segregacionista estadounidense» y la mezcla genética de los hispanos, eso no le impide tirar de demagogia cuando considera necesario. Para quien ande un poco despistado, Tenoch Huerta Mejía es un activista y actor mexicano que ganó fama mundial interpretando a Namor en la película de la factoría Marvel *Black Panther: Wakanda Forever*. Según el diario *El Mundo*, es «el primer superhéroe Marvel hispano y de izquierdas» y opina que «no está de más que España pida perdón por su pasado en América». El 13 de octubre de 2022, tras el Día de la Hispanidad, como buen activista mexicano de izquierdas dejó plasmada su necedad —o quizá malicia— en un tuit: «¿Ustedes le pedirían al pueblo judío celebrar a Hitler? ¿Entonces por qué nos piden celebrar a Colón y el exterminio de nuestros abuelos?».

---

[22] R. de Maeztu, «El valor de la Hispanidad», *Acción Española*, 16 de abril de 1932, Tomo II, 9, pp. 225-232.

El caricaturista mexicano Paco Calderón salió rápido al quite, reprochándole: «Colón y los que con él vinieron también son tus abuelos». Pero habría que ir más lejos con el reproche, ya que los españoles que llegaron a América tenían órdenes de mezclarse con los nativos y así se hizo. ¿Acaso Hitler fomentó el mestizaje entre arios y judíos?

16

FELIPE II,
DEMONIO DEL MEDIODÍA

El marqués de Langle describió a finales del siglo XVIII la honda impresión que le causó visitar los madrileños jardines del Buen Retiro y contemplar su degradación. Al pararse frente a una estatua de Felipe II que quedaba en pie, hace el siguiente comentario:

> Este Felipe es admirable y da miedo: tiene las cejas, la frente, los ojos, la mirada de un malvado, de un tirano, de un monstruo. Es él. Lo veo, está meditando algún crimen; madura, oculta algún odio, alguna maquinación; va a abrir la boca para ordenar una matanza, para dictar al duque de Alba una sentencia de muerte.[1]

Esta imagen de Felipe II que describe Langle fue dominante fuera de España. El marqués ni siquiera tuvo que pisar suelo español para hacer una descripción tan vívida. Hablaba de oídas y aun así profería calumnias a diestro y siniestro. No importaba. Ese era el retrato de Felipe II que los lectores franceses demandaban. Langle, como todos los ilustrados de su época, había leído a Voltaire. Fue Voltaire en su *Essai sur les moeurs et l'esprit des nations* el que motejó a Felipe II con el apelativo de «Demonio del Sur» por estar España situada en el sur de Europa. A pesar de su sarcasmo, no se anduvo con bromas:

---

[1] J. M. J. Fleuriot, *Voyage de Figaro en Espagne*, Saint-Malo, 1784, pp. 22-23.

Para formarse idea exacta de Felipe II es preciso preguntarse lo que es un soberano que afecta ser piadoso y a quien el príncipe de Orange, Guillermo, echa en cara públicamente en su manifiesto, un matrimonio secreto con Doña Isabel Ossorio cuando casó con su primera mujer, María de Portugal. A la faz de Europa le acusa el mismo Guillermo del parricidio de su hijo y del envenenamiento de su tercera esposa, Isabel de Francia. Se le acusa de haber obligado al príncipe de Ascoli a casarse con una mujer que estaba encinta del propio rey. No es cosa de fundarse en el testimonio de un enemigo, pero este enemigo era un príncipe respetado en Europa, que envió su manifiesto y sus acusaciones a todas las Cortes. ¿Era el orgullo o era la fuerza de la verdad lo que impidió que Felipe II contestase al manifiesto? ¿Podía despreciar aquel documento cual si fuese un obscuro libelo compuesto por un vagabundo? Añádanse a estas acusaciones demasiado auténticas, los amores de Felipe con la mujer de su favorito Rui Gómez, que había asesinado a Escobedo por orden suya; recuérdese que es ese mismo hombre que no hablaba más que de su celo por la religión y que todo lo sacrificaba a este celo.[2]

Sobre la Inquisición y Felipe II:

Su principio fundamental fue dominar a la Santa Sede y exterminar en todas partes a los protestantes. En España había algunos. Prometió solemnemente ante un crucifijo destruirlos a todos y cumplió su voto: la Inquisición le secundó perfectamente. En Valladolid quemaron a todos los sospechosos, y Felipe, desde los balcones de su palacio, contemplaba su suplicio y escuchaba sus gritos.[3]

---

[2] Voltaire, *Essai sur les mœurs II*. Œuvres complètes de Voltaire, Garnier Frères, Libraires-Éditeurs, París, 1878 (publicado por primera vez en 1756), p. 459.

[3] Ibídem, p. 463.

Concluye diciendo: «Este espíritu de crueldad y el abuso de su poder debilitaron su inmenso poderío».[4]

El príncipe don Carlos

El punto más negro en la biografía de Felipe II es el presunto parricidio de su hijo y heredero, el príncipe don Carlos, algo que nunca se ha demostrado como cierto. No importa; la imagen de un rey matando a un hijo es lo suficientemente evocadora como para que artistas y literatos no hayan renunciado al material de primerísima calidad que una tragedia como esta concita. Las extrañas circunstancias que rodean su muerte en prisión en 1568 dieron pie a todo tipo de macabros rumores. La desdicha del príncipe es el tema central del libreto de Friedrich Schiller, *Don Carlos* (1787), una historia que el compositor romántico Giuseppe Verdi llevaría a la ópera, estrenándose en París en 1867 en presencia de Napoleón III y de Eugenia de Montijo, y alcanzando con los años un éxito formidable. Una versión revisada fue estrenada en la Scala de Milán en 1884.

Gran parte de las fuentes documentales que se han utilizado para explicar las razones del encarcelamiento y muerte de Don Carlos son apócrifas, aunque hayan sido empleadas con auténtica devoción por algunos autores como Juan Antonio Llorente o Gerardo Moreno Espinosa, e incluso por el gran Manuel Fernández Álvarez. Al final es muy difícil discernir qué es real y qué es ficticio en la vida del príncipe debido a un sobreexceso de información. Lo que sí sabemos es que Felipe II no tuvo una relación fácil con su hijo Carlos. Nunca se entendieron demasiado bien, cosa que no ocurrió con sus hijas Isabel Clara Eugenia y Catalina

---

[4] Ibídem, p. 464.

Micaela.[5] Al príncipe Carlos le molestaba que su padre no le tuviera en consideración o que aplazara su entrada en las decisiones de gobierno. Esto le sacaba de quicio y se comportaba de manera arrogante y desdeñosa con los cortesanos para llamar la atención. Era huérfano de madre —ya que María Manuela de Portugal, primera esposa de Felipe II, murió tras el parto—. Tampoco creció en compañía de su padre, que hubo de pasar largas jornadas fuera de España. Le educaron familiares cercanos y dio pronto la impresión de ser un malcriado, o al menos es lo que se evidenciaba de su comportamiento extravagante, como si de un niño mimado y consentido se tratara. Con la esperanza de que su actitud mejorara, fue enviado a estudiar a la Universidad de Alcalá de Henares junto a su tío Juan de Austria y a su primo hermano Alejandro Farnesio.

Aunque su conducta era diferente a la del resto, nunca mostró capacidades intelectuales que hicieran pensar en un retraso cognitivo. De todas formas, no se comportaba con la madurez que exigía ser el aspirante al Imperio más grande del planeta, y esto inquietaba en palacio. En 1562, estando en Alcalá, pretendió cortejar a una moza y tuvo la mala fortuna de caerse por una escalera, quizás por la diferencia de longitud en sus piernas. En los intentos por sanarle, se le practicó una trepanación y estuvo al borde de la muerte. Incluso se le colocó la momia de fray Diego de Alcalá a los pies de su cama para ver si se recuperaba. Y mejoró. Felipe recibió la noticia exultante de alegría y celebró la curación repartiendo limosnas, perdonando delitos de deudas y pidiendo la canonización de Diego de Alcalá por haber obrado el milagro.

Cuando el príncipe empezó a hacer vida normal tras la convalecencia, pesaba 33 kilos, un peso alarmante para un muchacho de diecisiete años. El rey quiso darle un voto de confianza prepa-

---

[5] E. Martínez Ruiz, *Felipe II. Hombre, rey, mito*, La Esfera de los Libros, Madrid, 2020, p. 405.

rándole en el camino de la sucesión, pero seguía manifestando inquietantes cambios de humor. Un embajador expresó sobre el príncipe: «Tiene un temperamento impulsivo y violento, y que a menudo pierde los estribos; dice cualquier cosa que se le pasa por la cabeza, libremente y sin tino, sin pararse a pensar a quién puede ofender». Sin embargo, resaltó su memoria, religiosidad y capacidad de raciocinio. Pero el tiempo pasaba y el rey seguía sin tener claro que don Carlos fuese a ser un buen monarca, lo que le causaba impotencia y frustración. El comportamiento del príncipe era indigno. Amenazaba a su mayordomo y a otros cortesanos, maltrataba a los animales de manera cruel...[6] En una ocasión empujó a un paje por una ventana porque no le había agradado su conducta. Otro percance sonado fue cuando intentó matar a su tío don Juan de Austria tras haber intentado compincharse con él para escapar de la corte y reunirse con Ana de Austria. Por supuesto, don Juan puso sobre aviso al rey, desatando la ira del irritable príncipe.

El intento del príncipe de matar a don Juan desencadenó su prisión. No se le abrió al hijo del rey ningún proceso como algunos han sostenido.[7] El príncipe don Carlos murió en la cárcel un 24 de julio de 1568. Tenía veintitrés años. Durante ocho jornadas seguidas se celebraron exequias funerarias. En 1573, el féretro se trasladó al panteón del monasterio de El Escorial. La teatralidad ceremonial, sin embargo, contrasta con el silencio informativo, evitando en todo momento airear demasiados detalles de la defunción, prueba de que se quiso dar un rápido carpetazo al penoso asunto. Hubo un relato oficial que el rey envió a los Consejos donde se explicaban las causas del deceso del príncipe:

---

[6] P. Gachard, *Don Carlos y Felipe II*, Swan, San Lorenzo de El Escorial, 1984, p. 280.

[7] «Nos vemos obligados a relegar al mundo de las fábulas el famoso proceso contra don Carlos y cuanto se urdió en torno suyo», explica Louis-Prospére Gachard, el primer gran investigador en el siglo XIX, sobre Felipe II y don Carlos (P. Gachard, *Don Carlos y Felipe II*, Swan, San Lorenzo de El Escorial, 1984, p. 342).

El príncipe don Carlos y *el duque de Alba*. Óleo de José Uría y Uría. El cuadro muestra una rabieta de don Carlos al saber que no va a mandar sobre las tropas de Flandes. El duque de Alba le trata de controlar (Museo del Prado).

... con la ocasión del calor del verano y con la confianza de su complexión y edad, hizo algunos notables desórdenes en lo que tocaba a su sanidad, andando de continuo desnudo, casi sin ningún género de ropa y descalzo en la pieza del aposento donde estaba muy regada, y durmiendo algunas noches al sereno sin ropa ninguna, y con esto bebiendo grandes golpes de agua muy fría con nieve en ayunas y de noche, y aun metiendo muchas veces en la cama la misma nieve, comiendo con desorden y exceso frutas y otras cosas contrarias a su salud.[8]

Guillermo de Orange, en su *Apología* (1580), fue el primero en acusar formalmente a Felipe II de matar a su hijo, presunta-

---

[8] Archivo General de Simancas, Estado, legajo 906, folio 172. Citado en G. Moreno Espinosa, *Don Carlos. El príncipe de la leyenda negra*, Marcial Pons, Madrid, 2006.

mente para obtener una dispensa papal para casarse con su sobrina
Ana de Austria, con la que contrajo matrimonio en cuartas nupcias. Según el príncipe de Orange, para que el rey lograse afianzar
ese matrimonio necesitaba deshacerse de dos personas que le
estorbaban: su tercera esposa —Isabel de Valois— y el príncipe
heredero, Carlos. En 1673 apareció en Amsterdam una novela histórica titulada *Dom Carlos* escrita por César Vichard, abad de Saint-
Réal. El tema del asesinato del primogénito de Felipe II ya había
sido difundido por Guillermo de Orange, Antonio Pérez o Pierre
de Brantôme, pero hasta que Saint-Réal escribió su novela, como
aseguró el historiador Joseph Pérez, no podemos realmente hablar
de una verdadera explotación del parricidio.[9] Fue esta versión la
que inspiró el drama en verso de Thomas Otway titulado *Don
Carlos, príncipe de España* (1676) y el libreto de Schiller (1787), que
a su vez serviría de base para la ópera de Verdi (1867). La novela de
Saint-Réal tuvo un impacto enorme, ya que contenía todos los
ingredientes de un gran melodrama shakesperiano. El príncipe
aparece como un joven sano e idealista que simpatiza con los
rebeldes flamencos conectando con el ideario de su abuelo, el
emperador Carlos V, que —según el autor— estaba impregnado de
protestantismo. El nieto del emperador queda como la última
esperanza de que triunfe la noble causa de los protestantes. Felipe
II viene a ser el gran obstáculo que se interpone entre abuelo y
nieto. También crea una trama en la que don Carlos está locamen-
te enamorado de la reina Isabel de Valois y además es correspondi-
do. El rey acaba enterándose de los sentimientos que unen a
ambos. Tras el disgusto causado, Felipe madura bien qué hacer y
ordena que sea juzgado. Es cuando entra en escena la Inquisición.
Al príncipe no le queda otra salida que la muerte y se le ofrece
cómo morir. Finalmente decide cortarse las venas en el baño
mientras contempla una miniatura de Isabel. Meses después, el rey

[9] J. Pérez, *La leyenda negra*, Gadir, Madrid, 2009, p. 71.

intenta envenenar a su esposa, que acaba muriendo alumbrando a un bebé muerto.

Afirma García Cárcel:

> La obra de Saint-Réal se convirtió en el gran cajón de sastre donde concluyeron todos los relatos previos sobre Don Carlos y, desde luego, ha sido la cantera de todas las pintorescas imágenes que se han trazado después sobre el príncipe.[10]

Guillermo de Orange

El príncipe Guillermo de Orange-Nassau fue el principal líder de la rebelión protestante de los Países Bajos contra el dominio español en el siglo XVI. Había sido educado en Bruselas, en la religión católica, como protegido de Carlos V. Aunque en un principio fue leal a Felipe II, su fama se la debe a su lucha contra la tiranía española que representaba su rey. Hoy, Guillermo de Orange es considerado un auténtico héroe nacional en los Países Bajos. Un ejemplo lo tenemos en su himno, el himno nacional más antiguo del mundo, que fue escrito en honor al príncipe Guillermo —*Het Wilhelmus*—. Habla de la lucha del cabecilla rebelde, de su amor a su patria, de su compromiso con la libertad y de cómo es guiado por Dios para combatir la opresión del monarca español. El conflicto hispano-holandés difundió toda una gama de estereotipos que ya existían en la Leyenda Negra alemana e italiana —anticatolicismo, impureza religiosa y de sangre de los españoles, crueldad extrema...— valiéndose de la imprenta como eficaz instrumento dentro de una guerra propagandística, o guerra de papel. Y añadió otros nuevos como el antifelipismo.

---

[10] R. García Cárcel, *El demonio del sur. La leyenda Negra de Felipe II*, Cátedra, Madrid, 2017, p. 306.

En los Países Bajos, de manera maliciosa, se había construido la falsa leyenda de que el rey Felipe II quería implantar la Inquisición en aquellos territorios, un mito que hasta hace nada los historiadores holandeses daban por cierto. Lo que sí se estaba gestando era una rebelión nobiliaria contra el poder del monarca. En 1567, Felipe II mandó a Fernando Álvarez de Toledo y Pimentel, III duque de Alba de Tormes, a los Países Bajos a fin de resolver los problemas de esta parte de su Imperio, donde el protestantismo calvinista avanzaba sin tregua. Acabó sustituyendo en la gobernación a Margarita de Parma, hermana de Felipe II, porque supuestamente no había conseguido controlar con eficacia el brote iconoclasta de 1566, donde los calvinistas neerlandeses se habían dedicado a destruir imágenes religiosas en iglesias y monasterios católicos, mientras las prensas editaban con premura imágenes en las que el papa de Roma figuraba como la ramera de Babilonia que cabalga sobre la bestia de siete cabezas.[11] El duque de Alba estableció el Tribunal de los Tumultos[12] y algunos de los responsables de los disturbios que se habían producido un año antes fueron sentenciados a muerte. Entre ellos figuraban el conde de Egmont y el conde de Horn, considerados traidores. Hablamos de dos hombres de Estado que en su momento habían prestado servicio a Felipe II de manera honorable. Eran figuras enormemente queridas en su tierra, pero tras la llegada del duque de Alba, que simplemente se limitaba a obedecer las órdenes de su rey, su cabeza terminó expuesta en la plaza pública de Bruselas. Una imagen terrorífica que causó temor e indignación a partes iguales. El duque de Alba pasó a ser un «perro de presa» en los panfletos protestantes, un «duque de hierro», y fue representado como un

---

[11] M. Prieto, *La guerra de papel. Origen iconográfico de la Leyenda Negra*, Modus Operandi, Madrid, 2020, p. 187.

[12] Hugo de Schepper calcula que hubo 1.073 sentencias de muerte y otras 11.130 sentencias de exilio.

corrupto, un «animal, tigre, moro y marrano»,[13] amén de un sanguinario sin escrúpulos que incluso devoraba niños. Las autoridades claramente subestimaron el poder de estos impresos que se pusieron en circulación en los Países Bajos con una velocidad pasmosa. Se distribuían en las librerías, en las iglesias e incluso en la calle. Debido a que el coste de impresión era relativamente bajo, la gente común también tuvo la oportunidad de adquirir folletos propagandísticos.

Cuando el duque de Alba aplacó la resistencia de los rebeldes, Guillermo de Orange huyó a Dillenburg, su ciudad natal. Etiquetado como rebelde, endeudado y deshonrado, trató de recuperar su posición y colaboró activamente en la difusión de panfletos, octavillas, grabados y duras hojas volanderas difamatorias. En 1568 arranca oficialmente la guerra de los Ochenta Años —o Guerra de Flandes—, que es vista por historiadores de distintas épocas como uno de los episodios más desatinados de la historia española, en donde en ocasiones el rey Felipe, mal asesorado, actuó con precipitación y torpeza —dicho incluso por coetáneos católicos como Benito Arias Montano, bibliotecario del Real Monasterio de El Escorial—. El conocido como «rey prudente» demostró ser de lo más imprudente y sus decisiones solo sirvieron para avivar la rebelión que, con la Unión de Utrecht de 1579, en la que se constituía la Confederación de las Provincias Unidas de los Países Bajos, se hace imparable. Un año antes se había publicado la *Brevísima* de Las Casas con enorme éxito.

Animado por el cardenal Granvela, en 1580 Felipe II emitió contra el cabecilla rebelde Guillermo de Orange un edicto de proscripción, acusándole de ingratitud, herejía y alta traición. La sentencia fue promulgada por Alejandro Farnesio. En ella, el príncipe de Orange pasaba a ser un «Judas», un «Caín» y un «enemigo del género humano». Eran palabras muy gruesas y, por si fuera poco, también se

---

[13] R. García Cárcel, *El demonio del sur. La leyenda Negra de Felipe II*, Cátedra, Madrid, 2017, p. 211.

ofrecía un cargo nobiliario y una recompensa de 25.000 escudos a quien lo entregase o asesinase. Con la ayuda de un hugonote francés, Guillermo de Orange no se amilanó y se puso manos a la obra redactando una *Apología*[14] en la que rebatía una por una las acusaciones vertidas en el edicto hacia su persona. Se defendió de las inculpaciones contraatacando sin pruebas. De esta manera, Felipe II era señalado por su extrema crueldad, violencia, despotismo, traición y deslealtad para con sus súbditos, adjetivos que en ocasiones extiende a los impuros españoles, contaminados por la mezcla racial. Y, además, arruinaba la reputación del rey llamándole adúltero y bígamo, atribuyéndole también el haber mantenido una relación incestuosa con su sobrina. El rey era descrito como un tirano sin escrúpulos, al que no le había temblado el pulso a la hora de planear varios asesinatos dentro de su entorno familiar, como el de su hijo y heredero el príncipe Carlos o el de su tercera esposa Isabel de Valois. Estas dos últimas acusaciones, las más personales y graves, no tenían ningún fundamento, pero pronto tendrían una amplia difusión en todas las cortes europeas.

La *Apología* fue traducida a varios idiomas. En diciembre de 1580, el mismo año de su composición, se hizo una lectura pública del texto en una reunión de los Estados Generales en la ciudad de Delft, por lo que se amplificó su impacto, creando un fuerte rechazo hacia la soberanía española. Al año siguiente —1581— se publica el Acta de Abjuración —*Plakkaat van Verlatinghe*—, en el que varias provincias de los Países Bajos deponen a Felipe II como su gobernante. A día de hoy es un documento muy valioso en Holanda que se suele exhibir como Acta de Independencia. En 2014, el primer ministro holandés, junto al director del RijksMuseum, le enseñó a Barack Obama el manuscrito en visita oficial. La historia de Holanda nace de la escisión de la monarquía española, igual que los Estados Unidos nacen de la escisión del Reino Uni-

---

[14] Ricardo García Cárcel la ha publicado en los apéndices de su libro *El demonio del Sur* (2017).

do de la Gran Bretaña. La propaganda orangista durante la guerra de los Ochenta Años dio munición a los rivales de España, que no desaprovecharon las calumnias vertidas en la *Apología* redactada por el padre de la patria holandesa. Un ejemplo lo tenemos en otra apología, la de Antonio de Portugal, prior de Crato, que hizo su propia versión en 1582.[15] Un folleto de 1608 cuestionaba la legitimidad de las posesiones del Imperio español. En él se decía que el Reino de Lisboa le había sido hurtado a don Antonio —prior de Crato—. El culpable no era otro que el malvado Felipe II:

> No es suyo todo el patrimonio de sus diecisiete dominios:
> El reino de Lisboa fue robado a don Antonio;
> El reino de Sicilia arrebatado en unas Vísperas;
> Algunos dominios los recibió del Papa, por amor,
> Y los pobres nativos asesinados y perseguidos.
> Y, ¡cuántos cientos de miles han matado en las Indias!
> Leed a Bartolomé de Las Casas, quien lo describe ampliamente;
> Leed también a Antonio Pérez, allí encontraréis la conclusión.
> Cómo quisieron ataviar a la novia española
> Con plumas de otras aves que embellecieran el cuervo,
> Pues, aunque en apariencia hermoseada, ella es negra por naturaleza.[16]

Antonio Pérez

Antonio Pérez del Hierro (1540-1611) era hijo del secretario de Carlos I. Estudió en las mejores universidades: Alcalá de Henares,

---

[15] Titulada *Appologie ou defense du monsieur Anthoine Roy de Portugal contra Philippes Roy d'Espagne.*

[16] P. W. Powell, *Árbol de Odio. La Leyenda Negra y sus consecuencias en las relaciones entre Estados Unidos y el Mundo Hispánico*, José Porrúa Turanzas, Madrid, 1972, p. 99.

Salamanca, Lovaina, Venecia, Padua. Al igual que su padre, acabó siendo secretario de Felipe II —tanto en su etapa de príncipe como en la de rey—. Su caída se produjo durante el gobierno en los Países Bajos de Juan de Austria —medio hermano del rey—, especialmente tras el asesinato de su secretario, Juan de Escobedo.

Las relaciones entre Felipe II y Juan de Austria se tensaron a raíz de los sediciosos habitantes de los Países Bajos. El anterior gobernador, Luis de Requesens, había fallecido en Bruselas en 1576 y Juan de Austria tomó el relevo, viajando hacia el avispero flamenco disfrazado de criado morisco para no llamar la atención. Para cuando llegó a Luxemburgo, los soldados de los tercios, furiosos porque no les llegaba la paga, saqueaban Amberes.[17] Antes de partir, viajó a Madrid sin el beneplácito del rey y estuvo alojado en la lujosa mansión de Antonio Pérez, consiguiéndole el habilidoso secretario sacar mucha información.[18] No obstante, Juan de Austria no estuvo nunca satisfecho con su nueva designación, ya que su mente realmente estaba en una eventual invasión de Inglaterra, una empresa que se llevaría a cabo sin éxito años más tarde.

Pérez exageró las ambiciones de Juan de Austria y envenenó los oídos del monarca. Juan de Austria pretendía desposar a María Estuardo, la reina católica de Escocia, que se encontraba cautiva por obra de Isabel I de Inglaterra. Casándose con ella alcanzarían juntos el trono inglés y podrían —según el secretario real— incluso lanzarse a una invasión de España para más tarde ser proclamados en la capital. Esta última parte del maquiavélico plan no tenía visos de realidad, pero de alguna manera sí tenía sentido para un intrigante veleidoso como Antonio Pérez, que gozaba de la plena confianza del rey. Escobedo era el secretario de Juan de Austria e hizo de mensajero trasladando las noticias de Flandes. Y también

---

[17] G. Marañón, *Antonio Pérez*, Espasa-Calpe, Madrid, 1977, p. 226.

[18] R. García Cárcel, *El demonio del sur. La leyenda Negra de Felipe II*, Cátedra, Madrid, 2017, p. 99.

informó de las aspiraciones cada vez más incómodas de un soñador don Juan, que aspiraba a glorias mayores. Escobedo informaba directamente a Antonio Pérez, que inmediatamente prevenía al monarca. Juan de Austria había tratado de tejer redes diplomáticas con Roma para afianzar la empresa de Inglaterra. Pero Pérez contaba con espías en Flandes y en otras partes de Europa y todas las noticias llegaban a su soberano. El secretario de Juan de Austria, desconfiado, se presentó en Madrid en 1577 para pedir audiencia con el monarca y saber qué extraños sucesos se estaban cocinando en la corte.

Juan de Escobedo fue asesinado en la noche del 31 de marzo de 1578, lunes de Pascua, en la madrileña calle de la Almudena a poca distancia del Alcázar. Sus verdugos fueron seis sicarios embozados que se avalanzaron sobre él. Uno de' ellos le asestó una estocada mortal. A la mañana siguiente, toda la ciudad comentaba el fatídico suceso y la noticia llegó al rey, que se encontraba en San Lorenzo de El Escorial. Antonio Pérez había organizado el crimen y es más que probable que Felipe II lo hubiera ordenado en la sombra, o al menos aprobado.[19]

¿Qué había pasado para que ocurriese tal cosa? Hay varias teorías, todas parecidas pero con pequeñas variantes. En primer lugar, Escobedo se labró él solito la fama de hombre cargante en la corte, con continuas exigencias al rey, haciendo de correa de transmisión de Don Juan, y en ocasiones con malos modos. Antonio Pérez supo jugar sibilinamente su papel de espía doble sonsacando

---

[19]   Felipe II escuchó con alivio como el molesto Juan de Escobedo había muerto, aunque seguramente hubiera preferido que hubiera sido eliminado con veneno. Y según las *Relaciones* de Antonio Pérez, el asesinato de Escobedo fue ordenado por el propio rey (M. Fernández Álvarez, *Felipe II y su tiempo*, Espasa-Calpe, Madrid, 1998, p. 593). (J. Leralta, *La leyenda Negra en los personajes de la historia de España*, Sílex, Madrid, 2011, p. 157). (R. García Cárcel, *El demonio del sur. La leyenda Negra de Felipe II*, Cátedra, Madrid, 2017, p. 100). (G. Parker, *El rey imprudente. La biografía esencial de Felipe II*, Planeta, Barcelona, 2015).

información turbia a Escobedo para luego delatarle. Probablemente Escobedo también manejaba secretos que podían importunar a Antonio Pérez o al mismísimo rey, como los líos de faldas de la princesa de Éboli. Sin embargo, por mucho que el rey o su secretario fuesen en algún momento amantes de Éboli, es difícil pensar que se hubiera ordenado el asesinato de Escobedo por miedo a que se aireasen estos rumores. Al fin y al cabo, Felipe II y su padre habían tenido amantes y ello no había supuesto una crisis de Estado. Escobedo también sabía que Pérez aceptaba sobornos y vivía de manera ostentosa.[20] Y el secretario de Estado estaba al corriente de todo lo que sabían sus enemigos de él, por lo que pudo ver peligrar su posición, siendo el primer interesado en quitarse de en medio a Escobedo. Una buena manera de que el rey se convenciese de que había que hurtarle la vida fue haciéndole creer que Juan de Austria pretendía el trono de España, y que Escobedo era el artífice de aquella traición. Y el rey, que era de naturaleza desconfiado, creyó que la mejor manera de acallar las sospechas que le torturaban era cortar el problema por la raíz, es decir, acabando con la vida del secretario de don Juan.

Hubo antes tres intentos fallidos de homicidio, los tres por envenenamiento y los dos primeros en la misma casa de Antonio Pérez.[21] Y a la cuarta fue la vencida, pero los conjurados descartaron el discreto método del veneno, ya que las intentonas anteriores habían resultado un despropósito mayúsculo. Después se barajó la vía del atentado nocturno con estocada o pistolete. Tras una serie de tanteos, Antonio Pérez encontró a un espadachín llamado Insausti dispuesto a asestarle al secretario de don Juan el golpe de gracia. Así murió Juan Escobedo y pronto Antonio Pérez caería en desgracia.

---

[20] Gastaba entre 15.000 y 20.000 ducados al año. El sueldo medio anual de un médico de la época era de unos 300 ducados y el de un barbero unos 60 ducados.

[21] G. Marañón, *Antonio Pérez*, Espasa-Calpe, Madrid, 1977, pp. 356-358.

El crimen de Juan de Escobedo no solucionó nada, ya que más tarde se desencadenaría una compleja revuelta palaciega entre facciones enfrentadas. Además, todas las miradas de sospecha recayeron sobre Antonio Pérez, que no consiguió mantener a los sicarios con la boca cerrada, por lo que hubo de ordenar nuevas muertes. Para quitarse el estigma de culpabilidad, le pidió al rey que diese la cara por él y ofreciese al pueblo muestras públicas de su apoyo. Por otro lado, la familia de Escobedo empezó a reclamar justicia y fue apoyada por Mateo Vázquez, otro secretario real que se la tenía jurada a Pérez. Las cosas se precipitaron unos meses después, cuando Juan de Austria falleció en Namur, según los médicos de fiebres tifoideas, aunque la sombra del envenenamiento acabaría sobrevolando su cadáver. Lo cierto es que para el rey su medio hermano era una figura realmente incómoda. Sin embargo, no tenemos pruebas para pensar que el monarca estuviese detrás de esa muerte natural. Es más, en 1579 el rey Felipe II se dio cuenta de que su hermano estaba muy lejos de traicionarle, lo que le causó gran desazón. Que su hermano no fuera un alevoso solo significaba una cosa: Antonio Pérez le había engañado.[22]

En la noche del 28 de julio de 1579, Antonio Pérez fue detenido por la justicia. Ana de Mendoza, una de las damas más importantes de la corte y princesa de Éboli, al estar íntimamente ligada al secretario, corrió la misma suerte. La operación trataba de evitar incómodos chivatazos. Sin embargo, Antonio Pérez inicialmente fue más afortunado y pudo seguir ejerciendo su cargo público bajo supervisión domiciliaria. La princesa fue encerrada en el Torreón de Pinto y más tarde en la fortaleza de Santorcaz. En 1581, después de una grave enfermedad, el rey permitió que fuese llevada a su palacio ducal de Pastrana, donde permanecería vigilada hasta su muerte en 1592.

---

[22] M. Fernández Álvarez, *Felipe II y su tiempo*, Espasa-Calpe, Madrid, 1998, p. 600.

A Pérez se le abrió un proceso, aunque se le dejó cierta libertad para que el rey intentase encontrar documentos que le incriminasen en algún delito de corrupción. Pasó mucho tiempo a la
espera de una sentencia, ya que no se encontraron demasiados
papeles comprometedores, hasta que diez años después el proceso
contra Antonio Pérez se aceleró. Pasó por diversas cárceles y en
1590 fue torturado, pero logró escapar y llegar hasta Calatayud
buscando refugio en las leyes de la Corona de Aragón. Allí, alegando orígenes aragoneses, invocó el derecho de manifestación recogido en los Fueros de Aragón y se puso bajo la protección del justicia Juan de Lanuza el Viejo. Los vasallos aragoneses del Felipe II
ya andaban por esa época enfrentados a la corte real, por lo que
llegó en un momento delicado. El monarca dio órdenes a su fiscal
en Aragón para que acusara a Pérez ante el justicia mayor de los
cargos por los que era culpable en Castilla. Pérez respondió presentando pruebas que parecían revelar que su señor era cómplice
de la muerte de Escobedo y distribuyó información impresa entre
personas relevantes. Esta maniobra frenó a Felipe durante un tiempo e hizo que retirara los cargos. Lo intentaría de otro modo. El
Tribunal de la Santa Inquisición era común para Castilla y Aragón,
por lo que La Suprema acusó a Pérez de herejía y ordenó al tribunal de Zaragoza que le sacase del arresto en el que se encontraba
para reubicarle en una cárcel inquisitorial. Al justicia mayor no le
hizo mucha gracia, pero aprobó el traslado. Fue entonces cuando
se terminó de armar la mundial. Los zaragozanos entraron en cólera y espada en mano manifestaron violentamente su apoyo a Antonio Pérez. Los amotinados hirieron de muerte al marqués de
Almenara, que era un hombre de confianza del rey. Para pacificar
la revuelta, Felipe desplazó un ejército de diecisiete mil efectivos.
Juan de Lanuza había muerto y le había sustituido su hijo, Juan de
Lanuza el Mozo, quien trató de frenar el avance de las tropas reales,
sin demasiado éxito. Para reafirmar su autoridad, Felipe ordenó
detener al nuevo justicia mayor y mandó decapitarle, sin juicio

previo, en la plaza del Mercado de Zaragoza en medio de la indignada muchedumbre. Entretanto, Antonio Pérez había conseguido huir de nuevo, esta vez a Francia.

Veinte años pasó en el exilio Antonio Pérez hasta que le sobrevino la muerte. En los primeros años no dejó de conspirar, aliándose con hugonotes, contactando con exiliados, urdiendo atentados contra el rey, ofreciendo sus servicios a la reina de Inglaterra, buscando protección del rey de Francia...

En 1591 publicó una versión anónima de sus *Relaciones*, que empezó a escribir durante su primera estancia en la cárcel de Zaragoza. Con el pseudónimo de Raphael Peregrino, en Inglaterra se editó una versión más completa en 1593 que tuvo varias ediciones en la Europa de los siglos XVI y XVII. Cinco años más tarde se publicó una versión definitiva en París con la firma del autor.[23] Tras su muerte se imprimieron otros escritos suyos y en Ginebra se publicarían sus obras completas.[24] El daño propagandístico que supusieron estas publicaciones sería nefasto para España con el paso de los siglos.[25] En la *Relación Sumaria* se expone lo siguiente:

> Es de saber que el Rey católico [Felipe II], por causas mayores y forzosas, y muy cumplideras a su servicio y corona, resolvió que el secretario Juan Escobedo muriese, sin preceder prisión ni juicio

---

[23] En Inglaterra las *Relaciones* de Pérez no tuvieron demasiada repercusión. Más éxito tuvieron en Francia. En España no se publicaron hasta mediados del siglo XIX. (M. J. Villaverde Rico, F. Castilla Urbano (ed.), *La sombra de la leyenda negra*, Tecnos, Madrid, 2016, p. 59).

[24] R. García Cárcel, *El demonio del sur. La leyenda Negra de Felipe II*, Cátedra, Madrid, 2017, p. 103.

[25] Aunque, como señala Ricardo García Cárcel, tampoco hay que cargar las tintas en exceso adjudicándole por entero al intrigante Pérez la responsabilidad en su papel de creador de opinión hostil hacia España, ya que la opinión de España en el extranjero ya estaba muy definida cuando publicó su obra.

ordinario, por notorios y evidentes inconvenientes de grandes ries-
gos y turbación de sus reinos…[26]

Y poco después, añade:

Cometió el cuidado de la ejecución a Antonio Pérez, como a persona que era depositario y sabedor de las causas y motivos de ella.[27]

En sus escritos, Antonio Pérez considera el crimen de Escobedo como un acierto político, ya que —según él— Escobedo era
un muñidor de intrigas que ponía en peligro la estabilidad y la paz
de la monarquía, por lo que acabar con su vida se convertía en una
razón de Estado.[28] Según la versión del antiguo secretario, Felipe
II había actuado con ingratitud, ya que le había dejado solo ante el
peligro por culpa de haber confiado en malos consejeros como
Mateo Vázquez. Los confusos textos de Antonio Pérez pintan a
Felipe II como un resentido por cómo actúo con él y con la princesa de Éboli. Con ella, porque le había negado su amor, y con él
por un ataque de celos.[29] El rey,, de esta manera, quedaba retratado
como un rey irreflexivo que cedía a sus pasiones para acabar comportándose como un tirano. Por si fuera poco, da a entender tam-

---

[26] A. Pérez, *Relaciones del Secretario de Estado de Felipe II*, Editorial Renacimiento, Sevilla, 2013, pp. 50-51.

[27] Ibídem, p. 51.

[28] También aporta una carta de Diego de Chaves —confesor de Felipe II
en la que se muestra convencido del poder absoluto del rey para quitar la vida
por razones de Estado (Ibídem, pp. 103-104). Sin embargo, Pérez es contradictorio, pues afirma «que aunque diga allá fray Diego de Chaves, confesor del Rey
(allá la verán en sus cartas), que el Rey tiene poder sobre la vida de sus vasallos,
yo pienso que Dios solo es el rey que tal poder tiene; señor solo él de la vida y
de la muerte» (Ibídem, p. 41).

[29] P. Bravo, «Las relaciones de Antonio Pérez, un texto en movimiento»,
Congreso Internacional «Felipe II (1598-1998), Europa dividida, la monarquía
católica de Felipe II», Universidad Autónoma de Madrid, 1998, p. 16.

bién que el rey y su confesor, Diego de Chaves, decidieron eliminar años atrás al príncipe don Carlos.[30]

La historia del asesinato de Escobedo, Felipe II, Antonio Pérez y la Princesa de Éboli —con su característico parche en el ojo— tiene todos los ingredientes para especular toda clase de enredos y conjuras. No nos debe sorprender que por este motivo se haya novelado su historia —Aroni Yanko, Antonio Gala, Almudena de Arteaga— o se haya llevado a la pantalla en varias ocasiones. Tenemos la película *La Princesa de Éboli* (1955), de Terence Young, con Olivia de Havilland como princesa, Gilbert Roland como Antonio Pérez y Paul Scofield como el monarca Felipe II. En 2008 se estrenó la película *La conjura de El Escorial* (2008), dirigida por Antonio del Real, con Julia Ormond como princesa de Éboli, Jason Isaacs como Antonio Pérez y Juanjo Puigcorbé como Felipe II. Por último, tenemos la miniserie de dos episodios dirigida por Belén Macías titulada *La Princesa de Éboli* (2010), con Belén Rueda en el papel de la princesa, Hugo Silva como Antonio Pérez y Eduard Fernández como el rey Felipe. La princesa de Éboli también aparece en la serie *Teresa de Jesús* (1984), de Televisión Española. Ambos personajes, la Éboli y la santa, se citan en *El Castillo de Diamante* (2015), una novela de Juan Manuel de Prada.

---

[30] (G. Moreno Espinosa, *Don Carlos. El príncipe de la leyenda negra*, Marcial Pons, Madrid, 2006, p. 45). (P. Bravo, «Las relaciones de Antonio Pérez, un texto en movimiento», Congreso Internacional «Felipe II (1598-1998). («Europa dividida, la monarquía católica de Felipe II», Universidad Autónoma de Madrid, 1998, p. 17).

17

LA CODICIA:
ESOS HOMBRES QUE
QUISIERON SER DEMASIADO

Yuval Noah Harari es un historiador israelí formado en Jerusalén y en Oxford. Su obra magna es el ensayo *Sapiens: De animales a dioses. Una breve historia de la humanidad,* que le dio a conocer en todo el mundo vendiendo millones de ejemplares. Es probablemente el libro de historia más vendido de los últimos tiempos y ha sido recomendado por Barack Obama y por empresarios tan exitosos como Bill Gates o Mark Zuckerberg. *Sapiens* es un libro apreciable en muchos aspectos y cuenta con una segunda parte, *Homo Deus: Breve historia del mañana*, mucho más flojita.

Para Paloma Pájaro, ligada al materialismo filosófico y a la Escuela de Oviedo, no pasó desapercibida la condena moral que realiza Harari a la acción de los españoles después de toparse con el Nuevo Mundo:[1]

El autor hace un encomiable esfuerzo por vindicar el aporte fundamental de los Imperios en la construcción del mundo, pero caso curioso, no solo no valora el tremendo aporte del Imperio español —citándolo apenas un par de veces— sino que, cuando lo cita, lo desprecia de forma lamentable. Nos situamos, entonces, en la fórmula

---

[1] P. Pájaro, «¡Qué m… de país!», 2019, https://www.nodulo.org/forja/forja029.htm.

tradicional de la tergiversación de los materiales históricos a partir de la metodología negrolegendaria. Recordemos, por ejemplo, que Harari se alinea con Nietzsche al interpretar la acción imperial de España como el resultado de su excesiva ambición: «España quiso demasiado». No entiende el autor israelí la acción histórica de España, y confiesa sin pudor no encontrar otro caso que se le asemeje. Y, como no la entiende, juzga a España desde una perspectiva psicológica (no tuvo otro aliciente más que la ambición desmesurada), y le aplica una condena moral (el pecado de los españoles fue su exagerada codicia).

No sabemos si Harari estaba recordando el episodio en el que Nietzsche dijo que los españoles fueron un pueblo que quiso ser demasiado. Lo que sí parece claro es que el historiador israelí aplica, en este caso, explicaciones basadas en medidas de proporcionalidad un tanto intangibles, algo que es impropio de un buen historiador. A propósito de los conquistadores —a los que tilda de «invasores» que cometieron un «genocidio»— y de los conquistados, nos damos de bruces con frases disparatadas como: «Los supervivientes se encontraron a merced de un régimen codicioso y racista que era mucho peor que el de los aztecas».

En realidad, el autor de *Sapiens* se suma a una larga lista de historiadores que ven en la codicia un hilo conductor que vertebra toda la presencia española en las Indias. El primero de ellos, Bartolomé de las Casas, cuyo panfleto de la destrucción de Indias se convirtió en éxito universal al igual que el *bestseller* del israelí. Uno de los últimos, quien por cierto suele dar casi todos los datos de Las Casas por ciertos, es el catedrático de Historia Moderna de la UAB, Antonio Espino López, que en declaraciones a Eldiario.es[2] afirmó que «la codicia es el gran motor de la conquista de América».

---

[2] A. Espino López, «La codicia es el gran motor de la conquista de América», *Eldiario.es*, 15 de mayo de 2022, obtenido de https://www.eldiario.es/politica/entrevista-antonio-espino-conquista-america_128_8990690.html.

Escribe De Las Casas a principios del siglo XVI:

La causa porque han muerto y destruido tantas y tales y tan infinito
número de ánimas los cristianos ha sido solamente por tener por su
fin último el oro y henchirse de riquezas en muy breves días y subir
a estados muy altos y sin proporción de sus personas, conviene a
saber: por la insaciable codicia y ambición que han tenido, que ha
sido la mayor que en el mundo ser pudo, por ser aquellas tierras tan
felices y tan ricas, y las gentes tan humildes, tan pacientes y tan fáciles a sujetarlas, a las cuales no han tenido más respecto ni dellas han
hecho más cuenta ni estima.

Bethany Aram señala en un libro sobre leyendas negras y
leyendas doradas en el siglo XVI que sin «la codicia, la conquista de
América hubiera sido irrealizable»,[3] y lleva algo de razón. Es uno
de los muchos factores que hicieron avanzar la Conquista, pero no
el único. De hecho, Antonio Espino López cita esta frase de
Bethany Aram para apoyar sus tesis en su libro *La invasión de América. Una nueva lectura de la conquista hispana de América: una historia
de violencia y destrucción*, un libro absolutamente descompensado e
inasequible a los matices donde todo es muerte, codicia, crueldad,
terror, violencia extrema y destrucción. ¿Nada de creación? Nada.
Como ya adelantamos en el prólogo, para este sectario afincado en
Barcelona, los españoles —él los llama colonialistas castellanos—
no hicieron nada positivo en América.[4] Pero, ojo, Bethany Aram
es una magnífica historiadora y dedica todo un capítulo a la codicia. Y si nos quedamos con este ejercicio de *cherry picking* que prac-
tica Espino López, probablemente estemos cercenando las tesis de

---

[3] B. Aram, *Leyenda negra y leyendas doradas en la conquista de América. Pedrarias y Balboa*, Marcial Pons, Madrid, 2008, p. 149.

[4] A. Espino López, *La invasión de América. Una nueva lectura de la conquista
hispana de América: una historia de violencia y destrucción*, Arpa, Barcelona, 2022, p. 11.

Aram. Para empezar, la historiadora señala que lo de la codicia es «uno de los tópicos más frecuentes acerca de la conquista de América» y matiza constantemente: «las ambiciones materiales, tan fáciles de condenar desde nuestro presente, no siempre actuaron como una fuerza negativa»; o «Pedrarias luchó por atemperar la codicia de las tropas, tanto como la de la Corona». Además, advierte que hay que tener cuidado con lo que escriben los cronistas. Como se dice en el prólogo, Aram, que se centra en los personajes de Vasco Núñez de Balboa y Pedrarias Dávila, también nos muestra «heroicidades, sacrificios y actos de generosidad y valentía».

¿Cuál fue el móvil de la Conquista?

España no desembarca en América con grandes capitanes a la vanguardia de grandes ejércitos, tremolando pendones y banderas, desfilando al compás del estruendo de la pólvora y el repique de tambores, sembrando un pánico mortal según iban avanzando.[5] No estamos ante las legiones de Roma inspirando temor y respeto por toda Europa. La imagen es mucho más prosaica. Los hombres que desembarcan en las playas americanas, por lo general, no tienen demasiada disciplina militar. Después de una peligrosa travesía oceánica, en donde algunos perdían la vida, lo que se encuentran es un escenario completamente ajeno, caluroso y húmedo, lleno de molestos mosquitos que transmiten enfermedades desconocidas, donde la pólvora se humedece, el metal se oxida, y las heridas se infectan con facilidad. Ese mundo está habitado por gentes extra-

---

[5] Esta sección está inspirada en un artículo de Andrés Conesa García titulado *«Conquistadores: héroes y villanos»*. https://academiaplay.es/conquistadores-heroes-y-villanos/ que también se incluye en el libro *La Historia de España como nunca antes te la habían contado. Un libro de Academia Play*, La Esfera de los Libros, Madrid, 2019.

ñas, muchos de ellos caníbales, y también por exóticos y peligrosos animales. Algunos, los menos, eran hijos de la nobleza, ricos adinerados que buscaban mejorar su posición al servicio de la Corona. Otros eran desdichados hidalgos, infanzones menesterosos que se consolaban pensando que la honra era lo mejor que podían llevarse a la boca. Un salto a las Indias quizás podría cambiar sus vidas. Simplemente perseguían el ascenso social que se les negaba en la península. El resto, los más, no eran más que marinos, labriegos, artesanos, campesinos, notarios, letrados, boticarios o clérigos que preferían morir jóvenes y lejos de casa bajo la promesa de un futuro prometedor antes que languidecer poco a poco pagando impuestos en sus tristes haciendas. En el siglo XVI, en todo el continente americano, según las cifras de Rosenblat, habría unos trece millones de personas, no muchas más. Y en España habría unos siete millones siendo generosos. ¿Cuántos de esos siete millones se lanzaron a la Conquista del Nuevo Mundo? Una cantidad muy reducida,[6] en ocasiones insignificante, por lo que no les quedaba otro recurso que el de la diplomacia, tejiendo acuerdos con las tribus que encontraban a su paso.

Gentes sin mucho que perder —no necesariamente rufianes de baja estofa[7] como se suele repetir— se lanzaron hacia un territorio misterioso y hostil. Pero no solo perseguían el oro o especias, sino, sobre todo, ansiaban honra y fama como cualquier español de su época. Los conquistadores y exploradores del Nuevo Mundo eran, ante todo, hijos de su tiempo y el objetivo principal, aquello a lo que un hombre debía aspirar, no era más que el ascenso social,

---

[6] «La conquista del Nuevo Mundo fue obra de casi 5000 hombres» según Bernard Grunberg. (B. Grunberg, «Orígenes y perfil social de los conquistadores», Noticonquista, Ciudad de México, obtenido de http://www.noticonquista.unam.mx/amoxtli/2585/2576).

[7] Entre los conquistadores había un gran porcentaje de gente alfabetizada para la época. Y un 84 por ciento al menos tenía la capacidad de firmar documentos.

tierras, señorío, nobleza. Lo normal era que los primeros castellanos que se embarcaban rumbo a las Américas no terminaran participando de grandes empresas. Fundar prósperas ciudades, emprender rentables negocios o convertirse en opulentos terratenientes estaba al alcance de pocos. Sin embargo, el precio a pagar merecía la pena. Partían a lo desconocido cruzando un mar indómito, jugándose el tipo, con el objetivo de domeñar a los indígenas, hermanarles en la fe, ganar tierras, recoger oro... En algunos casos se obtenían los ansiados títulos que proporcionaban fama y posición. En otros, se conformaban con establecer haciendas estables y productivas.[8] Si antes no les llegaba la ruina, o peor aún, la muerte. Se habla de la insaciable sed de oro de los conquistadores, pero esto no es más que una visión contaminada de presentismo que juzga la Conquista desde una atalaya alejada de los valores de la época, atribuyendo factores psicológicos a los conquistadores que no ayudan a comprender una época apartada de la mentalidad capitalista de nuestros días. Aquellos hombres no buscaban atesorar riquezas sin más, únicamente para ufanarse en un deleite estéril. En todo caso, la codicia de algunos de esos hombres, su avaricia, no era realmente económica, sino social. La honra es más importante que el oro. El español de entonces no quiere ser rico, quiere ser señor, quiere ser alguien importante. El oro o las especias tan solo son el instrumento necesario, el medio con el que alcanzar dicho fin.

Por lo que la sed de oro —que no es exclusiva de los conquistadores, sino también de la Corona— no lo explica todo. Hay al menos otros dos factores que también influyen notablemente en la gesta americana. Por un lado, la fe; por el otro, la fantasía. El hombre de los siglos XV y XVI es un hombre cristiano en una sociedad donde la religión permea todos los aspectos de la vida.

---

[8] P. W. Powell, *Árbol de Odio. La Leyenda Negra y sus consecuencias en las relaciones entre Estados Unidos y el Mundo Hispánico*, José Porrúa Turanzas, Madrid, 1972, p. 25.

Los Reyes Católicos le han arrebatado al islam el reino de Granada, pero no es suficiente. Hay que continuar más allá. *Plus ultra* y *Non sufficit orbis* serían algunos de los lemas que resumen la política imperial de los Habsburgo —Carlos V y Felipe II respectivamente—. Y es muy cierto que la conquista de América se puede explicar como una continuación de la Reconquista peninsular. Hay que seguir construyendo el edificio cristiano que se sustenta en una misión doctrinal de carácter universal, hay que seguir expandiendo la fe. Y eso es lo que tratan con mayor o menor fortuna aquellos hombres de los siglos xv y xvi. El otro factor a contemplar es el de la fantasía novelesca que empezaba a surgir de las imprentas. Estos libros estimulan la iniciativa individual. Con la publicación de *Amadís de Gaula*, la novela de caballerías se encuentra en todo su apogeo. Los exploradores del Nuevo Mundo se hayan imbuidos de un espíritu caballeresco de romance y fantasía, y buscan emular a Amadís o a Tirant; y más tarde, al pícaro viajero Guzmán de Alfarache o al mismo don Quijote. Buscan quimeras como El Dorado y bautizan a algunos lugares con nombres sacados directamente de aquellos libros, como es el caso de California. La fantasía de estas novelas llegó a preocupar a la Corona, tanto que hubo reales cédulas que prohibían estos textos por tratar «de materias profanas y fabulosas e historias fingidas» de las que «se siguen muchos inconvenientes».[9]

El deseo de atesorar riquezas y bienes existió, pero explicar la conquista de América con un estímulo pavloviano —oro— al que le sucede la «insaciable codicia» peca de un reduccionismo rayano con lo obsceno. Por mucho que les pese a los promotores de la Leyenda Negra, estas acotaciones sobre la codicia, que acabamos de hacer, no pretenden ser una burda manipulación apuntalada

---

[9] *Recopilación de Leyes de los Reynos de las Indias de 1680*, Libro I, Título XXIV, Ley IV, Centro de Estudios Políticos y Constitucionales y Boletín Oficial del Estado, Madrid, 1998.

con historiografía nacionalcatólica. No. Estas matizaciones sobre el motor de la Conquista pretenden acercarse de manera somera a la compleja realidad de la Edad Moderna. Y para acercarse con éxito a aquella realidad siempre debemos dejar nuestros prejuicios de lado. Lo contrario es contaminarlo con ideología del presente.

18

DESATARON UNA GUERRA BIOLÓGICA CON LAS ENFERMEDADES

Durante la crisis de la covid-19 no faltaron personas que se lanzaron a afirmar que los chinos habían creado el virus SARS-CoV-2 en un laboratorio con el objetivo de desatar una guerra biológica que irremediablemente les colocaría como la potencia hegemónica indiscutible de nuestro mundo. De la misma manera, en ciertos forillos indigenistas tampoco han faltado las teorías conspiranoicas que afirman que España urdió un plan virológico para conquistar América. Y que lo sostuvo durante varios siglos. Como veremos a continuación, esta memez se cae por su propio peso.

La expedición filantrópica de la vacuna

Un médico militar español, Francisco Javier Balmis y Berenguer, lideró una expedición filantrópica para llevar la vacuna de la viruela recién descubierta a las posesiones españolas de América y Filipinas, un hito sin precedentes en la historia de la medicina y del humanitarismo. En un momento convulso de la época colonial, tuvo lugar la primera campaña médica internacional de la historia, que hoy conocemos con el nombre de Expedición Balmis, una expedición de vacunación contra la viruela, enfermedad infecciosa que azotaba de manera inclemente a medio mundo. Millones de personas lograron salvar su vida gracias a la proeza que nació de la mente inquieta de este doctor, médico personal del rey Carlos IV, a quien persuadió para transportar la vacuna de la viruela a través del océano, algo que, por cierto, casa bastante mal con las boberías repetidas por aquellas nulidades que tratan de endosar a los españoles un maquiavélico plan virológico y genocida durante todo el período imperial. Los cacareadores de la leyenda negra nunca suelen hablar de este viaje, sin embargo, «este viaje de Balmis será para siempre memorable en los anales de la historia»,[1] que diría el geógrafo y humanista Alexander von Humboldt.

Curiosamente, el prodigio de la vacuna vino de una potencia enemiga. Un médico inglés, ya en el siglo XVIII, Edward Jenner, había observado que las mujeres que ordeñaban vacas tenían pústulas provocadas por una versión más benigna de la enfermedad, la viruela vacuna, y que estas mujeres a su vez desarrollaban inmunidad al virus de la viruela humana. En 1796[2] consigue vacunar con éxito al niño James Phipps tras inocularle el virus de la viruela vacuna. Ya se puede uno imaginar de dónde viene la palabra vacuna. Edward Jenner, conocido como el padre de la inmunología, había encontrado un método eficaz para conseguir la deseada inmunidad con un riesgo muy bajo. Llegaba por fin la cura a una enfermedad que llevaba asolando a la humanidad durante milenios. Pero, antes de entrar en materia, conviene revisar los antecedentes con el fin de contextualizar correctamente las extraordinarias consecuencias de la expedición filantrópica de la vacuna del doctor Balmis. Y para ello es necesario advertir al

---

[1] F. H. Humboldt, *Ensayo político sobre el reino de la Nueva-España*, Libro II, Capítulo V, París, 1822. Citado en J. Bustos, *Vidas cipotudas. Momentos estelares del empecinamiento español*, La Esfera de los Libros, Madrid, 2018, p. 124.

[2] Justo ese año, España y Francia acordaban iniciar una política conjunta contra Gran Bretaña mediante el Tratado de San Ildefonso.

lector sobre la grave situación que vivían los enfermos de viruela, una enfermedad que durante varios siglos había causado terribles fatalidades.

Tras el descubrimiento colombino y la posterior conquista de América, la viruela desembarcaría en el continente con los españoles que allí llegaron. Durante siglos, el virus, técnicamente conocido como *variola virus*, diezmaría a poblaciones enteras. En un principio, la población indígena carecía de defensas ante una enfermedad completamente desconocida para ellos, causando un brusco descenso demográfico en aquellas poblaciones nativas —descenso, por cierto, que nadie deseaba—. Pero no solo la viruela: los europeos llevaron otros agentes patógenos consigo como tifus, sarampión, fiebre amarilla, malaria, gripe... Esas odiosas plagas generaron graves daños y provocaron multitud de muertes. ¿Sabían los españoles que portaban esas enfermedades o las llevaron deliberadamente? Obviamente, no lo sabían. Si bien en la fase inicial de conquista pudo jugar a favor de los conquistadores, es algo que desde el principio preocupó a las autoridades virreinales, ya que aquellas enfermedades fueron las culpables de la gran mortandad que hubo en América durante varios siglos. Inmunológicamente, los aborígenes no estaban preparados.

Después del hallazgo de Jenner, a los británicos no les preocupó lo más mínimo llevar la vacuna a sus posesiones coloniales, a pesar de que su nación había inventado el milagroso antídoto. Sin embargo, tras ese descubrimiento, gracias al empeño del doctor Balmis, quien había vivido de primera mano en México la letalidad de ese virus maldito, pronto se administraría la cura por todos los confines del territorio español. Pero no debemos olvidar que a finales del siglo XVIII y principios del XIX la lentitud, la falta de infraestructura y los altos costes del transporte limitaban notablemente la posibilidad de extender este nuevo hallazgo a través del océano. A pesar de las dificultades, los españoles no se quedaron de brazos cruzados.

Lima y Bogotá fueron territorios terriblemente atacados por el virus en el año 1803. Y es en ese momento, movido por su inquietud personal y su espíritu crítico, siempre al servicio de su nación, cuando Francisco Javier Balmis y Berenguer logra convencer al monarca Carlos IV —quien había vivido de cerca la enfermedad en su unidad familiar— de la importancia manifiesta de financiar la expedición que lograría extender la vacuna de la viruela en Hispanoamérica. Pero ¿cómo podría ejecutarse semejante hazaña? El humanista gaditano José Celestino Mutis ya había tratado de llevar a cabo la misma empresa, pero la muestra del virus se había malogrado en el camino. Hizo falta la colaboración de varios expertos y científicos para dar con una solución a este problema. Finalmente, se concluyó que el mejor método sería también el más elemental: llevar el virus vivo, inoculado en los brazos de varios niños huérfanos que actuarían de portadores y transmisores. Una vez zanjado el cómo se iba a ejecutar, quedaba por despejar el quién. ¿Quiénes serían las personalidades que trabajarían y velarían por el correcto desarrollo de la expedición? Como director, partió el propio doctor Balmis y Berenguer. José Salvany, cirujano del ejército, fue su ayudante, pero acabaría siendo nombrado subdirector en el transcurso de la expedición. Basilio Bolaños, Pedro Ortega y Antonio Pastor fueron enfermeros en la empresa; y Francisco Pastor Balmis y Rafael Lozano Pérez ejercieron de practicantes. Especial hincapié se debe hacer en la Rectora de la Casa de Expósitos de La Coruña: Isabel Zendal, cuidadora de los veintidós niños, héroes y protagonistas de esta historia. Todos ellos, tras un par de meses preparando la expedición, zarparían desde el puerto de La Coruña el 30 de noviembre de 1803 a bordo de la corbeta *María Pita*.

La travesía atlántica duraba unos dos meses. Durante este tiempo, los niños debían ser vacunados de dos en dos cada nueve días; de esta forma se aseguraban tener una muestra viva del virus al llegar a su destino. Además, se pertrecharon de algunos materiales de incalculable valor. Llevaron más de quinientos ejemplares del

Tratado histórico y práctico de la vacuna, de Jacques-Louis Moreau, traducido por Balmis, que repartirían por las ciudades de América.
También varios millares de laminillas de cristal que servirían para
conservar el suero entre cera y parafina.

A su llegada, la expedición fue recibida con todo tipo de
honores. Tras pisar suelo americano, dio comienzo el verdadero
objetivo del equipo, que consistía no solo en la vacunación, sino en
la instrucción de los médicos locales para que aprendieran a utili-
zarla en el futuro. Se fundaron, además, las Juntas de Vacunación,
que servirían para llevar control de la población vacunada, creando
un modelo planificado que sigue usándose actualmente. La expedición logró vacunar a decenas de miles de personas, pero pronto el
grupo empezó a ser azotado por otras enfermedades. El propio
doctor Balmis estuvo a punto de perder la vida tras un fuerte episodio de disentería. Tiempo después, la expedición se divide. Salvany
trata de integrarse en algunas poblaciones de América, como Bogotá, Quito o Lima. Él mismo se encarga de registrar numerosísimas
vacunaciones. En este proceso, su vida se complica: sufre un naufragio, enferma, llega a perder la visión en un ojo y acaba muriendo
mientras ejecutaba su cometido. Tenía en ese momento treinta y
seis años. De Isabel Zendal Gómez, considerada por la Organización Mundial de la Salud (OMS) como la primera enfermera de la
historia en misión internacional, el doctor Balmis dijo:

> Con el excesivo trabajo y rigor de los diferentes climas que hemos
> recorrido, perdió enteramente su salud, infatigable noche y día ha
> derramado todas las ternuras de la más sensible Madre sobre los
> angelitos que tiene a su cuidado, del mismo modo que lo hizo desde
> La Coruña y en todos los viajes y los ha asistido enteramente en sus
> continuadas enfermedades.[3]

---

[3] Citado en J. Santamarta del Pozo, *Siempre tuvimos héroes. La impagable
aportación de España al humanitarismo*, Edaf, Madrid, 2017.

Fueron muchos los lugares que visitaron sus protagonistas: La Habana, Venezuela, México, Perú, Chile... En 1805, Balmis zarpó hacia Filipinas e incluso de regreso a España difundió la vacuna por China y hasta por tierras británicas como la isla de Santa Helena. Se calcula que vacunaron directamente a unas 250.000 personas y que hasta un millón fueron salvadas por la expedición española que cruzó el mar con el virus de la viruela vivo en un barco. Se escribía así la primera página de una historia nueva, la de la ayuda humanitaria. Edward Jenner, el médico que desarrolló la primera vacuna, acabaría diciendo: «No imagino que los anales de la historia hayan aportado un ejemplo de filantropía tan noble y tan extenso como este».[4]

---

[4] «I don't imagine the annals of history furnish an example of philanthropy so noble, so extensive as this». *The California Weekly*, volumen 2, p. 165 (1909).

19

PAPEL MOJADO

Un tópico muy repetido cuando se habla de las Leyes de Indias es que estas fueron «papel mojado», una coletilla que muchas veces surge tras comprobar con asombro lo adelantadas que eran para su tiempo. El alivio es instantáneo: «Vale, sí, estos tipos tenían unas leyes muy modernas y bastante benignas con el indígena. ¿Y si no se cumplían?». Ah, claro, no se cumplían. Fin de la conversación. Podemos seguir respirando de manera tranquila. Todo queda en un susto.

Lo primero que hay que hacer es advertir al lector de que las leyes no garantizan que en una sociedad no haya injusticias, robos, crímenes y excesos de todo tipo. En todas las sociedades ocurren estos hechos, incluso en nuestras sociedades contemporáneas. Si hoy existen multitud de delincuentes que se saltan la ley, es absurdo pensar que no lo hicieran en el siglo XVI. Por supuesto que hubo atropellos de todo tipo, pero es de justicia reconocer que se trató de poner freno desde el primer momento y que en muchos casos se consiguió. Esta es una realidad que maliciosamente se suele omitir.

Hacia 1569, un mercader inglés llamado Henry Hawks se queda sorprendido de que en Nueva España la justicia funcione en favor de los indios:

Los indios son muy favorecidos por las justicias, quienes los llaman sus huérfanos. Si cualquier español les hace agravio ó perjuicio, despojándolos de alguna cosa (como de ordinario sucede) y esto pasa en pueblo donde haya justicia, es castigado por ello el agresor, lo mismo que si otro español lo hubiese hecho.[1]

Es más, la condición social no era óbice para que todo el peso de la justicia cayese sobre aquel que cometiera una agresión contra un indígena:

> La queja es admitida desde luego, y aunque el español sea un noble ó todo un caballero, se le manda traer inmediatamente, y se les castiga en sus bienes, y aun se le prende la persona, á arbitrio de la justicia.[2]

Fueron muchos los conquistadores que acabaron mal por intentar burlar la ley o sobrepasarla. Y hay que empezar por Cristóbal Colón, que fue acusado de nepotismo, brutalidad hacia los indígenas y mal gobierno en La Española. Las noticias llegaron a Castilla y los Reyes Católicos tuvieron que tomar medidas, pues los informes del juez pesquisidor Juan de Aguado no ayudaron al genovés. El 23 de agosto de 1500 se avistaron dos carabelas en La Española. El comendador don Francisco de Bobadilla llegaba para poner orden. Lo primero que vio no le gustó: una horca con algunos españoles colgados. Los hermanos Colón —Diego y Bartolomé— habían establecido un gobierno tiránico al que se le iban sumando rebeldes en su contra. El almirante y gobernador Cristóbal Colón no conseguiría sumar suficientes adeptos a su causa y no

---

[1] H. Hawks, «Relación de las producciones de la Nueva España, y costumbres de sus habitantes» en *Relaciones de varios viajeros ingleses en la ciudad de México y otros lugares de Nueva España* (Joaquín García Icazbalceta, siglo XVI, José Porrúa Turanzas, Madrid, 1963).

[2] Ibídem.

tuvo más remedio que plegarse ante los interrogatorios de Bobadilla, que resolvió llevar a los tres hermanos Colón a Castilla para
ser enjuiciados. Habían desobedecido las órdenes reales. Con la
caída en desgracia de Cristóbal Colón y tras un breve y caótico
gobierno de transición de Bobadilla, los Reyes Católicos decidieron nombrar a un nuevo gobernador de plena confianza. En 1501,
frey Nicolás de Ovando sería nombrado gobernador y justicia de
las Islas y Tierras firme con el propósito de hacer viable aquel
asentamiento indiano. Las instrucciones de 1509 por parte de Fernando el Católico eran claras:

> Procurareis como los Indios sean muy bien tratados y que ninguno
> les haga fuerza, ni los roben ni maltraten de palabra ni en otra mane-
> ra, é que puedan andar seguramente ellos é sus mugeres por toda la
> tierra, poniendo para lo susodicho las penas que viéredes ser menes-
> ter, y ejecutándolas en las personas que en ellas incurrieren; y desto
> de las mugeres tened muy especial cuidado, porque soy informado
> que si en esto no se pusiese muy buen recaudo habría mucha diso-
> lución en ello, de que sería Yo muy deservido.[3]

Los Reyes Católicos se preocuparon por la conversión y el
trato justo[4] de los amerindios, algo que queda evidenciado nuevamente por escrito en el testamento de Isabel La Católica de
1504. Lo normal hubiese sido que una potencia vencedora hubiese permitido esclavizar a los vencidos sin ningún miramiento, pero
no, ocurrió exactamente lo contrario:

---

[3] Instrucción del Rey Católico D. Fernando V al Almirante D. Diego Colón para ir de Gobernador a la Isla Española (copiada de la original que existe en
el Archivo de la Casa Ducal de Veragua).

[4] También lo hicieron sus sucesores. En la Recopilación de Leyes de los
Reinos de Indias hay cientos de leyes remarcando que los indios sean «bien
tratados».

E non consientan e den lugar que los indios vezinos e moradores en las dichas Indias e tierra firme, ganadas e por ganar, reciban agravio alguno en sus personas e bienes; mas mando que sea bien e justamente tratados. E si algún agravio han rescebido, lo remedien e provean, por manera que no se exceda en cosa alguna de lo que por las Letras Apostólicas de la dicha concessión nos es inyungido e mandado.

Cuando llegó a España, Cristóbal Colón tuvo que renunciar a sus derechos en el Nuevo Mundo. Las capitulaciones de Santa Fe, que eran el documento contractual en el que se le otorgaban una serie de derechos al descubridor, quedaban en saco roto. El monopolio de las nuevas tierras descubiertas deja de estar en manos del genovés, a la vez que la Corona negocia capitulaciones específicas con nuevos candidatos a descubridor. Todo esto desembocaría en los pleitos colombinos. El jurista Julio José Henche Morillas, gran estudioso de la legislación indiana, afirma que:

Los hechos demuestran que los reyes no estaban dispuestos a consentir el incumplimiento de sus regias disposiciones y que el mismo Colón, hombre que gozó del inestimable afecto y simpatía que le profesaron los Reyes Católicos, en particular la reina Isabel, mereció el corregimiento severo sin paliativos de la Corona.[5]

Juicios de Residencia

Imagine el lector la siguiente quimera en la actualidad: cargos políticos siendo investigados y juzgados al final de su mandato en base a la eficiencia demostrada en el ejercicio de sus funciones. Pues algo parecido ocurrió en las Indias con los Juicios de Residencia,

---

[5] J. J. Henche Morillas, *Las leyes de indias. Ordenamiento de protección de la monarquía hispana a los pobladores nativos de América*, Círculo Rojo, Almería, 2021.

un mecanismo del derecho castellano e indiano que permitía a los funcionarios públicos rendir cuentas al finalizar su desempeño.

El *Diccionario de Historia de España*, dirigido por Germán Bleiberg, añade:

> Generalmente, el oficial residenciado debía permanecer un determinado plazo —treinta o sesenta días— en el lugar donde había desempeñado sus funciones. Durante este tiempo, podían formularse las reclamaciones o acusaciones contra el mismo, que eran recibidas por un juez visitador o residente, enviado a este efecto por el poder real, o también por el propio sucesor en el oficio. A la vista de todos los datos reunidos, este hacía un informe sobre la conducta del residenciado, y de su decisión cabía apelarse ante los organismos superiores de justicia. Para poder hacer efectivas las responsabilidades en su caso, muchas veces se exigía de los funcionarios la constitución de una fianza, al principio de su mandato, que quedaba afecta a las resultas del juicio de residencia.[6]

La legislación propiciada desde la Corona no siempre pudo frenar los excesos de la Conquista, en esto, los Juicios de Residencia, se insertaban como un mecanismo más de control. Según la Real Cédula de 3 de septiembre de 1501, al mismo Bobadilla que apresó a Colón y a sus hermanos se le tuvo que tomar residencia. El encargado fue Ovando:

> Que supiese cómo Bobadilla había usado y ejercitado el oficio de gobernador [...]. Que él y sus oficiales hiciesen residencia [...] según la ley de Toledo. Que fuese a la isla Española y a las otras de las Indias donde el comendador frey Francisco de Bobadilla había usado su oficio. Que tomase él las varas de justicia y alcaldía [...]. Que

---

[6] G. Bleiberg (ed.), *Diccionario de Historia de España*, Vol. 2, Revista de Occidente, Madrid, 1968, p. 609.

recibiese de Bobadilla y sus oficiales la residencia, por término de 30 días [...]. Que se informase de cómo y de qué manera Bobadilla y sus oficiales habían usado y ejercido el oficio de gobernación y ejecutado la real justicia. Que hiciese pregón que si alguno tenía queja [...] agravios [...] que lo fuesen a demandar ante él. Que hiciese justicia a los querellosos [...].[7]

Francisco de Bobadilla era hermano de Beatriz de Bobadilla, marquesa de Moya y Peñalosa, dama de la corte muy respetada e íntima amiga de la reina Isabel. Tal era su influencia sobre la reina que se decía aquello de «después de la reina de Castilla, la Bobadilla». ¿Creen que Francisco tuvo trato de favor por ser hermano de Beatriz? Pues a tenor de los hechos, no, no lo tuvo. El oficial castellano fue sometido a un Juicio de Residencia y reemplazado por Ovando, lo que demuestra que Isabel la Católica no se andaba con favoritismos. Muchos conquistadores se enfrentaron a los famosos juicios de Residencia. Expondremos cinco casos a modo de ejemplo:

Rodrigo de Contreras (1502-1558)

Fue un conquistador que acabó siendo gobernador de Nicaragua. En 1514 llegó a las Indias junto a Pedrarias Dávila, con quien emparentaría tras contraer matrimonio con su hija María Arias de Peñalosa y Bobadilla. En 1534 fue nombrado gobernador y capitán general de Nicaragua sustituyendo al mismo Pedrarias Dávila. Uno de sus primeros cometidos fue conducir el Juicio de Residencia contra el licenciado Francisco de Castañeda, que huyó antes de poder responder ante él. Durante su gobierno expandió los límites

---

[7] Real Academia de la Historia, *Diccionario Biográfico electrónico*, https://dbe.rah.es/biografias/13807/francisco-de-bobadilla.

de la gobernación, se despreocupó de los indios y defendió siempre sus intereses y los de los encomenderos. Al finalizar su mandato, hubo de afrontar su propio Juicio de Residencia donde fue acusado de graves delitos. También se le privó de la encomienda familiar que poseía. Las Leyes Nuevas de 1542 que finalizaban con el régimen de encomiendas ya habían entrado en vigor.

Pedro de Heredia (1484-1554)

Fundador de Cartagena de Indias, fue sometido a tres Juicios de Residencia a lo largo de su vida. El conquistador fue acusado de malversación de fondos, de violaciones, saqueos y todo tipo de atropellos a las comunidades indígenas. En el primer Juicio de Residencia salió bastante bien parado, en el segundo de ellos se le desterró de Cartagena por un año y en el tercero la sentencia definitiva recayó sobre el Consejo de Indias, pero antes de que dictaminara una resolución le encontró la muerte.

Hernán Cortés (1485-1547)

Este conquistador extremeño no necesita demasiada presentación. Tejiendo alianzas con los indígenas consiguió conquistar el Imperio mexica en 1521 después de sitiar Tenochtitlán, una gesta sin parangón, quizá solo equiparable a la de Francisco Pizarro en Perú. Pocos años después de aquella proeza, el rey Carlos V ordenó que se investigara la situación de Hernán Cortés después de que llegaran noticias de que la gobernación de la Nueva España era caótica. En 1526, el juez Luis Ponce de León desembarcó en América para abrirle un Juicio de Residencia al conquistador de México-Tenochtitlán. El dominico fray Tomás Ortiz había corrido el falso rumor de que el juez llegaba para cortarle la cabeza a Cortés, pero el conquistador no hizo demasiado caso a aquellas murmuraciones, y recibió al juez con suma cortesía entregándole la vara de la justicia.[8] De repente, muchos disconformes con el proceder de la conquista, envidiosillos, trepas, desheredados y, entre ellos, compañeros de muchas batallas, acaban testificando en aquel embarazoso Juicio de Residencia. Aunque Ponce de León murió poco después de su llegada en extrañas circunstancias —las malas lenguas dicen que fue envenenado por Hernán Cortés—, pudo delegar sus poderes en Marcos de Aguilar, que también falleció al año siguiente. Aun así, Aguilar tuvo tiempo de desposeer a Cortés de sus cargos y los oficiales encargados de continuar con el Juicio de Residencia consiguieron desterrarle. La situación de Cortés se volvió muy difícil. Su nombre y su honor, después de las glorias conseguidas, habían quedado manchados. El extremeño viajó a España en 1528 para defender su caso ante el emperador. Aparentemente se ganó el favor real y Carlos V quiso premiarle concediéndole el marquesado de Oaxaca. Sin embargo, Nuño Beltrán de Guzmán había llegado a Nueva España mandado por la Corona para reducir el poder de Cortés. El extremeño regresó a América y realizó varias expediciones que no son demasiado conocidas, aunque su vida siempre estuvo bajo la amenaza del Juicio de Residencia,[9] y durante años tuvo que defenderse de todo tipo de acusaciones. Cortés, junto a Pizarro, es el mayor héroe de la Conquista, pero hubo de pasar por un penoso Juicio de Residencia. ¿Héroe o criminal? Es algo que la Corona quiso saber. No fue un hombre perfecto, cierto, fue simplemente un hombre de su tiempo. Lo que está claro es que no se

---

[8] E. Mira Caballos, *Hernán Cortés. Una biografía para el siglo XXI*, Crítica, Barcelona, 2021.

[9] El juicio fue largo y penoso para Cortés y sus familiares. Entre otras cosas se le acusaba de haber matado a su primera esposa, Catalina Suárez Marcayda. Quizás todo lo que rodea a la muerte de Catalina constituya la página más negra de la historia de Cortés.

trató de un vulgar asesino de indios. En palabras de Philip W. Powell:

> Si Hernán Cortés se hubiese atrevido a realizar una masacre de poblaciones no combatientes, en escala parecida a las que se han hecho en el siglo XX, la Corona española, con toda seguridad, hubiera ordenado su castigo como un criminal monstruoso.[10]

Nuño Beltrán de Guzmán (1490-1558)

Conquistador conocido por su crueldad en el trato con los indígenas de la zona occidental del actual México. Llegó para controlar a Cortés y se acabó demostrando que fue mucho peor que el de Medellín. Guzmán acabó denunciado por sus malas artes y fue sometido a varios Juicios de Residencia. Durante el mandato del primer virrey de Nueva España, Antonio de Mendoza y Pacheco, se inició el proceso contra él. La Corona española envió a Diego Pérez de la Torre para realizar las diligencias investigatorias. Pérez de la Torre lo encontró gravemente responsable, le arrestó y le apartó del gobierno. Luego le envió preso con grilletes de vuelta a España, donde pasó los últimos años de su vida encarcelado en el Castillo de Torrejón de Velasco, donde moriría.

Lope de Aguirre (1511-1561)

Fue otro de esos tiranos que hicieron las Américas y no se puede decir que sea un desconocido. Su vida ha sido novelada en

---

[10] P. W. Powell, *Árbol de Odio. La Leyenda Negra y sus consecuencias en las relaciones entre Estados Unidos y el Mundo Hispánico*, José Porrúa Turanzas, Madrid, 1972, p. 30.

multitud de ocasiones y también llevada al teatro y al cine. Su figura es sumamente útil, pues «el Loco» Aguirre encarna todos los valores del conquistador codicioso, cruel, sanguinario y sin escrúpulos. Se rebeló contra la Corona española y fue capaz de matar a su propia hija. Y hasta se atrevió a justificarlo: «Porque alguien a quien quiero tanto no debería llegar a acostarse con personas ruines». No hizo falta que la Corona le enjuiciase, sus propios soldados acabaron con su vida. Aun así, en un Juicio de Residencia *post mortem* fue declarado culpable del delito de lesa majestad.[11]

La crueldad y los deseos de hacer justicia cabalgan de la mano. Ese es justamente el lienzo que pinta el hispanista Philip W. Powell en su célebre *Árbol de odio*:

> La legislación reparadora fue dictada y ejercitada por juristas y demás funcionarios españoles. El carácter español del siglo XVI incluía, por un lado, la capacidad de una conquista rigurosa y, por el otro, el deseo de corregir los consiguientes efectos nocivos con medios enérgicos e idealistas, y a menudo efectivos, especialmente por medio de procesos religiosos y jurídicos.[12]

Evidentemente la justicia nunca es perfecta y menos en aquellos siglos. También los funcionarios que la aplican pueden cometer errores, pero sí que los Juicios de Residencia permitieron un cierto control de los conquistadores y otros cargos públicos y de alguna manera limitar y corregir ciertos excesos. Que se hicie-se justicia dependía de que las autoridades civiles tuvieran predis-

---

[11] M. Romero Saiz, *Caballeros de conquista…Y mujeres de armas tomar. Géne-sis de la aventura americana*, Edaf, Madrid, 2021, p. 196.

[12] P. W. Powell, *Árbol de Odio. La Leyenda Negra y sus consecuencias en las relaciones entre Estados Unidos y el Mundo Hispánico*, José Porrúa Turanzas, Madrid, 1972, p. 46.

posición para ello. No siempre ocurrió, ya que muchas veces estaban más preocupadas en que avanzara la conquista de las Indias. Si bien estos mecanismos de control funcionaron durante una primera etapa, algunos historiadores que han estudiado estos procesos señalan que a finales del siglo XVII los Juicios de Residencia acabaron por ser mecanismos totalmente ineficaces.[13] Aunque esto no significa que no existiesen otros mecanismos de control. Siempre hubo aplicación de leyes, y por tanto hubo justicia en la América española. También hubo opresión. Nadie la niega. Lo que no se dice con demasiada frecuencia es que se trató de atajar. Es más, todos los mecanismos de la Corona española fueron indudablemente más garantistas y menos arbitrarios que los que existieron en otras partes del mundo, como bien recordó Salvador de Madariaga:

> La opresión que hubo (jamás peor que la que otras naciones infligieron en su tiempo o más tarde a sus pupilos y aun a sus nacionales) no fue opresión de los reinos de las Indias por la Corona de España, sino opresión de los indios y negros por los blancos y sus domésticos mestizos y mulatos, en violación de las leyes españolas vigentes. Fueron responsables de esta opresión los blancos, ya americanos, ya europeos, que se habían instalado en las Indias para hacer dinero o para gobernar en el nombre de la Corona. Toca también a la Corona parte de la responsabilidad, puesto que la venta de oficios, en auge en el período 1650-1700, pero ya usual antes, estimulaba la corrupción y los malos tratos a los naturales. Con esta grave reserva, cabe decir que la Corona fue el factor más constante en pro de los indios durante los tres siglos que duró el Imperio. El criollo blanco apenas conoció la opresión. No se dieron en América ni la *Lettre de*

---

[13] I. Jiménez Jiménez, I., «Una herramienta inútil. Juicios de residencia y Visitas en la Audiencia de Lima a finales del siglo XVII», *Temas Americanistas*, 35, 2015, pp. 60-87.

Cachet de Francia, ni la *Star Chamber* de Inglaterra u otras formas de privación arbitraria de libertad o persecución.[14]

Para concluir este capítulo nos quedamos con estas palabras de Rafael Altamira, insigne americanista, quien tuvo muy claro que no todas las leyes fueron papel mojado:

> No es exacto históricamente que en la colonización española haya habido dos mundos distintos: uno superior dotado de las más grandes y humanas ideas e intenciones, y otro inferior, pero mucho más extenso, para quien eran aquellas letra muerta. La verdad real fue que en ambos hubo gentes humanitarias, honorables y justas, que supieron ser fieles al sentido de nuestra legislación (que por algo es nuestra, es decir, por algo salió de nuestro espíritu y no del de otro pueblo), como con ambos las hubo de contraria condición.[15]

---

[14] Citado en M. Molina Martínez, *La leyenda negra*, Nerea, Madrid, 1991, pp. 232-233.

[15] R. Altamira y Crevea, *La huella de España en América*, Reus, Madrid, 1924, p. 129.

20

NADA QUE CELEBRAR

El 12 de octubre, día que Cristóbal Colón puso un pie en el Nuevo Mundo, se celebra la fiesta nacional de España. No obstante, no se conmemora un asunto menor restringido al ámbito español, sino el recuerdo de un choque entre dos mundos diferentes, un momento en el que la historia cambiaría de forma dramática. Por ello es un día universal. Porque no solo es una jornada importante en España, sino también en América. El 12 de octubre de 1492 transformó la configuración cultural, social y política del mundo para siempre.

Desde el inicio de octubre, las redes sociales se van calentando hasta entrar en ebullición los días previos. Hay un contraste, por un lado, de manifestaciones patrioteras de orgullo elevadas al paroxismo, y por otro, de mensajes indigenistas con citas de Eduardo Galeano para conferir una pátina intelectual al discurso hispanófobo que hunde sus raíces en los aspectos oscuros de esa España violenta, caudal infinito de espantosas atrocidades. Unas jornadas de blancos y negros, en las que los políticos no dudan en apuntarse para colar su mensaje de turno —por lo que algunos tuiteros aprovechan para apartarse y observar desde la barrera con cierto bochorno— y donde apenas hay espacio para los grises.

Las expresiones de esa férrea oposición ideológica a todo lo que supuso la primera globalización tras la serendi-

pia[1] colombina se enfatizan principalmente con la rotunda sentencia «nada que celebrar». También es habitual encontrarse con el término «genocidio» para calificar el maridaje de España con América.
La difusión de esta última perspectiva es tan ruidosa y se expone
con tanta vehemencia que da la engañosa impresión de que se ha
convertido en una opinión mayoritaria. Ahora bien, ¿es acertada
esta percepción? ¿Se corresponde con la realidad imperial española?
¿Hubo un expolio y una destrucción de los indígenas o hubo un
mestizaje y una «acción civilizadora» digna de celebración?

Origen de la celebración

En 1792, en el tercer centenario del descubrimiento, se celebró
por primera vez en Nueva York el *Columbus Day,* impulsado por la
sociedad de St. Tammany —más conocida como Tammany Hall—.
En 1892 —cuarto centenario—, el presidente de los Estados Unidos, Benjamin Harrison, emitió una proclamación y se volvió a
conmemorar la epopeya de Colón. Se había logrado tras el empuje dado por la comunidad italoamericana y por un movimiento
americanista que tuvo la peculiaridad de haberse construido de
abajo arriba.[2] Pero el gran empujón vino por el apoyo estatal,
tanto en España como en Estados Unidos. El gobierno español
de Cánovas del Castillo quiso imitar las ideas estadounidenses y
presentó en septiembre de 1892 «un proyecto de ley para declarar
perpetuamente fiesta nacional el 12 de octubre en conmemoración del Descubrimiento de América», aunque los festejos se
venían cocinando tiempo antes. Por el cuarto centenario hubo en
muchas ciudades españolas exposiciones, cabalgatas con carrozas

---

[1] Es una palabra bien bonita como indica el académico Félix de Azúa.

[2] J. Moreno Luzón, *Centenariomanía. Conmemoraciones hispánicas y nacionalismo español,* Marcial Pons, Madrid, 2021, p. 267.

alegóricas y ofrendas florales. Se adornaron edificios públicos e incluso se construyó una réplica de la nao *Santa María* en Huelva.

Proyecto del monumento a Colón en el IV Centenario consistente en una gran esfera del mundo situada en el parque del Retiro. Nunca se llegó a construir.
Por fortuna, pensarán algunos. El boceto apareció publicado en la revista
La Ilustración Española y Americana.

Entrados en el siglo XX, en América se empieza a mirar con nostalgia ese pasado común con España reflejado en el arte, la arquitectura virreinal y la lengua. A algunos escritores como José Enrique Rodó —uruguayo— o Rubén Darío —nicaragüense— les preocupaba el expansionismo imperialista que representaba Washington, y se sintieron más cómodos abrazando la cultura y el bagaje que les unía con España. Rodó hablaba del «sacro sentimiento de la raza que unía a los españoles y a los hispanoamericanos». En 1913, un exministro español, Faustino Rodríguez-San Pedro, como presidente de la Unión Ibero-Americana, promovió el nombre de Día de la Raza. La idea, que nace con un fin político, era conmemorar los lazos que unen a España con Iberoamérica, eligiendo para ello el día que Colón llegó a la costa de una isla del Caribe.

Rubén Darío (1867-1916) recogió, por su parte, un sentimiento similar en su poema *Al rey Óscar:*

> *¡Mientras el mundo aliente, mientras la esfera gire,*
> *mientras la onda cordial alimente un ensueño,*
> *mientras haya una viva pasión, un noble empeño,*
> *un buscado imposible, una imposible hazaña,*
> *una América oculta que hallar, vivirá España!*

En octubre de 1914, la publicación *Unión Ibero-Americana* abría su número de esta manera:

La Fiesta de la Raza (Día 12 de Octubre).

No significa el vano recuerdo de una fecha más.

No es la celebración de la total victoria de un pueblo afortunado, que tiene cruel reverso en la ruina o el baldón de otro que, en la lucha, fue menos dichoso.

No es efemérides de sangre y destrucción, de atropellos y rencores... es, por el contrario, fiesta de paz y que debiera ser —si por acaso no lo es— de fraternal cariño.

[...]

Unámonos en tal día los españoles todos de ambos lados del Atlántico en santa fiesta familiar; estrechemos, si aún es hora, los lazos que la sangre común hace siglos anudó; desterremos suspicacias y rencores.

En 1917, Hipólito Yrigoyen, presidente de la República Argentina, declara fiesta nacional el 12 de octubre. En España, en 1918, durante el reinado de Alfonso XIII, pasa a llamarse oficialmente Día de la Raza mediante un decreto del gobierno de Antonio Maura. El nombre Día de la Hispanidad —y el mismo vocablo «hispanidad»— se lo propuso Zacarías de Vizcarra —un sacerdote español residente en Buenos Aires— al periodista Ramiro de Maeztu, por entonces embajador de España en la capital argentina. Fue a finales de la década de 1920, ya que consideraba «poco feliz y algo impropio» la denominación Día de la Raza, aunque raza siempre se concibiera en términos culturales y no raciales. El escritor Miguel de Unamuno ya había mencionado el término «hispanidad» unos años antes.[3] Pero fue, sin duda, Ramiro de Maeztu el gran promotor de esta denominación durante la Segunda República, que quedó reflejada en su obra *Defensa de la Hispanidad* (1934). El nuevo nombre fue poco a poco reemplazando al antiguo en España, no así en América, hasta que el 10 de enero de 1958 es oficializado por decreto de la Presidencia del Gobierno de la España franquista.

En la España democrática se volvió a revisar el término y en 1987, gobernando Felipe González, la palabra hispanidad se acaba desechando. El 12 de octubre pasa a ser la Fiesta Nacional de España. Lo de la fiesta nacional no era nuevo. Tampoco lo de fiesta nacional de España. Cinco años antes, en 1982, el BOE ya había refrendado ese día como Fiesta Nacional de España y Día de la Hispanidad.

En América, el Día de la Raza o el Día de la Hispanidad también ha cambiado la denominación. En el siglo XXI, algunos políticos, con una clara agenda ideológica, atendieron la petición de cambiar el nombre debido a algunas voces críticas —muy minoritarias— que fueron surgiendo desde coordenadas indige-

---

[3] Para Unamuno era importante una Hispanidad asentada en la lengua común. Una de sus metáforas favoritas consistía en decir que «la lengua es la sangre del espíritu», pues «pensamos con palabras, esto es evidente; no pensamos en álgebra, con fórmulas. Pero creo aún más, y es que con palabras también sentimos. Una lengua lleva consigo, no ya una manera especial de concebir la realidad, sino hasta una manera de sentirla».

nistas. Precisamente por solicitud de las asociaciones indigenistas, Hugo Chávez, en el año 2002, decreta el Día de la Resistencia Indígena. En 2010, Cristina Fernández de Kirchner mediante otro decreto de urgencia y necesidad, cambia el nombre a Día del Respeto a la Diversidad Cultural. Evo Morales decreta en el 2011 el Día de la Descolonización, después de haberse llamado Día de la Liberación, de la Identidad y de la Interculturalidad. El mismo proceder han visto otros países hispanoamericanos al cambiar la fiesta de la Hispanidad por fórmulas indigenistas. Lo que en un principio se ideó como una festividad de unión para acercar lazos comunes se ha convertido en un arma de odio, xenofobia y desunión.

Según Iván Vélez, el cambio de nombre lleva aparejado en sus nuevas denominaciones una serie de abstracciones:

> Acaso la más evidente es la que sitúa en el centro de la escena resistente al «indio», un sujeto tan inexistente como idealizado, tan arcádico, que solo resulta asumible por mentalidades infantiles capaces de creer en el mito del buen salvaje.[4]

¿Resistencia indígena?

Cualquiera que oiga esta frase inmediatamente piensa en el apacible pueblo indígena resistiendo ante los todopoderosos ejércitos de España. Pero conviene recordar, al hablar de resistencia indígena, que la Conquista la hicieron mayoritariamente indígenas. Por lo tanto, tendríamos a unos indígenas —en plural— resistiendo y finalmente sucumbiendo ante otros indígenas. Y digo en plural porque los pueblos precolombinos eran muchos. Entre esas tribus

---

[4] I. Vélez, *Nuebas mentirosas: Cortés, el Nuevo Mundo y otros episodios de nuestra historia*, Encuentro, Madrid, 2019.

ocurría a menudo que podían estar separadas entre sí miles de kilómetros, desconociendo una coexistencia mutua; otras veces sucedía lo contrario, y las guerras estaban a la orden del día antes de la llegada de los españoles. Es todo tan absurdo que produce bochorno tener que explicarlo. Sin embargo, estos razonamientos tan perversamente maniqueos, presentistas, tramposos y pueriles se dan entre los movimientos indigenistas de izquierda marxista y anticapitalista, que consideran, de una manera algo ingenua, que las sociedades precolombinas eran comunales y perfectamente armónicas y, aunque plurales, formaban un solo pueblo, el pueblo indígena. Y que no existía ni la sociedad estamental ni la propiedad privada. Entre las Conclusiones del I Congreso de Movimientos Indios de Sudamérica celebrado en Ollantaytambo (departamento del Cuzco) en 1980 se decía lo siguiente:

Considerando:

Que, los pueblos indios de todos los tiempos y espacios desarrollaron, mantienen y practican sus propias formas socio-culturales.

Que, dentro de esta pluralidad cultural india no existieron ni existen culturas inferiores ni superiores, sino al contrario fueron armónicas y complementarias, en razón de que nuestros pueblos han estado organizados en sociedades sobre la base de la armonía universal.

Que, nuestras culturas no fueron antagónicas ni tuvieron un sentido depredador, genocida y excluyente como es la característica de la cultura occidental.

Que, la invasión europea y todas sus formas de colonización han tenido y tienen un carácter etnogenocida, de barbarie clasista, individualista y deshumanizante.

Que, frente al proceso de dominación colonial impuesto por el mundo occidental, existe y se consolida un proceso de resistencia de las culturas indias que luchan por su plena autodeterminación.

Que, lo anteriormente mencionado implica una oposición dinámica entre el sistema de tipo occidental donde se enfrentan las categorías de explotador y explotado, colonizador y colonizado, opresor y oprimido, etc., y otra constituida por las civilizaciones indias de América, las cuales tuvieron capacidad para organizar la vida cotidiana de comunidades auténticas y ajenas a dichas contradicciones.[5]

---

[5] Citado en M. Molina Martínez, *La leyenda negra*, Nerea, Madrid, 1991, pp. 261-262.

21

ESPAÑA NO HA HECHO NADA POR LA HUMANIDAD

Madame d'Aulnoy publicó en 1691 *Relation du voyage en Espagne*. Es un libro que narra sus peripecias en España y que termina haciendo un análisis histórico y sociológico a la postre deficiente. La obra de d'Aulnoy fue muy popular en Inglaterra y fue alabada años después por intelectuales franceses. Esta escritora francesa, que prestó servicios a la corona de Luis XIV para ganarse el perdón por un pasado agitado, tiene el dudoso honor, al igual que muchos viajeros que recorrieron la península ibérica, de haber contribuido a ultrajar el nombre de España. El hispanista francés Foulché-Delbosch, que estudió con gran interés el texto de d'Aulnoy, llegó a la conclusión de que el relato no solo contenía afirmaciones sesgadas y reelaboradas de fuentes indirectas, sino que además estábamos ante una de las falsificaciones más descaradas de la historia. Y es que el autor afirmaba que la escritora nunca había estado en España.[1]

Sin entrar a valorar si d'Aulnoy viajó alguna vez a la Península, pues no existen pruebas concluyentes al respecto, lo que sí sabemos es que la escritora miente y exagera todo cuanto describe. Su

---

[1] (García Calderón, 2020, pág. 112). Á. García Calderón, «Mme d'Aulnoy y su contribución al desprestigio de España en Europa: Relation du voyage en Espagne (1691)», *Onomázein. Revista de lingüística, filología y traducción*, 7 de noviembre de 2020, p. 112.

narración es la de un país atrasado y pobre, lleno de gente supersticiosa, inculta y perezosa. Sus habitantes la tratan con amabilidad y ella responde con desprecio:

> Me sirvieron una gran cena que los galantes españoles habían mandado preparar para mí: pero todo tenía tanto ajo,[2] azafrán y especias, que no pude comer nada; y habría pasado mucha hambre si mi cocinero no me hubiera guisado lo que pudo encontrar a mano.[3]

El relato de d'Aulnoy trata el asunto de la Inquisición española, al igual que había hecho otro francés, Bartolomé Joly, a principios de siglo en *Voyage en Espagne* (1603-1607). Por supuesto, no sale muy bien parado el Santo Tribunal en ninguno de los dos relatos, con grandes dramatismos y continuas deformaciones. La piedad, la superstición, el fanatismo religioso, etc., son lugares comunes que se repiten en la mayoría de las visiones que tienen los extranjeros sobre el país, con unos presuntos rasgos definitorios de los españoles que se reflejan bien en las palabras del veneciano Federico Cornaro, del siglo XVII:

> La religión tiene al parecer en aquellos reinos su sede y su centro, los donativos preciosos, las lámparas encendidas por la piedad de los fieles, son innumerables... Esto no quita que, penetrando en el fondo, se dé uno cuenta de que la fe de los grandes y los príncipes es mera hipocresía y que la de los tontos y el vulgo es mera superstición.[4]

---

[2] El círculo parecía cerrarse cuando corrió un rumor malicioso en los años 2003 y 2004 según el cual Victoria Beckham afirmaba que España olía a ajo.

[3] M. C. Jumelle de Barneville (Madame d'Aulnoy), *Relación del viaje de España en 1679*, edición de Luis Bocos, obtenido de https://www.bocos.com/dw_un_viaje_por_espana_1679/Un_viaje_por_Espana_en_%201679.pdf.

[4] Citado en C. Maqueda Abreu, «Extranjeros, Leyenda Negra e Inquisición España», *Revista de la Inquisición (intolerancia y derechos humanos)*, 5, Universidad Rey Juan Carlos, 1996, p. 42.

O en las del mariscal de Gramont, también del siglo XVII:

La falta de devoción de algunos y su mascarada religiosa resulta difícil de comprender. Nada es más risible que verlos en misa, con
grandes rosarios colgados del brazo... y pensando muy poco en Dios
y en su sacrificio. Su religión es de las más cómodas y cumplen cuidadosamente aquello que no les cuesta gran trabajo. Castigarán severamente a uno que blasfeme o hable mal de los santos y de los misterios de la fe... pero el concurrir a lugares infames, el cenar carne
los viernes, el mantener públicamente a treinta concubinas... eso no
es motivo de escrúpulo para ellos.[5]

El mariscal Antoine de Gramont, que viajó a España en
misión diplomática para pedir en 1659 la mano de María Teresa de
Austria, hija de Felipe IV, para el rey francés Luis XIV —se casa-
rían al año siguiente—, también echó pestes de la Inquisición, en
términos de «gran máquina de dominación». Lo mismo haría
François Bertaut, que viajó con el Mariscal Gramont. Bertaut nos
dejó dos obras: *Relation d'un voyage d' Espagne* (1664) y *Journal du
voyage d'Espagne* (1669), que se pueden catalogar dentro de esa literatura de viajes hispanófoba que tan bien cultivó Madame
d'Aulnoy y algunos otros escritores franceses del XVII, en donde se
vulgarizan una colección de tópicos que van copiándose unos a
otros. Bertaut retrata a los españoles como tipos atrasados, analfabetos, supersticiosos y sin ningún tipo de juicio, algo parecido a los
moros:

... pero de la manera como están hechos los españoles, que en su
mayor parte no tienen lectura, que se entregan mucho a todas sus
pasiones y que no tienen verdadera fe interior, sino solamente una
falsa, que cree no consistir más que en las ceremonias de la Iglesia y

---

[5] Citado en Ibídem, pp. 42-43.

en el culto exterior, ese temor les es necesario para mantenerlos sujetos; porque si les diesen su libertad de examinar, no sabrían dónde estaban, pareciéndose a los moros, que se hacen cristianos cuantas veces los dominan, y vuelven a ser mahometanos en cuanto están en libertad.[6]

Luces sin razón

El barón de Montesquieu fue uno de los primeros popes de la Ilustración en difundir tesis leyendanegristas, como la de contribuir al mito de que los españoles eran unos vagos redomados, eso sí, de una forma satírica, que hoy se lee con cierta simpatía. Compartimos íntegra la «Carta LXXVIII», de sus *Cartas Persas*, escrita en París en el año 1715:[7]

Te envío copia de la carta de un francés que reside en España y acaba de escribirme. Creo que te gustará leerla.

«Durante seis meses he recorrido España y Portugal, y he vivido entre gente que, despreciando a todos los demás, solo a los franceses distingue con su odio. La seriedad es el más destacado carácter de las dos naciones; principalmente se manifiesta de dos maneras: por las gafas y por el bigote. Las gafas indican claramente que el que las lleva es un hombre avanzado en las ciencias y dedicado a profundas lecturas, hasta el punto de haber llegado a debilitar su vista, y cualquier nariz adornada o cargada puede pasar, sin mucho trabajo, por la nariz de un sabio. En cuanto al bigote, es respetable por sí mismo e independientemente de sus consecuen-

---

[6] Citado en D. Moreno, *La invención de la Inquisición*, Marcial Pons, Madrid, 2004, p. 147.

[7] Montesquieu, *Cartas Persas*, Consejo Nacional para la Cultura y las Artes, Ciudad de México, 1992, pp. 142-146.

cias; aunque no deja de reportar grandes beneficios al príncipe y al
honor de la nación, como ya lo demostró aquel famoso general
portugués de las Indias que, teniendo necesidad de dinero, se
cortó una guía de su bigote y a cambio mandó pedir a los habitantes de Goa veinte mil piezas de oro; se las presentaron inmediatamente, y poco después recuperó honrosamente su bigote.

»Fácilmente se explica que gente como esta, seria y flemática,
tenga su orgullo. Y lo tiene. Ordinariamente, se basan en dos cosas
dignas de consideración. Los que viven en la Península Ibérica
se sienten infinitamente superiores cuando son eso que ellos llaman cristianos viejos, es decir, los que no tienen sus orígenes entre
aquellos a quienes la Inquisición persuadió durante el siglo pasado
para que abrazaran la religión cristiana. No menos orgullosos están
los que viven en las Indias, al considerarse partícipes de la inefa-
ble gracia de ser, como ellos dicen, hombres de cara blanca. Jamás
hubo, en el harén del gran señor, sultana tan orgullosa de su belleza
como el más viejo y grosero villano puede estarlo de la blancura
aceitunada de su piel, cuando está en una ciudad mexicana, sentado
a la puerta de su casa, con los brazos cruzados. Un hombre de tanta
importancia, una criatura tan perfecta, no trabajaría por todos los
tesoros del mundo y nunca decidiría comprometer el honor y la
dignidad de su piel en una vil y mecánica industria.

»Pues hay que saber que, cuando un hombre posee cierto
mérito en España, como, por ejemplo, el de poder añadir a las cualidades de las que hemos hablado la de poseer una gran espada o
la de haber aprendido de su padre el arte de tañer una discordante
guitarra, en este caso, no trabaja: su honor radica en el reposo de
sus miembros. El que durante diez horas al día permanece sentado,
goza exactamente de doble consideración que el que no está más
que cinco, pues la nobleza se adquiere en las sillas.

»Pero, aunque estos invencibles enemigos del trabajo alardeen
de filosófica tranquilidad, no es precisamente eso lo que albergan
en su corazón, porque se pasan la vida enamorados. Son los mejor

dispuestos del mundo para languidecer bajo la ventana de su amada, y ningún español sabría pasar por galante sin estar constipado.

»En primer lugar, son devotos y, además, celosos. Tendrán sumo cuidado en no exponer a sus mujeres a las asechanzas de un soldado herido en cien batallas o a las de un decrépito magistrado; pero no tendrán inconveniente en encerrarlas con un fervoroso novicio, de esos que bajan los ojos, o un robusto franciscano, que los eleva. Permitirá que sus mujeres aparezcan con el seno descubierto, pero se opondrán a que se les vea el talón o a que descubran la punta del pie. En todas partes se dice que los rigores del amor son crueles. Entre los españoles, lo son mucho más: las mujeres alivian sus penas, pero no hacen más que cambiarlas por otras y muchas veces les queda un triste recuerdo de una pasión apagada.

»Tienen pequeñas atenciones que en Francia parecerían fuera de lugar: un capitán, por ejemplo, no pega nunca a un soldado sin pedirle antes permiso y la Inquisición no quema nunca a un judío sin presentarle excusas. Los españoles que no son quemados están tan apegados a la Inquisición que se enfadarían mucho si se suprimiese. A mí me gustaría que se estableciese allí otra, no contra los herejes sino contra los heresiarcas que atribuyen a unas simples prácticas monacales la misma eficacia que a los siete sacramentos, que idolatran lo que veneran, que son tan devotos que ni siquiera son cristianos.

»Quizá encuentres ingenio y sentido común entre los españoles, pero no lo busques en sus libros. Visita cualquiera de sus bibliotecas: las novelas a un lado y los escolásticos a otro. Parece que un secreto enemigo de la razón humana es el que ha hecho la selección y después lo ha juntado todo allí. El único libro que merece la pena es el que ha hecho ver lo ridículo de todos los demás.

»Han hecho enormes descubrimientos en el nuevo mundo y todavía no conocen su propio continente: hay en sus costas puertos todavía sin descubrir y en sus montañas regiones totalmente desconocidas. Dicen que el sol sale y se pone dentro de su país;

pero hay que hacer notar que en este recorrido no encuentra más que campos yermos y regiones desérticas».

Me gustaría, Usbek, leer una carta escrita por un español en Madrid que viajara por Francia: creo que reivindicaría bien a su nación. ¡Qué campo tan extenso para un hombre flemático y pensativo! Imagino que la descripción de París la empezaría así: "Hay aquí una casa para encerrar a los locos. A primera vista parece ser la más grande de la ciudad. ¡No! El remedio resulta insuficiente para la enfermedad. Sin duda, los franceses, extraordinariamente desprestigiados entre sus vecinos, encierran a algunos locos en una casa para demostrar que los que están fuera no lo son".

Acabo con mi español.

Adiós, mi querido Usbek.

París, 17 de la luna de Safar, 1715

Voltaire, al igual que Montesquieu, es otro de los grandes artífices del pensamiento ilustrado. En su ensayo *Essai sur les moeurs et l'esprit des nations* (1756) demoniza a Felipe II y se hace eco de los escritos de Bartolomé Las Casas, supuesto testigo de las horribles atrocidades cometidas por los conquistadores. No duda Voltaire[8] en hacer una condena moral a tanta crueldad y barbarie: «Los conquistadores de América se han deshonrado a sí mismos con horribles crueldades». Muchos de estos ilustrados estaban influenciados

---

[8] Voltaire, al igual que Montesquieu, es uno de los filósofos ilustrados antiespañoles por antonomasia, sin embargo, como señala José Checa Beltrán, conviene matizar: «Es obvio que el relato histórico sobre España [...] fue fundamentalmente negativo en lo relacionado con cuestiones ideológicas, pero sus estimaciones sobre el legado cultural español fueron dispares, positivas y negativas, igual que lo fueron respecto a otras culturas europeas. En el caso de Voltaire hasta encontramos juicios favorables no solo acerca de la literatura española, sino también sobre algunos aspectos de la España imperial». (J. Checa Beltrán, *Demonio y modelo. Dos visiones del legado español en la Francia ilustrada*, Casa de Velázquez, Madrid, 2014, p. 29).

por un ensayo de Michel de Montaigne del siglo XVI. Muñoz
Machado explica que «Montaigne influyó grandemente en la literatura del Siglo de las Luces y fue determinante de que en muchas
obras de ese período se recogieran graves acusaciones contra los
conquistadores. Algunas veces estas críticas no incluían análisis
comparativos, sino que se limitaban a la horrorizada exposición de
las crueldades españolas».[9] En 1756, en el mismo año de la publicación del ensayo de Voltaire, el erudito francés Charles de Brosses
publicaba en París su *Histoire des navigations aux terres australes*, donde hablaba de los «malos tratos con los que han sido abrumados»
los indígenas que tuvieron la mala suerte de tratar con españoles.
Podía leerse:

> Porque evitaremos los dos vicios que entonces padecieron los espa-
> ñoles, la avaricia y la crueldad. La primera vació su propio país en
> pos de una fortuna ilusoria, algo que nunca deberían haber intenta-
> do. La última, cuyas causas fueron el orgullo y la superstición nacio-
> nales, lo único que hizo fue destruir la raza humana en América.
> Desdeñosamente, como si fueran bestias extrañas e infames, masa-
> craron a millones de indios a los que podrían haber convertido en
> hombres.[10]

Historia de las dos Indias, publicada por primera vez en Amsterdam en 1770, trata de recopilar de manera enciclopédica lo que
fue el comercio europeo en las Indias occidentales y orientales y
ensaya una crítica apasionada contra el colonialismo. Es una obra
coral anónima de la que el abate Raynal asumiría la autoría. Sin
embargo, algunos de los mejores pasajes se deben a Diderot, el

---

[9] S. Muñoz Machado, *Civilizar o exterminar a los bárbaros*, Crítica, Barcelona, 2019, p. 90.

[10] C. Brosses, *Histoire des navigations aux terres australes*, Durand, París,
1756, Tomo I, Libro I, p. 17.

padre junto a D'Alambert de la Enciclopedia francesa. La *Historia de las Dos Indias* es uno de los libros más exitosos de la época. En Francia contó con treinta ediciones diferentes entre 1770 y 1787 y en el extranjero se imprimieron más de cincuenta. Este libro, según Madariaga, fue «el evangelio de los emancipadores y libertadores de América». España es representada como autora de terribles crímenes históricos:

> Ellos han despoblado un mundo que habían descubierto, han dado muerte a millones de hombres, han hecho peor, los han encadenado, aún más, han embrutecido a aquellos que su espada había perdonado. Los que mataron sufrieron solamente un momento, los desdichados que dejaron vivir, han debido envidiar cien veces la suerte de los que fueron degollados. El futuro no os perdonará cuando vea germinar las cosechas en que habéis regado los campos de tanta sangre inocente y contemple los inmensos espacios que habéis devastado, poblados por habitantes libres y felices.[11]

El antropólogo francés Georges-Louis Leclerc, conde de Buffon, otro respetado pope de la Ilustración, autor de los cuarenta y cuatro volúmenes de *Histoire naturelle*, habla en estos términos de la conquista española de las Indias:

> Se permiten todos los excesos del fuerte contra el débil; la medida de su gloria es la de sus crímenes, y su triunfo el oprobio de la virtud. Al despoblar este Nuevo Mundo, han desfigurado y casi aniquilado […]. Todo el oro que se ha tomado de América puede pesar menos que la sangre humana que se ha derramado allí.[12]

---

[11] Citado en R. Levene, *El mundo de las ideas y la revolución hispanoamericana de 1810*, Editorial Jurídica de Chile, Santiago de Chile, 1956, p. 229.

[12] Citado en M. Duchet, *Anthropologie et histoire au siècle des Lumières*, Albin Michel, París, 1995, p. 279.

En el siglo XVIII también tenemos a viajeros ilustrados como Jean François Peyron. El relato de su viaje, *Nouveau voyage en Espagne, fait en 1777 & 1778,* fue publicado en Ginebra y se tradujo al inglés y al alemán. Peyron nos describe los vicios de los ignorantes españoles ordenados por provincias —Andalucía, Cataluña, Galicia, Asturias...—. Felipe II no sale bien parado y es descrito como «esa mezcla asombrosa de crueldad, de hipocresía y de cobardía». No puede faltar en el relato la terrible Inquisición:

> Se vieron por todas partes las hogueras encendidas, y, mientras la peste arrasaba Andalucía, la Inquisición devastaba como aquella.[13]

La Inquisición, así como las corridas de toros y los crímenes con navaja, o el bandolerismo, sirven para explicar una crueldad intrínseca propia de los españoles, una crueldad instalada en lo más profundo de su esencia, de la que es muy difícil escapar. Tantos años de Inquisición habían convertido a los españoles en un conjunto de almas a la deriva, inmunes al sufrimiento humano; impasibles e ignorantes. El abate Raynal tiene claro que la Inquisición ha matado todo atisbo de vida intelectual, fomentando la superstición. Por culpa de esta institución, España «permaneció estúpida en una profunda ignorancia». Eso hace que se deleiten con espectáculos sanguinarios. El estrafalario intelectual Jean-Marie-Jérôme Fleuriot (1749-1807), marqués de Langle —del que ya hablamos en el capítulo de Felipe II—, pintó un injusto retrato de España, satirizando sus costumbres. Sobre las corridas de toros escribe:

> Viviría mil años, lo pensaría todos los días, y nunca sería capaz de concebir lo entrañable y soberbio de estas terribles corridas: todo es rebeldía, los toreros causan horror y los toros son lastimados. Un

---

[13] Citado en D. Moreno, *La invención de la Inquisición,* Marcial Pons, Madrid, 2004, p. 150.

hombre está hecho de piedra si sus ojos no se llenan de lágrimas mientras ve a doce o quince asesinos matar, a sangre fría, a una desdichada bestia cuya boca ha sido amordazada, con un bozal pegado a sus fosas nasales que le priva de sus medios de defensa e incluso de ver a quién le mata.[14]

Y es curioso, porque todo lo que escribe Fleuriot lo escribe sin haber pisado jamás suelo español. Esta vez no son fundadas sospechas como se tienen de Madame d'Aulnoy. El relato de Fleuriot, publicado con el título *Voyage de Figaro en Espagne* en 1784, causó gran indignación en la España de Carlos III y fue percibido como una afrenta al honor de los españoles, que quedaba gravemente mancillado. El escándalo derivó en un importante conflicto diplomático. Al gobierno francés no le quedó más remedio que retirarlo de la circulación y quemar las copias impresas, lo que le vino muy bien a aquel libelo, provocando todo un efecto Streisand, es decir, acrecentando su notoriedad y alargando su vida editorial. Y, por si fuera poco, se tradujo a muchos idiomas. Algo parecido ya había ocurrido pocos años antes con *Historia de las dos Indias* del abate Raynal.[15]

A partir de 1782 se empezó a publicar la *Encyclopédie Méthodique*, continuadora de la Enciclopedia de Diderot y D'Alambert. Un enciclopedista mediocre llamado Nicolas Masson de Morvilliers fue el encargado de redactar la entrada sobre España:

Hoy Dinamarca, Suecia, Rusia, la propia Polonia, Alemania, Italia, Inglaterra y Francia, todos estos pueblos enemigos, amigos, rivales,

---

[14] Citado en E. Carrère-Lara, «La crueldad ibérica a través de los relatos de viaje franceses del siglo XVIII», *Cuadernos Dieciochistas*, 7, 2006. La traducción es mía.

[15] S. Madariaga, *El ocaso del Imperio español en América*, Editorial Sudamericana, Buenos Aires, 1955, pp. 304-305.

arden todos con generosa emulación por el progreso: ¡ciencia y artes! Cada uno medita sobre las conquistas que debe compartir con las demás naciones; cada uno de ellos, hasta ahora, ha hecho algún descubrimiento útil, ¡que se ha convertido en beneficio de la humanidad! Pero, ¿qué le debemos a España? Y durante dos siglos, cuatro, diez, ¿qué ha hecho ella por Europa?

La respuesta parece clara: España no ha hecho absolutamente nada. Estamos de nuevo ante una anomalía histórica. España, la nación que había descubierto un nuevo continente, que había patrocinado una expedición que acabaría realizando la primera circunnavegación de la Tierra, que había conectado todos los mares protagonizando la primera globalización de la historia, que había dado carta de naturaleza a los moradores de las Indias, que había alumbrado el pensamiento de la Universidad de Salamanca... Aquella nación para Masson de Morvilliers no había conseguido nada.

Respuesta a los iluminados franceses

La respuesta al ultraje del señor Masson fue inmediata. Antonio José Cavanilles (1745-1804) fue un científico español de la Ilustración, botánico y naturalista. Desde una edad temprana mostró gran interés por los enciclopedistas franceses: Diderot, D'Alambert, y también Voltaire, al que admiraba y con el que disfrutaba de sus escritos. Se afincó en París y conoció a Raynal, al que consideraba un hombre talentoso, pero algo ególatra y fanfarrón. Tuvo gran predicamento entre los botánicos de su época y llegó a cartearse con algunos científicos extranjeros como Alexander Von Humboldt o Carl Ludwig Willdenow. Sin embargo, a un afrancesado como Cavanilles, leer el denigratorio texto sobre España de Masson de Morvilliers (1782) le debió causar una honda decepción.

Así comenzaba su contestación, escrita en francés y que aquí reflejamos traducida:

> Es cosa lastimosa que este artículo extravagante se halle consagrado en una obra como la *Encyclopedia*. A la verdad no son estos los medios para acabar de destruir aquella especie de antipatía entre las dos Naciones, procedida de 200 años de guerras continuas; son, sí, los más propios para renovarla, y para que estas dos Naciones destinadas a estar siempre unidas así por la conformidad de las virtudes sublimes que han mostrado al Universo, como por la sangre de sus Reyes, vuelvan a axcitar el odio escondido entre sus cenizas con daño recíproco de ambas, y complacencia de sus enemigos.
>
> Tampoco es este el modo para aumentar el crédito de la *Encyclopedia*, obra magnífica, destinada a ser el depósito fiel de los conocimientos humanos. ¿Se habrá podido persuadir Mr. Masson que no hay en Francia españoles capaces de demostrar la falsedad que se les imputa? ¿Ha imaginado que sin más instrucción que la que ha sacado de historias viejas y olvidadas, será suficiente su estilo amargo y mordaz para persuadir si es verdadero el retrato que nos presenta? Si hubiera dirigido su pluma la delicada crítica que debe profesar, y el deseo de escribir una obra exacta y puntual, hubiera acudido a las legítimas fuentes en vez de consultar las adulteradas y falsas.[16]

En 1784, mismo año de la publicación en lengua francesa de *Observations de M. l'abbé Cavanilles sur l'article "Espagne" de la Nouvelle Encyclopédie*, la contundente réplica vindicativa se tradujo al español. Curiosamente, el traductor se quejaba de que la respuesta de Cavanilles había sido mejor recibida por los franceses que por los españoles.

---

[16] A. J. Cavanilles y Palop, *Observaciones sobre el artículo España de la nueva Encyclopedia*, Imprenta Real, Madrid, 1784, pp. 2-3.

En 1786, el abate italiano Carlo Denina leyó un discurso en la Academia de Berlín en respuesta a la pregunta de Masson: ¿Qué le debemos a España? Advertía antes de empezar: «No tengo con los españoles más relación que la que tienen un hombre literato con todo el mundo; y estoy tan lejos de tener aversión a la Francia, que me conozco deudor a los libros franceses de la mayor parte de mi instrucción. Pero mucho más me debo a la justicia y a la verdad». Denina era conocedor de la importancia de la literatura española. Se encargó, además, de desmentir tópicos como la superstición atribuida al carácter español o el papel de la Inquisición, deformada por las ideas de autores extranjeros. Del mismo modo, aseguró que «jamás el fanatismo religioso hizo en España el daño que ha hecho en Francia». También remarcó que los que más se han distinguido en las primeras expediciones de los siglos XVI y XVII eran españoles y portugueses:

El célebre Magallanes portugués, naturalizado español al servicio de Carlos V tuvo en ellas [las primeras expediciones de América] mucha parte. Otro español dio también por primera vez la vuelta del mundo, este era Sebastián Elcano, que mandaba el famoso navío *Victoria*. ¿Cuál es el cosmógrafo, el navegante, el capitán francés que se halla nombrado en toda la historia de este gran descubrimiento?[17]

«Difícilmente podrán persuadirse los Massones, Tiraboschis y Bettinelis[18] que fue España en aquellos siglos tenebrosos la que mantuvo el verdadero uso de las ciencias», escribía ese mismo año Juan Pablo Forner en su *Oración apologética por la España y su mérito literario*. El semanario ilustrado, progresista y laico *El Censor*, editado

---

[17] C. Denina, «Respuesta a la pregunta: ¿Qué se debe a la España? Discurso leído en la Academia de Berlín», Librería Piferrer, Barcelona, 1786, pp. 28-29.

[18] Girolamo Tiraboschi y Saverio Bettinelli sostenían que los escritores españoles habían introducido en Italia el mal gusto literario.

en Madrid entre los años 1781 y 1787, se cachondeó del texto de
Forner con su paródica *Oración apologética por el África y su mérito
literario*, donde se sustituían las palabras *España* y *españoles* por *África*
y *africanos*. Venía a confirmar que los enemigos de aquellos que
daban réplica a los escritos panfletarios, injuriosos y antiespañoles
no siempre se encontraban al otro lado de los Pirineos. *El Censor* ya
había insinuado que autores como Cavanilles o Forner perseguían
«lograr aplausos que no merecen». Criticaban, con buenas dosis de
mala leche —algo así como los Peios Riaños, pero del XVIII y más
capaces, al hacer un buen uso de una inteligente mordacidad— que
aquellas obras servían para «fomentar la pereza, y hacer que satisfe-
chos de nosotros mismos y contentos con el estado en que nos
hallamos, ni siquiera pensemos en mejorarlo».[19] En el fondo buscaban el aplauso contrario, el de aquellos que se habían tragado toda
la papilla ideológica ilustrada, que cada vez eran más, cargados de
una serie de sofismas sin procesar, siempre contrarios al supuesto y
cacareado atraso secular español.[20] Para Forner «España ha sido
docta en todas edades», y aunque se le suela definir como un ilustrado, en realidad no le tenía demasiado cariño al siglo de la razón:

> Oigo llamarle por todas partes siglo de la razón, siglo de luces, siglo
> ilustrado, siglo de la filosofía. Yo le llamaría mejor siglo de ensayos,
> siglo de diccionarios, siglo de diarios, siglo de impiedad, siglo habla-
> dor, siglo charlatán, siglo ostentador.[21]

José de Cadalso era un militar cosmopolita que había ejercido
gran ascendiente sobre Juan Pablo Forner, haciéndole partícipe de

---

[19] *El Censor*, discurso LXXXI.

[20] M. P. Pérez Cantó, «Un debate en torno a la modernidad: la crisis de los
ochenta», *Espacio, Tiempo y Forma*, Serie II, *Historia Moderna*, 1998, p. 391.

[21] L. A. Cueto, *Poetas líricos del siglo XVIII. Autores españoles desde la formación
del lenguaje hasta nuestros días*, vol. I, M. Rivadeneyra, Madrid, 1869, p. CCXXXVI.

sus inquietudes. De esta época son sus *Cartas Marruecas*, que finalmente fueron publicadas de manera póstuma en 1789. Con esta
obra de género epistolar pretendía desmentir el juicio moral sobre
España —enormemente pernicioso— que se había extendido a
través de escritos franceses. *Cartas Marruecas* es una crítica mordaz
de la España de su tiempo y a la vez una virulenta defensa que
sigue el esquema epistolar de las *Cartas Persas* (1721), un esquema
típico de aquella época, ya que Cadalso estaba al corriente de las
modas literarias de su tiempo. Procedía así al hablar de la esclavitud
en el continente americano:

> Los pueblos que tanto vocean la crueldad de los españoles en Amé-
> rica son precisamente los mismos que van a las costas de África a
> comprar animales racionales de ambos sexos a sus padres, hermanos,
> amigos, guerreros victoriosos, sin más derecho que ser los compra-
> dores blancos y los comprados negros; los embarcan como brutos;
> los llevan millares de leguas desnudos, hambrientos y sedientos; los
> desembarcan en América; los venden en público mercado como
> jumentos, a más precio los mozos sanos y robustos, y a mucho más
> las infelices mujeres que se hallan con otro fruto de miseria dentro
> de sí mismas; toman el dinero; se lo llevan a sus humanísimos países,
> y con el producto de esta venta imprimen libros llenos de elegantes
> inventivas, retóricos insultos y elocuentes injurias contra Hernán
> Cortés por lo que hizo.[22]

Pero Cadalso, que intenta desmitificar el carácter sanguinario
y cruel de la Conquista española, con el no siempre efectivo «y tú
más», también participa de otros mitos, como el del ya mencionado atraso secular español ligado a la decadencia del período Habs-

---

[22] J. Cadalso, *Cartas Marruecas*, Biblioteca Virtual Miguel de Cervantes,
1789, obtenido de https://www.cervantesvirtual.com/obra-visor/cartas-ma-
rruecas—0/html/, Carta IX.

burgo después de Carlos V, ese mito que más tarde solidificaría con Modesto Lafuente o Cánovas del Castillo, entre otros. Dice Cadalso en *Defensa de la nación española contra la «Carta Persiana LXX-VIII» de Montesquieu* (1768):

> Murió este rey [Felipe II] perjudicial a su pueblo, y pasó su cetro sucesivamente en las manos de tres descendientes suyos a cuál más inútil. Felipe Tercero jamás pudo salir del laberinto de negocios, tratados, guerras y proyectos que trazó su padre. Felipe Cuarto, adulado por sus ministros, pasó su reinado con damas, poetas, bufones, y murió sin haber hecho cosa digna de un rey de España. Carlos Segundo fue el príncipe más estúpido que jamás se ha conocido: llegaron a volverle fatuo. Le hicieron creer que estaba habitado su cuerpo de muchos espíritus infernales. Le exorcizaron y le hicieron hacer tan extrañas posturas y gestos que, junto con las ceremonias del exorcismo, le acabaron de inutilizar.[23]

Cadalso se lamenta del atraso cultural de España con respecto a otras naciones, y en el fondo no está tan alejado de Montesquieu, por quien estaba en cierta medida obsesionado, aunque hay que aclarar que nuestro escritor no era un ilustrado escéptico que se propusiera hacer *tabula rasa* con el pasado si atendemos a su personaje Gazel —creación literaria de sus *Cartas Marruecas*—: «La generación entera abomina de las generaciones que le han precedido. No lo entiendo». Cadalso, que era crítico con el problema de España, falleció el mismo año en el que se había publicado la insultante entrada de Masson. De haber tenido una vida más larga,

---

[23] J. Cadalso, *Defensa de la nación española contra la «Carta Persiana LXX-VIII» de Montesquieu*, Biblioteca Virtual Miguel de Cervantes, 1768, obtenido de https://www.cervantesvirtual.com/obra-visor/defensa-de-la-nacion-espanola-contra-la-carta-persiana-lxxviii-de-montesquieu—0/html/ff72e830-82b1-11df-acc7-002185ce6064_2.html.

es de suponer que no hubiera permanecido callado, como no permaneció callado ante las *Cartas Persas* de Montesquieu. Probablemente también hubiera sido objeto de burlas por parte de *El Censor*: «¿Consiste por ventura el patriotismo en creer como el saboyano y sostener con o sin ella, que el país en que uno ha nacido es el más floreciente de todos, presentando batalla a cuantos lo nieguen, bien, así como Don Quijote a los que no confesaban la hermosura de su sin par Dulcinea?». Es igual, Cadalso no participaba de esas falaces necedades con las que disparaba el semanario madrileño, pues el autor de las *Cartas Marruecas* era uno de esos patriotas a los que le molestaba el patrioterismo, o patriotismo degenerado como bien dejó inmortalizado en boca de su personaje Nuño, por quien suele asomar el pensamiento del escritor:

> ¿Sabes la triste consecuencia que se saca de todo esto? No es otra sino que el patriotismo mal entendido, en lugar de ser una virtud, viene a ser un defecto ridículo y muchas veces perjudicial a la misma patria.[24]

La hispanofilia inglesa, Richard Ford y otros viajeros del XIX

La guerra de la Independencia española (1808-1814) llevó a una transformación en la percepción de la Leyenda Negra, como apunta el historiador Enrique Moradiellos. Cuando los ingleses se vuelven aliados de España contra Napoleón, determinados aspectos negativos se van convirtiendo en positivos, forjándose un nuevo tipo de actitud oficial hacia los españoles. La Leyenda Negra

---

[24] J. Cadalso, *Cartas Marruecas*, Biblioteca Virtual Miguel de Cervantes, 1789, obtenido de https://www.cervantesvirtual.com/obra-visor/cartas-marruecas—0/html/, Carta XXI.

pierde fuerza y es reemplazada por una visión romántica del país, igualmente mítica:

> A tenor del nuevo estereotipo, la percepción negativa de España y de los españoles se trocó en una imagen positiva y ponderativa. En un plazo breve, los vicios y defectos de los españoles se volvieron virtudes y perfecciones. Así, por ejemplo, la crueldad hispana se convirtió en valentía indómita, el execrable fanatismo devino pasión indomable, y la soberbia altanera se hizo orgullo patriótico e individualista.[25]

Es lógico que en la primera mitad del siglo xix la Leyenda Negra cobrara otros tintes, ya que España pierde su hegemonía y deja de ser un imperio. A partir de ahí, el extranjero mira a España con condescendencia, como si de una reliquia se tratase. Crece el interés hacia el país desde una nueva óptica, una España exótica y excepcional, especialmente asociada al paisaje agreste del sur de la península. Sevilla y Granada, pero también Córdoba o Málaga, acabarían ejerciendo una seducción evocadora irresistible para los viajeros. Se extendió la idea romántica del pasado árabe de España, la altivez española, la belleza femenina, la afición a las corridas de toros y la religiosidad popular supersticiosa. Los ingleses y otros trotamundos de otras nacionalidades buscaban en España los ideales de honor, fervor patriótico y religioso, y valores puros y primarios, que creían que un cambio civilizacional podría estar destruyendo en Europa. Hubo un interés legítimo en la historia y cultura españolas, con el surgimiento de la hispanofilia.

Los verdaderos hispanófilos son un producto de la primera mitad del siglo xix gracias, entre otras cosas, a las bellas artes.

---

[25] E. Moradiellos, «Más allá de la Leyenda Negra y del Mito Romántico: el concepto de España en el hispanismo británico contemporaneísta», *Ayer*, 31, 1998, p. 188.

Surgen poetas románticos cautivados por la gesta antinapoleónica. En 1810, el poeta Robert Southey escribía a su amigo C. W. Williams Wynn: «Mi fiebre española, como usted la llama, sigue inalterable». Lord Byron, uno de los poetas más importantes del Romanticismo inglés, también se maravilló con España y su cultura. Aunque no visitó el país hasta 1809, se interesó tempranamente por la literatura y la historia españolas y se inspiró en ellas para muchas de sus obras. En particular, se sintió fascinado por el exotismo que emanaba de nuestra cultura y valoró la libertad y la independencia que los patriotas españoles representaban para él. Lord Byron escribió varios poemas y ensayos sobre España y sus gentes y, en general, los retrató de manera muy positiva. En su poema *Childe Harold's Pilgrimage*, por ejemplo, describe a los españoles como valientes, libertarios y pasionales, y alaba su lucha por librarse de las cadenas del opresor francés:

> Tales, España, son tus hijos; y ¡qué destino tan singular el tuyo! Hombres que nunca fueron libres, combaten por la libertad; un pueblo a quien han privado de su rey, combate por un Estado sin vigor, exánime; mientras los magnates huyen, los vasallos esgrimen las armas, fieles a los mismos esclavos de la Traición; amantes de un país a quien no deben más que la vida, el Orgullo les enseña el camino de la Libertad; vencidos, empeñan de nuevo la lid, y «¡Guerra!» —gritan todavía— «¡Guerra a cuchillo!».[26]

Ni siquiera la moda femenina escapó de la *Spanish Manía*, popularizándose en Londres las mantillas y los abanicos. John Phillip —apodado *Spanish Phillip*— o John Bagnold Burgess fueron algunos de los pintores británicos que inmortalizaron con sus

---

[26] L. Byron, *La peregrinación de Childe Harold. Poema de Lord Byron*, Imprenta la Crónica, Nueva York, 1864, p. 38.

pinceles escenas cotidianas de la vida española. Quizá el más
conocido de estos artistas sea el gran acuarelista y grabador David
Roberts, que viajó por España, visitando también Marruecos y
Tánger. A su regreso a Londres dio a conocer sus apuntes al
natural, publicándolos en forma de grabados y litografías en una
joya de libro que llevaba por nombre *Picturesque Sketches in Spain
During the Years 1832 & 1833*, con escenas de la giralda de Sevilla,
la mezquita de Córdoba, la Alhambra de Granada e incluso una
vista de la madrileña Puerta de Alcalá. Cinco años más tarde
emprendió un viaje al misterioso Egipto, en donde trabajó en
una serie artística que alcanzó gran popularidad entre un público
erudito con gusto por lo exótico. Oriente se puso de moda y
una España que había sido musulmana durante muchos siglos no
escapó del hechizo romántico. Otra obra similar a la de Roberts
es la de John F. Lewis, que publicó *Sketches and Drawings of the
Alhambra, made during a Residence in Granada in the Years 1833-4*.
Todo lo que viniese de España empezó a cobrar un inusitado
interés. Incluso Walter Scott, el llamado «padre de la novela histórica», en 1811 escribió un poema sobre el rey godo don Rodrigo,
en un claro homenaje al heroísmo hispano en tiempos de guerra.
Nuestro país se convirtió en un destino verdaderamente apasio-
nante para los aventureros del Romanticismo, entre ellos un aris-
tócrata que llegó a coincidir en España con David Roberts. Se
trata del dibujante británico Richard Ford, un «curioso impertinente» con una trayectoria vital de lo más rocambolesca. Ford
procedía de una buena familia, erudita y de gustos refinados.
Estudió en Oxford e ingresó en el colegio de abogados de
Lincoln's Inn, pero nunca llegó a ejercer. Su buena situación económica le permitió recorrer Europa y reunir una buena colección
de arte. Admiraba el talento de Turner y llegó a poseer varias de
sus obras. También se hizo con obras de Zurbarán o Velázquez.
Su afición al arte impregna todo su pensamiento. También dibuja
estampas de España, aunque es más talentoso con la pluma que

con el lápiz y los pinceles. En 1844 se editó por primera vez *A Handbook for Travellers in Spain and Readers at Home,* la obra de su vida, con la que lograría fama universal. No se puede decir que los escritos de Ford rezumen odio por España, ni mucho menos, más bien todo lo contrario. Ford era un auténtico enamorado de la cultura española y conocía nuestro idioma, pero en su crítica ácida rica en detalles siempre asoman ciertos recuelos leyendanegristas, donde se comprueba que hay ciertas cosas de los españoles que le producen rechazo y admiración por partes iguales, como su atraso secular. «España es el país de las contradicciones», llegaría a decir.[27] Pocos autores escapan a la fe en el «progreso», convicción controvertida donde las haya, pero que fue acogida con gran entusiasmo a partir de la Ilustración. Así describe Ford a los agricultores leoneses:

> Estos agricultores duros y sin apenas cultura no cambian ni sus hogares ni sus costumbres; son gente rutinaria, enemiga de innovaciones, y se aferran a las maneras de sus antepasados; y, sin embargo, aunque dedicados puramente al cultivo de la tierra, su práctica de la agricultura es bárbaramente atrasada y siguen arando a la manera primitiva de Triptólemo y las Geórgicas; la mayor parte de estos campesinos son lentos en el progreso y se resisten a la prisa tanto como sus mismas mulas. Las mentes, al igual que sus pesadas y chirriantes ruedas, están obstruidas por la suciedad y los prejuicios que se han ido acumulando en ellas desde el diluvio.[28]

---

[27] I. Robertson, *Los curiosos impertinentes. Viajeros ingleses por España desde la accesión de Carlos III hasta 1855,* Serbal/CSIC, Madrid, 1988, p. 212.

[28] R. Ford, *Manual para viajeros por España y lectores en casa. Extremadura y León,* Turner, Madrid, 2008, p. 96. Encontrar campesinos pobres en la España del XIX no era muy difícil, pero habría que comparar estas descripciones que hace Ford con las del Londres más miserable de las novelas de Charles Dickens, que son más o menos de la misma época.

Ford queda embelesado con ese primitivismo que endosa a los españoles y le gustaría de alguna manera congelarlo en el tiempo. En una carta fechada el 1 de enero de 1831, escribe:

> En España no puedes ni tan siquiera pensar que puedas mantener el ritmo del intelecto y del correo inglés. Creo que la civilización tardará en llegar aquí, por ahora, como alguien bien dijo, son la primitiva Gente Elegida, conservada en tarros durante seis siglos. Afortunadamente los ladrones y las carreteras detendrán muchos de los avances y mejoras.[29]

El manido estereotipo de la crueldad española no se acaba del todo con los viajeros hispanófilos. El 16 de agosto de 1838, antes de publicar un artículo sobre las corridas de toros, Ford escribe a su amigo Henry Unwin Addington una carta donde ofrece su verdadera visión sin el filtro de la autocensura:

> Mi teoría es que los españoles eran crueles y feroces antes de que celebrasen corridas de toros; que las corridas son más el efecto que la causa, aunque ahora son recíprocos; que la parte salvaje se ha perdido en ellos por ser una costumbre primitiva; que predomina el sentimiento deportivo; y que los extranjeros difícilmente pueden ser jueces imparciales, ya que primero sienten emoción, luego aburrimiento y más tarde disgusto; aunque el aburrimiento es predominante.[30]

George Borrow, apodado Jorgito el inglés, fue otro de esos viajeros ingleses que se recorrieron de arriba a abajo el solar espa-

---

[29] R. Ford, *The letters of Richard Ford, 1797-1858*, Rowland E. Prothero, Londres, 1905, obtenido de https://archive.org/details/lettersofrichard00ford/mode/2up.

[30] Ibídem.

ñol. Borrow se subió en el vapor Manchester y llegó a nuestro país en 1836, en plena guerra carlista, como agente de la Sociedad Bíblica con la misión de difundir las Sagradas Escrituras. Quería evangelizar España porque decía con cierta desvergüenza que la España católica, por ser católica, había dejado de ser cristiana.[31] Cuando regresó a su tierra, animado por el mismo Richard Ford, redactó *The Bible in Spain* (1843), un relato de su periplo de cinco años por tierras hispanas, que según el autor fueron los más felices de su vida. «Por muy extraño que parezca, España no es un país de fanáticos»,[32] avisa Borrow en el prefacio de su obra, quién además agradece la hospitalidad y el cariño que ha sentido por parte de los españoles. Sin embargo, distorsiona la imagen de nuestra nación hasta la caricatura. Según don Jorgito, España es un país de gitanos, bandidos, viajeros polvorientos, oficiales inválidos, chulos, manolos, contrabandistas, mendigos, migueletes y curas. Y oriental, especialmente Andalucía, donde todo «es absolutamente oriental». La visión de Borrow es folclórica, frívola y arbitraria. Se detiene en descripciones superfluas y desprecia con altivo desdén muchas de las maravillas que le rodean. Para colmo de males, acaba dando con sus huesos en la cárcel en más de una ocasión y le cuesta vender sus dichosas Biblias. Por entonces, los liberales españoles estaban más interesados en comprar pólvora para acabar con los carlistas. La obra de Borrow gozó de una enorme popularidad y fue traducida al francés, al alemán y al ruso. En España fue publicada en 1921 debido al empeño de Francisco Giner de los Ríos, quien encargó la traducción a Manuel Azaña, una traducción bastante libre en donde se omiten párrafos enteros o directamente se cambian por otros que nada tienen que ver con el original.

---

[31] J. M. Marco, *Sueño y destrucción de España. Los nacionalistas españoles (1898-2015)*, Planeta, Barcelona, 2015, p. 122.

[32] G. Borrow, *La Biblia en España: Viajes, aventuras y encarcelamientos de un inglés en su intento por difundir las Escrituras por la Península*, Ebook, 2022.

Fortress of the Alhambra, pintura de David Roberts (1836) (Wikimedia Commons).

El clima mediterráneo animó a muchos británicos a viajar a España, sobre todo a Andalucía, bien conectada con Inglaterra gracias al puerto de Cádiz. Algunas damas victorianas[33] como Mary Ann Evans —conocida como George Eliot— y Annie J. Harvey vinieron a nuestro país con el fin de mejorar su salud. Annie J. Harvey dijo que el sur de España tenía cualidades terapéuticas y que su clima era el más adecuado para detener el desarrollo de su enfermedad crónica. Todo lo que vieron estos viajeros contrastaba con la literatura extranjera que hasta la fecha se había leído sobre España y los españoles. En consecuencia, esta nueva visión consiguió romper con todos los clichés escritos hasta entonces, a menudo creando nuevos tópicos, pero mucho menos dañinos. Sin duda, podemos considerar que con la hispanofilia romántica nos encontramos ante una nueva tendencia en la literatura de viajes. Todos esos viejos textos de ilustrados franceses que contribuyeron a fijar los peores tópicos de la Leyenda Negra a lo largo y ancho del mundo dieron paso a textos —muchos de ellos británicos— algo menos beligerantes, cuya intención era dar a conocer nuestra cultura y nuestras exóticas costumbres. Desde entonces, el número de turistas británicos no ha dejado de crecer, tanto que hoy son mayoría.

---

[33] B. Krauel Heredia, «Viajando por Andalucía: el testimonio de algunas escritoras victorianas», *Revista de Filología*, 29, 2011, p. 142.

22

AL-ÁNDALUS, PARAÍSO TERRENAL, TRES CULTURAS VIVIENDO EN PAZ Y ARMONÍA

Mary Beard, flamante premio Princesa de Asturias en 2016, afirma que todos los imperios son iguales en términos de explotación.[1] Habría que ver qué entiende Mary Beard por explotación, pero, si hacemos historia comparada, desde luego que encontramos diferencias. Me inquieta que le hayamos dado el Princesa de Asturias a una señora que está tan comprometida con la sociedad del presente, que es partidaria del derribo de estatuas y que dice que todos los imperios son iguales en términos de explotación. Al año siguiente de darle el Princesa de Asturias a Beard, el premio recayó en otra británica, Karen Armstrong, una exmonja amiga del multiculturalismo que tiene un libro titulado *Los orígenes del fundamentalismo en el judaísmo, el cristianismo y el islam*. Armstrong, que está en un escalón muy inferior a Beard como historiadora, sitúa el origen del fundamentalismo religioso concretamente en España. ¿Año? 1492. El jurado destacó la «profundidad de sus análisis históricos» en una obra en la que abunda precisamente lo contrario. Los galardones a Beard o a Armstrong no desentonan[2]

---

[1] Mary Beard, «Ser feminista me ha traído más problemas que ser republicana», *Eldiario.es*, 1 de noviembre de 2021, https://www.eldiario.es/cultura/mary-beard-feminista-problemas-republicana_1_8443948.html.

[2] J. M. Ortega Sánchez, «El barroco y los aztecas. Crítica de la serie negrolegendaria *Civilisations*, coproducida por la BBC y la PSB», *El Catoblepas*, 192, 2020.

en un listado en el que también figuran historiadores como Tzvetan Todorov (año 2008). Este pensador furiosamente antiliberal afirma que durante la conquista española de las Indias se perpetró «el mayor genocidio de la historia humana». Y yo me pregunto si no estamos concediendo Princesas de Asturias por encima de nuestras posibilidades. No aprendemos.

Podemos leer en el libro de Karen Armstrong:

> «La reconquista cristiana de los antiguos territorios de al-Ándalus fue una catástrofe para los judíos de la península. En el Estado musulmán, las tres religiones monoteístas –el judaísmo, el cristianismo y el islam– habían sido capaces de convivir en relativa armonía durante más de seiscientos años.

A principios de 2007, Tony Blair, a la sazón Primer Ministro del Reino Unido de Gran Bretaña e Irlanda del Norte, escribe en la revista *Foreign Affairs:*

> Los líderes de la tolerancia en la temprana Edad Media era mucho más posible encontrarlos en las tierras musulmanas que en las tierras cristianas.[3]

Un 3 de febrero de 2021, la diputada de Podemos Isabel Franco pronuncia las siguientes palabras en el Congreso:

> En al-Ándalus convivían tres culturas: la musulmana, la judía y la cristiana. Fue la monarquía hispánica la que provocó una enorme invasión (eso sí fue una invasión), genocidio y ocultación.

Tanto Karen Armstrong, como Tony Blair, como Isabel Franco transitan sobre lugares comunes de la Leyenda Negra reforza-

---

[3] T. Blair, «A Battle for Global Values», *Foreign Affairs*, Enero/Febrero de 2007, obtenido de https://www.foreignaffairs.com/world/battle-global-values.

dos con lo que se conoce como el mito de las tres culturas, un mito ampliamente cuestionado por la historiografía de los últimos setenta años. El catedrático de Historia Medieval de la Universidad de Cádiz, Rafael Sánchez Saus, afirma que «no existe hoy un historiador que merezca ese nombre que pueda presentar al-Ándalus como ejemplo de convivencia y tolerancia entre religiones, etnias y culturas diferentes»,[4] una sentencia que hasta historiadores de izquierdas contrarios al término Reconquista —más tendentes al activismo, como Alejandro García Sanjuán— suscriben.[5] Esa fascinación por al-Ándalus, Serafín Fanjul la describe con fina ironía:

> Del sepulcro del Apóstol, la espada del Cid y las joyas de la Reina Católica se ha pasado en un *cierraojos* —y eliminando por pecaminoso todo lo anterior— a los surtidores del Generalife, los ojos negros de las sevillanas (sin remisión, de origen árabe) y la exquisita convivencia de las tres culturas en una España medieval no menos imaginaria que la manejada por la hagiografía contraria.[6]

Pedro Insua, en *1492: España contra sus fantasmas*, habla de que hemos pasado de la fascinación a sentirnos fiduciarios de lo andalusí: «Muchos españoles, a través del "legado andalusí", se reconocen mejor como herederos de los abderramanes califales o de los boabdiles nazaríes musulmanes que como herederos de los Reyes Católicos». Rafael Sánchez Saus no entiende cómo en la actualidad algunos políticos creen necesario mitificar al-Ándalus como forma de regeneración andaluza, y que, sin embargo, «no se entien-

---

[4] R. Sánchez Saus, *Al-Andalus y la Cruz*, Tecnos, Madrid, 2021, p. 145.

[5] A. García Sanjuán, «La persistencia del discurso nacionalcatólico sobre el Medievo peninsular en la historiografía española actual», *Historiografías: revista de historia y teoría*, 12, 2016, pp. 132-153.

[6] S. Fanjul, «El Mito de las tres culturas», *Revista de Occidente*, 224, enero de 2000.

da la fortuna que tuvieron Andalucía y Sevilla cuando esta fue conquistada [por los cristianos] en 1248».[7]

Somos herederos del proyecto de hispanización que se dio con la Reconquista y los Reyes Católicos, pero me parece una actitud estúpida despreciar el pasado andalusí, como si aquellos «intrusos» sarracenos fuesen unos marcianos ajenos a nosotros solo por tener una cosmovisión diferente a la que hemos heredado. Absoluto bochorno me produjo que en el año 2019 un concejalillo de VOX retirase un busto de Abderramán en Cadrete, Zaragoza.[8] El mismo que cuando desde Podemos alentaban ataques a la estatua de Colón en Barcelona.[9] Todos los pueblos que han pasado por el solar español son parte de nuestra historia. Y ello debería ser un principio indiscutible. Pero no es menos cierto que España está insertada en Europa y que durante muchos siglos se viene afirmando una identidad con raíces latinas y cristianas. Y esas raíces son las que han predominado a lo largo de nuestra historia. «Lo español nació, no de la cópula, sino de la batalla entre islamismo y cristiandad en nuestro suelo», decía Claudio Sánchez-Albornoz. Una cultura —la cristiana— acaba por imponerse a la otra —la islámica—, nos guste o no nos guste, y no hay por qué ocultarlo por mucho que ofenda a cierta progresía. Los reinos cristianos acabaron tomando el espacio donde floreció esa idealizada al-Ándalus, pero eso no conllevó el borrado del legado cultural andalusí. Ahí están la Alhambra, la Mezquita de Córdoba, la Giralda de Sevilla, el Palacio de la Aljafería de Zaragoza y muchos otros monumentos que tanto fascinaron a los viajeros románticos maurófilos. A pesar

[7] R. Sánchez Saus, *Al-Andalus y la Cruz*, Tecnos, Madrid, 2021.

[8] A. Fernández, «Un concejal de Vox retira un busto de Abderramán III en Cadrete, Zaragoza», *El País*, 18 de junio de 2019, obtenido de https://elpais.com/politica/2019/06/18/actualidad/1560861185_830478.html.

[9] V. Mondelo, «Podemos alienta ataques a la estatua de Colón en Barcelona», *El Mundo*, 15 de junio de 2020, obtenido de https://www.elmundo.es/cataluna/2020/06/15/5ee67580fdddff54678b4617.html.

de todo, no han faltado las voces acusatorias hacia los españoles, a los que se le atribuye haber permitido la extinción de la cultura y la cosmovisión islámica. Un ejemplo lo tenemos en John William Draper, un historiador inglés, afincado en Estados Unidos, que con un claro sesgo anticatólico culpa a España, en palabras de Juan Valera, «de haber destruido por completo, o casi por completo, dos civilizaciones: la oriental y la occidental». Con oriental, Draper se refería a la árabe, pero es que con la occidental se refería —redoblando el disparate— nada más y nada menos que a la América precolombina.

La imagen que tenemos de al-Ándalus se ha desfigurado tanto que hoy en día es percibida por cierta progresía como el edén de la tolerancia, una sociedad deslumbrante y pacífica de poetas, astrólogos y bibliotecas, donde se cultivaban las artes y las ciencias, una sociedad refinada, culta, ejemplar, admirada por los viajeros de toda Europa, donde se dio una tolerancia nunca vista entre musulmanes, judíos y cristianos. Entre los que piensan —o pensaban— que la época árabe era la más virtuosa de la historia de España, tenemos al mismísimo Adolf Hitler, lo que no creo que le haga mucha gracia a Isabel Franco si se entera:

> El pueblo español tiene una mezcla de sangre gótica, franca y mora. [...] La época árabe [...] fue la más cultivada, la más intelectual y en todos los aspectos la época mejor y más feliz de la historia de España. Le siguió el período de las persecuciones, con sus incesantes atrocidades.[10]

Un pensamiento un tanto contradictorio el de Adolf Hitler, que por una parte abominaba la mezcla racial hispana y por otra parte criticaba las expulsiones de judíos y moriscos, suponiendo

---

[10] H. Trevor-Roper, *Las conversaciones privadas de Hitler*, Crítica, Barcelona, 2004.

que con lo de «persecuciones» y «atrocidades» estuviera refiriéndose a aquellas expulsiones. Huelga decir que aquellos episodios de nuestra historia jamás se hicieron para perseguir la pureza racial como se pretendió durante la Alemania nazi. Por cierto, la expulsión de los judíos se produjo durante el reinado de Isabel la Católica, a la que el *führer* describió como «la mayor ramera de la historia».

En el año 2009, Barack Obama, en un discurso en la Universidad de El Cairo, pedía a los judíos y palestinos que se fijasen en la tolerancia andalusí: «Cuando hablas con cualquier árabe sobre al-Ándalus, siempre hay una expresión de admiración, una sensación de paraíso anhelado, un sueño». Obama estaba atrapado en el mito de las tres culturas, un mito que cobró especial relieve con la aparición en 1948 del libro *España en su historia. Cristianos, moros y judíos* del ilustre filólogo Américo Castro.[11] La «vividura hispánica» —término acuñado por Castro— derivaba de la larga convivencia entre cristianos, moros y judíos.[12] Esta obra suscitó enormes debates en el campo de la historia, debates que terminaron en acalorada polémica entre Américo Castro y Claudio Sánchez-Albornoz.

Pero pongamos las cosas en su justo contexto, pues esas visiones alucinadas de al-Ándalus no son más que pura fantasía

---

[11] E. Benito Ruanoo, *Tópicos y realidades de la Edad Media III*, Real Academia de la Historia, Madrid, 2004, p. 11.

[12] Los académicos estadounidenses suelen ser endogámicos y en su bibliografía apenas incluyen obras que no estén escritas en la lengua de Shakespeare. Es probable que el influjo que adquiere Américo Castro en Estados Unidos se deba, en gran medida, a que trabajó en la Universidad de Columbia de Nueva York y publicó parte de sus obras en inglés. El contenido ideológico de sus escritos se ajustaba a las mil maravillas a las demandas de una cultura posmoderna yanqui que, hacia la década de 1990, buscaba demostrar la tolerancia del mundo islámico. Castro fue popularizado por la estadounidense de origen cubano Maria Rosa Menocal en *The Ornament of the World: How Muslims, Jews, and Christians Created a Culture of Tolerance in Medieval Spain*, una obra de 2002, al año siguiente del 11-S.

romántica.[13] Nunca hubo tolerancia, ni en al-Ándalus ni en los reinos cristianos, a lo sumo hubo coexistencia, que no es lo mismo que convivencia. Hubo segregación, y una sociedad fuertemente dividida donde los grupos religiosos minoritarios de las religiones del libro fueron residentes de segunda, cada uno en su espacio. La conquista de Spania en el 711 no fue únicamente un camino de pactos, sino que se hizo con la fuerza que otorga la espada, es decir una *yihad* de violencia, sangre y fuego como bien ha demostrado mi amigo Yeyo Balbás en su libro *Espada, Hambre y Cautiverio. La conquista islámica de Spania* apoyándose en numerosos vestigios arqueológicos. Es cierto que los conquistadores fueron relativamente generosos en una primera fase, dada la pequeña cantidad de mahometanos que había al inicio de la conquista. Muchos conservaron la vida y sus propiedades. Aunque, según iban afianzando el dominio del territorio peninsular, las condiciones fueron cambiando. Los mozárabes cristianos eran *dimmíes*, a los que se les permitió conservar la fe, pero tenían un estatus de segunda, en inferioridad jurídica y moral respecto a la población musulmana.[14] Sus actividades religiosas quedaron restringidas al ámbito privado, prohibiéndose la construcción de iglesias —Pacto de Omar— o el toque de campanas. También se les sometió a una fiscalidad abusiva, distinta a la de los musulmanes. A partir del siglo IX, cuando aumentó la población musulmana, los judíos y cristianos debían llevar una indumentaria que les diferenciase. No podían casarse con personas que profesaran el islam, ni montar a caballo, y tenían que ceder el paso o el asiento a los musulmanes. Cualquier acto sospechoso de predicar la fe de Jesucristo podía ser castigado con la pena capital. La mujer estuvo sometida y su acción estuvo limitada al ámbito

---

[13] La mitificación de al-Ándalus ya comienza con la propia historiografía árabe-musulmana.

[14] R. Sánchez Saus, *Al-Andalus y la Cruz*, Tecnos, Madrid, 2021.

doméstico, aunque haya investigadores que sigan repitiendo aquello de «la libertad de la mujer musulmana». Ibn Abdún llegó a equiparar a cristianos y judíos con leprosos en la Sevilla del siglo XII.[15] En al-Ándalus no existió distinción entre derecho civil y derecho religioso como existió en las sociedades cristianas, ya que los preceptos del islam eran la ley. La sociedad andalusí, sin embargo, era una sociedad hierocrática regida por la *sharía*.[16] Las conversiones sinceras a la fe de Mahoma no garantizaban la igualdad. Estos conversos llamados muladíes seguían ocupando el estrato más bajo de la sociedad, solo por encima de *dimmíes* y esclavos.[17] El desprecio que sufrían hizo que en ocasiones se enfrentaran a los musulmanes. Famosa es la rebelión de Omar ibn Hafsún en la segunda mitad del siglo IX, en la que supo conducir el descontento de muladíes, mozárabes y bereberes. Pero medio siglo antes, el emir omeya Al-Hakam I hubo de aplacar varias insurreciones de muladíes, y lo hizo por la fuerza, crucificando en el año 805 a setenta y dos líderes a lo largo de la ribera del río Guadalquivir. Por esas mismas fechas, en Toledo ocurrió la supuesta Masacre del Foso, donde fueron degollados cientos de hombres pertenecientes a las grandes familias muladíes. En torno al año 818, Al-Hakam I volvió a crucificar trescientos líderes muladíes cordobeses después de la conocida como Revuelta del Arrabal, tras la que se deportaron familias enteras. Otros gobernantes omeyas también tuvieron que enfrentar revueltas muladíes. Aunque quizá el episodio más recordado de todos fue el de los Mártires de Córdoba (850-860) bajo los reinados de Abderra-

---

[15] E. Escartín González, *Estudio económico sobre el Tratado de Ibn Abdún. El vino y los gremios en al-Ándalus antes del siglo XII*, Fundación el Monte, Sevilla, 2004, p. 79.

[16] D. Fernández-Morera, *El mito del paraíso andalusí. Musulmanes, cristianos y judíos bajo el dominio islámico en la España medieval*, Almuzara, Córdoba, 2018, p. 133.

[17] Ibídem, p. 322.

mán II y Mohamed I, donde fueron ajusticiados unos cincuenta
mozárabes o *dimmíes*, muchos de ellos decapitados.

¿Tolerancia? ¿Dónde?

La fascinación por al-Ándalus

La historia andalusí es fascinante en muchos sentidos, pero su exal-
tación elevada al paroxismo, especialmente en el siglo XIX, ha
hecho que la imagen que tenemos en nuestro subconsciente de
ese largo período quede completamente desfigurada. Los relatos
emocionales adulterados, la búsqueda incesante de huellas miste-
riosas y mágicas, la conexión espiritual de la tierra con unas
supuestas raíces árabes... Todo ello se ha traducido en una ridícula
mixtificación fantasiosa que en ningún momento trata de ceñirse
a los hechos. Cualidades como la tolerancia, la sensualidad o la pul-
crísima higiene asociadas a los musulmanes y moriscos se han
repetido como cargantes latiguillos sin responder a una veracidad
histórica, que es mucho más compleja. También se ha producido
una yuxtaposición del término al-Ándalus con el de la Comunidad Autónoma de Andalucía, auspiciada por el nacionalismo andaluz, que para distinguirse de los demás nacionalismos periféricos
que se dan dentro de España, y al no contar con una lengua
propia,[18] puso sus miras en lo andalusí. Desde la conquista islámica de la Península Ibérica en el año 711, hasta la caída del Reino
de Granada de 1492, al-Ándalus fue mudando su frontera según las

---

[18] El 24 de septiembre de 2021, la senadora Pilar González del partido
Adelante Andalucía —liderado por la ex de Podemos Teresa Rodríguez— tuiteó
la siguiente majadería: «El andalûh êh nuêttra lengua naturâh.Y no êh inferiôh a
ninguna otra lengua del êttao. Lo ablamô çin complehô.Y temenô, ademâh, lin-
guîttâ andaluçê con propuêttâ pa una ortografía». Pilar Rodríguez es licenciada
en historia por la Universidad de Sevilla y militó en el Partido Andalucista desde
1995 hasta 2012.

diferentes etapas históricas. La mayor extensión la alcanzó en el siglo VIII con la práctica totalidad del suelo peninsular —incluyendo Portugal—, e incluso parte del sur de Francia. Los andalusíes eran los habitantes de al-Ándalus y podían ser de Córdoba —hoy Andalucía—, pero también de Zaragoza, Badajoz, Valencia, Murcia, Lérida o Lisboa. Por lo que nada tiene que ver al-Ándalus con Andalucía.[19]

La desaparición física de los musulmanes y moriscos hizo despertar en España una ensoñación admirativa y mítica de lo que había sido el pasado islámico. Y se quisieron ver cualidades morunas por doquier. Los relatos de los viajeros románticos, que en su momento indignaron a muchos españoles del XIX, se han ido asimilando poco a poco, especialmente en ámbitos poco formados. En general —los españoles— hemos ido cargando prejuicios en la mochila, la mayoría de ellos de corte mágico. Los poetas hicieron el resto: la luz tamizada, el patio con el olivo, el arco de herradura, el olor a jazmín de las calles, el sonido relajante de las fuentes y el canto de los pájaros; todo ello sin importar que la luz, el arco de herradura, la vegetación y los pájaros ya estuvieran ahí antes de la llegada de los musulmanes. O que la típica casa andaluza con su patio sea típica del siglo XVI y tome como modelo la *domus* romana. Tampoco el urbanismo tenía nada que ver. Poco después de la toma cristiana de Granada, el geógrafo alemán Hieronymus Münzer visitó la ciudad. Así describe las calles granadinas:

> Tiene las calles tan estrechas y angostas, que las casas en su mayoría se tocan por la parte alta, y por lo general un asno no puede dejar paso a otro [...]. Las casas de los sarracenos son en su mayoría tan

---

[19] La Andalucía actual surge con la división territorial de España en 1833. Con anterioridad, el término Andalucía más bien se empleaba para el valle del Guadalquivir, mientras que la parte restante de la actual comunidad autónoma era el reino de Granada.

reducidas, con pequeñas habitaciones, sucias en el exterior, muy limpias interiormente, que apenas es creíble.[20]

Probablemente a todo el mundo le suene la ópera *Carmen*, de Georges Bizet, que retrata a la mujer española, pero no todos sabrán que está basada en una novela del escritor francés Prosper Mérimée (1803-1870). Mérimée fue un prestigioso arqueólogo e historiador. Se encaprichó de España antes incluso de que la descubriese y recorriese. Terminó describiendo nuestra tierra en sus epístolas y en sus notas de viajes. Mérimée llega a España buscando impresiones. Quiere disfrutar de sus encantos y, como experto en patrimonio que era, paladear sus monumentos y su historia. Hizo hasta siete viajes a España. El primero en 1830 y el último en 1864. Desde un primer momento percibe en nuestro país grandes cualidades en el pueblo llano frente a sus élites. Asiste a corridas de toros. Conoce gitanas en Córdoba, manolas en Madrid. Se entusiasma con las anécdotas de los guías, admira la arquitectura mora y queda deslumbrado con Andalucía y con lo andaluz, y hasta bromea con querer hacerse turco. También queda prendado de la mujer andaluza, de tez morena, ojos negros y dientes blancos como la porcelana de Sèvres. Pero como buen sibarita, le asquean los comistrajos de fondas, ventas y posadas. Creyendo que iba a encontrar peligrosos bandoleros en los caminos, de esos que abundaban en los relatos, queda decepcionado al no toparse con ninguno. Realmente solo encuentra verdadera belleza en Andalucía, al norte de Sierra Morena casi todo le parece hostil, quizás se salva Vitoria y poco más. Castilla la Vieja considera que es una «tierra muy bárbara en verdad».[21] «Con excepción de un museo [El Prado]», no consigue ver «nada notable en materia de arte en

---

[20] S. Fanjul, *Al-Andalus contra España. La forja del mito*, Siglo XXI de España, Madrid, 2018.

[21] P. Mérimée, *Viajes a España*, Aguilar, Madrid, 1988, p. 139.

España».[22] El monasterio de El Escorial se le atraganta y lo considera «feo». En Burgos no encuentra mujeres con las que deleitarse, no hay periódicos en los cafés y todo le parece triste. Ni siquiera se salva la catedral, al no tener según sus palabras «carácter español» —es decir, lo que él entiende por andalusí—, y llega a conclusiones tan disparatadas como la siguiente:

> La arquitectura del norte de España carece de originalidad. En el sur adoptó la ornamentación árabe; en el norte se valieron de arquitectos extranjeros.[23]

El escritor francés Teófilo Gautier (1811-1872) viajó a España después de la primera carlistada en calidad de periodista. En 1843 se publica en París *Voyage en Espagne*, en donde se narran sus peripecias por nuestro país, siempre con un fuerte barniz orientalista. El estilo de Gautier quizá sea más eficaz que la prosa seca de Merimée y eso hace que sus descripciones resulten muy vívidas. Tras cruzar el Bidasoa, piensa para sus adentros: «Tal vez se disipe para mí la España del Ensueño, la España del Romancero, la de los poemas de Víctor Hugo, la de las novelas de Merimée y los cuentos de Musset».[24] Con lo primero que se encuentra es con Irún, que según el autor:

> ... ya no se parece a ningún pueblo francés. Los tejados de las casas presentan un carácter morisco, con sus tejas cóncavas y convexas

---

[22] Admira la naturalidad del estilo de Velázquez, pero se permite hacerle algunos reproches. La expresión de los personajes de los retratos le parece demasiado uniforme. Las caras son rígidas y serias. Y no le gusta cómo compone los cuadros históricos y pone de ejemplo *La Rendición de Breda*. Aunque es justo decir que con el tiempo llega a apreciar muchos de los cuadros del Museo del Prado, incluso algunos «hermosos» lienzos de Velázquez.

[23] P. Mérimée, *Viajes a España*, Aguilar, Madrid, 1988, p. 153.

[24] T. Gautier, *Viaje por España*, Maxtor, Valladolid, 2008, p. 24.

alternativamente; sus balcones, muy volados de hierro forjado, demuestran un progreso ya desaparecido. [...] Todo está encalado al estilo árabe.[25]

Gautier llega sugestionado a España y solo ansía toparse con huellas moriscas y árabes. Y las halla nada más llegar, aunque el casco antiguo de Irún no tenga nada de árabe. Castilla la Vieja, al igual que a su admirado Merimée, también le espanta. Sospecha que la llaman así por las innumerables viejas que en ella viven, ancianas con aspecto de bruja, que tienen bigotes y barba y visten de manera andrajosa. Además, dice que «muestran siempre un gesto huraño y hostil» a diferencia de las adorables ancianitas francesas. De los españoles también destaca su ociosidad y lo poco proclives que son al trabajo. Burgos no le gusta, pero, a diferencia de Merimée, la catedral le parece una de las más bellas del mundo. En Valladolid, sin embargo, «Oriente se hace ya notar». En Madrid acude a la plaza de toros situada al lado de la Puerta de Alcalá —plaza de toros hoy desaparecida—. Queda maravillado con la cantidad de calesas que acuden y se deleita con el «cruel espectáculo». Sin embargo, Madrid no le parece que sea rico en bellezas arquitectónicas y cree que las fachadas de las casas están pintadas con colores anacrónicos. El Monasterio del Escorial tampoco le gusta y rumia para sus adentros que el «sombrío» y «terrible» Felipe II hubiera sido un gran Inquisidor:

... juzgo a El Escorial como el monumento más abrumador y más melancólico que puedan soñar, para mortificación del prójimo, un fraile lúgubre y un tirano suspicaz. [...] Las personas enamoradas de la sobriedad en la arquitectura, verán en El Escorial un modelo perfecto, pues en él no se emplean más líneas que las rectas, ni más estilo que el orden dórico: el más pobre y triste que existe. Es el ideal

---

[25] Ibídem, pp. 25-26.

del cuartel y el hospital, y su gran mérito consiste en ser de piedra. Mérito insignificante, puesto que a pocos pasos se confunde con la tierra gris. [...] El olor frío e insípido de agua bendita y de caverna sepulcral, que se advierte al entrar en la iglesia, llega a nosotros como una corriente llena de pleuresías y catarros.[26]

La belleza de la catedral de Toledo, de la que tanto le han hablado, no le parece que sea digna de tanto elogio. Lo único que le conmueve es que fue mezquita en el pasado, pero no entiende muy bien por qué su fachada no contiene arabescos. La toledana Puerta del Sol le parece magnífica por ser árabe —en realidad es mudéjar del siglo XIV—. Está deseando llegar a Granada y cuando por fin conoce la Alhambra se siente algo desilusionado. La vestimenta de la gente «da una impresión desagradable». Él esperaba encontrar aquello tal como estaba cuatrocientos años atrás, como el paisaje que observa en la lejanía con Sierra Nevada al fondo. Entonces le sale una vena poética de lo más cursi nunca vista en todo el relato:

> Sus peñascos, sus cimas, heridos por la luz, toman un color de rosa deslumbrador, fabuloso, idílico, de plata y nieve, con reflejos de ópalo, que harían turbios los colores más frescos de cualquier paleta; son tonalidades de nácar, diafanidades de rubí, venas de ágata y de venturina, capaces de ganar en la comparación a todas las joyas mágicas de *Las mil y una noches*.[27]

Y así sigue varias líneas más.

Otro día vuelve a caminar por la Alhambra y el Generalife, y esta vez queda atrapado por su hechizo. Granada ya es un «paraíso terrenal» y cuando está absorto y melancólico podrá «pensar en el

---

[26] Ibídem, pp. 103-104.
[27] Ibídem, p. 169.

dicho árabe: piensa en Granada». Hace por primera vez descripciones detalladas de todos los espacios que va recorriendo y recuerda con cariño los *Cuentos de la Alhambra*, de Washington Irving. Por fin Teófilo Gautier puede saborear el regusto árabe de las ciudades andaluzas.

El mito romántico fantasea con que España es una prolongación de Arabia a través de África, y hunde a los españoles en un subdesarrollo del que no pueden salir. Este mito orientalizante es difundido por Prosper Merimée, Teófilo Gautier y Washington Irving, pero también por otros viajeros como Charles Didier, George Sand, Víctor Hugo o Alfred de Musset. La España de toros, bandoleros y gustos árabes queda inmortalizada por un amigo de Gautier, el barón Jean-Charles Davillier, que en su *Voyage en Espagne* (1862-1873) escribe sobre España, «la tierra clásica de las castañuelas y del bolero», acompañándose de los magníficos grabados de Gustave Doré, el ilustrador del momento. Aunque el mérito de Davillier quizá consista en presentar una España algo más alejada del tópico que la de sus predecesores, más descriptiva y taxonomizadora. Pero no deja de ser un cuaderno de viajes de encargo que no escapa del embrujo romántico y pintoresco, naif y apasionado. Por lo tanto, conviene advertir que estamos, como en los casos anteriores, ante una variante muy particular de Leyenda Negra, aunque algunos autores la hayan pintado de otro color. Dice Stanley Payne:

> Varios historiadores han señalado que el mito romántico es más positivo que la leyenda negra, pero no es exactamente así. Simplemente es diferente, pero no deja de ser un cuadro de estereotipos sustituyendo a otros.[28]

---

[28] S. Payne, *En defensa de España. Desmontando mitos y leyendas negras*, Espasa, Madrid, 2017, p. 25.

Y es cierto que muchos estereotipos son nuevos, pero muchos de los antiguos siguen quedando. Uno de los nuevos es el de «África empieza en los pirineos», que fue utilizado por intelectuales franceses y españoles afrancesados durante la primera mitad del siglo XIX. Se suele atribuir a Alejandro Dumas la acuñación de dicha expresión. La frase hay quien ha intentado verla desde el lado positivo: somos diferentes —*Spain is different*—, somos excepcionales, pero los intelectuales del siglo XIX lo tenían claro; ser diferente significaba ser africano, ser subdesarrollado, haberse quedado rezagado, contaminado por lo moro, no haber progresado... Juan Valera escribe en 1868:

El apotegma de que «África empieza en los Pirineos» corre muy válido por toda Europa. Increíble parece la ignorancia común de cuánto fuimos y de cuánto somos. Cualquiera que haya estado algún tiempo fuera de España podrá decir lo que le preguntan o lo que dicen acerca de su país. A mí me han preguntado los extranjeros si en España se cazan leones; a mí me han explicado lo que es el té, suponiendo que no le había tomado ni visto nunca; y conmigo se han lamentado personas ilustradas de que el traje nacional, o dígase el vestido de majo, no se lleve ya a los besamanos, ni a otras ceremonias solemnes, y de que no bailemos todos el bolero, el fandango y la cachucha. Difícil es disuadir a la mitad de los habitantes de Europa de que casi todas nuestras mujeres fuman y de que muchas llevan un puñal en la liga. Las alabanzas que hacen de nosotros suelen ser tan raras y tan grotescas que suenan como injurias o como burlas.[29]

---

[29] J. Valera, «Sobre el concepto que hoy se forma de España», *Revista de España*, Primer año, Tomo I, Estrada, Díaz y López, Madrid, 1868.

23

ESPANYA ENS ROBA
(ESPAÑA NOS ROBA)

El eslogan *Espanya ens roba* fue acuñado por el valenciano Alfons López Tena, un independentista que se ha convertido en un gran crítico del *procés* separatista, tanto que quiere verlo caer: «Convergència y ERC han hecho cosas que solo se atrevió a hacer Hitler».[1] Con declaraciones como esta ya no le invitan a las tertulias por una sencilla razón: ya no sirve para la causa nacionalista.

Foralismo, federalismo, cantonalismo, patriotismo, nacionalismo y desintegración

Todas las provincias españolas se alzaron contra las fuerzas napoleónicas al grito patriótico de «¡viva el rey!». Sin embargo, pronto volvería a aflorar el espíritu federal provincialista con las guerras carlistas, que es enemigo de la centralización administrativa. Había ocurrido en el pasado y volvía a surgir ahora. Menéndez Pidal creía que esta tendencia centrífuga «reaparece en cada

---

[1] A. López Tena, «Convergència y ERC han hecho cosas que sólo se atrevió a hacer Hitler», *El Español*, 22 de abril de 2018, obtenido de https://www.elespanol.com/opinion/20180421/lopez-tena-inventor-espana-convergencia-erc-hitler/301469909_0.html.

momento de gran debilidad nacional».[2] Pero la descentralización no es mala ni buena *per se*. Lo realmente tóxico para cualquier nación es el nacionalismo. El patriotismo —amor a la patria— no reporta muchos daños, pues es un sentimiento noble que acepta lo plural, lo diverso como algo enriquecedor. El nacionalismo, en cambio, suele hacer precisamente lo contrario: dividir a la sociedad bajo un paraguas chovinista y supremacista. Un paraguas pequeño en el que no todos encuentran cobijo. El nacionalismo es excluyente y agresivo, es una especie de patriotismo exacerbado y degenerado. El patriotismo, por el contrario, es incluyente, solidario, no necesita enemigo. El patriotismo une, el nacionalismo desune.

Suele contar el filósofo Jorge Freire una anécdota de Edmund Burke, que decía, tras ver los desafueros y el derramamiento de sangre de la Convención durante la Revolución francesa, que cualquiera puede abrir un reloj y despanzurrar todas las piezas, todas las bielas, los pistones y las tuerquitas y ponerlas encima de una mesa; eso es relativamente sencillo, pero a ver quién es el guapo que recompone ese reloj para que funcione. Deshacer es lo que hace el nacionalismo, que es destructivo por naturaleza. El nacionalismo tiene que predicar el odio para subsistir y tiene que manipular sirviéndose de un argumentario de lo más sencillo. Cualquiera puede inventarse una nación o un sentimiento nacional. Un gran articulista como Julio Camba escribió:

> Una nación se hace lo mismo que cualquier otra cosa. Es cuestión de quince años y de un millón de pesetas. Con un millón de pesetas yo me comprometo a hacer rápidamente una nación en el mismo Getafe, a dos pasos de Madrid. Me voy allí y observo si hay más hombres rubios que hombres morenos o si hay más hombres more-

---

[2] R. Menéndez Pidal, *Los españoles en la historia*, Espasa-Calpe (Colección Austral), Madrid, 1982, p. 182.

nos que hombres rubios, y si en la mayoría, rubia o morena, predominan los braquicéfalos sobre los dolicocéfalos, o al contrario. Es indudable que algún tipo antropológico tendrá preponderancia en Getafe, y este tipo sería el fundamento de la futura nacionalidad. Luego recojo los modismos locales y constituyo un idioma. Al cabo de unos cuantos años, yo habría terminado mi tarea y me habría ganado una fortuna. Y si alguien osaba decirme entonces que Getafe no era una nación, yo le preguntaría qué es lo que él entendía por tal y, como no podría definirme el concepto de nación, le habría reducido al silencio.[3]

De forma profética, el poeta progresista Gaspar Núñez de Arce supo verle las orejas al lobo del nacionalismo fragmentario en el año 1886, un nacionalismo de corte xenófobo que era imposible de combatir con tibieza:

Nunca deben mirarse con sistemático desdén las palpitaciones del sentimiento público, por débiles que sean; y aun cuando hasta ahora, gracias a Dios, no corra peligros nuestra unidad nacional, ni en Galicia, ni en las provincias vascas, ni en Cataluña, bueno es fijarse en estas cosas con algún cuidado. Porque si no son más que vanas aprensiones del miedo, con solo acometerlas de frente se desvanecerán; y si, por el contrario, encierran en su fondo el germen de probables conflictos, no es acertado proceder como las almas pusilánimes, que piensan esquivar el riesgo cerrando los ojos para no verlo, ni como algunas naturalezas pasivas, que viven en el mejor de los mundos posibles, hasta que caen de pronto heridas por la catástrofe.[4]

---

[3] J. Camba, *La rana viajera*, Alhena Media, Barcelona, 2008.

[4] Discurso leído por el Excmo. Señor D. Gaspar Núñez de Arce el día 8 de noviembre de 1886 en el Ateneo Científico y Literario de Madrid con motivo de la apertura de sus cátedras.

Ese mismo año había visto la luz *Lo Catalanisme* (1886), la obra fundamental de Valentín Almirall (1841-1904), un político nacido en el seno de una familia acaudalada de la burguesía comercial de Barcelona, que es considerado el fundador del catalanismo político. Almirall abogó por un «particularismo catalán» fundado en un modelo «científico». También defendió la cooficialidad del catalán y luchó por un modelo federal y compuesto para España como el de Austria-Hungría o Suiza, con un desarrollo argumental endeble, victimista y sectario. Escribe: «En la parte española de la Península Ibérica no vive un solo pueblo, sino varios pueblos». Su objetivo era la emancipación de Cataluña, pero no la secesión, ello no obsta para que defendiera que el carácter catalán había sido aniquilado tras la unión de Aragón con Castilla y con ello los ideales de «libertad y particularismo» de la política aragonesa. Trató de llevar más allá las ideas federalistas de Francisco Pi y Margall, es decir, dio un salto cualitativo del federalismo pactista al nacionalismo a través de lo que Rovira y Virgili denominó la «savia racial», muy del gusto de la primera militancia de Esquerra Republicana de Catalunya.[5] Es por ello que en los escritos de Almirall se observa la influencia del racismo científico:

> Hoy, el sentimentalismo extraviado que quiere igualar al salvaje del corazón de África ó de las islas oceánicas al hombre blanco refinado de las grandes poblaciones europeas ó americanas, se presenta ya como un romanticismo despejado y pasado de moda.[6]

Almirall deshumaniza a los castellanos, cree que son autoritarios, que arrastran vicios incurables y que son una raza degenerada, muy distinta a la catalana. En el fondo, sus ideas no distan tanto de

---

[5] A. Rovira i Virgili, *Resum d'història del catalanisme*, La Magrana, Barcelona, 1983.

[6] V. Almirall, *Lo catalanisme*, Antonio López, Barcelona, 1902, pp. 216-217.

las de los viajeros románticos ni de las de Quim Torra, presidente de la Generalidad de Cataluña de 2018 al 2020, que en 2012 escribió:

> Ahora miras a tu país [España] y vuelves a ver hablar a las bestias. Pero son de otro tipo. Carroñeras, escorpiones, hienas. Bestias con forma humana, sin embargo, que beben odio. Un odio perturbado, nauseabundo, como de dentadura postiza con verdín, contra todo lo que representa la lengua. Están aquí, entre nosotros [los españoles]. Les repugna cualquier expresión de catalanidad. Es una fobia enfermiza. Hay algo freudiano en estas bestias. O una pequeña sacudida en su cadena de ADN. ¡Pobres individuos![7]

Rovira i Virgili elogiaba al racista vasco Sabino Arana. La Leyenda Negra anticastellana y antiespañola es el instrumento principal del que se sirve el nacionalismo separatista. «Antiliberal y antiespañol es lo que todo vizcaíno debe ser», decía Sabino Arana, padre del nacionalismo vasco. Todos los tópicos de la Leyenda Negra construidos por la propaganda italiana, luterana, orangista, ilustrada y romántica —mezcla racial, Inquisición, orientalismo, crueldad, decadencia, atraso científico...— están condensados en el pensamiento del nacionalista catalán Pompeyo Gener (1848-1920) de finales de siglo XIX:

> Por un caso de atavismo de raza, el fondo africano que en las provincias transibéricas dejaran los sarracenos reaparece de nuevo con gran fuerza, y esto es señal y prueba de nuestro aserto de que muchas de las comarcas españolas son refractarias a la civilización occidental moderna. En Madrid lo esencial es si Mazantini torea de

---

[7] «Este es el artículo "La lengua y las bestias" de Torra que la Justicia ve constitutivo de posible delito», *20 Minutos*, 9 de octubre de 2018. https://www.20minutos.es/noticia/3460945/0/el-polemico-articulo-de-opinion-de-quim-torra-la-llengua-i-les-besties-la-lengua-y-las-bestias/.

tal o cual manera. Apenas hay diario que no dé un gran lugar a la revista tauromáquica; las publicaciones especiales de este género privan, mientras las científicas se mueren de anemia de materiales y de suscriptores. El apogeo a que hoy, después de tanta revolución y de tanto liberalismo, ha llegado lo flamenco acaba de confirmar nuestra opinión: toros, toreros, chulos, majos, cantos guturales monótonos y fúnebres, repiqueteos de pies y contorsiones erótico-epilépticas, bailes dignos de los Cándalas de la India, castañuelas, guitarras, palabras, costumbres y actos de gitanos, he aquí lo que priva, he aquí lo que se oye, se ve y se halla por todas partes, y se aplaude y se apoya desde lo más alto; ¡y siempre lo mismo!

España está paralizada por la necrosis producida por la sangre de razas inferiores como la Semítica, la Bereber y la Mongólica, y por espurgo que en sus razas fuertes hizo la Inquisición y el Trono, seleccionando todos lo que pensaban, dejando apenas como residuo más que fanáticos, serviles e imbéciles. La comprensión de la inteligencia ha producido aquí una parálisis agitante. Del Sur al Ebro los efectos son terribles; en Madrid la alteración morbosa es tal que casi todo su organismo es un cuerpo extraño al general organismo europeo. Y desgraciadamente la enfermedad ha vadeado ya el Ebro, haciendo terrible presa en las viriles razas del norte de la península.[8]

El trono y el altar habían liquidado España. Pero Pompeyo Gener añade a todos los tópicos de la Leyenda Negra un barniz de racismo científico *midecráneos* y darwinismo social más exaltado que el de su colega Valentín Almirall. Al igual que en el País Vasco, el racismo constituyó un pilar de la doctrina catalanista:

Creemos que nuestro pueblo es de una raza superior a la de la mayoría de las que forman España. Sabemos por la ciencia que

---

[8] P. Gener, *Cosas de España. Herejías nacionales. El renacimiento de Cataluña*, Juan Llordachs, Barcelona, 1903, pp. 228-229.

somos Arios; ya por los autóctonos Celtas; ya por los Griegos, Romanos, Visigodos, Ostrogodos, Francos y otros que aquí vinieron; y por lo tanto, queremos ser dignos descendientes de razas tan nobles, y queremos marchar de acuerdo con los demás pueblos libres de Europa, y como el que más, ir al frente de la civilización (…) También tenderemos a expulsar todo lo que nos importaron los Semitas de más allá del Ebro: costumbres de Moros fatalistas, hábitos de pereza, de obediencia ciega, de crueldad, de despilfarro, de inmovilismo, de agitanamiento, de bandería y de suficiencia estúpida.[9]

Encontramos numerosos ejemplos de este racismo insertado en el ADN nacionalista y en muchos catalanes de la época, como Pompeu Fabra —conocido porque una importante universidad pública de Barcelona fue bautizada con su nombre—, que en 1934 firmaba un manifiesto en favor de la conservación de la raza catalana y en favor de la aprobación de una Sociedad Catalana de Eugenesia. De hecho, esa Sociedad llega a constituirse en 1935, e incluso ERC en la Segunda República aprueba una ley que permitía dicha práctica. El manifiesto por la conservación de la raza catalana fue firmado por insignes catalanistas ligados al Institut d'Estudis Catalans creado por Enric Prat de la Riba. Aparecen nombres como el citado Pompeu Fabra, Jaume Pi i Sunyer, Josep Calassanç Serra i Ràfols, Francesc de Paula Maspons i Anglasell, Josep Anton Vandellós i Solà o Josep Maria Batista i Roca:

Ahora que Cataluña vuelve a recobrar su personalidad política y tiene delante de ella nuevas responsabilidades, se debe procurar que toda la estructuración social y económica de nuestro pueblo se base firmemente sobre una población creciente y sana, homogénea en cuanto al sentimiento patriótico y con una clara visión de los destinos de nuestra patria. La población catalana atraviesa, sin embargo,

[9] Semanario *Joventut* (1900).

un período muy crítico similar, en cierto modo, a lo que se producía en los países decadentes políticamente o económicamente [...] pero con raíces más profundas ya que nuestro descenso demográfico viene de lejos y ofrece en algunos lugares de Cataluña caracteres esencialmente graves que pueden hacer pensar en transformación o retroceso de la capacidad genética. Junto a esta posible causa de carácter constitucional está todo el problema de la limitación de los nacimientos con graves consecuencias de carácter fisiológico, moral, económico, social y hasta quizás político.

Para compensar el desequilibrio entre los nuevos contingentes humanos que producimos y los que necesitamos para llevar adelante nuestras actividades, debemos acudir forzosamente a la inmigración forastera difícilmente controlable porque, suponiendo que fuera posible limitar el número de los recién llegados de acuerdo con las necesidades de cada momento, ya no lo sería poder efectuar una elección cualitativa. Pero, aunque no pudiéramos vigilar o dirigir la mezcla de razas en el sentido político de la palabra, al menos no deberíamos permanecer desprevenidos ante las posibles consecuencias de aquella. Aun en el caso extremo de que los catalanes, digamos autóctonos, debieran quedar en franca minoría en un futuro más o menos próximo, deberíamos ver cuáles serán las características de los nuevos catalanes descendientes de inmigrantes o producto de mezcla.

Sería incomprensible que las actuales generaciones que se encuentran en un momento crucial, cuando pueden empezar a comprobar una transformación esencial de nuestra raza, no se decidieran a emprender un estudio de este experimento de tanta trascendencia para la Cataluña de mañana. Biólogos, higienistas, antropólogos, historiadores, demógrafos, economistas, sociólogos y juristas deben colaborar en esta tarea humanitaria y patriótica de sentar las bases científicas de una política catalana de la población. Creen los que firman esta llamada que es de urgente consideración ir a la recopilación de voluntades en una Sociedad Catalana de

Eugenesia que analice las numerosas cuestiones y los diferentes problemas de todo orden y urgente resolución que conlleva la situación, que brevemente se ha expuesto, para la vida catalana y lo haga con relación a los estudios que puedan efectuar los otros pueblos peninsulares y los otros países. También debería coordinar la búsqueda de los adecuados medios de defensa de nuestra raza con las obligaciones internacionales que se derivan de los convenios de la Sociedad de Naciones, que el Gobierno de la Generalidad debe hacer cumplir.[10]

Así es como el nacionalismo en Cataluña ha creado un enérgico sentimiento catalanista que trata de eliminar cualquier signo identitario español empezando por el más visible, la «invasora» lengua española. Para ello tiene que crear un sustrato victimista regado con estímulos primarios. Una arquitectura sostenida en la que Madrid, Castilla y el Estado español —término preferido al de España— llevan toda la vida robándole a los catalanes sus derechos y sus privilegios. Porque un catalanista de raza no alberga dudas sobre su privilegio, concedido desde la cuna, ya que está convencido de que pertenece a una categoría superior a la española.

La nación española y el privilegio

Mucha gente en España piensa que eso de la nación española es una cosa rancia, casposa y de derechas. El himno, la bandera, la Constitución e incluso la palabra España son cosa de fachas y es mejor no airear ciertos símbolos, no vayan algunos despistados a confundirle a uno. «Yo no puedo decir España, yo no puedo usar la bandera rojigualda», dijo Pablo Iglesias Turrión en 2013. Aclaraba antes: «La identidad España para la izquierda una vez que termi-

---

[10] Aparecido en prensa un sábado 12 de mayo de 1934.

nó la Guerra Civil está perdida». Sin entrar en valoraciones, o en lo acertado de la estrategia, el que un año más tarde fundara el partido Podemos, estaba confesando lo que es una realidad muy extendida en nuestro escenario nacional: la larga etapa franquista, con toda su profusión de símbolos y con sus cargantes mensajes patrioteros, hizo que la izquierda fuese abominando cada vez más del significado de España y de todas sus connotaciones derivadas. El prurito se fue agrandando durante la democracia en las izquierdas de nuevo cuño, siendo ensanchado por algunos políticos oportunistas e irresponsables —siempre aplaudidos por el nacionalismo periférico— para herir a sus oponentes de derechas. Se había consumado al final una curiosa permuta: la izquierda de la Transición, en teoría heredera de la izquierda liberal decimonónica, ahora rechazaba la nación española; y la derecha, continuadora *grosso modo* del periplo que va de la derecha reaccionaria defensora del Antiguo Régimen hasta la derecha del régimen franquista, ahora se sentía cómoda con un concepto de nación política que en realidad no habían creado y en el que, en un principio —y por una cuestión de principios—, no habían creído del todo.

Con el tiempo, los términos izquierda y derecha se han ido difuminando y no es raro encontrar a nacionalistas de izquierdas, aunque sean minoritarios. Hay que recordar que la distinción bipolar izquierda/derecha apareció hace muchos años, concretamente en 1789 en los prolegómenos de la Revolución francesa por una fortuita configuración de posiciones dentro de una sala. En la Asamblea Nacional constituyente se discutía sobre el poder que debía tener el rey. Los diputados que se oponían a que el rey tuviera derecho a veto —principalmente el Tercer Estado— se agruparon a la izquierda del presidente de la Asamblea. Por otro lado, muchos de los pertenecientes al clero —Primer Estado— y a la aristocracia —Segundo Estado— se agruparon a la derecha. Una distinción muy común es afirmar que la derecha representa el privilegio, a diferencia de la izquierda.

Es normal que los partidos de derechas y de izquierdas vayan modulando su mensaje adecuándose al tiempo presente, lo que acaba produciendo graves contradicciones y disonancias que, sin embargo, a la mayoría de sus posibles votantes se les escapan. Estas contradicciones, no obstante, sí que son percibidas por un público más docto. Valga como testimonio el del doctor en filosofía Jorge Polo Blanco, que expresa con rabia y convicción lo que a su criterio es una izquierda completamente desnortada:[11]

¿Cómo va a ser de izquierdas triturar y dividir un Estado de cuarenta y siete millones de habitantes, dando lugar a cuatro o cinco «mini-Estados» levantados sobre bases etnolingüísticas? ¿Pero en qué cabeza cabe semejante majadería? ¿A qué mentes esclarecidas se les pudo ocurrir que fragmentar el Estado era una cosa izquierdista y revolucionaria? Cualquier proyecto político situado en una izquierda que no esté completamente desquiciada o desvirtuada debe promover una República de iguales en la que ya no existan feudos; en la que ya no existan privilegios territoriales anclados en instituciones medievales. Una República en la que no existan regiones con autogobiernos egoístas, que pretendan fundamentar su privilegio en un «hecho diferencial», sustánciese este en la «raza», en la «lengua» o en la «cultura». Esa mística pueril de las «comunidades diferenciadas» debería ser rechazada por cualquiera que no fuese un vulgar reaccionario. En España, algunas izquierdas abandonaron incomprensiblemente el eje de la igualdad para entregarse con frenesí al eje de la «diferencia». Ciertas izquierdas regionalistas introdujeron en sus discursos apelaciones a los reinos medievales. Inaudito. Ya va siendo hora de recuperar un poco de sensatez.

---

[11] J. Polo Blanco, *Románticos y racistas. Orígenes ideológicos de los etnonacionalismos españoles*, El Viejo Topo, Barcelona, 2021.

La Carta Magna «que nos hemos dado»

Uno de los mayores errores de nuestra Constitución se localiza en el Artículo 2: «La Constitución se fundamenta en la indisoluble unidad de la Nación española, patria común e indivisible de todos los españoles, y reconoce y garantiza el derecho a la autonomía de las nacionalidades y regiones que la integran y la solidaridad entre todas ellas».

Manuel Fraga Iribarne, del Grupo Parlamentario Alianza Popular, formuló un cambio al anteproyecto de Constitución,[12] el de eliminar la expresión «nacionalidades» dejando únicamente «regiones», alegando que:

> La expresión «región» o «región autónoma» (única que figuró en la Constitución de 1931) es perfectamente suficiente para describir la base geográfica e histórica de las autonomías. En cambio, la palabra «nacionalidades» es equívoca y llena de posibles complicaciones. No puede aceptarse más que una «nación»: España, ni más que una «nacionalidad»: la española. Lo otro nos lleva a planteamientos tan complejos, delicados y cargados de dificultades de futuro como el «principio de las nacionalidades», el derecho de autodeterminación, etc., que sería deseable evitar, al servicio de la sagrada e indestructible unidad de España.

No andaba mal encaminado, pero la enmienda no prosperó. Curiosamente, en ese anteproyecto de texto constitucional figuraba la palabra «nacionalidades», pero no figuraba la palabra «nación». Así era el Artículo 2 en origen: «La Constitución se fundamenta en la unidad de España y la solidaridad entre sus pueblos y reconoce el derecho a la autonomía de las nacionalidades y regiones que la integran».

---

[12] *Boletín Oficial de las Cortes*, 5 de enero de 1978, p. 698. https://www.congreso.es/public_oficiales/L0/CONG/BOCG/BOC_044.PDF.

Por esta razón, a Julián Marías, a la sazón senador en las Cortes, en un artículo para *El País*,[13] fechado el 15 de enero de 1978, le sorprendía que la nación más vieja del mundo quisiese dejar de ser nación, a la vez que apuntaba el problema de introducir en el anteproyecto de Constitución los conceptos de «nacionalidades» y «regiones»:

> El anteproyecto recurre a cualquier arbitrio imaginable con tal de escamotear el nombre «nación»: «sociedad», «pueblo», «pueblos» y, sobre todo, «Estado español». [...] Nunca se dice que España es una nación, lo cual equivale a decir que España no es una nación, ya que en ese texto era necesario decirlo. [...] Esta Constitución, tan enemiga de toda «discriminación», la practica aquí en las más serias cuestiones. Según ella, hay en España dos realidades distintas, a saber, «nacionalidades» y «regiones». En una Constitución, habría que decir cuáles son —y me gustaría saber quién se atreve a hacerlo, y con qué autoridad—. Pero lo más importante es que no hay nacionalidades —ni en España ni en parte alguna—, porque «nacionalidad» no es el nombre de ninguna unidad social ni política, sino un nombre abstracto, que significa una propiedad, afección o condición. [...] Es decir, España no es una «nacionalidad», sino una nación. Los españoles tenemos «nacionalidad española»; existe la «nación España», pero no la «nacionalidad España» —ni ninguna otra.

El gran estadista Torcuato Fernández-Miranda, el «guionista de la Transición», tampoco disimuló su rotunda disconformidad con las ambigüedades que se aceptaron en el texto constitucional con el propósito de lograr consensos. En una entrevista del 23 de julio de 1978 advertía de que el llamado «principio de las nacionalidades» lleva aparejado que toda nación tiene luego derecho a

---

[13] J. Marías, «Nación y "nacionalidades"», *El País*, 14 de enero de 1978, https://elpais.com/diario/1978/01/15/opinion/253666807_850215.html.

constituirse en Estado independiente y soberano. Además, la Constitución de 1978, basada en los principios de libertad e igualdad, fallaba al no definir cuáles eran esas supuestas «nacionalidades». A la larga, el Artículo 2 y la Disposición adicional primera no ha hecho más que traer problemas, creando desigualdades y hechos diferenciales. El «café para todos» no funciona. El filósofo Pedro Insua es muy tajante en este aspecto: «Los "constitucionalistas" declarados caminan con un puñal clavado en su espalda. El problema está en que Sánchez, con su "plurinacionalidad" de España, está más cerca de la Constitución del 78 que cualquiera que hable de España como unidad nacional».

¿Es España un país plurinacional?
¿Es España una nación de naciones?

Durante el año 1978, los padres de la Constitución mantuvieron algunas discusiones en las Cortes, debates siempre educados y sin excesivos decibelios, acerca de lo confuso del término «nacionalidades». Había que alcanzar un consenso. Para el socialista Gregorio Peces-Barba, «nacionalidad» y «nación» eran sinónimos:

> Primero, nosotros hemos dicho en comisión, y lo afirmamos de nuevo aquí, que el término «nacionalidad» es un término sinónimo de nación, y por eso hemos hablado de España como nación de naciones.[14]

Algo parecido defendieron Miquel Roca por Minoría Catalana y Jordi Solé Tura por el Partido Comunista. A Miguel Herrero de Miñón, de UCD, con ganas de contemporizar, el término «nacionalidades» no le incomodó en absoluto. Sin embargo, la juris-

---

[14] Diario de Sesiones del Congreso de los Diputados, 4 de julio de 1978, p. 3800.

prudencia acabaría determinando que «nación» y «nacionalidad» no son sinónimos en una sentencia del Tribunal Constitucional del año 2010, ya que, según se argüía, la polisemia del término «nación» es un concepto irrelevante en el contexto jurídico-constitucional.[15]

Es muy normal que dentro de un país nos encontremos con diferencias étnicas y culturales, de hecho, es deseable y enriquecedor. Ya hemos aclarado que nación es una palabra polisémica, y que uno de sus significados es el de nación cultural o patria, un término necesariamente difuso e imposible de definir jurídicamente. Por lo tanto, podríamos decir que en España nos encontramos con diferentes naciones —como sinónimo de patrias— y con diferentes nacionalidades, que serían las comunidades que conforman esas naciones, ya que en una misma persona pueden convivir varios vínculos sentimentales hacia su lugar de procedencia —varias patrias: patria chica, patria grande—. En ese sentido, España es un país plurinacional, como lo es Bélgica, Suiza, Francia, Italia, Estados Unidos o cualquier país del mundo. Todos los países —en mayor o menor medida— tienen dentro de sus fronteras comunidades culturales diversas. Pero en España —como en otros países— solo hay un Estado, el Estado español, y, como también expresa la Constitución, es indisoluble. Poniéndonos poéticos, se podría decir que España es un Estado-nación de naciones culturales —patrias—, pero nunca un Estado-nación de Estados-naciones. Y la Constitución no es nada clara al respecto, pues dice que España es una

---

[15] De la nación puede, en efecto, hablarse como una realidad cultural, histórica, lingüística, sociológica y hasta religiosa. Pero la nación que aquí importa es única y exclusivamente la nación en sentido jurídico-constitucional. Y en ese específico sentido la Constitución no conoce otra que la Nación española, con cuya mención arranca su preámbulo, en la que la Constitución se fundamenta (art. 2 CE) y con la que se cualifica expresamente la soberanía que, ejercida por el pueblo español como su único titular reconocido (art. 1.2), se ha manifestado como voluntad constituyente en los preceptos positivos de la Constitución Española.

nación de nacionalidades y regiones, pero no define cuáles —ni cuántas— son esas nacionalidades y tampoco explica cuáles son esas regiones. De ahí viene la confusión. Y de ahí los problemas. Todos los partidos intentan sacar tajada de esa confusión. Unos piden más centralismo y eliminar las autonomías. Otros, los más, se sienten cómodos en la ambigüedad. El mayor problema radica en esos que buscan —por la interpretación torticera del texto— más privilegios para sus Comunidades Autónomas, cuando no piden abiertamente la independencia. La soberanía nacional en nuestras democracias liberales occidentales es la que otorga legitimidad al Estado, por eso nuestra nación política, España, debe aspirar a ser una nación de ciudadanos, no una nación de naciones. Y concretamente una nación de ciudadanos libres e iguales.

Manuel Fraga Iribarne[16] enquistó en 1978 el debate con la cuestión de las «nacionalidades» que, si bien acabaría siendo un escollo a salvar por lo impreciso del término, dejaba oculto un debate mayor: el de los derechos históricos. Los padres de la Constitución defendieron el foralismo y los derechos históricos[17] sin saber muy bien en qué consistían, algo que también va en contra de la supuesta igualdad del texto, ya que algunas comunidades autóno-

---

[16] Fraga Iribarne fue un hombre camaleónico capaz como ningún otro de adaptarse siempre a todos los tiempos que le tocó vivir. Del Fraga ministro de Franco pasamos al padre constitucional del 78, un estadista visceral intranquilo por la unidad de España, para llegar al político de mediados de los ochenta preocupado por un «centralismo equivocado y trasnochado». Fraga dio un viraje autonomista y centrista, aprovechando el descalabro de UCD y convirtiéndose en la gran figura de la centroderecha. A finales de los ochenta, después de la ascensión de José María Aznar —y de la refundación de las derechas que se preparaban para el asalto definitivo a la presidencia del gobierno, terminando con el felipismo—, el gallego volvió a su tierra natal para erigirse como el presidente indiscutible de la Junta de Galicia con un programa galleguista. Y así estaría quince largos años hasta que Núñez Feijóo le tomó el relevo.

[17] Eduardo García Enterría hablaba de «fórmula inespecífica de "derechos históricos"» y José Ángel García de Cortázar de «imposiciones de los muertos sobre los vivos».

mas —Navarra y País Vasco— partirían en desventaja sobre otras.[18] La Constitución se aprobó con cuatro disposiciones adicionales. La «Disposición adicional primera» terminaba por reconocer una desigualdad entre territorios: «La Constitución ampara y respeta los derechos históricos de los territorios forales. La actualización general de dicho régimen foral se llevará a cabo, en su caso, en el marco de la Constitución y de los Estatutos de Autonomía».

Joaquín María Nebreda, historiador y doctor en derecho, opina que la «Disposición adicional primera», además de ser una consecuencia forzada por el nacionalismo vasco y el terrorismo de ETA, es un pegote indeterminado:

> Siempre he creído que la DA 1ª era un parche a la Constitución de 1978 porque no es congruente con el conjunto de su texto, basado en la igualdad de los ciudadanos. Es un parche retórico, pero demasiado líquido o, por lo menos, demasiado maleable. Así como con un trozo de plastilina se puede hacer un muñeco y una casita y un sol y una luna…, igualmente con la DA 1ª puede hacerse cualquier construcción imaginativa.[19]

Un concepto jurídico volátil, inespecífico e interpretable a gusto de cada cual, que a la larga no hace sino generar sufrimiento y frustración a partes iguales, una espada de Damocles que erosiona el proyecto de convivencia común. La consecuencia ha sido que los diferentes estatutos de autonomía han tratado de incorporar nuevos derechos históricos apelando a la historia como legitimación del autogobierno.

---

[18] Con la llegada del constitucionalismo en el siglo XIX, los fueros pasaron a mejor vida. La Constitución gaditana de 1812 fue más igualitaria en este sentido que la Constitución vigente, ya que suprimía los fueros y los «derechos históricos». Sin embargo, la ley de 25 de octubre de 1839 volvía a reconocer la vigencia de los fueros.

[19] J. M. Nebreda, *Historia Traicionada. Nación española y refutación del nacionalismo vasco*, Almuzara, Córdoba, 2021, p. 333.

24

OCCIDENTE
DEBE SER DESTRUIDO

En Argentina han calado las tesis de que el país ha sido y sigue siendo una semicolonia británica, siempre subordinada ideológicamente a Gran Bretaña, y que los ingleses siempre se han dedicado a perseguir como objetivo la hispanofobia para quebrar su raíz cultural y hacer que países hermanos se sientan como extraños. Estas tesis vienen a menudo de sectores que simpatizan con el primer peronismo, ahí tenemos el ejemplo de Alberto Methol Ferré[1] y Marcelo Gullo, e incluso de sectores anticapitalistas, derechas ultranacionalistas, jacobinos o marxistas, como es el caso de Santiago Armesilla, quien considera a Gullo uno de sus mentores. El enemigo a derrotar es la oligarquía liberal que según ellos maneja el mundo. Y por liberalismo entienden todo lo que

---

[1] Alberto Methol Ferré es un filósofo uruguayo ligado a la Teología del Pueblo, una rama de la Teología de la Liberación. Es conocido porque se ha dicho que ha influido en el pensamiento sociopolítico del papa Francisco. En su *Geopolítica de la Cuenca de la Plata*, argumenta de esta manera: «Nacemos entonces bajo la hegemonía del Imperio Hispánico, el primero en dar la vuelta al mundo. Pero a Magallanes le siguió el pirata Drake. Y España en su retroceso histórico hace lugar desde la Independencia al predominio del Imperio Británico, que a su vez lo va cediendo al Imperio Yanqui, llegado con el siglo xx y consolidado en la segunda Guerra Mundial. Tres imperios sucesivos signan nuestra historia». A. Methol Ferré, *Geopolítica de la Cuenca del Plata*, Peña Lillo, Buenos Aires, 1973, p. 33.

no les gusta, desde el libre mercado hasta el globalismo y el progresismo *woke* en todas sus vertientes: ideología de género, teoría *queer*, mundo LGTBIQ+, justicia racial, transhumanismo, cultura de la cancelación... Su lucha pasa por insubordinarse al poder angloamericano, al que consideran el mal en la tierra, y crear una unión política hispanoamericana o iberoamericana.

El filósofo peronista Gabriel Fossa afirma que después de la Revolución Gloriosa en Inglaterra y de la Revolución francesa aparecen las constituciones liberales y surgen, por ende, los nuevos mercaderes, dueños del capital y amigos del comercio. Y cita expresamente a las familias judías Goldsmith y Rothschild. Para este hispanista, forman parte de una especie de contubernio judeo-masónico:

> Toda esta nueva estructura de poder financiero, intelectual iluminista, es lo que está rigiendo en estos momentos el mundo. Un mundo que no tiene nada que ver con el viejo Occidente, ni con la tradición romana, ni con la tradición griega, ni con el cristianismo antiguo, donde Jesús echaba a los mercaderes del templo. Se puede decir que vivimos en un mundo fariseo en donde la usura es la que manda y obviamente muy lejos de la felicidad de los pueblos.[2]

En el blog de Gabriel Fossa podemos encontrar material de otro filósofo argentino, Alberto Buela, autor de un ensayo llamado *Hispanoamérica contra Occidente*. Fossa comparte una entrevista a Buela en la que se destaca un titular: «El enemigo histórico de Hispanoamérica es el anglosajón». La conversación es muy esclarecedora, ya que pone de manifiesto el odio a todo lo «anglo» que profesan todos estos filósofos y politólogos peronistas. Por cierto,

---

[2] G. Fossa, «¿Somos realmente occidentales?», blog Unidos X Perón, 17 de junio de 2014, obtenido de https://unidosxperon.blogspot.com/2014/06/somos-realmente-occidentales-por.html.

Marcelo Gullo enlaza la entrevista en la bibliografía de su libro *Madre Patria*. Destacamos esta reflexión:

> ¿Qué opinión tenemos de Perón? Que fue un eficaz conductor de masas populares. Que modificó para siempre la vieja estructura social y política de Argentina, pues nunca más se pudo hacer política aquí sin el peronismo. Que realizó una revolución que quedó inconclusa. Que creó nuevas *Instituta politica* más allá de las dadas por el sistema liberal burgués y que, en definitiva, nos enseñó que el anglo-yanqui es nuestro enemigo histórico.[3]

Estos odios africanos recuerdan a un incendiario poema de Ernst Lissauer que circuló por toda Alemania tras el estallido de la Primera Guerra Mundial. Se titulaba *Canto de odio a Inglaterra*, los alemanes lo recitaban de memoria y los maestros lo enseñaban en las escuelas. Decía así:

> *¿Qué nos importan los rusos y los franceses?*
> *¡Disparo por disparo y golpe por golpe!*
> *No los amamos.*
> *No los odiamos.*
> *Defendemos el Vístula.*
> *Y el Wasgaupass.*
> *Tenemos un solo y único odio.*
> *Amamos todos a una.*
> *Odiamos todos a una.*
> *Tenemos un solo y único enemigo,*
> *pues todos lo sabéis,*
> *pues todos lo sabéis,*

---

[3] A. Buela, «El enemigo histórico de Hispanoamérica es el anglosajón», blog Unidos X Perón, 22 de mayo de 2014, https://unidosxperon.blogspot.com/2014/05/el-enemigo-historico-de-hispanoamerica.html.

Se agazapa tras la marea gris,
lleno de envidia, lleno de rabia,
lleno de astucia, lleno de ingenio.
Separado por las aguas,
más espesas que la sangre.
Queremos entrar en un tribunal,
pronunciar un juramento, cara a cara.
Un juramento mineral, que ningún viento se lleve.
Un juramento para hijos y nietos.
Oíd la palabra, repetid la palabra.
Resuena por toda Alemania.
No queremos cejar en nuestro odio.
Todos tenemos un único odio.
Amamos todos a una.
Odiamos todos a una.
Todos tenemos un único enemigo:

¡INGLATERRA!

En el camarote de a bordo, en el salón de gala,
los oficiales del barco se sentaron al banquete.
Como un golpe de sable, como un impulso de las velas,
alguien, saludando, elevó su vaso.
Como un golpe de remo, lanzó tan solo
tres sonoras palabras: «¡Por el día!».
¿Por quién iba ese brindis?
Todos tienen un único odio.
¿A quién se refería?
Todos tienen un único enemigo:

¡INGLATERRA!

Toma los pueblos de la Tierra en prenda.
Construye murallas con lingotes de oro.

Cubre las aguas del océano, con proa sobre proa.
Calculas con astucia, pero no la suficiente.
¿Qué nos importan los rusos y los franceses?
¡Disparo por disparo y golpe por golpe!
Afrontamos la lucha con bronce y acero,
y quizá algún día firmemos la paz.
Te odiaremos con odio duradero.
No cejaremos en nuestro odio.
Odio por tierra y por mar, odio de la cabeza
y odio de la mano, odio del martillo
y odio de la corona, odio sordo.
De setenta millones,
aman todos a una, odian todos a una.
Todos tienen un único enemigo:

¡INGLATERRA!

Algunos de estos peronistas han tenido relación estrecha con Aleksander Duguin,[4] uno de los supuestos ideólogos de Vladímir Putin. Duguin es un tipo excéntrico y algo siniestro, y no por su inconfundible aspecto físico, sino por lo desquiciado de su discurso. El conocido como «Rasputín del Kremlin» —comparación con

---

[4] «Si comparáis mis teorías y mis escritos con su trabajo, únicamente puede concluirse que Putin ha seguido prácticamente todas mis propuestas políticas. Ha estrechado los vínculos con Irán y Turquía, ha anexionado Crimea, tal y como le recomendé hace años. Ha revalorizado las normas y los valores tradicionales. Fundó la Unión eurasiática, que debe constituir la base de un imperio eurasiático. Hace unos años, durante un debate en Washington, el presentador me introdujo con los siguientes términos: "No miréis la posición que ocupa el señor Duguin, mirad sus escritos y comparadlos con los actos de Putin"». Palabras de Duguin extraídas de una entrevista publicada por *El Manifiesto*, 4 de febrero de 2020, obtenido de https://elmanifiesto.com/entrevistas/428294125/Putin-es-un-lider-genial-pero-no-tiene-ideologia-Entrevista-con-Aleksandr-Duguin.html.

la que se encuentra cómodo, siendo inexacta— es uno de los máximos valedores de las teorías eurasianistas modernas, en las que Rusia se sitúa como eje vertebrador de una civilización singular, históricamente enfrentada a Occidente —Europa y Estados Unidos—. «Nunca hemos sido 'normales' y nunca lo seremos. ¡Rusia será grande, única, radiante, absoluta, paradójica, misteriosa, salvadora o desaparecerá!».[5]

Su visión geopolítica se fundamenta en que la historia de la humanidad ha consistido en enfrentamiento perpetuo entre telurocracias —como Rusia— y talasocracias —Reino Unido y Estados Unidos—, y por ello echa en cara a Gorbachov el haberse dejado seducir por el occidentalismo que acabó provocando el colapso de la Unión Soviética: «En lugar del Eurasianismo, fue adoptado el Atlantismo; en el lugar de la civilización de la Tierra y su conjunto sociológico de valores, se impusieron las normativas de la civilización del Mar, totalmente contrarias a la Tierra». También es el desarrollador de la cuarta teoría política con la que pretende superar las tres teorías políticas fallidas que son fruto de la modernidad: el liberalismo, el socialismo y el fascismo. Según el autor, tanto el socialismo de corte marxista como el fascismo y el nacionalsocialismo plantaron cara al liberalismo, pero no fue suficiente, ya que tanto el socialismo como el fascismo eran hijos de la modernidad. Duguin no disimula su desprecio por el liberalismo occidental y todo lo que representa —parlamentarismo, división de poderes, derechos humanos, propiedad privada, orden burgués, economía de mercado...—, una ideología que se ha impuesto a las demás. Pero el autor ruso no quiere constar como un simple forense el fin de la historia, como ya hizo Fukuyama, sino que plantea una nueva alternativa, una «insurrección radical contra el

---

[5] N. de Pedro, «Duguin, profeta del antiliberalismo», *Letras Libres*, 1 de junio de 2019, obtenido de https://letraslibres.com/revista/duguin-profeta-del-antiliberalismo/.

mundo moderno».[6] Occidente está en decadencia y debe ser destruido: «Occidente representa a Satanás y al Anticristo y por eso debe pagar por todo lo que ha hecho. Lo mejor sería repoblarlo con chinos, tártaros, musulmanes y pueblos nómadas de Eurasia».Y debe ser destruido, pues Occidente es ilegítimo: «Oriente es el paraíso y la plenitud; Occidente es el exilio y la nada. El imperio oriental es legítimo, mientras que el imperio occidental es el reino de la apostasía». De la civilización occidental le repugnan hasta sus olores:

> Hace poco estuve en París y mientras caminaba por las calles de esta ciudad, me di cuenta de que faltaba algo: lo que faltaban eran los olores, se vivía en medio de una especie de esterilidad o asepsia. El perfume es el único olor que existe en Occidente. Solamente volví a oler la tierra, el aire, las flores y los árboles cuando me encontraba en Polonia. En el momento en que volví a Rusia me sumergí en un frenesí de olores que no encontré en Europa. Considero que Occidente es una tierra muerta que únicamente volverá a estar viva cuando sea colonizada por cosacos, tayikos y kazajos. Ellos revivirán esas tierras y llevarán consigo los olores que hace tanto se perdieron en esos territorios.[7]

Ese odio por el liberalismo, siempre representado por una «oligarquía financiera» globalista y anglófila —Marcelo Gullo

---

[6] Huelga aclarar que, si estar en contra de todas las majaderías *woke* es estar en contra del mundo moderno, soy el primero que está en contra del mundo moderno, pero no a costa de destruir Occidente y echarme en brazos de Putin o Xi Jinping. Lo *woke* es irracional, pero igual de irracionales son los planteamientos antimodernos de Aleksandr Duguin, Diego Fusaro, Alain de Benoist o Marcelo Gullo.

[7] A. Dugin, G. Górny, «Esperando a Iván el Terrible», Geopolitika.ru, 2 de agosto de 2021, obtenido de https://www.geopolitika.ru/es/article/esperando-ivan-el-terrible.

piensa que «Inglaterra es el falso Occidente»—,[8] ha hecho de peronistas y eurasianistas buenos compañeros de viaje. Se les suele incluir como movimientos de Tercera Posición que combinan elementos del fascismo y del bolchevismo, superándolos a ambos. No es de extrañar que Duguin militara en el partido nazbol fundado por Eduard Limonóv o que haya ensalzado el tercerposicionismo peronista. Duguin, quien se desenvuelve muy bien con el idioma español, ha sido invitado a dar conferencias en Argentina: «Adoro el peronismo, una forma del pensamiento cercana a la Cuarta Teoría Política que yo defiendo y desarrollo. Por eso, cada viaje a Argentina para mí es grande, dichoso».[9] Sus conferencias argentinas han sido publicadas en dos tomos. El prólogo del segundo tomo, de nombre *Identidad y soberanía: contra el mundo posmoderno*, corre a cargo del mismo Marcelo Gullo.[10] Su discípulo Santiago

---

[8] M. Gullo Omodeo, «Nada por lo que pedir perdón», conferencia ofrecida en Cartagena el 8 de octubre de 2022, Youtube de la Asociación Cultural Héroes de Cavite, obtenido de https://youtu.be/2Ey-p2H5Dvo.

[9] R. Pellet Lastra, «La conexión argentina del gurú de Putin: ¿se inspiró su doctrina en el peronismo?», *La Nación*, 2 de abril de 2022, obtenido de https://www.lanacion.com.ar/el-mundo/la-conexion-argentina-del-guru-de-putin-se-inspiro-su-doctrina-en-el-peronismo-nid02042022/.

[10] Empieza Gullo el prólogo de esta manera: «A los argentinos, el pensamiento de Aleksandr Dugin nos suena familiar, porque el general Perón fue una de las fuentes de inspiración de este gran pensador ruso, quien nos propone como sujeto positivo y alternativo un sujeto pre-moderno, y nos incita a retomar el camino de la tradición, de la fe cristiana y de lo eterno. En Dugin, ideología y Geopolítica conforman una unidad sustancial; para este autor es imprescindible luchar contra el liberalismo, porque este, como única ideología política hoy dominante, constituye "el mal absoluto" y "la peor forma de explotación de los hombres y el máximum de injusticia social". Esto a pesar de la aplastante subordinación ideológica creada por los llamados medios masivos de comunicación está empezando a ser comprendido por todos los pueblos del mundo. Ese "empezar a entender" de los pueblos es lo que explica que el pueblo francés se haya lanzado a las calles, con una violencia inusitada, para rechazar frontalmente la política económica neoliberal y la política cultural progresista, aplicada por un presidente de pensamiento "light" y de cultura posmoderna». A. Duguin,

Armesilla, desde su condición de comunista, no esconde tampoco su aversión al liberalismo, pues lo asocia con la anglofilia. En su canal de Youtube tiene un vídeo titulado: «Los Liberales son enemigos de la Hispanidad: te lo explican Marcelo Gullo y Santiago Armesilla».[11] También en Twitter llegó a afirmar lo siguiente:

> Todo «liberal» español es un enemigo de España y de su Historia, lo quiera o no. Anglófilos, occidentalistas, partidarios del darwinismo social y de la degeneración moral. (20/4/22)

No solo abomina de lo anglo. Su odio visceral hacia lo germánico no le va a la zaga,[12] llegando a decir que:

> Un español que prefiere antes a un blanco germánico luterano que a un mulato hispano católico es un mal español. (29/8/22)

Pero para Armesilla no solo se es mal español siendo filogermánico. Hay más:

> Un español que sea europeísta, sea liberal, socialdemócrata o fascista, es un mal español, porque, por acción u omisión, busca someter su patria al yugo de Alemania a todos los niveles. (29/8/22)

Identidad y soberanía. Contra el mundo posmoderno, (Conferencias en Argentina 2), Ediciones Fides, Tarragona, 2019, p. 9.

[11] «Los liberales son enemigos de la Hispanidad: te lo explican Marcelo Gullo y Santiago Armesilla», https://youtu.be/onj5hJ1zgGU.

[12] Gustavo Bueno tampoco tenía demasiada simpatía por los ingleses y alemanes: «La impresión que tuve la primera vez que fui a Inglaterra es que, quitando las elites de las grandes ciudades y a Newton y Darwin, son unos bárbaros. Claro que eso es mucho quitar, pero los ritos antiguos, las familias comiendo un pedazo enorme de pierna de cordero, el modo de comportarse, el tipo burdo de trato...Y no digamos los alemanes». G. Bueno, «Se suele oponer Europa a España, pero España es Europa antes que otras muchas naciones», *Magazine*, 9 de enero de 2000, obtenido de https://www.fgbueno.es/hem/2000a09.htm.

Todos son enemigos de España para Armesilla. A los antes citados habría que añadir a la «izquierda indefinida», podemitas, voxistas, catalanistas, vasquistas, defensores del derecho de autodeterminación... Considera, al igual que su maestro Gullo,[13] que la Unión Europea es el «IV Reich» de los alemanes y también propone «destruir completamente la idea de Occidente, porque Occidente como civilización no ha existido jamás». Como vemos, sus ideas nacionalistas son completamente radicales, pero desgraciadamente gozan de un creciente predicamento.

¿Reunificación hispana?

Armesilla también es un seguidor del materialismo filosófico de Gustavo Bueno y desde su plataforma Vanguardia Española, calcando algunas de las ideas del filósofo de la escuela ovetense, apuesta por «sacar a España del euro, la Unión Europea, la OTAN y construir una Iberofonía intercontinental alternativa al capitalismo anglogermánico», acercándose además a China y a la Federación de Rusia.[14] También pretende avanzar hacia un espacio geopolítico paniberista a través del poder diplomático. Gustavo Bueno, en *España frente a Europa*, proponía que la comunidad hispánica fuese más allá de la diplomacia y de las cumbres de cooperación, y que tratara de avanzar hacia una Unión Hispánica, una especie de Mercosur ampliado, es decir, «un Mercado Común con un Banco Central y una moneda única», construyendo una «liberación» efectiva de Europa y América del Norte con el desarrollo de nuestra lengua y la cultura común. Bueno identifica «capitalismo anglosajón» con Lutero y «Lutero es el mal, el princi-

---

[13] M. *Gullo Omodeo, Madre patria: Desmontando la leyenda negra desde Bartolomé de las Casas hasta el separatismo catalán*, Espasa, Madrid, 2021, p. 397.

[14] https://www.vanguardiaespañola.com.

pio del mal».[15] De una manera un tanto ingenua y aplicando buenas dosis de *wishful thinking*, confiaba en que una Confederación
Hispánica en contra del capitalismo anglosajón «por el simple
hecho de mantenerse, la voluntad de una convivencia comunita-
ria» sería «capaz de reabsorber muchas divergencias irreversibles».
El filósofo afirma que la unión hispánica es la única alternativa
que le queda a la América hispana y es deseable también que
España esté dentro de ella:

> La constitución de una Confederación hispánica o iberoamericana,
> con un Mercado Común del orden de quinientos millones de per-
> sonas, es, en cualquier caso, la única alternativa que los pueblos ame-
> ricanos, así como España y Portugal, tienen abierta para «liberarse
> del Imperio angloamericano».Y, para España, la única posibilidad de
> liberarse de la Unión Europea [...] reside en su confederación con la
> América hispánica. No caben otras alternativas, y otra cosa es que
> sean deseadas o preferidas.[16]

Y luego evita el tema más delicado: el cómo unir países que,
aunque compartan la misma lengua —bueno, lo fía todo a la lengua, la cultura y la identidad—, tienen regímenes políticos distintos, cambiantes y muchas veces enfrentados; y también, por
mucho que la mayoría se entienda en español, igualmente hay
variedades lingüísticas y culturales al ser sociedades multiétnicas.
Lo cierto es que esa unión hoy por hoy no es más que una utopía
un tanto ingenua —con todo el respeto hacia nuestros hermanos
hispanoamericanos— y supondría el empobrecimiento de España
sin lograr imponerse como una alternativa exitosa que se libere
del «capitalismo anglosajón». ¿Cuál sería la naturaleza política de

---

[15] Cierto es que la figura de Lutero tiene aspectos muy cuestionables y
también su moral, pero el capitalismo va más allá de Lutero.

[16] G. Bueno, *España frente a Europa*, Pentalfa, Oviedo, 2019, p. 381.

esa unión? La pregunta es fundamental, y una teoría que no explica cómo debe ser la forma de gobierno o el régimen político-económico y estatal de una supuesta Confederación Hispánica, no es más que un ejercicio especulativo, un brindis al sol. Y, efectivamente, Gustavo Bueno a ese asuntillo menor no le da demasiada importancia:

> Prescindimos aquí, obviamente, de consideraciones relativas a la naturaleza política de esa «Confederación hispánica» (monárquica o republicana, socialista o capitalista, etc.).[17]

Lo sorprendente es que Bueno luego da algunas razones por las que el proyecto europeo no le parece adecuado, y ni siquiera es capaz de analizar los enormes problemas que acarrearía una Confederación Hispánica. Una de las razones que esgrime el filósofo para explicar su rechazo a la Unión Europea es que Europa es una biocenosis —una armonía en la que unos se comen a otros—. ¿Acaso Hispanoamérica no es también otra biocenosis?

Marcelo Gullo también propone la creación de una Confederación Hispánica, un único Estado que reúna a España y a los países hispanoamericanos, ya que forman una sola «ecúmene» o comunidad humana cultural —«el sueño y el proyecto de Simón Bolívar y de José de San Martín»—. Cree que así podríamos afrontar nuestros problemas futuros frente al poder creciente de Pekín:

> Por tanto, en los próximos años es altamente probable que aumente el margen de maniobra tanto de España como de los países hispanoamericanos, hasta el punto de que, quizá, pueda vislumbrarse la posibilidad de una «Confederación Hispánica de Naciones». Podría dejar de ser un sueño y convertirse en un hecho, ya que, en realidad, será

---

[17] Ibídem, pp. 381-382.

una necesidad compartida por todos los países hispánicos que integran una misma ecúmene cultural frente al desafío que supone el aumento del «umbral de poder» que provocará la definitiva industrialización y modernización de la sociedad china.[18]

¿Cómo tejer una Confederación Hispánica que incluya a España con todos los problemas que arrastra la América Hispana —narcoterrorismo, corrupción, populismo, pobreza, delincuencia, inseguridad jurídica...—? Es lo primero que hay que abordar. Si no se hace, todas estas propuestas quedan, como siempre, en meras cartas a los Reyes Magos, que no sirven más que para hacer las delicias de los euroescépticos que miran con recelo a los burócratas de Bruselas a los que, por cierto, siempre hay que mirar con recelo, como a cualquier político. Pero el aspecto más sombrío de estas vagas formulaciones se manifiesta al crear cierta confusión entre el público, pues hablar de Hispanidad o escribir sobre la Leyenda Negra parece que implica de alguna manera crear un Imperio español 2.0. Ni mucho menos. La historia no avanza nunca hacia atrás. En esto, Roca Barea, aunque se la haya acusado maliciosamente de lo contrario, es clara:

> La nostalgia del imperio o la idea de que puede volver a existir alguna vez es una ingenuidad y un reflejo de los problemas que hay para hacerse cargo del presente. El tiempo no va para atrás. Hay algunas personas, incluso historiadores, que entienden que limpiar la historia del Imperio español de las toneladas de propaganda que cayeron sobre él indica que se quiere revivir aquellos tiempos o es síntoma de un nacionalismo español imperialista. Esto es tener en poco la inteligencia ajena, quizá porque no se tiene en mucho la propia. Quien plantea el asunto en estos términos es que no es capaz

---

[18] M. Gullo Omodeo, *Madre patria: Desmontando la leyenda negra desde Bartolomé de las Casas hasta el separatismo catalán*, Espasa, Madrid, 2021, p. 406.

de ir más allá de aquella ridiculez de «por el imperio hacia Dios» o sus contrarios. Y cree que los demás tampoco pueden.[19]

La comunidad hispánica que hay dentro de muchas naciones —unos 60 millones en Estados Unidos— es una comunidad humana enormemente valiosa y estoy muy en sintonía con las palabras de Julián Marías, que defendía que «la recuperación de la comunidad hispánica requiere, como primera condición, desligarse de la política y de la acción concreta de los gobiernos».[20] La comunidad hispánica es una comunidad fecunda y pujante con casi 600 millones de hispanohablantes —el número ha crecido un 70 por ciento en los últimos treinta años—.[21] Los lazos afectivos y culturales de la Hispanidad no se van a romper de la noche a la mañana, por eso no es necesario avanzar hacia una Confederación. La Hispanidad se defiende sola.

Círculos «hispanistas»

Duguin es un agitador enormemente contradictorio. Por una parte, le vende a los hispanistas una quimera imposible: la de reconstruir una hispanidad vigorosa debilitando al enemigo anglo-occidental, mientras, por otro lado, apoya el separatismo catalán, en línea con el Kremlin. En realidad, Duguin está inmerso en una monumental operación que consiste en desnaturalizar el hispanismo poniéndolo

---

[19] M. E. Roca Barea, *Fracasología. España y sus élites: de los afrancesados a nuestros días*, Espasa, Madrid, 2019, p. 468.

[20] J. Marías, *La Corona y la Comunidad Hispánica de Naciones*, Asociación Francisco López de Gómara, Madrid, 1992, p. 123.

[21] M. Morales, «El número de hispanohablantes crece un 70% en los últimos 30 años», *El País*, 14 de octubre de 2021, obtenido de https://elpais.com/cultura/2021-10-14/el-numero-de-hispanohablantes-crece-un-70-en-los-ultimos-30-anos.html.

al servicio de la Federación de Rusia. Poco a poco va sumando incautos. Cualquiera que frecuente los círculos hispanistas —yo lo he hecho— comprobará el gran calado de todas estas ideas, aunque, afortunadamente, tras la invasión de Ucrania algunos han despertado y empiezan a advertir lo peligrosas que son para la Hispanidad. Duguin se apoya en ocultistas y esoteristas como Aleister Crowley, René Guenon o Julius Evola, en conservadores revolucionarios como Arthur Moeller van den Bruck y en filósofos anticristianos y antimodernos como Alain de Benoist. En una ocasión le preguntaron al heterodoxo ruso sobre las actividades anticatólicas en Polonia. Resulta que las consideraba muy positivas:

> Sí. Es necesario destruir el catolicismo desde dentro, para ello se debe fortalecer a la masonería polaca, apoyar a ciertos movimientos laicos decadentes, promover el cristianismo heterodoxo y antipapista.[22]

Dentro de las coordenadas de esta escuela de pensamiento han surgido visiones proféticas en las que España ocupa una misión en la historia universal, como las de José Alsina Calvés, divulgadas en su libro *El hispanismo como cuarta teoría política*, una obra confusa que bebe de fuentes como Gustavo Bueno, Manuel García Morente, Alain de Benoist y Aleksandr Duguin, y apuesta por un hispanismo transversal que vaya en contra de la Globalización y reivindique las fronteras. El Hispanismo, según el autor, puede compartir ideas con el Eurasianismo:

> Al intentar elaborar una metapolítica del Hispanismo nos encontraremos con una serie de ideas de carácter general, que pueden tener una validez universal (que el Hispanismo puede compartir con el

---

[22] A. Dugin, «Aleksander Dugin: Czekam na Iwana Groźnego», Fronda. pl, 26 de junio de 2016, https://m.fronda.pl/a/aleksander-dugin-czekam-na-iwana-groznego,45653.html.

Eurasianismo, por ejemplo), y con la concreción de estas ideas en un marco concreto espacio-temporal: el solar Hispano o Patria Hispana, y su historia particular que condiciona su presente y su futuro.

También han visto la luz publicaciones como *La Insubordinación de España* (2021), de Carlos X. Blanco, inspirada en la obra de Marcelo Gullo; *Imperium, Eurasia, Hispanidad y tradición* (2021), de Carlos X. Blanco, Eduard Alcántara y Robert Steuckers; *El Imperio y la Hispanidad* (2021), una obra coral coordinada por Carlos X. Blanco; o *De Covadonga a la nación española. La hispanidad en clave Spengleriana* (2019) de Carlos X. Blanco.[23] Este nacionalismo hispano enloquecido se basa en una especie de «orden cósmico» preexistente y trata de legitimar ideas expansionistas y antiliberales con explicaciones teleológicas, mientras mezcla de manera atropellada ingredientes de Duguin, Marcelo Gullo, Gustavo Bueno, Oswald Spengler o Ramiro de Maeztu. La tendencia a agrupar Imperio español e Imperio ruso también la observamos en algunos seguidores del materialismo filosófico. Algunos ejemplos son los vídeos del canal *Fortunata y Jacinta* (Forjas 02-06) o el libro titulado *Filosofía del Imperio y la Nación del Siglo XXI. Ensayo sobre el problema político de las Españas y las Rusias* (2022), de José Ramón Bravo.

Enrique J. Refoyo, analista en geopolitika.ru y alineado con las políticas imperialistas del Kremlin, también ve muchas similitudes entre España y Rusia, y lo sostiene con argumentos tan peregrinos como que ambas potencias crearon imperios más allá de sus fronteras, o que desde el punto de vista geopolítico las dos eran potencias de la tierra que se proyectan más allá de sus límites, mientras que franceses, portugueses e ingleses eran potencias del

---

[23] Carlos X. Blanco es un gran admirador de Oswald Spengler, conocido por su obra *La decadencia de Occidente*.

mar.[24] Escuchando estas teorías duguinescas, tiene uno la sensación de que Colón llegó a América cavando un túnel, y lo mismo
harían los artífices de la primera globalización tras el viaje de Elcano. En estos ambientes es raro encontrar a alguien que no sea un
charlatán propagandista con teorías descabelladas y tendentc a
divulgar teorías de la conspiración. No obstante, y es una pena,
algunos hispanistas de tercera posición son personas cultivadas y
comprometidas con nuestra historia —quiera Dios saber qué significa eso— que persiguen, al igual que un servidor, señalar las
manipulaciones más groseras de la Leyenda Negra. Y eso está muy
bien. Sin embargo, muchos de ellos toman atajos nacionalistas,
leyendarosistas y victimistas, con continuas ofensivas tramposas
típicas de la llamada guerra cultural, y consciente o inconscientemente incurren en otras manipulaciones aún mayores. Su dialéctica es puramente maniquea y, al igual que los indigenistas, identifi-
can claramente el enemigo a batir. Para los indigenistas es lo
hispano, para los hispanistas peronistas, duguinistas, materialistas y
comunistas es lo anglo. Todos ellos, si bien no suelen caer en deformaciones propias de la Leyenda Negra española, acaban creando
otra leyenda negra antiliberal, antioccidental, antibritánica y anti-
yanqui. *Imperiofobia*, de Roca Barea, dedica su primera parte del
libro a analizar la Leyenda Negra contra Roma, contra Estados
Unidos y contra Rusia, pero no dedica ni una sola línea a analizar
la Leyenda Negra contra el Imperio británico, quizás porque la
autora tropezaría luego con sus propias premisas de partida. Falta
un buen estudio en español sobre este tema, quizás *El Imperio Británico* (2016), de Niall Ferguson, aunque no sea un libro perfecto,
pueda servir de aperitivo contra tanta anglofobia. ¿Quiere decir
esto que los ingleses fueran seres de luz? Ni mucho menos. La historia inglesa tiene muchos episodios sombríos y aquí no los hemos

---

[24] F. Moragón, E. J. Refoyo, *Rusia, ¿Oriente u Occidente?*, 7NN, 26 de diciembre de 2022, obtenido de https://youtu.be/Oe0u1oJ_HTo.

ocultado. No obstante, hay que evitar el uso partidista de la historia, que es lo que criticamos en el caso de España. La Leyenda Negra o conceptos como la Hispanidad no deberían convertirse en un campo de batalla político. Y es lo que han observado muchos historiadores con buen criterio. El estudio de la Leyenda Negra se presta constantemente a la adulteración como ha destacado Miguel Molina Martínez, que lleva muchos años escribiendo sobre el tema. En cierta manera es comprensible, pues como bien señala el autor, la Leyenda Negra «obedece a criterios alejados del quehacer histórico y persigue objetivos muy distintos». Además, remarca:

> El error de quienes postulan la leyenda negra, lo mismo que el de quienes abrazan la leyenda rosa, es su uso partidista de la información. Unos y otros manipulan y tergiversan cuando resaltan, minimizan o ignoran una parte de la realidad histórica, tan compleja y plural en su desarrollo y alcances.[25]

La esencia de la Hispanidad

Para Ramiro de Maeztu, la Hispanidad era cuestión de espíritu que se percibía «como una luz de lo alto», de una grandeza inabarcable, que consiguió llevar la civilización a muchos pueblos. Una Hispanidad sustentada en principios morales del siglo XVI, ya que estos principios «son superiores a cuantos han concebido los hombres de otros países en siglos posteriores». Para los hispanoamericanos estos principios son «perfectamente conciliables con el orgullo de su independencia» y ni siquiera es necesario que «España preceda en

---

[25] M. Molina Martínez, *La conquista de América: cinco siglos de controversia y una Leyenda Negra omnipresente*, XIX Jornadas de Historia. España y América: cultura y colonización, Llerena, 2018, p. 40.

este camino a sus pueblos hermanos». Apuesta por una mirada renovada de nuestro pasado adaptada a la mudanza de los tiempos y hace una crítica de la modernidad. Para Rosana Alimova, lo que hay que destacar de la defensa de la Hispanidad que hace Maeztu es:

> Que identifica patria con la ortodoxia católica. Según Maeztu y su reformulación del término «Hispanidad», este no tiene connotaciones jurídicas, políticas o raciales, es el trasfondo social y moral de la nacionalidad española e hispanoamericana. Hispanidad es el ser común de los pueblos hispanos, con diversidad de razas, zonas geográficas y lenguas, pero con una historia fundamentalmente común y, sobre todo, con un «destino universal» permanente.[26]

Clérigos como Zacarías de Vizcarra, el arzobispo de Toledo Isidro Gomá y Tomás o Manuel García Morente perfilaron una visión de la Hispanidad que no se explicaba por razones étnico-raciales o geográficas, sino por cuestiones espirituales que tienen que ver con la propia esencia de España. Una esencia y razón de ser que a veces se ha desvirtuado en siglos como el XVIII y XIX por subordinación hacia lo extranjero. En la *Apología de la Hispanidad,* el arzobispo de Toledo y primado de la Iglesia en España, Isidro Gomá, exhorta a los bonaerenses a no ser «parásitos ni importadores de cultura extranjera»,[27] ya que solo «los pueblos sin cultura sucumben, porque son absorbidos o anulados en su personalidad histórica» y España es un pueblo con cultura, y esa cultura además debe exportarla al mundo. Hay que españolizar América y americanizar España. La Hispanidad es amor, hermanamiento y un apostolado

---

[26] R. Alimova, «El concepto de la hispanidad en la encrucijada de los siglos», Actas del XXXVII Congreso Internacional de la Asociación Europea de Profesores de Español, Universidad de Murcia/Ayuntamiento de Lorca, José Luis Molina Martínez (ed.), 2003, p. 63.

[27] Discurso pronunciado en el Teatro Colón, de Buenos Aires, el día 12 de octubre de 1934, en la velada conmemorativa del Día de la Raza.

continuo, «defensa del pensamiento de Jesucristo», ya que la moral católica «ha formado los pueblos más perfectos y grandes de la historia». Para Gomá, que ha leído a Maeztu, la Hispanidad no es una Confederación de Naciones «en el plano político, porque no están los tiempos para ello». Tampoco hay que ligar la Hispanidad a una ideología y va descartando algunas de ellas: la democracia que en ocasiones es sepultada por la dictadura, el socialismo, el estatismo, el laicismo o la hoz y el martillo. El único denominador común de los pueblos hispánicos es el catolicismo. Recatolizar es hacer Hispanidad. En la Hispanidad caben todos, no importa la ideología, incluso hay espacio para los ateos. Aunque, al estallar la Guerra Civil en España, sus posturas se fueron radicalizando: «España y la anti-España, la religión y el ateísmo, la civilización cristiana y la barbarie».[28] En el proyecto político de la España sublevada ya no cabía todo el mundo, lo que hizo que Gomá se desviase de una Hispanidad de más altos vuelos. Después de la guerra, García Morente no perdió el foco: la Hispanidad era muchas cosas, pero no un proyecto político. Para él, las distintas formas políticas de las naciones hispanas eran respetables siempre que no buscasen dañar su esencia:

> No olvidemos que si esos hermanos de Ultramar tienen allá en su lejano Continente problemas distintos de los nuestros, formas políticas distintas de las nuestras y para nosotros siempre respetables, tienen, empero, algo que, por encima de todo lo diferente, nos aprieta en vínculo estrechísimo: la hispanidad.[29]

La cuestión mollar en este asunto, y es a donde quiero llegar, es que es muy importante resaltar que para todos aquellos que

---

[28] Citado en E. Moradiellos, E., *Historia mínima de la Guerra Civil española*, Turner, Madrid, 2016, p. 23.

[29] M. García Morente, *Ideas para una filosofía de la Historia de España*, Editorial Universidad Central, Madrid, 1942.

dieron forma al concepto de Hispanidad, nunca se trató de
recomponer la Hispanidad en base a un régimen político o jurídico concreto —y no porque no tuvieran sus propias ideas políticas—, ni de destruir Occidente, ni de buscar enemigos internos,
ni de crear listas negras, ni de decir quién cabe en la Hispanidad
y quién no o «estás en este barco conmigo o estás contra mí».
Todo eso ya lo conocemos y es volver a los tiempos más oscuros
de la Anti-España. La Hispanidad es otra cosa. Es hermanamiento —«Amad a vuestros enemigos. Haced bien a los que os aborrecen y maldicen»—, es universalismo cristiano, es patriotismo
cultural,[30] es prédica y es tratar de contraargumentar algunos de
los embustes leyendanegristas que caen como una losa sobre la
historia de España.

Es un error pensar que la Hispanidad implica antiliberalismo
o que el liberalismo solo tiene por modelo el Reino Unido. En
España también ha habido una larga tradición liberal, desde la
Escuela de Salamanca hasta la Agrupación al Servicio de la
República —Ortega y Gasset, Marañón, Pérez de Ayala—, pasando por los liberales de Cádiz. Pero es que igualmente no todo en
Reino Unido es liberalismo, a saber, también en los años veinte
del siglo pasado se puso de moda allí cierta crítica al liberalismo
británico con autores como Hilaire Belloc y G. K. Chesterton.
Ambos eran católicos —Chesterton fue agnóstico, luego anglica-
no, antes de convertirse al catolicismo— y ambos son los padres
del distributismo, una tercera vía un tanto utópica entre el capitalismo y el socialismo inspirada en la encíclica papal *Rerum
Novarum*. Ramiro de Maeztu, que fue liberal en su juventud,
conoció de primera mano esas ideas en sus años londinenses y las
divulgó en España, transformando su pensamiento en la última

---

[30] Feliz expresión muy del gusto de Fernando García de Cortázar. Para
García de Cortázar el patriotismo cultural se dilapidó con la escisión radical entre
españoles y con la Guerra Civil española.

década de su vida en un viraje hacia un nacionalismo español —recordemos que la madre de Maeztu era inglesa—. David Jiménez, quien ha estudiado a fondo su figura, concluye que, al bañarse en las ideas de esos autores ingleses que le daban la vuelta al liberalismo británico, no estaba más que comportándose como el típico intelectual británico de su época: «En cierto modo, Maeztu nunca fue más inglés que cuando rechazó a Reino Unido como modelo para España».[31]

Estados Unidos y España

Los que tratan de buscar complots contra España en la angloesfera persiguen fantasmas. No se puede decir que en el pasado no haya habido toneladas de propaganda vertidas por «los enemigos de nuestra nación», pero eso ya ocurrió y pasado está. España no tiene el mismo peso que tuvo antaño y no existen estrategias sólidas y sistematizadas en el lado anglosajón y protestante que traten de verter mentiras sobre la historia de España con el fin de desestabilizarla. Por poner un ejemplo, el derribo de estatuas de nuestros prohombres hispánicos con el Black Lives Matter no se organizó desde la Casa Blanca, y además castigó severamente a figuras importantes de la historia de Estados Unidos, desde líderes confederados hasta sus propios padres fundadores. Y claro que la Leyenda Negra es un hecho y está muy presente en el extranjero, pero no de forma malintencionada. O no siempre. Las calumnias hacia la historia de España han permeado de manera inconsciente en muchas mentes. Es difícil liberarse de estos pre-

---

[31] D. Jiménez Torres, «Londres, fábrica de antiliberales: el caso de Ramiro de Maeztu», Club Libertad Digital, 4 de mayo de 2017, obtenido de https://www.clublibertaddigital.com/ideas/tribuna/2017-05-04/david-jimenez-torres-londres-fabrica-de-antiliberales-el-caso-de-ramiro-de-maeztu-82094/.

juicios, pero no por ello hay que andar buscando victimarios en el lugar equivocado.

Olvidémonos del Maine y del Desastre del 98. En Estados Unidos no hay políticas de Estado hispanófobas que busquen promover la hispanofobia y la Leyenda Negra con el fin de volar los cimientos culturales de las comunidades hispanas o debilitar a los países de la hispanoesfera. Sugerir tal cosa es una mamarrachada propia de indocumentados y de plañideras. Supongo que esas personas educadas en el antiamericanismo desconocen que el presidente Lyndon B. Johnson (demócrata) proclamó en 1968 la semana de la Herencia Hispánica,[32] reconociendo la importante trascendencia de la cultura hispánica en la configuración de Estados. Unidos. Los siguientes presidentes, al igual que Johnson —Nixon (republicano), Ford (republicano), Carter (demócrata) y Reagan (republicano)— pronunciaron bonitos discursos para celebrar aquello, reivindicando el legado recibido del Imperio español. Al final del segundo mandato de Reagan, la semana se convertía en mes, englobando el Día de la Independencia de algunos países hispanoamericanos y el 12 de octubre, Día del Descubrimiento —*Columbus Day*—. Ocurría en 1988, veinte años después de la proclamación de Johnson. No es para menos. El español es el segundo idioma más hablado en Estados Unidos —unos sesenta millones de hispanohablantes, más que en la misma España—. La Oficina del Censo calcula que para el año 2060 el número de hispanos en el país habrá aumentado hasta los 119 millones, lo que representará casi un tercio de la población.[33] ¿Alguien en su sano juicio piensa que un país con tanta población hispana es el enemigo?

---

[32] También traducido como Herencia Hispana.

[33] The United States Census Bureau, «Facts for Features: Hispanic Heritage Month 2016», 12 de octubre de 2016, https://www.census.gov/newsroom/facts-for-features/2016/cb16-ff16.html.

HJ Res 1299.

14159

Presidential Documents

PL 90-498.

Title 3—THE PRESIDENT

Proclamation 3869

NATIONAL HISPANIC HERITAGE WEEK, 1968

By the President of the United States of America

A Proclamation

It is with special pride that I call the attention of my fellow citizens to the great contribution to our national heritage made by our people of Hispanic descent—not only in the fields of culture, business, and science, but also through their valor in battle.

Several of our States and many of our cities proudly bear Hispanic names and continue Hispanic traditions that enrich our national life. The Commonwealth of Puerto Rico has given an example to the world by lifting the per capita income of its inhabitants through "Operation Bootstrap" from $256 to $1,047 in 10 years.

The people of Hispanic descent are the heirs of missionaries, captains, soldiers, and farmers who were motivated by a young spirit of adventure, and a desire to settle freely in a free land. This heritage is ours.

Wishing to pay special tribute to the Hispanic tradition, and having in mind the fact that our five Central American neighbors celebrate their Independence Day on the fifteenth of September and the Republic of Mexico on the sixteenth, the Congress, by House Joint Resolution 1299, has requested the President to issue annually a proclamation designating the week including September 15 and 16 as National Hispanic Heritage Week.

NOW, THEREFORE, I, LYNDON B. JOHNSON, President of the United States of America, do hereby proclaim the week beginning September 15, 1968, as National Hispanic Heritage Week, and I call upon the people of the United States, especially the educational community, to observe that week with appropriate ceremonies and activities.

IN WITNESS WHEREOF, I have hereunto set my hand this seventeenth day of September, in the year of our Lord nineteen hundred and sixty-eight, and of the Independence of the United States of America the one hundred and ninety-third.

Lyndon B. Johnson

[F.R. Doc. 68–11504; Filed, Sept. 18, 1968; 11:23 a.m.]

Proclamación 3869. Estados Unidos proclama por primera vez la Semana de la Herencia Hispánica (que luego se convertiría en mes) (U.S. National Archives).

A continuación, reproducimos una parte del discurso que Ronald Reagan preparó para la *Hispanic Heritage Week* de 1984:[34]

Nuestro país a menudo ha sido descrito como una nación de inmigrantes. Bueno, hay mucho de verdad en esa descripción. Y, sin embargo, hoy reconocemos que los antepasados de muchos estadounidenses de ascendencia hispana... bueno, ya que fueron los Estados Unidos los que llegaron a ellos, no al revés.

Así fue en Puerto Rico y en todo el suroeste. Nosotros, los californianos, tenemos un gran aprecio por la avanzada cultura hispánica que ya existía en nuestro estado antes de que se convirtiera en parte de los Estados Unidos. Así como que en los otros estados del suroeste, había prósperas ciudades hispánicas, con gobiernos, ranchos y negocios. También hubo un sistema de misiones construido por un notable sacerdote franciscano llamado padre Junípero Serra, quien ahora está bajo consideración para la santidad. Debería añadir que todos los californianos están muy orgullosos de estas misiones.

Allá afuera, cuando comienzas a pensar en el pueblo histórico de Los Ángeles o en las maravillosas misiones restauradas no solo como parte del patrimonio del Estado sino como parte de vuestro patrimonio, entonces sabes que te has convertido en un verdadero californiano. Y la mayoría de nosotros, los californianos, llegamos allí desde otro lugar. [risas]

Hoy, con esta proclamación, les recordamos a nuestros conciudadanos que nuestra herencia hispana es algo de lo que todos los estadounidenses pueden estar orgullosos.

---

[34] R. Reagan, «Remarks on Signing the National Hispanic Heritage Week Proclamation», 10 de septiembre de 1984, obtenido de https://www.reaganlibrary.gov/archives/speech/remarks-signing-national-hispanic-heritage-week-proclamation-1.

Cuatro años más tarde, un 3 de octubre de 1988, Reagan elogiaba la figura de Colón de esta manera durante la proclamación del *Columbus Day*:

Colón, por supuesto, siempre ha ocupado un lugar de orgullo en nuestra historia, no solo por su viaje de exploración, sino también por el espíritu que ejemplificó. Era un soñador, un hombre de visión y coraje, un hombre lleno de esperanza para el futuro y con la determinación de zarpar hacia lo desconocido y navegar en mares desconocidos por el placer de encontrar lo que sea que había allí. Póngalo todo junto y podría decir que Colón fue el inventor del sueño americano.[35]

Los siguientes inquilinos de la Casa Blanca, tanto demócratas como republicanos, se sumaron sin ambages al mes de la herencia hispánica destacando las importantes contribuciones de la cultura hispana —tradiciones, música, comida...— al patrimonio cultural de los Estados Unidos. Yo no niego que exista la Leyenda Negra, pero sí coincido con el historiador Ricardo García Cárcel en que esa crítica negativa no ha sido «sistemática, feroz, unánime e intencionadamente destructiva hacia España o los españoles» y de ninguna manera se presenta como política estatal que quiera socavar el prestigio de España.[36]

---

[35] R. Reagan, «Remarks on Signing the Columbus Day Proclamation», The American Presidency Project, 3 de octubre de 1988, obtenido de https://www.presidency.ucsb.edu/documents/remarks-signing-the-columbus-day-proclamation-0.

[36] «Hace más de 500 años, después de asegurarse el apoyo de la reina Isabel I y el rey Fernando II, Cristóbal Colón botó la Niña, la Pinta y la Santa María desde las costas de España en 1492». Así iniciaba Joe Biden su discurso de proclamación del *Columbus Day* de 2021. Sin embargo, Biden, ese mismo día, además de proclamar el *Columbus Day*, también proclamó por primera vez en la historia el *Indigenous Peoples' Day*. Dos celebraciones que convivirán juntas en Estados Unidos desde ese momento. En realidad, se limitó a ratificar lo que ya era una realidad en muchos Estados. Por ejemplo, en Dakota del Sur desde

Hispanistas estadounidenses

La historia de España ha sido capaz de generar una generosa nómina de hispanistas extranjeros. Entre los estadounidenses caben destacar Charles F. Lummis —cuya vida comentamos al principio de este libro—, Washington Irving, George Ticknor, William H. Prescott, William Thomas Walsh, Edward G. Bourne, Herbert Eugene Bolton, Lewis Hanke, Earl J. Hamilton, Philip W. Powell, Stanley G. Payne o Richard L. Kagan.

Ticknor y Prescott fueron buenos amigos y ambos se interesaron por nuestra historia en la primera mitad del siglo XIX. El primero escribió una historia de la literatura española —fue él quien consagró la expresión Siglo de Oro—. También le debemos una biografía del segundo, el gran William Prescott, quien dio a conocer como nadie la Edad Moderna española y la Conquista de América. Prescott llegó a conocer a Washington Irving en Sunnyside, una acogedora casita a las afueras de Nueva York que el ilustre viajero romántico se había hecho construir. Irving ya era un importante escritor que había publicado *Una historia de la vida y viajes de Cristóbal Colón* (1828) y *Cuentos de la Alhambra* (1832) y podía vivir de su pluma. Puede que el sentimentalismo orientalista de Irving hagan de él un historiador no demasiado fiable, pero de lo que no hay duda es de que muchos de sus lectores se acabaron enamorando de España. Recogiendo el testigo de Irving y Prescott, el poeta William Thomas Walsh nos dejó biografías de Felipe II e Isabel la Católica. Y unos estudios sobre la Inquisición española.

En la primera mitad del siglo XX destaca *España en América* (1904), de Bourne, una historia muy bien documentada. *El tesoro*

1989 se celebra el *Native American Day* en sustitución del *Columbus Day*. Otros Estados celebran el *Indigenous Peoples Day* en lugar o además del *Columbus Day* y seguramente el número de Estados aumente con los años.

americano y la revolución de los precios en España, 1501-1650, de Hamilton, es un titánico trabajo de investigación que todavía sigue siendo citado una y otra vez por los historiadores y economistas del presente. La literatura apologética de Lummis y Bolton, los estudios de Bartolomé de las Casas de Hanke, y ya en la segunda mitad del siglo XX, *El Árbol del Odio* (1971), de Powell, son textos obligatorios para cualquiera que quiera escribir sobre la Leyenda Negra.

España causó en Estados Unidos un «embrujo» en palabras del historiador Richard L. Kagan. Ese embrujo se materializa en una prolongada fascinación de Estados Unidos con la historia de España, con su arte y con su literatura. En *El Embrujo de España. La cultura norteamericana y el mundo hispánico, 1779-1939*, Kagan nos habla de la fiebre española, de cómo el relato negativo de la Leyenda Negra termina por entrar en declive, de Archer Milton Huntington y su *Hispanic Society of America*, de la arquitectura historicista estadounidense de inspiración hispánica, de Ernest Hemingway, de John Dos Passos, de Waldo Frank y muchas otras historias que hablan del idilio español en la América anglosajona —que también es hispana—. Además, menciona en el epílogo la Exposición Universal de Nueva York de 1964 —y añado yo que mi tío abuelo Javier Carvajal proyectó para dicha Expo el pabellón de España, que fue definido por la revista *Life* como «The Jewel of the Fair»[37] (La joya de la feria)— donde se expusieron obras del Museo del Prado, además de vestidos, cerámicas, joyería o juguetes típicamente españoles. También tenía dos restaurantes donde los visitantes disfrutaban de paella, gazpacho, chorizo y sangría. Los críticos hablaron maravillas de la cocina española, que tanto gusta. Nuestra gastronomía está de moda y es considerada una de las mejores del mundo. El chef José Andrés triunfa con su restaurante Jaleo en

---

[37] «Carvajal: The Jewel of the Fair». http://www.blogfundacionloewe.es/2014/10/carvajal-the-jewel-of-the-fair/.

Washington desde 1993, y la revista *Time* incluyó en los años 2012 y 2018 al cocinero en su lista Time 100, en las que figuran las cien personas más influyentes en el mundo. Además, desde el año 2002, los restaurantes españoles copan los primeros puestos de la prestigiosa lista The World's Best 50 Restaurants,[38] sobresaliendo El Bulli —cinco veces ganador— y El Celler de Can Roca —dos veces ganador—. Pero José Andrés no es el único español que ha triunfado y es muy querido en Estados Unidos. La lista es muy larga: Salvador Dalí, José Luis Garci, Antonio Banderas, Pedro Almodóvar, Julio Iglesias, Enrique Iglesias, Penélope Cruz, Javier Bardem, Balenciaga, Alberto Palatchi (Pronovias), Amancio Ortega (Zara), Pau Gasol, Juan Antonio Bayona, Ana de Armas, Jon Rahm, Úrsula Corberó, Rosalía...

Actualmente, la mayoría de universidades estadounidenses cuentan con cátedras o departamentos de hispanismo donde se cursan historia, lengua y literatura hispánicas. El español es la lengua más estudiada en los Estados Unidos, después del inglés.[39] El Instituto Cervantes tiene cuatro sedes en Estados Unidos: la de Nueva York, la de Chicago, la de Albuquerque y la de Los Ángeles desde 2022, así como el Aula Cervantes en la ciudad de Seattle. Miami cuenta con un Centro Cultural Español de Cooperación Iberoamericana y Nueva York con el Queen Sofía Spanish Institute. Muy importante es el trabajo que lleva a cabo *The Hispanic Council*, un *think tank* independiente que se dedica a promover las relaciones entre España y EE.UU. Tiene presencia en Madrid y en Washington D.C., y sus actividades principales son el análisis, la investigación y la divulgación histórica. He tenido la oportunidad

---

[38] La lista la elabora la revista británica *Restaurant*.

[39] G. Piña Rosales, «La universidad norteamericana: departamentos de español, grandes figuras del hispanismo y asociaciones e instituciones culturales», *Enciclopedia del español en los Estados Unidos*, Anuario del Instituto Cervantes, Capítulo VI, 2008, p. 454.

de conocer de primera mano la magnífica labor que hace su presidente, Daniel Ureña, y su equipo, con los que he tenido ocasión de colaborar. Una labor similar hace la Fundación Consejo España-EE.UU. fomentando la colaboración entre ambos países en todos los ámbitos. Conceden unos galardones llamados Bernardo de Gálvez. Entre los premiados está Stanley G. Payne, uno de los últimos grandes hispanistas, querido por muchos, ya que ha tratado de deshacer numerosos mitos de la historia de España. Y siendo mucho más pesimista en sus análisis que su colega Kagan, reconoce que en el siglo XXI la Leyenda Negra de España «se reduce a algunos tópicos que carecen de fuerza e importancia».[40]

Inglaterra y España

Dice Marcelo Gullo que «la leyenda negra española es la primera *fake news* de la historia, la obra más fantástica del marketing político británico». No, la leyenda negra española no es la primera de la historia. No pequemos de adanistas. Las leyendas negras son consustanciales a los imperios y a ciertos personajes. El Imperio persa tuvo su leyenda negra, los griegos, el Imperio romano... De hecho, García Cárcel asegura que Carlos Gilly demostró que el término Leyenda Negra no es de origen español, pues lo usó por primera vez el matemático inglés Isaac Barrow a finales del siglo XVII para referirse a la mala opinión que se tenía sobre ciertos emperadores romanos.[41] Antes que por Pardo Bazán o Juderías, la expresión también es mencionada por el francés Arthur Lévy en

---

[40] S. Payne, *En defensa de España. Desmontando mitos y leyendas negras*, Espasa, Madrid, 2017, p. 34.

[41] R. García Cárcel, «La leyenda negra: punto final», *Crónica global*, 27 de junio de 2017, obtenido de https://cronicaglobal.elespanol.com/letraglobal/letras/ensayo/leyenda-negra-punto-final_75687_102.html.

Napoleon intime, un libro de 1893, para referirse a la leyenda negra que pesaba sobre Napoleón Bonaparte.[42] El *marketing* tiene como objeto la comercialización de un determinado producto —una definición bastante reciente, de finales del xix—. Se deduce, por las palabras de Gullo, que los británicos intentan colocarnos su producto a base de mentiras contra España. Algo que, en mi opinión, no tiene demasiado sentido, ya que hoy los británicos no necesitan estas artimañas para posicionarse por encima de España. No quieren vernos hundidos en la miseria. No lo necesitan y tampoco les conviene. Reino Unido es un país vecino, europeo —aunque se salga de la Unión—, también del Grupo de los Siete y mucho más influyente que España en la esfera internacional. Y más rico. ¿Para qué tendrían que difamar a España de esta manera? Que en Inglaterra se suela estudiar el episodio de la *Spanish Armada* —por cierto, ellos no la llaman «invencible» con espíritu de mofa— de una determinada manera no es una oscura maquinación perpetrada de forma premeditada desde el número 10 de Downing Street. Además, Reino Unido es el país que más turistas manda a España, muy importantes para nuestra economía y para las arcas estatales. En 2019, más de dieciocho millones de británicos visitaron nuestro país.[43] Muy mal se les debe estar dando a los de la pérfida Albión tales difamaciones para enviarnos tantos visitantes, a los que por cierto tachamos con demasiada ligereza —cogiendo injustamente la parte por el todo— de borrachos gritones aficionados al *balconing*. Primeros ministros como John Major, Tony Blair, David Cameron o Boris Johnson han predicado con el ejemplo pasando sus vacaciones en España en numerosas ocasiones.

---

[42] «La verdad sobre la Leyenda Negra», *El Mundo*, 22 de diciembre de 2010, https://www.elmundo.es/elmundo/2010/12/22/cultura/1293008651.html.

[43] https://datosmacro.expansion.com/comercio/turismo-internacional/espana?anio=2019.

Las alianzas entre los reinos peninsulares hispánicos e Inglaterra fueron comunes en la Edad Media. Los sucesivos soberanos de Castilla, León, Aragón y Navarra desarrollaron una política internacional muy activa enfocada en establecer buenos contactos con otros reinos cercanos, y fue especialmente intensa con Inglaterra en los siglos XII y XIII. El reino de Portugal quedaría en estos siglos relegado a un segundo plano. Sin embargo, la alianza anglo–portuguesa de 1373 es la alianza entre dos naciones más antigua del mundo que todavía sigue en vigor. Portugal, al igual que los otros reinos peninsulares, geográficamente era España y políticamente lo fue de 1580 a 1640.

En cuanto a los otros reinos hispánicos, quizá conviene remontarnos a las embajadas de Leonor de Aquitania, casada en segundas nupcias con Enrique II de Inglaterra. El matrimonio se entrevistó varias veces con Ramón Berenguer IV, conde de Barcelona, firmando alianzas en contra de Ramón V de Tolosa. El sucesor de Enrique II fue su hijo Ricardo I —Ricardo Corazón de León—, que se desposó con Berenguela de Navarra. Otro de los vástagos de Enrique II, en este caso una hija, Leonor Plantagenet —concebida con Leonor de Aquitania—, fue casada con el rey castellano Alfonso VIII, el que años más tarde comandaría un imponente ejército cruzado logrando una sonada victoria en la famosa batalla de las Navas de Tolosa de 1212. El matrimonio del rey castellano con la hija del rey inglés llegaba en un tiempo perentorio para la supervivencia del reino de Castilla, ya que la alianza con Inglaterra podría servir para mantener a raya a sus vecinos reinos hispánicos. Y de hecho fue muy útil. En una serie de pleitos territoriales entre los monarcas Alfonso VIII de Castilla y Sancho VI de Navarra se necesitó echar mano del laudo arbitral del rey Enrique II de Inglaterra. En 1207, Juan I —Juan sin Tierra—, proclamado rey de Inglaterra tras la muerte de su hermano Ricardo, y el rey Alfonso IX de León firmaron un acuerdo que hay que entenderlo como una búsqueda de alianzas frente a enemigos comunes: en este caso, a ambos reyes les unía su común enemistad con Alfonso VIII de Castilla.[44] Otro de los grandes reyes españoles de la Edad Media fue Fernando III el Santo, quien unificaría los reinos de León y Castilla, ya que era hijo de Alfonso IX de León y de Berenguela de Castilla —hija de Alfonso VIII y Leonor Plantagenet—. La hija de Fernando III, la infanta castellana Leonor de Castilla, para suavizar las tensiones territoriales por la posesión de Gascuña, se casó en 1254 con otro rey inglés, Eduardo I de Inglaterra, que a su vez era nieto de Juan sin Tierra. Como vemos, todo quedaba en familia. Resulta que aquella Leonor —o *Eleanor*—, medio hermana de Alfonso X el Sabio, es muy querida en Inglaterra, ya que, tras su muerte en 1290, el rey inglés mandó construir una cruz cuya réplica hoy conocemos como Charing Cross, lugar considerado como el centro de Londres que cuenta con una conocida estación de metro —muy cerca de Trafalgar Square—. En el siglo XVI, después de una guerra civil en Castilla y en medio de la guerra de los Cien Años que enfrentó a Francia e Inglaterra, dos hijas de Pedro I de Castilla —que había sido asesinado por su hermano Enrique tras la batalla de Montiel (1369)—, Constanza e Isabel, se casaron con Juan de Gante —I duque de Lancaster— y Edmundo de Langley —I duque de York— respectivamente, ambos hijos de Eduardo III de Inglaterra. De la rivalidad entre los descendientes de estos dos duques se desencadenaría la famosa guerra de las Dos Rosas. A Catalina de Lancaster, hija del primer matrimonio, la casaron con Enrique III de Castilla. Ambos cónyuges eran bisnietos de Alfonso XI de Castilla. Tras la guerra de las Dos Rosas comenzó el reinado de la dinastía Tudor, con Enrique VII. El monarca inglés intentó legitimarse en el trono con una buena política matrimonial para sus herederos. Afianzar las relacio-

---

[44] R. Chao Prieto, «El tratado de alianza entre Alfonso IX de León y Juan Sin Tierra de Inglaterra (1207)», *Revista de la Asociación de Amigos del Patrimonio Cultural de León*, XV, 2018, pp. 60-61.

nes con Castilla parecía una buena decisión, además esta vez un posible casamiento venía acompañado de Aragón como aliado en virtud del matrimonio entre Isabel y Fernando. En 1489 se selló un tratado en Medina del Campo, donde se ajustó la boda entre Arturo Tudor, hijo de Enrique VII, y Catalina, hija de los más tarde bautizados como Reyes Católicos. Catalina descendía de Catalina de Lancaster —abuela de la reina Isabel de Castilla—, y de hecho se llamó así por ella. Desde que se concertó el matrimonio, Catalina comenzó a ser mencionada como Princesa de Gales.[45]

Las guerras importantes contra Inglaterra realmente llegaron en la Edad Moderna, con Isabel I de Inglaterra, por desavenencias comerciales y religiosas principalmente. Aun así, de los cuarenta y cinco años que gobernó la reina virgen, solo sus últimos dieciocho los pasó en guerra abierta con España (1585-1603), finalizando la guerra anglo-española un año después de su deceso, en 1604, con la firma del Tratado de Londres. Hace unas décadas prácticamente ningún británico conocía que las condiciones de paz alcanzadas en aquel tratado fueron favorables a España. Sin embargo, todos habían oído hablar del tropiezo de la *Spanish Armada* de 1588, un acontecimiento bélico magnificado por la propaganda. Afortunadamente ha habido ensayos publicados en Inglaterra que han ayudado a entender mejor aquella guerra. Valga como ejemplo un magnífico documental de la BBC dirigido por la historiadora Lucy Worsley, que desmiente todas las mentiras sobre el desastre de la Armada «invencible».[46] Aquellos embustes han servido para construir el mito fundacional del nacionalismo británico, pero dato mata relato: la gloriosa victoria británica popularizada por cronistas y artistas en realidad está edificada sobre arenas movedi-

---

[45] E. L. Cahill Marrón, *La alianza castellano-inglesa en la Baja Edad Media a través de sus matrimonios regios*, Universidad de Cantabria, 2014, p. 9.

[46] *Lucy Worsley's Royal Myths and Secrets*, Temporada 1, «Isabel, la reina guerrera».

zas. En aquel documental que recomiendo vivamente, interviene mi amigo Luis Gorrochategui, autor de *Contra Armada,*[47] un libro que cuenta cómo un año más tarde, en 1589, Inglaterra lanza contra España una flota mucho más grande que la predecesora. Después de ser repelida en La Coruña fue rematada en Lisboa, permitiendo que España siguiera disfrutando del dominio de los mares.

La guerra anglo-española terminó en 1604, pero llegarían otras. Había comenzado una enemistad que duraría algo más de dos siglos. Entre los episodios bélicos quizá el de más largo alcance por las secuelas producidas, y por tanto uno de los más conocidos, sea la toma de Gibraltar de 1704, un abrevadero continuo de anglofobia en España. Pero que nadie conjeture que todo fueron guerras, hubo también largos periodos de paz intercalados entre aquellos episodios bélicos. Y entendimiento. En los dos lados. La élite inglesa veía a España como el enemigo, la potencia a batir. Sin embargo, no se puede decir que durante los siglos XVI y XVII solo encontremos por parte de ingleses propaganda antiespañola o malas palabras hacia España. Un ejemplo. En 1609, un turista inglés escribía a su amigo Sir Tobie Matthew lo siguiente sobre los españoles:

> Su comportamiento es grave y sobrio, y está tan alejado de toda insolencia que generalmente son muy corteses con los forasteros, cosa que no pueden decir de ellos mismos, ni el pueblo bajo francés, ni el nuestro inglés.[48]

Estas opiniones convivían con las ridiculizaciones que se hacían en obras teatrales de los Diegos, que es como se conocía a los españoles por aquella época, y con las ridiculizaciones que se

---

[47] L. Gorrochategui, *Contra Armada. La mayor victoria de España sobre Inglaterra*, Crítica, Barcelona, 2020.

[48] J. M. López de Abiada, A. López Bernasocchi (ed.), *Imágenes de España en culturas y literatura europeas (siglos XVI-XVII)*, Verbum, Madrid, 2004, p. 127.

hacían de otras naciones, ya que los españoles no eran el blanco de todas las caricaturas que realizaban los ingleses.

Pero, a pesar de todos esos chistes, manipulaciones, estereotipos o libelos injuriosos, ¿se puede decir que España y Reino Unido son países enemigos? Diría que sí lo fueron en el pasado, pero no en el presente. Lo cierto es que el Reino Unido y España no han estado en guerra de manera formal desde 1809, año en el que se firmó la Paz de Apodaca-Canning, que ponía fin a la guerra que se había iniciado con el hundimiento de la fragata *Mercedes* y cuyo gran hito fue la derrota franco-española en la batalla de Trafalgar. Con aquel acuerdo, cesaron las hostilidades abiertas para siempre. El Tratado Apodaca-Canning sirvió también para que Reino Unido apoyara a los españoles en la Guerra de Independencia española —*The Peninsular War*— con la intención de aplastar a Napoleón, conflicto que terminaría en 1814. En la península, España e Inglaterra eran aliados, pero eso no quitaba para que los ingleses destruyeran industrias en nuestro suelo. Tampoco quita para que siguieran codiciando los territorios de la América española, por lo que los acuerdos diplomáticos se tornaron un tanto ambiguos en el momento en el que los ingleses comenzaron a apoyar a los líderes insurgentes de la América española. Aun así, Juan José Ruiz de Apodaca intentó frenar en Londres las aspiraciones de Simón Bolívar y Andrés Bello, mientras desde el periódico *El Español,* el escritor español José María Blanco White, afincado en Londres, era muy activo defendiendo a los rebeldes en Hispanoamérica y sus ideas revolucionarias, irritando con sus artículos a la diplomacia española.[49] Finalizada aquella guerra tan dura que dejó a España hecha un erial, de alguna manera, el gobernador de la Florida Occidental les devolvió en 1814 el favor a los británicos apoyándoles en otra contienda: la guerra angloestadounidense, librándose una pequeña batalla en

---

[49] M.A. Ochoa Brun, *Historia de la diplomacia española,* Volumen undécimo, Ministerio de Asuntos Exteriores y de Cooperación, Madrid, 2017.

Pensacola —no confundir con la de Gálvez—. Sin embargo, a partir del Congreso de Viena de 1815 se hizo patente que España pasaba a ser una potencia de segunda, vista por los viajeros románticos británicos —hispanófilos— como una especie de reliquia exótica del pasado. Por otra parte, el industrializado Imperio colonial británico pasaba a ser el actor hegemónico en la política mundial. A los españoles les convenía estar a buenas con Londres,[50] que, a pesar de su neutralidad, no dejaba de mandar armas y soldados para luchar junto a los rebeldes hispanoamericanos que perseguían su independencia. No es ningún secreto que la injerencia británica —algo magnificada por algunos historiadores— nacía del deseo de impulsar su actividad comercial y, por otra parte, debilitar al Imperio español. De poco sirvieron las quejas de los comisionados españoles, la ayuda siguió llegando y no se pudo evitar que España, por multitud de factores que exceden a esa injerencia, perdiera la mayoría de su imperio en América. Con la muerte de Fernando VII en 1833 y el ascenso de Isabel II —y su madre regente María Cristina— llegan vientos liberales. Por eso, en 1834 se firmó el acuerdo internacional de la cuádruple alianza entre Reino Unido, Francia, España y Portugal para defender el modelo liberal frente al modelo absolutista. Recordemos que España estaba en plena guerra carlista cuando llegó al poder el ministro Álvarez Mendizábal, admirador del sistema político británico y defensor de sus intereses. Hubo

---

[50] La oposición a Fernando VII llevó a algunos liberales al exilio, como Antonio Alcalá-Galiano, que hizo buenos contactos en Londres y llegó a escribir en algunas revistas importantes. Alcalá-Galiano obtuvo en 1828 la cátedra de Lengua y Literatura españolas en la recién fundada University College de Londres. Cuenta Henry Kamen que «dedicó su primera clase a atacar a la Inquisición española, a la que acusó de haber reprimido la libertad de pensamiento y de haber aplastado toda iniciativa intelectual». (H. Kamen, *La Inquisición española. Mito e historia*, *Planeta*, Barcelona, 2013, p. 482). Otro exiliado, Pablo de Mendíbil, ocupó la cátedra en King's College durante un año, concretamente el curso académico 1831-1832, hasta que le sobrevino la muerte. Después, José María Jiménez de Alcalá le sucedió en el puesto desde 1832 hasta 1840.

algunas tiranteces, ya que los ingleses defendían la libre entrada de algodones a España, chocando con los intereses de la burguesía catalana. Aun así, las buenas relaciones hispano-británicas continuaron después de la guerra y durante la regencia de Espartero. La España constitucional, en lucha constante con los carlistas, siempre tuvo un buen aliado en Reino Unido.

En la segunda mitad de siglo, un filósofo como Edmund Burke, considerado como el padre del liberalismo conservador británico, se convirtió en una figura destacada dentro del conservadurismo español del período de la Restauración, elogiado por personas como Cánovas o Menéndez Pelayo.[51] En esta etapa surge la Institución Libre de Enseñanza en torno a la figura de Francisco Giner de los Ríos, que si bien parte de unas coordenadas krausistas, en la práctica la ILE acabó tomando prestado, tras la asistencia al Congreso de Educación de Londres en 1884, el modelo educativo inglés: el de las universidades —Oxford y Cambridge— y el de las escuelas elitistas tipo Eton.

A finales del siglo XIX, con el desastre en Cuba y Filipinas tras la guerra librada contra los Estados Unidos, España mostraba signos propios de una nación agonizante y apesadumbrada. Los británicos exhibieron escasa solidaridad con una moribunda España que había pedido a gritos auxilio internacional. Lo de moribunda lo había acuñado el primer ministro del Reino Unido lord Salisbury, quien dio a los quejumbrosos españoles una estocada final en clave dialéctica.[52] Salisbury dividió al mundo en dos grupos: por un lado, las

---

[51] D. Jiménez Torres, *Nuestro hombre en Londres. Ramiro de Maeztu y las relaciones angloespañolas (1898-1936)*, Marcial Pons Historia, Madrid, 2020, p. 38.

[52] Discurso de Lord Salisbury en una cena anual de la Primrose League, Londres, Royal Albert Hall, 4 mayo 1898. Enrique Rosas Ledezma dice al respecto: «No mencionó por sus nombres los Estados que estaban *in articulo mortis*; pero la prensa londinense se atrevió a señalar en esta categoría a China, Turquía, Marruecos, Persia, España, Portugal, el Estado libre del Congo y algunos países iberoamericanos».

living nations, pueblos pujantes y mejor organizados, cuyo poder y capacidad de influencia no dejaba de crecer; y por otro, las naciones moribundas o *dying nations*, cuyo esplendor era cosa del pasado, mostrando señales de debilidad y de corrupción que las hacían precipitarse hacia la decadencia. A pesar de su impostada neutralidad ante el conflicto, Inglaterra no escondió sus simpatías hacia su hermano anglosajón, mientras los periódicos españoles no hacían otra cosa que quejarse amargamente, incapaces de revertir la situación. El final es conocido por todos: España perdió Cuba, Puerto Rico, Filipinas y la isla de Guam. También acabó vendiendo sus últimas posesiones en Oceanía al Imperio alemán. Por si fuera poco, nuestra clase intelectual levantó acta de tragedia nacional con continuados llantos lastimeros que se depositarían en la caja de los vientos de la fracasomanía española. Pareciera como si el país quisiera darle la razón a Salisbury. El poeta Joan Maragall no dudaba de que España estaba enferma. Si la tragedia iba a acabar en muerte, según sus propias palabras, era algo que «solo Dios lo sabe».[53] La comunidad internacional pronto dejó de lado lo acaecido y se centró en el conflicto sudafricano de los bóeres. Sin embargo, la prensa madrileña, que no olvidaba, aprovechó la ocasión para volcar su rencor señalando las crueldades del ejército inglés.[54] Un toma y daca de ida y vuelta. Aunque las críticas al colonialismo británico también venían de dentro. Un ejemplo lo tenemos en la figura de Chesterton. Era evidente que las relaciones entre España y Gran Bretaña se habían dañado a raíz de la guerra hispano-estadounidense, por lo que aumentaron las suspicacias acerca de la cuestión de Gibraltar. Las rotativas de la prensa —tanto las inglesas como las españolas— echaban humo. Sin embargo, el buen hacer de la diplomacia ingle-

---

[53] R. Núñez Florencio, *El peso del pesimismo. Del 98 al desencanto*, Marcial Pons, Madrid, 2010.

[54] Ramiro de Maeztu respondió firmando dos artículos encabezados con el título: «Contra nuestra anglofobia».

sa consiguió serenar los ánimos de los españoles invocando el recuerdo de la Guerra de Independencia española y el apoyo brindado para expulsar a los franceses. Por encima de las pasiones, algunas voces templadas se alzaron en pos de la conveniencia de una alianza con el Reino Unido, ya que las razones geoestratégicas exigían un contrapeso a las aspiraciones francesas en el Mediterráneo, pues chocaban con las españolas. Francia avanzaba sigilosamente en Marruecos. El periodista y escritor Salvador Canals así lo expresaba:

Para España la política exterior se ha reducido siempre a dos términos: Francia e Inglaterra [...] No somos ya rivales de ninguna de las dos [...] En cuanto a intereses, nuestro comercio con Francia disminuye, al paso que aumenta el que hacemos con Inglaterra. De 1890 a 1900, las importaciones de España en Francia han bajado de 425 millones a 217; las de España en Inglaterra han subido de 218 millones a 276. Nada debemos esperar ya de Francia: de Inglaterra y sus colonias podemos prometernos mucho. La Triple Alianza [Alemania, Austria–Hungría e Italia] se ha renovado, pero no es más que una expresión diplomática. Inglaterra tiene una paz interior superior a la de sus rivales, como también es superior su situación política, naval y económica sobre Francia y Rusia. Además, la frontera de Portugal sería para España una frontera inglesa. En cuanto a las aspiraciones hispánicas en el norte de África, allí son más compatibles con las de Inglaterra que con las de Francia.[55]

Y añade:

Mirando lejos, acaso esa alianza de España con Inglaterra fuese la base de otra más amplia de soberana grandeza ideal, de una alianza con los Estados Unidos.

---

[55] Citado en E. Rosas Ledezma, «Las relaciones hispano-británicas a comienzos del siglo xx: los caminos del entendimiento», *Revista de Estudios Internacionales*, 1, 1980, p. 711.

Otros personajes influyentes como el escritor Benito Pérez Galdós, de tendencia anglófila, iniciaron una campaña en pro de una alianza con Gran Bretaña. En menos de un lustro, el resentimiento español hacia los británicos causado por el desastre del 98 parecía haberse enfriado. Así lo creía el diario londinense *The Times* en 1903. Además, el Foreign Office británico defendió los intereses territoriales de España en Marruecos contra el continuo regateo de los franceses. Por otro lado, Francia y Reino Unido terminan aparcando sus diferencias con la firma de la Entente Cordiale en 1904, como tratado de no agresión y método eficaz para avanzar hacia un entendimiento en cuestiones de expansión colonial. De esta manera, también frenaban las ambiciones expansionistas del cada vez más poderoso Imperio alemán, expresadas en su *Weltpolitik*. En este convenio franco-británico, los ingleses obtuvieron libertad de acción en Egipto mientras brindaban apoyo diplomático a Francia en el norte de África. Ese mismo año, el Gobierno de París negoció con el de Madrid la delimitación de la zona de influencia española en Marruecos. Se desencadenó una crisis internacional en la que España se colocaba del lado de Francia y Reino Unido. En la Conferencia de Algeciras de 1906, el embajador británico defendió que Marruecos se repartiese en dos protectorados —uno francés y otro español— para disgusto de los alemanes, que también ambicionaban un protectorado marroquí propio. Las relaciones anglo-españolas pasaban por un buen momento. En 1905, Alfonso XIII había conocido en una fiesta en Biarritz a Victoria Eugenia de Battenberg —Ena—, sobrina del rey de Eduardo VII del Reino Unido y nieta de la reina Victoria, y se acabarían casando al año siguiente. El matrimonio contó con la aprobación de Londres otorgando a Ena el tratamiento de alteza real antes de la boda —«*The king has been graciously pleased to declare and ordain that His Majesty's niece, Her Highness Victoria Eugenie Julia Ena, daughter of Her Royal Highness the Princess Beatrice Mary Victoria Feodore (Princess Henry of Battenberg), shall henceforth be styled and called* «*Her Royal Highness*»—[56] y el tratado matrimonial fue ratificado por España y Reino Unido. Las casas reales española y británica volvían a emparentar. Las relaciones entre la realeza española y la realeza británica siempre han sido de cariño y respeto mutuo, y ni siquiera la cuestión de Gibraltar ha impedido que ambas casas reales enfriaran sus relaciones hasta la Segunda República, que fue prontamente aceptada por Reino Unido en 1931, al igual que Neville Chamberlain reconoció el gobierno de Franco en 1939. Pese a la política de no intervención británica durante la Guerra civil española, Robert Vansittart, primer consejero diplomático del Foreign Office, reconoció que Inglaterra había favorecido la victoria de Franco. Una España exhausta no se unió al Eje en la Segunda Guerra Mundial, pero el talante germanófilo mostrado por Franco y el hecho de que España fuera una dictadura hicieron que la España franquista entrara en una etapa de ostracismo diplomático después de la guerra. Todo eso cambiaría lentamente con el aperturismo del dictador y el llamado milagro económico. Un momento clave fue la visita del presidente Eisenhower a España en 1959.

La muerte de Franco y el regreso de la democracia a España propiciaron nuevas vías de cooperación internacional. En 1982, el país ingresó en la OTAN. La entrada de España en la Unión Europea —antes llamada Comunidad Económica Europea— se hizo efectiva el 1 de enero de 1986 tras haber firmado Felipe González el Acta de Adhesión. Ese mismo año se celebró un referéndum para ver si España permanecía en la OTAN en el que el PSOE hizo campaña por el sí, contrariamente a lo que habían defendido con anterioridad. Felipe González creyó que podía recuperar Gibraltar, pues la colonia británica, según sus palabras, atentaba contra la «integridad del territorio nacional». Gibraltar estuvo cerca de volver a ser español con José María Aznar, que tanteó una

---

[56] Publicado en *The London Gazette* el 3 de abril de 1906.

imaginativa fórmula de cosoberanía con Tony Blair. Nunca prosperó, ya que la idea fue abortada desde Gibraltar, donde se organizó un referéndum preventivo en 2002 en el que un 98,48% de gibraltareños rechazaron la solución. Hay que aceptar que a día de hoy los gibraltareños —o llanitos— no quieren ser españoles, de la misma manera que los malvinenses no quieren ser argentinos. Esto no quiere decir que en un futuro se puedan ensayar otras fórmulas. A pesar de la polémica Cumbre de las Azores, las buenas relaciones establecidas entre Aznar y Blair fueron mantenidas con un perfil más bajo por Rodríguez Zapatero y Brown. Durante el mandato de Zapatero se organizó en Londres la exposición Anglo-Hispana, dando a conocer cinco siglos de relaciones literarias entre el Reino Unido y España.

Las grandes empresas españolas —Santander, Ferrovial, Telefónica, Acciona, FCC, Abengoa...— se han hecho muy fuertes en el mercado británico. El Santander se convirtió en 2008 en el tercer banco de Reino Unido. O2 —Telefónica— es el segundo mayor operador de redes móviles en Reino Unido, de hecho, Reino Unido ha igualado a España como la mayor fuente de ingresos de Telefónica. El Instituto Cervantes tiene sedes en Londres, Leeds y Manchester, y según algunas estadísticas de 2020, el idioma español ya es el más estudiado y el más popular en Reino Unido.[57] Muchos españoles se quejan de que la penetración del idioma y la cultura anglosajona en España es insufrible, sin pararse a ponderar lo que ha penetrado la cultura hispana en los países anglosajones. Ignacio Molina, profesor en el Departamento de Ciencia Política

---

[57] C. Watkins, «2020 Duolingo Language Report: United Kingdom», *Duolingo blog*, 15 de diciembre de 2020, https://blog.duolingo.com/uk-language-report-2020/ y *«Spanish is the most popular language at A-levels for the first time, according to British Council Language Trends annual report»*, Blog del Instituto Cervantes de Londres, 29 de junio de 2020, https://blogs.cervantes.es/londres/2020/06/29/spanish-the-most-popular-language-at-a-levels-for-the-first-time-according-to-british-council-language-trends-annual-report/.

y Relaciones Internacionales de la Universidad Autónoma de Madrid, no es uno de esos españoles, y defiende que «con casi total seguridad, no existe ningún otro caso en el mundo de dos Estados que, sin ser vecinos ni compartir idioma, tengan lazos tan densos como los que unen a España y al Reino Unido».[58] E incluso la incertidumbre ante el Brexit, que es una mala noticia para España, puede abrir un prometedor horizonte de oportunidades.

Los hispanistas británicos

Muchos hispanistas británicos han hecho una labor encomiable abordando con cariño y ponderada justicia —no siempre libre de tópicos— algunos de los temas recurrentes de la historia de España. Ahí tenemos los casos de Gerald Brenan, padre intelectual de todos los que vendrían después; Raymond Carr ,con el redescubrimiento que hace de España por los viajeros; Melveena McKendrick, que ayudó a que en la cultura anglosajona se entendiese el teatro del Siglo de Oro; Hugh Thomas, con la Conquista de América; John Lynch, con los Austrias, y Henry Kamen, con la Inquisición española; o el gran John Elliott, al que, por cierto, tuve la oportunidad de conocer, ya que mi señor padre mantuvo con él trato profesional a raíz de la ampliación del Museo del Prado con el Salón de Reinos. Algunos de ellos incluso han hecho apología de España en cuanto a su papel en la historia. Valga como ejemplo el del historiador londinense Robert Goodwin, que dijo en una entrevista: «En el siglo XVI, en el inicio de la época moderna, cuando aún no había llegado la Ilustración, cuando Europa no tenía

---

[58] I. Molina Álvarez de Cienfuegos, «Todo lo que sigue siendo sólido entre España y Reino Unido», Real Instituto el Cano, 19 de agosto de 2013, obtenido de https://www.realinstitutoelcano.org/analisis/todo-lo-que-sigue-siendo-solido-entre-espana-y-reino-unido.

todavía dos o tres siglos de desarrollo intelectual a sus espaldas, españoles importantes y con influencia, como Francisco de Vitoria, Bartolomé de las Casas, toda la Escuela de Salamanca, preguntaban cuáles serían las cuestiones morales y legales que deberían reglar todo el proceso del imperialismo, del colonialismo. Eso es impresionante».[59] Y añade en otra entrevista: «Con una historia así de impresionante, hay muchísimos motivos para estar orgulloso de ser español. Vamos, hay muchos más motivos para estar orgulloso de ser español que de ser británico, o incluso francés».[60]

Anglofobia hispana

El encono sectario hacia los ingleses es algo que nuestros hermanos argentinos llevan muy dentro. Es casi una religión que les introducen desde la cuna. Por eso se entiende muy bien que muchos sectores hispanistas argentinos —a la cabeza, junto a los españoles, en la desactivación de la Leyenda Negra española— prediquen apoyándose en una dialéctica nacionalista y anglófoba. La argentina Ema Cibotti ha estudiado bien el fenómeno:

> El sentimiento antibritánico es quizá uno de los más difundidos y enraizados en nuestra idiosincrasia, al punto que se ha hecho carne en el fútbol, nuestro deporte más popular. «Contra los ingleses es mejor», «El que no salta es un inglés», son consignas voceadas por millones. Cada éxito de la Selección blanquiceleste suele ser motivo

[59] R. Goodwin, «El imperio español se preocupó por su nivel moral, eso es impresionante», *Religión en Libertad*, 8 de junio de 2015, https://www.religionenlibertad.com/cultura/42935/el-imperio-espanol-se-preocupo-por-su-nivel-moral-eso-es.html.

[60] R. Goodwin, «Cabe estar más orgulloso de ser español que británico», *El Español*, 11 de diciembre de 2016, obtenido de https://www.elespanol.com/espana/20161208/176732893_0.html.

de alegría colectiva, pero un triunfo contra los ingleses es mucho más; hace vibrar el espíritu nacional, por más abatido que se halle en ese momento. El campo de juego se vuelve la arena donde la sociedad reivindica los casi doscientos años de usurpación de las Islas Malvinas. [...] Existe una arraigada tradición histórica argentina que sostiene que el desarrollo desigual del país —la concentración de la riqueza en la provincia y el puerto de Buenos Aires— y la desmembración de su originaria unidad colonial respondieron a la omnipresente voluntad británica, que impuso esos designios elaborados en Londres. [...] Solo después del Pacto Roca-Runciman se elevaron las voces que impugnaron la estrecha y centenaria alianza económica con Gran Bretaña. Hemos señalado también que estos primeros revisionistas, devenidos en políticos-historiadores, experimentaron dicha recusación como la consecuencia de una revelación sorpresiva, un amargo despertar en el seno de la elite a la que también pertenecían. [...] Esa versión del antiimperialismo de base territorial que adquirió después un carácter anglófobo ha logrado enorme adhesión en vastos sectores de la población. En parte, se apoya sobre la creencia que reitera, como una letanía, la inmutable continuidad en el reclamo de Malvinas desde 1833, una leyenda forjada en la década de 1960. Esta leyenda, ingenua pero letal, se transformó en la base de la convocatoria militar de 1982 que escondió los estragos de la guerra y buscó convertir sus propias ambiciones en una gesta popular.[61]

Para entender el antiliberalismo argentino hay que remontarse por lo menos a los hermanos Rodolfo y Julio Irazusta, que empezaron a divulgar teorías revisionistas que acabarían sumando por goteo acólitos del desencanto. Una de sus ideas más rompedoras consideraba que la oligarquía argentina era el mejor agente del imperialismo británico y el origen de una creciente decadencia

---

[61] E. Cibotti, *Queridos enemigos. De Beresford a Maradona, la verdadera historia de las relaciones entre ingleses y argentinos*, Aguilar, Buenos Aires, 2012.

que solo el nacionalismo argentino era capaz de revertir. El pensamiento de los dos hermanos había quedado plasmado en su obra de 1934, *La Argentina y el imperialismo británico, los eslabones de una cadena, 1806-1933*. Con motivo del Pacto Roca-Runciman, el vicepresidente argentino Julio Argentino Roca realizó una declaración que molestó a los nacionalistas anglófobos: «Argentina, por su interpendencia recíproca es, desde el punto de vista económico, una parte integrante del Imperio Británico». Aquel exceso obsequioso no se podía tolerar. La subordinación de la Argentina a Inglaterra era un pecado que había que remediar. Y así se hizo. Argentina pasó de ser una de las economías más ricas del planeta —en el primer tercio del siglo xx— a ser una de las economías más desastrosas de la actualidad, peronismo mediante.

La anglofobia también es muy común en Francia, y en menor medida en España. La «raza anglosajona», creen algunos, ha heredado el mundo mientras otras naciones languidecen, dando pábulo a que el sentimiento anglófobo arraigue. Y con ello el pesimismo. Mala estrategia. En vez de mirar a los países anglosajones, deberíamos mirar a nuestras élites y a nuestros políticos, tanto en España como en Hispanoamérica. Son ellos los que, en ocasiones, dependiendo siempre del color político, han tratado de instrumentalizar nuestra historia. Los «hunos» —los menos— propagando Leyenda Rosa, disparatada, pero por lo general, inofensiva, y los «hotros» — los más— bombardeándonos con Leyenda Negra, mucho más perniciosa. En España, la *fracasomanía* ha sido una constante en su historia, donde somos muy dados a regodearnos en lo negativo. Nuestros intelectuales no han ayudado y nos han bombardeado siempre con mitos derrotistas que hablan de nuestra decadencia e ineptitud. Así lo expresa Henry Kamen:

El argumento de que durante siglos los extranjeros han estado en contra de España y de los españoles ha sido una de las leyendas básicas del nacionalismo xenófobo, pero, como ya hemos visto, carece de todo fundamento. De hecho, en todas las etapas de su historia, España ha disfrutado, junto con las críticas inevitables, de la colaboración y el aprecio de quienes han participado con ella en una aventura mundial. Sin embargo, este panorama tiene aspectos insólitos. Uno de los mitos más duraderos que los españoles han cultivado acerca de sí mismos a lo largo de los siglos es el de su propio fracaso, una situación que se produjo —así lo sostienen algunos de ellos— debido a las fuerzas hostiles que se alinearon contra ellos. Así lo planteó con firmeza Ortega y Gasset en el siglo xx, pero, ya cuando él escribía, el sentimiento no tenía nada de original. Los españoles venían repitiendo las mismas palabras desde el siglo xvi y fueron los primeros en exagerar sus propios desastres. Si existía una leyenda desfavorable acerca de su país, la crearon ellos. Desde mediados del siglo xvii, era un dogma entre muchos españoles que España estaba en ruinas.[62]

En 1996, el estadounidense David Ringrose defendía que España no era la crónica de un fracaso, sino más bien la crónica de un éxito continuado. El autor expresaba con cierta perplejidad que era difícil parir «una historiografía nacional más pesimista».[63] Dos años más tarde, coincidiendo con el centenario de la guerra hispano-estadounidense, el *New York Times* publicaba un artículo elogiando a España: «Olviden el Maine. España está de vuelta». Ya hemos comentado que para el historiador Richard L. Kagan, en Estados Unidos, la gran superpotencia de nuestro tiempo, ha habido épocas de gran admiración y respeto hacia España. Sin embargo, en el ámbito popular y en algunas columnas periodísticas se suele repetir la idea de que no somos más que peones de la

---

[62] H. Kamen, *Defendiendo España. Verdades y leyendas de nuestra historia*, Espasa, Madrid, 2022.

[63] R. Núñez Florencio, *El peso del pesimismo. Del 98 al desencanto*, Marcial Pons, Madrid, 2010.

angloesfera, de una angloesfera que solo busca minar nuestro prestigio, el de la hispanoesfera. De nuevo, ahí anda gravitando el complejo de subordinación que solo se arregla con más nacionalismo y la herramienta del «no nos quieren», una soflama que también se lanza una y otra vez desde el ámbito político. ¿Pero acaso los países hispanos se han mirado al espejo? No parece demasiado prudente descargar las culpas en los demás teniendo los hispanos, a tenor de las encuestas, una autoestima nacional tan baja.

Indigenismo e Hispanofobia en Hispanoamérica

Ya hemos hablado lo suficiente en este libro sobre la hispanofobia de Hugo Chávez. Todos los líderes de izquierda de hispanoamérica del Foro de São Paulo han asumido de alguna manera la Leyenda Negra como forma de hacer política de Estado. De manera calcada a Chávez, Evo Morales, histórico presidente de la República de Bolivia, se quejaba de que existieran lugares que lleven el nombre de Cristóbal Colón, ya que, según él, era un «invasor» y un «saqueador» y el Descubrimiento de América un «genocidio». Según un tuit del 12 de octubre de 2018, tras la llegada de Cristóbal Colón los invasores españoles comenzaron a saquear los recursos naturales y a explotar a los indígenas, iniciándose quinientos años de resistencia y defensa de su territorio. La corrupta peronista Cristina Fernández de Kirchner creó para la televisión pública una serie de dibujos animados para los más pequeños: *La asombrosa excursión de Zamba*. Zamba era un simpático muñequito que hizo las delicias de muchos niños argentinos. La serie se hizo enormemente popular. Les animo a que vean el episodio emitido en 2015 sobre la Conquista de América. Se puede encontrar en su canal oficial de Youtube.[64] Pero no vayan a dejar un comentario indignado después de verlo, pues los comenta-

---

[64] «Zamba en el Monumento a la Bandera», https://youtu.be/69mjOCvlmXA.

rios están desactivados. Se pueden hacer una idea de lo que se muestra en ese episodio en apariencia inofensivo. Toda la serie emitida durante el mandato de la presidenta de la Nación Argentina no era más que una manera de adoctrinar a los más pequeños reescribiendo una historia nacionalista de manera maniquea. Como dijo George Orwell: «Quien controla el pasado controla el presente. Quien controla el presente controlará el futuro».

En marzo de 2019, poco después de tomar las riendas de la presidencia de México, Andrés Manuel López Obrador escribió una misiva al rey de España Felipe VI que supuso todo un desafío diplomático. En la carta le instaba a hacer un relato de agravios y reconocer los atropellos que se cometieron durante la Conquista. También le conminaba a pedir perdón a los pueblos originarios por las violaciones de lo que ahora se conoce como derechos humanos:

> Tanto en la conquista como en el proceso de colonización que siguió se cometieron incuantificables violaciones a las leyes entonces vigentes; entre las más públicas y notorias, se vulneró el principio del quinto real; se impuso la fe y se construyeron templos católicos sobre las antiguas pirámides y con los materiales de éstas; se instauraron la esclavitud y las encomiendas; las tierras propiedad de los naturales fueron usurpadas y repartidas a colonizadores y a órdenes religiosas; se realizó un sostenido saqueo de las riquezas naturales, particularmente por medio de la minería; se implantó un ordenamiento social basado en la segregación de castas y razas; se impuso la lengua castellana y se emprendió la destrucción sistemática de las culturas mesoamericanas.

El rey Felipe VI no contestó la carta y el Gobierno español respondió de esta manera:

> La llegada, hace 500 años, de los españoles a las actuales tierras mexicanas no puede juzgarse a la luz de consideraciones contem-

poráneas. Nuestros pueblos hermanos han sabido siempre leer nuestro pasado compartido sin ira y con una perspectiva constructiva, como pueblos libres con una herencia común y una proyección extraordinaria.

Muchos mexicanos entraron en cólera sin advertir lo tramposo del mensaje.[65] En febrero de 2022 pidió pausar las relaciones entre España y México y en diciembre de 2022 continuaba, erre que erre, con su infantil victimismo: «Le envié una carta respetuosa al jefe del Estado, al Rey de España, y ni siquiera tuvo pues la atención de contestarme».

El malogrado golpista Pedro Castillo, en su febril discurso de asunción de la Presidencia de la República del Perú del 28 de julio de 2021, con el rey Felipe VI de España presente, leyó un alegato indigenista en el que prometía romper con el pasado «colonial» español:

> Comienzo saludando a mis hermanos descendientes de los pueblos originarios del Perú prehispánico, a mis hermanos quechuas, aimaras y amazónicos, a los afroperuanos y a las distintas comunidades descendientes de migrantes, así como a todas las minorías desposeídas del campo y la ciudad. Juntos, decimos hoy, ¡Kachkaniraqmi! ¡Seguimos existiendo!
>
> Me dirijo a ustedes este simbólico día en el que se cumplen 200 años de la declaratoria de la independencia del Perú, dos siglos de vida republicana. Es un inmenso orgullo para mí estar aquí hoy. Pero a pesar de que conmemoramos una fecha tan simbólica,

---

[65] El sábado 30 de marzo de 2019 moderé una mesa redonda sobre conquistadores en la Casa de Cultura de San Lorenzo de El Escorial. A mitad del evento un energúmeno mexicano partidario de AMLO entró en la sala y quiso concluirlo a gritos e insultos. Cuando por fin pudimos proseguir con el acto, no pude evitar leer un fragmento de Lummis en voz alta. Lástima que ya habían echado al *escracheador* y no pudo escucharme.

nuestra historia en este territorio viene de mucho más atrás. Somos cuna desde hace cinco mil años de civilizaciones y culturas trascendentales. En nuestras tierras florecieron importantes y extensos estados como el Wari y, luego, el Tawantinsuyo. Durante cuatro milenios y medio nuestros antepasados encontraron maneras de resolver los problemas y de convivir en armonía con la rica naturaleza que la providencia los ofrecía.

Fue así hasta que llegaron los hombres de Castilla, que con la ayuda de múltiples *felipillos* [esto lo dice estando Felipe VI en el acto] y aprovechando un momento de caos y desunión lograron conquistar al Estado que hasta ese momento dominaba gran parte de los Andes centrales. La derrota del incanato dio inicio a la era colonial. Fue entonces, y con la fundación del virreinato, que se establecieron las castas y diferencias que hasta hoy persisten. Los tres siglos en los que este territorio perteneció a la Corona española le permitieron explotar los minerales que sostuvieron el desarrollo de Europa. En gran parte con la mano de obra de los abuelos de muchos de nosotros. La represión a la justa revuelta de Túpac Amaru y Micaela Bastidas terminó de consolidar el régimen racial impuesto por el virreinato, acabó con las élites andinas y subordinó aún más a la mayoría de los habitantes indígenas en este rico país.

[...]

Queridos compatriotas, debo decirles que yo no gobernaré desde la Casa de Pizarro, porque creo que tenemos que romper con los símbolos coloniales para acabar con las ataduras de dominación que se han mantenido vigentes por tantos años. Cederemos este palacio al nuevo Ministerio de las Culturas para que sea usado como un museo que muestre nuestra historia, desde sus orígenes hasta la actualidad.[66]

---

[66] Se puede leer aquí el discurso completo: https://cdn.www.gob.pe/uploads/document/file/2049663/Mensaje_a_la_nacion_presidente_Pedro_Castillo.pdf.pdf.

El 12 de octubre de 2021, Gustavo Petro, que acabaría siendo presidente de la República de Colombia al año siguiente, llamó «fascista» a Alejandro Ordóñez, embajador colombiano ante la Organización de Estados Americanos (OEA) tras hablar de la Leyenda Negra española. Y se sumó a la manida tesis del genocidio: «Me toca afirmar ante el mundo que el 12 de octubre de 1492 comenzó un genocidio en América». El 7 de agosto de 2022, durante la toma de posesión de Gustavo Petro, se paseó ante el rey de España la espada de Simón Bolívar, símbolo de la lucha contra España. Era algo que no formaba parte del protocolo. Muchas autoridades se pusieron de pie, pero Felipe VI permaneció sentado, originándose una gran polémica.

25

CARLOS V Y FELIPE II, ESOS INEPTOS FANÁTICOS ABANDERADOS DEL LIBRE COMERCIO

He leído con atención las sugerentes teorías del escritor argentino Marcelo Gullo —autor del estimable éxito editorial *Madre Patria*— expuestas en la *Insubordinación fundante. Breve historia de la construcción del poder de las naciones*, un libro de teoría geopolítica de 2008 editado de nuevo en 2015 por la República Bolivariana de Venezuela. En el prólogo afirma que «todos los procesos emancipatorios exitosos fueron el resultado de una adecuada conjugación de una actitud de insubordinación ideológica para con el pensamiento hegemónico, y de un eficaz impulso estatal». Sin embargo, a la vista está, poniendo el caso de Venezuela, que la suma de insubordinación e impulso estatal no es suficiente para alcanzar el éxito. Aunque, claro, no sabemos el grado de aplicación de las ideas de Marcelo Gullo, pero en su web —también dentro del libro— sí encontramos que Venezuela puso en marcha la Teoría de la Insubordinación fundante. Otros autores también lo confirman.[1] En la edición venezolana hay una frase de Hugo Chávez que encabeza la obra: «Al imperialismo hay que señalarlo y argumentar sobre él».

---

[1] R. Bernal-Meza, «Las ideas en el pensamiento de política exterior de Venezuela bajo la revolución bolivariana», *Revista Izquierdas*, 32, marzo de 2017, p. 252-253.

El presidente Chávez recibiendo el libro *La insubordinación fundante*,
de Marcelo Gullo[2] (Marcelogullo.com).

Sin embargo, hay algunas cosas que no me acaban de cuadrar
en algunos de sus supuestos. Sobre todo, al analizar la historia de
España y la historia de Inglaterra. En su teoría fundante, apoyándose
en unas reflexiones de Vivian Trías, viene a decir que la legislación
isabelina dio forma a la política de Inglaterra con un estricto proteccionismo e iniciando el proceso de industrialización, en el que pri-
maban «los intereses de la industria sobre los del mero comercio». Y
que eso le daría una ventaja al sentar las bases de la Revolución

---

[2] «En el mes de diciembre de 2013, el Ministerio de Relaciones Exteriores de la República Bolivariana de Venezuela tomó oficialmente la teoría de la
"insubordinación fundante", elaborada por un académico argentino, el profesor
Marcelo Gullo, como eje central de su política exterior. A partir de entonces, sus
libros están circulando como un secreto a voces entre diplomáticos, legisladores
y militares de toda América latina. La Comisión de Relaciones Exteriores de la
Cámara de Diputados lo tiene hoy a Marcelo Gullo como uno de sus principales
referentes». Texto extraído de la web de Marcelo Gullo.

Industrial que le permitiría al país elevar su umbral de poder por encima del resto de naciones. Cierto, Inglaterra protegió la industria en el XVI, pero era una dinámica que ya venía de antes, y no alcanzo a vislumbrar ahí el desencadenante definitivo de la Revolución Industrial de finales del XVIII, pues industria antes de la Revolución Industrial hubo en muchos lugares: Italia, Francia, España, Holanda...

Siguiendo la teoría de Gullo, podemos aceptar que Inglaterra en la época isabelina alcanza cierto desarrollo «protoindustrial» —aunque hay que tener cuidado con este término que explica el *Putting-out system,* fenómeno asociado al aumento demográfico que observamos en otras partes de Europa—. El éxito de la reina Isabel I de Inglaterra —según el autor— está en sus buenas decisiones «a partir del más gigantesco proteccionismo económico que conoció la historia de la humanidad y a partir de un estupendo impulso estatal».[3] Un éxito, apoyándose el autor en el historiador marxista Eric Hobsbawm, que no se debe a la magia del mercado, sino a políticas planificadas diestramente ejecutadas. Aquí se percibe la fobia antiliberal del politólogo argentino. Cierto es que Inglaterra y España practicaron políticas, en ocasiones contrarias, pero ambas basadas en un impulso estatal: una protegiendo la industria manufacturera y otra apostando por la exportación de lana de oveja merina. Y así fue hasta el siglo XVIII. Gullo sobredimensiona la importancia de Isabel I, cuando no todo fueron buenas decisiones en la reina virgen, que dejó escapar el talento de tipos como William Lee, un inglés que inventó una máquina revolucionaria de coser medias. La reina rechazó varias veces su patente. Apunta la Enciclopedia Británica: «Cuando la reina Isabel I rechazó una patente, construyó una máquina mejorada que producía una seda de textura más fina, pero la reina volvió a negarle una patente debido a su preocupación por la seguridad de los muchos tejedores

---

[3] M. Gullo Omodeo, «Entrevista a Marcelo Gullo Omodeo», *La Razón Comunista,* 7 de diciembre de 2020, obtenido de https://www.larazoncomunista.com/post/6-2-entrevista-a-marcelo-gullo-omodeo.

manuales del reino». ¿Y qué hizo William Lee? Irse con su invento a Francia, donde fue mejor acogido por el rey Enrique IV. Una simpática historia que no pasa de la mera anécdota. Sin embargo, en el reinado de la monarca inglesa podemos encontrar otro tipo de decisiones comerciales que no siempre favorecieron a Inglaterra.

Leyendo a Gullo, uno no deja de albergar ciertas dudas según va pasando las páginas; su retórica es siempre desmedida, pareciera como si el «gigantesco proteccionismo económico que conoció la historia de la humanidad», el isabelino —dejándonos llevar por las teorías de la Insubordinación fundante— acabó creando, *deus ex machina,* una especie de líneas maestras en la industria y el comercio que llegan hasta el siglo XVIII y que permitieron su industrialización. Y eso, a poco que uno trate de documentarse, no es del todo cierto. Surgen más interrogantes: ¿Explicaría esa «temprana industrialización» que Inglaterra fuera dos siglos más tarde la protagonista de la Revolución Industrial antes que el Imperio español?

Puede que sea uno de los muchísimos factores, pero la explicación del profesor Gullo se me antoja una solución demasiado sencilla para una cuestión tan compleja. Aunque hace bien en mirar mucho más atrás y no hacer una foto fija en el siglo XVIII para escudriñar los porqués, esto es, los factores que precipitaron que Inglaterra protagonizara un proceso tan crucial en la historia —y que muchas naciones a día de hoy intentan imitar—, el del salto industrial. Jean Gimpel trató de demostrar en 1982 que la Revolución Industrial hunde sus raíces en el Medievo. Y Joel Mokyr, en *The British Industrial Revolution: An Economic Perspective,* informa de lo que ya es una realidad en el mundo académico:

> En los últimos años, un número creciente de académicos ha seguido el ejemplo de Eric Jones (1988) al afirmar que la Revolución Industrial fue la culminación de un largo proceso de modernización que comenzó en Gran Bretaña muchos siglos antes (aunque las opiniones varían sobre cuándo, exactamente, comenzó este proceso).

Por otra parte, Gullo omite que el proteccionismo inglés también está inserto en la expansión colonial de Inglaterra, que fue a base de crear mercados cautivos en su seno, sumiendo a sus colonias en el más absoluto subdesarrollo en comparación con la metrópoli. Cosa contraria a lo que ocurrió en la América hispana. ¿Cuál fue el desarrollo industrial practicado por los monarcas ingleses en sus colonias? No es una cuestión baladí, y me da la sensación de que Gullo olvida datos que no le interesan a la hora de alabar el proteccionismo británico. Y no porque no los conozca. En *Insubordinación y desarrollo* —otro libro de 2012 que amplía las teorías expuestas en *Insubordinación fundante*— podemos leer en uno de los capítulos una acertada afirmación sobre las trece colonias:

> La dependencia económica que las colonias británicas de América del Norte sufrían respecto de Gran Bretaña —que las condenaba en el esquema de división internacional del trabajo a ser simples productoras de materias primas— ahogaba el desarrollo de sus fuerzas productivas, impidiendo el proceso de industrialización y sumergiéndolas, de esa forma, en el subdesarrollo endémico.[4]

El sector textil en la península ibérica del siglo XVI

Dentro de la industria europea, el sector textil en España tuvo gran protagonismo, como venía haciéndolo desde la Edad Media, pero el modelo, al contrario que el inglés, fue el de importar paños —rasos, guantes, sayos, capotillos, terciopelo, sombreros...— y exportar lana. Buena parte de la lana merina castellana se exportaba a los Países Bajos, pero parte de la producción servía para abastecer a las industrias locales de fabricación de tejidos en Toledo,

---

[4] M. Gullo Omodeo, *Insubordinación y desarrollo: Las claves del éxito y el fracaso de las naciones*, Biblos, Buenos Aires, 2012.

Cuenca, Guadalajara, Valencia, Valladolid, Huesca, Barcelona, Segovia...

Pedro de Medina, en 1548, comenta en su *Libro de grandezas y cosas memorables de España* la calidad del paño segoviano: «Hácense en esta ciudad muchos y muy finos paños, en mucha manera. Dentro de esta ciudad y todos los pueblos de su comarca el oficio contino de las mujeres es hilar lanas para los paños, que en esta ciudad se labran, los cuales se dicen ser los que cada un año se hacen más de tres mil piezas de paños de todas suertes, pero la mayor cantidad son muy ricos y finos, que se llaman "segovias"». Ramón Carande dice que «fue Segovia la ciudad que conservó más tiempo el prestigio de sus paños en el exterior, tanto, que durante parte del siglo XVII son el vehículo de la moda española en otras tierras».[5] Además de la lana, sobresalen a comienzos del siglo XVI centros de producción de paños de seda de tradición andalusí, como Córdoba, Almería, Málaga, Murcia, Toledo o Granada. Recordemos el majestuoso vestido que lució la guapísima Isabel de Portugal el día de su boda con el emperador Carlos en 1526. Dice el historiador Robert Goodwin: «El vestido que llevaba puesto aquel día en Sevilla se había confeccionado casi con seguridad en Granada, que a la sazón era el corazón de la industria española de la seda, y donde trabajaban los mejores artesanos musulmanes y las mejores costureras».[6]

Marcelo Gullo sostiene en *Insubordinación fundante* que Portugal y España fueron incapaces de convertirse en potencias «productoras de manufacturas» y con ello «realizar su propia revolución industrial». Y lo hace poniendo el ejemplo de la lana. Uno piensa al leer al autor argentino que la península ibérica fuera un páramo manufacturero y esto no es así, como ha quedado antes esbozado. Pero es que tampoco lo fue la

    [5] R. Carande, «Carlos V y sus banqueros. La vida económica de España en una fase de su hegemonía. 1516-1556», Revista de Occidente, Madrid, 1943.

    [6] R. Goodwin, *España centro del mundo. 1519-1682*, La Esfera de los Libros, Madrid, 2016.

América española. Supongo que querría decir «exportadora» —algo más aproximado— y no «productora», pues Marcelo cifra, ya en su segundo libro, el número de telares de algunas ciudades castellanas. Claro que hubo producción manufacturera. Muchas ciudades castellanas y aragonesas se dedicaron a la fabricación de paños. Segovia albergó en la Edad Moderna una importante industria textil que en su mejor momento —hacia 1580— contó con unos seiscientos telares.[7] Ese mismo siglo, gracias al crecimiento demográfico y a la abundancia de moneda circulante, la industria lanera se benefició durante unos cuantos años. John Lynch comenta cómo algunos «centros productores de Barcelona, Valencia, Segovia y Toledo vieron aumentar su producción». Sin embargo, el aumento generalizado de los precios, debido al proceso inflacionista provocado por la gran afluencia de metales preciosos de América, hizo que la población se decantase por el paño inglés o el flamenco, en ocasiones más barato y de mejor calidad. Eso hizo que la industria española decayese y retrocediese. Para 1691, en Segovia solo seguían funcionando 159 telares. El fenómeno inflacionista ha sido tratado por muchos autores, un fenómeno ya percibido por teólogos de la Escuela de Salamanca como Martín de Azpilcueta o Tomás de Mercado y que, ya en el siglo XX, Earl J. Hamilton expuso en su colosal obra *El tesoro americano y la revolucion de los precios en España, 1501-1650*.

Pero ni siquiera en su mejor momento la industria española de fabricación de tejidos estuvo al nivel de la de Inglaterra, Países Bajos o Italia. Es algo que no hay por qué esconder. España básicamente importaba paños —aunque en menor medida también los exportaba— y exportaba lana de oveja merina en bruto. Carlos V, además, protegió la industria flamenca de paños y apostó por seguir con el modelo de exportar lana en bruto, un modelo que venía de tiempos de la Mesta, y que favorecía a los terratenientes que poseían dehesas por donde pasaban las ovejas, a los comerciantes españoles que la exportaban, a los extranjeros que la importaban y a la corona que

---

[7] J. Lynch, *Los Austrias (1516-1700)*, Crítica, Barcelona, 2007, p. 146.

gravaba fiscalmente la producción. Los manufactureros castellanos eran demasiado débiles para romper esa suma de intereses, de ahí en parte vino la insurrección comunera, al ver cómo aumentaban las exportaciones de lana en bruto desde Burgos —que cambió de bando— y luego desde los puertos de Bilbao, Laredo y Santander; y, por otra parte, el comercio de Sevilla con las Indias. Las ciudades del centro de Castilla habían quedado marginadas, algo «que comprometía el desarrollo de una industria textil nacional», según palabras del hispanista John Lynch. La industria se vio perjudicada por los privilegios de la Mesta, unos privilegios corporativistas que encuentran su origen en el siglo XIII. La corona solía proteger los intereses de la ganadería ovina trashumante por encima de los de la industria o los de la agricultura —no pocos agricultores se quejaban de que sus tierras eran invadidas y destrozadas por las ovejas—. La economía de Castilla, que era esencialmente agrícola, quedaba subordinada a la actividad ganadera trashumante. Pero los industriales castellanos siempre pelearon por sus intereses y en el siglo XV se les otorgó el derecho de comprar una tercera parte de la lana producida. Durante la primera mitad del XVI, coincidiendo con el aumento de la producción industrial que antes hemos comentado, los fabricantes de paños quisieron aumentar esa cuota hasta la mitad y fracasaron, una prueba más de que los intereses del Estado estaban alineados con los de la Mesta. Aunque no se puede descargar toda la responsabilidad en la Corona española, que en ocasiones se preocupó por impulsar las manufacturas castellanas con exenciones fiscales a obreros especializados de Italia y Flandes que quisieran establecerse en Castilla, en concreto en Murcia, Málaga, Granada o en Cuenca —como atestiguan muchos documentos que se conservan en su archivo histórico—.[8] La manufactura castellana, tocada durante la revolución

---

[8] A. Serrano, «Los importantes paños de Cuenca y su quiebra», entrevista en Cadena Ser, 31 de octubre de 2017, obtenido de https://cadenaser.com/emisora/2017/10/31/ser_cuenca/1509456571_745546.html.

de los precios, no consiguió reponerse de la famosa crisis del siglo XVII, que llevó aparejada una crisis ganadera con la disminución del número de cabezas de oveja merina que aportaba la lana para fabricar tejidos, con el aumento de impuestos indirectos asfixiantes como la alcabala que había comenzado el siglo anterior y con la carestía de mano de obra especializada.

El sector textil en la Inglaterra del siglo XVI

Inglaterra siguió desarrollando sus industrias durante el reinado de Isabel I. En la conocida como *golden age*, Inglaterra pasó de ser un país de segunda en el ámbito europeo a ser un aspirante a futuro.

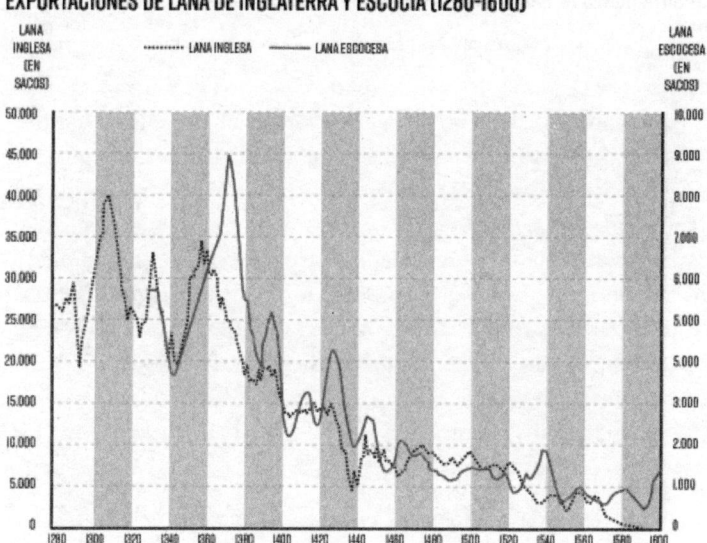

EXPORTACIONES DE LANA DE INGLATERRA Y ESCOCIA (1280-1600)

Fuentes: Carus-Wilson y Coleman, *England's export trade*; Gould, *Great debasement*; Lloyd, 'German Hanse', p.387; Rich, *Ordinance book*; Rorke, 'Scottish overseas trade'; Berwick-upon-Tweed's wool exports: Donnelly, 'Berwick export trade'; Tuck, 'Tax haven'.

La industria textil sería durante varios siglos el gran pilar de la economía inglesa. Fueron importantes algunas leyes basadas en la exportación e importación de lana en bruto y lana procesada —tejidos—. Pero hay que tener cuidado a la hora de analizar el alcance de las medidas.

Veamos la siguiente gráfica sacada de *English and Scottish Overseas Trade, 1300-1600*, de Martin Rorke, que habla de la exportación inglesa de lana en bruto:

Los siglos XIV y XV son siglos de contracción en la economía europea, con un gran descenso de la población y con la peste negra de por medio. El mercado que demandaba la lana inglesa era el de los Países Bajos. Pasamos de 40.000 sacos al año de lana en bruto —hacia 1300, el mayor registro de la serie— a

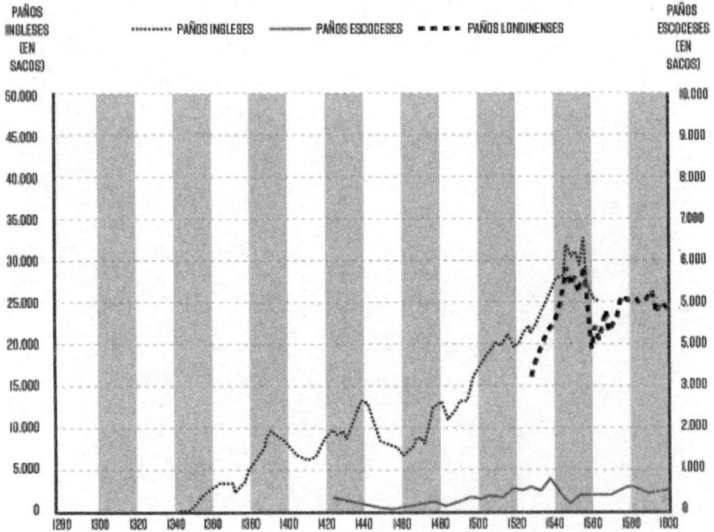

EXPORTACIONES DE PAÑOS DE LANA DE INGLATERRA Y ESCOCIA (1348-1600)

Fuentes: Carus-Wilson y Coleman, *England's export trade*; Gould, *Great debasement*; Lloyd, 'German Hanse', p.387; Rich, *Ordinance book*; Rorke, 'Scottish overseas trade'; Berwick-upon-Tweed's wool exports: Donnelly, 'Berwick export trade'; Tuck, 'Tax haven'.

menos de 3.900 sacos al año en 1550, para finalmente disminuir hasta la insignificancia durante el reinado de Isabel I, entre 1558 y 1603.

Ahora veamos la siguiente gráfica sobre la exportación de paños (lana manufacturada):

Al hablar de exportación de paños, observamos una tendencia contraria a la de la primera gráfica. Vemos que la curva tiende a crecer. En su apogeo, a mediados del siglo XVI, los ingleses estaban exportando unos 30.000 sacos de paños hacia los mercados europeos.

Observando las dos gráficas, podemos sacar dos conclusiones:

1. Antes de Isabel I, a lo largo de dos siglos que preceden su reinado, Inglaterra pasa gradualmente de un modelo de exportación de lana en bruto a un modelo de exportación de lana manufacturada —paños—. Esto, por supuesto, no es mérito de su graciosa majestad.

2. Durante su reinado, la exportación de lana en bruto desciende dramáticamente hasta desaparecer y la exportación de paños se estanca.

Terminemos con otra gráfica de otro libro donde apreciamos el *take off*, es decir, el despegue, cómo se dispara la gráfica a finales del XVIII:[9]

---

[9] S. Broadberry, B. M. Campbell, K. Alexander, M. Overton, B. van Leeuwen, B., *British Economic Growth, 1270–1870*, Cambridge University Press, Cambridge, 2015.

EXPORTACIONES INGLESAS (1270-1870)

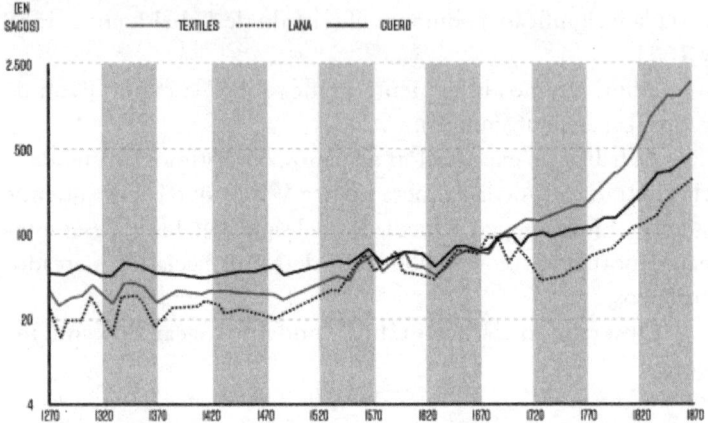

Por lo tanto, vemos que Gullo se equivoca al dar —como suele hacer en algunas entrevistas— todo el mérito a Isabel I. Sus políticas proteccionistas vienen de mucho antes y ni siquiera después de Isabel vemos un despegue, tendrían que pasar todavía más de cien años. Además, de nada te sirve tener una gran industria textil si luego no tienes dónde colocar una producción y un excedente que te permita acumular capital e iniciar el proceso de industrialización. Y eso lo pudo hacer Inglaterra solo en el siglo XVIII, no antes. Los Países Bajos e Italia también exportaban paños y no se dieron las condiciones para una Revolución industrial.

Insubordinación y Desarrollo

Expone Marcelo Gullo en *Insubordinación y desarrollo* lo siguiente:

> Felipe II no tomó la más mínima medida para proteger la industria
> de su país de la feroz competencia extranjera y continuó siendo,

como lo había sido su padre, un abanderado del libre comercio. Mientras Isabel I prohibió la exportación de lana en bruto a los Países Bajos para facilitar el nacimiento de la industria textil inglesa, Felipe II solo se interesó en exportar la mayor cantidad de lana en bruto a los Países Bajos. Mientras Isabel I aplicó una política de fuerte impulso estatal al proceso de industrialización británico, Felipe II ni siquiera pensó en la industrialización de España.[10]

Decir que Carlos I y Felipe II fueron abanderados del libre comercio es falso, no por anacrónico, que lo es, sino porque la Corona española siempre gravó con aranceles los productos que entraban y salían de España desde los puertos de la cornisa cantábrica —los diezmos de la mar que recaudaba la familia Velasco y que Felipe II se preocupó por renovar—, que conectaban con puertos del norte de Europa. Lo mismo sucedía con el sistema arancelario de los puertos aragoneses que comerciaban con la Península Itálica. La Corona también protegió celosamente todo su comercio con las Indias, en el que los ingleses durante algunos siglos solo pudieron entrar a través de prácticas de contrabando ilícitas.

Se puede discutir si la legislación proteccionista en lo tocante a la industria española durante los reinados de Carlos V y su hijo Felipe fue adecuada, lo que no se puede negar es que estuviera regulada.[11] Autores como Ramón Carande han visto en las leyes suntuarias que prohibían prendas con bordados con hilos de oro y plata «efectos desastrosos», un cuerpo de medidas dirigistas que «impuso trabas a un florecimiento industrial [el de la vestimenta de lujo] que hubiera podido ser portentoso». Pero las leyes suntuarias son una nota a pie de página en todo este asunto. No existe tal despreocupación. Se puede colegir sin demasiada dificultad, viendo las

[10] M. Gullo Omodeo, *Insubordinación y desarrollo: Las claves del éxito y el fracaso de las naciones*, Biblos, Buenos Aires, 2012.

[11] Pragmáticas del siglo XVI: https://repositorio.bde.es/handle/123456789/288.

DIEZMOS DE LA MAR DE CASTILLA
RENDIMIENTO TOTAL (1561-1589)

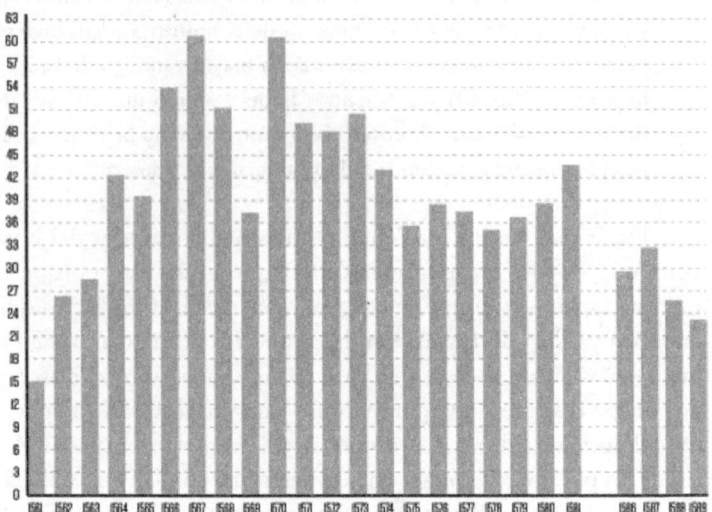

Fuente: H. Laeyre. *El comercio exterior de Castilla a través de las aduanas de Felipe II*, p. 361.

pragmáticas promulgadas bajo sus reinados, que a ambos monarcas les inquietó todo lo concerniente a la industria peninsular.

En época de Felipe III es conocido el Decreto del Treinta por ciento, de 1603, del arbitrista Juan de Gauna, en el que se establecía un arancel disuasorio de un 30 por ciento del valor de la mercancía en aduana, una medida proteccionista contra las Provincias Unidas rebeldes de los Países Bajos, y uno de los primeros ensayos del Imperio español en un contexto geopolítico de guerra.

Otra de las flagrantes omisiones de Gullo es la de recordar que el impulso estatal colbertista francés y las ideas «protoindustriales» inglesas fueron arraigando en la España ilustrada. El reformismo borbónico pretendió convertir a las Indias en un instrumento para la reconstrucción económica de la metrópoli, fomentando la exportación de manufacturas con un gran impulso de la industria peninsular que se ve reflejado en las Reales Fábricas —Real Fábrica de Tapices en Madrid, Cristales en la Granja, Porcelana en el Buen Retiro, Sedas de Talavera de la Reina, Paños de Guadalajara y muchas otras—, al más puro estilo Colbert en la Francia de Luis XIV. Es una pena que olvide esto, pues en el libro sí que dedica un capítulo a Francia y detalla las políticas del ministro Colbert. Además, tendría que explicar por qué, si España tenía una vigorosa industria incipiente impulsada por la mano estatal, no consiguió llevar a cabo la Revolución Industrial antes que Inglaterra.

«Pragmática del obraje de los paños berbíes (1552), como de todas las otras suertes de paños que en estos reinos se suelen hacer; y que lana y colores han de llevar; y cómo se han de tejer; y tundir y acabar perfectamente» (Biblioteca del Banco de España).

Sin embargo, en *Insubordinación y desarrollo* habla de las políticas proteccionistas para con la industria de tiempos de Eduardo III —1312-1377—, por lo tanto, no entiendo la insistencia de Gullo en colocar el origen del desarrollo industrial en Isabel I. Pero hay que remontarse más atrás, pues el sistema aduanero inglés fue establecido un siglo antes, concretamente con Eduardo I en 1275.[12] Comprendía derechos de exportación específicos sobre toda la lana. Aunque es precisamente durante el largo reinado de Eduardo III cuando despega la industria textil en Inglaterra. Durante su reinado se prohibió —efímeramente— la importación de tejidos de lana de Flandes, que por entonces era posesión francesa. De hecho, esta fue una de las razones por la que estalló la guerra de los Cien Años entre Francia e Inglaterra. Pero esta prohibición señalada por Gullo solo duró unos años y no influyó de manera decisiva en las exportaciones de lana en bruto. Los reyes ingleses también tuvieron que lidiar con los intereses corporativistas de la compañía de mercaderes de la *Staple*. Toda la lana exportada tenía que pasar por una ciudad fija bajo los auspicios de la compañía de la *Staple* —*Merchants of the Staple*—, que gravaba con un impuesto —*poundage*— la lana exportada. A su vez, los mercaderes tenían que hacer una serie de pagos al rey. Operaban desde el puerto inglés de Calais. Cuando los franceses tomaron la ciudad en 1558, los *staplers* tuvieron que marcharse a Brujas. Grace Faulkner Ward comenta que «tras la pérdida del puerto de la Staple de Calais, la empresa apenas pudo mantenerse». El cambio de puerto y las exigencias de otros comerciantes contra el monopolio de los mercaderes de la *Staple*, y no exactamente el Estado, hicieron que se redujeran los canales de exportación de lana

---

[12] M. Rorke, «English and Scottish Overseas Trade, 1300-1600», *The Economic History Review*, vol. 59, 2, 2006, p. 266. El sistema aduanero tenía una finalidad recaudatoria. No se planeó para fomentar la industria textil interna, aunque como efecto imprevisto pudiese ayudar en algo. De todas formas, correlación nunca implica causalidad.

en bruto, y de una manera natural, según señala la historiadora Eileen Power: «Los bajos precios internos implicaban que era posible vender paño inglés, no solo en el país sino en el exterior, a precio mucho menor que el paño extranjero puesto que éste tenía que pagar una suma enormemente mayor por la misma materia prima; y exportar paño fue cada vez más lucrativo que exportar lana».[13] Es decir, que Inglaterra exportaba lana en bruto a Flandes, pero las vicisitudes de los adinerados comerciantes de la *Staple* —que, a diferencia de esos manufactureros castellanos que buscaron más prerrogativas con Carlos I, gozaban de más poder y privilegios— y los cambios en la industria textil inglesa amenazaron la exportación de lana en bruto. La falta de demanda de lana inglesa hizo que en Inglaterra no quedase más remedio que desarrollar la industria de paños en periodos concretos para poder vestir a su población, dando salida a sus materias primas. El auge de los telares fue un aviso para otro tipo de mercaderes que se dieron cuenta de que vender paños en el extranjero era un buen negocio. En torno al negocio de los paños de lana había nacido otra compañía muy poderosa: los *Merchants Adventurers*, quienes consiguieron el monopolio de la exportación de los mismos. En ocasiones, también el Estado concedió importantes exenciones a los tejedores extranjeros para que se estableciesen en territorio inglés. Poco a poco los ingleses fueron cambiando su modelo de exportaciones —de lana en bruto a productos manufacturados— y hubo algunas políticas proteccionistas para acelerar algunos cambios —que a menudo resultaron inaplicables— continuadas por los reyes de la dinastía Tudor. Estas leyes fueron recogidas en el siglo XVIII por el novelista Daniel Defoe en su *A Plan of the English Commerce*, un escrito poco académico y muy valorado por el díscolo economista Ha Joon Chang, al que el profesor Gullo cita varias veces.

---

[13] Citado en M. Dobb, *Estudios sobre el desarrollo del capitalismo*, Siglo XXI Editores, Ciudad de México, 2005, p. 141.

Las relaciones entre los monarcas ingleses y los monarcas españoles habían sido relativamente buenas durante muchos años. A
Inglaterra le convenía estar a buenas con Carlos V y Felipe II, ya que
dependían del mercado flamenco. Durante el matrimonio de Felipe
II y María Tudor se incrementó el tráfico comercial entre los dos
mercados. Los ingleses aumentaron la exportación de finos paños y
los talleres flamencos se beneficiaron con la terminación de tejidos.
Sin embargo, esa buena relación se enrareció en 1562, ya muerta
María Tudor. La nueva reina, Isabel I, protestante, había firmado el
acuerdo de Hampton Court con cabecillas hugonotes en el marco
de las guerras de religión francesas. La piratería en el Canal de la
Mancha aumentó. Isabel intentó limitar la importación de manufacturas flamencas, por lo que Margarita de Parma, gobernadora de los
Países Bajos y hermana de Felipe II, prohibió la importación de cer-
veza inglesa y unos meses más tarde suspendió temporalmente la
importación de tejidos ingleses. La reina Isabel acabaría respondiendo con medidas similares. El cardenal Granvela, asesor de Margarita
de Parma, estaba convencido de que los ingleses tenían mucho más
que perder. Cerraron Amberes a los ingleses y los *Merchants Adventurers* tuvieron que irse con sus paños a Emden, un puerto de segunda,
donde no consiguieron dar salida a su producción. Así se dirigió
Granvela en 1564 al embajador español en Londres:

> Espero que las amenazas inglesas no impidan en absoluto a la gober-
> nadora continuar con una política enérgica. Aunque del otro lado del
> Canal se pretenda que Inglaterra es indispensable para los Países Bajos,
> mientras que estos no lo serían para Inglaterra, yo estoy fuertemente
> convencido de lo contrario. ¿Vendrían acaso los ingleses a los Países
> Bajos, si pudieran vender sus paños a precios más ventajosos en otra
> parte? Que los lleven a Emden, según afirman quieren hacer: pronto
> volverán a Amberes, lo cual nos dará ocasión para imponerles condi-
> ciones más onerosas. La ciudad de Amberes es la única que se benefi-
> cia de la importación y venta de tales paños y, si los isleños no vendie-

sen sus telas en estas regiones, la industria flamenca registraría un nuevo auge; en todo caso habría menos obreros que fueran a Inglaterra a perder su fe. Como consecuencia de la prohibición en perjuicio de los paños ingleses, el año pasado se han fabricado solo en el condado de Flandes 60.000 piezas más de tal producto por encima de lo que pudo fabricarse en los últimos treinta años. Por otra parte, no hay que temer que los ingleses suspendan su exportación de lana hacia estas regiones. No disponen en absoluto de cantidad de obreros para valorar este producto en su país, mientras que no venderán gran cosa en Emden, puesto que allí no se puede intercambiar otros productos ni las regiones circunvecinas necesitan más que una pequeña cantidad de paños finos. Hay lana en España, en los Países Bajos, en las posesiones de ultramar; los talleres flamencos son capaces de abastecer Amberes con paños de la mejor calidad y, al mismo tiempo, quien tema el paro y quiera evitarlo encontrará en la fabricación de tal producto un seguro contra la inactividad. Asimismo, se podrá dar una merecida lección a los de Londres, que son los principales responsables del daño causado a los Países Bajos. Como los señores ingleses no son muy ricos y la lana les procura la mayor parte de sus rentas, harán todo lo que les sea posible para exportarla a estas regiones, aunque en Amberes se confisquen los paños londinenses. Recuerdo que ya se dio respuesta a los edictos del rey Enrique mediante ordenanzas semejantes. Hemos perseverado dos años en tal actitud y ¿qué ha sucedido? Para impedir la exportación de paños a los Países Bajos, el rey los compró en cantidades tan considerables que tuvo que depositarlas en salas e iglesias; finalmente, habiendo quedado desprovisto de dinero, se vio obligado a mandar a Flandes las mercancías almacenadas, para venderlas allí a bajo precio. Por añadidura, gracias a la insistencia de los embajadores ingleses en Ratisbona y Valladolid, nos fue posible negociar nuestro más importante tratado con Inglaterra al regresar de Argel.[14]

---

[14] Citado en C. Gómez-Centurión Jiménez, *Felipe II, la empresa de Inglaterra y el comercio septentrional (1566-1609)*, Naval, Madrid, 1988, p. 45.

En 1567, la ciudad alemana de Hamburgo firmó un acuerdo con los *Merchants Adventurers* concediéndoles exenciones aduaneras por un período de diez años. Allí se instalaron. Por otra parte, otra compañía inglesa, la *Muscovy Company*, empezó a comerciar en la Rusia de Iván el Terrible, con importantes privilegios. El comercio inglés se abría camino a trompicones tras la pérdida de Amberes.

Afirma Gullo de manera tajante que «Isabel I prohibió la exportación de lana en bruto a los Países Bajos». Y que ahí radica el gran éxito de sus políticas proteccionistas. Es desacertado coger una proclamación suelta sin más para apuntalar una teoría. Esa medida no fue más que una defensa a las prohibiciones de Granvela y Margarita de Parma. Y fue absolutamente ineficaz para esos *staplers* que vendían lana sin procesar como expresa E. E. Rich.[15] Además, para esa época (1566) las exportaciones de lana en bruto eran mínimas. Después de las luchas de Granvela, los *Merchants de la Staple* barajaron otros puertos —Calais, Emden o incluso un puerto propio—, pero eso podría significar la puntilla final en su debilitado negocio. A nadie le importaba ya demasiado lo que hicieran los *staplers*, porque las restricciones iban contra los tejidos de los prósperos *adventurers* que habían aprendido a trabajar, como se hacía en los Países Bajos, unos nuevos paños finos muy cotizados —los *new drapperies*—. «Se hizo necesario encontrar otros mercados para los *staplers*. Pero era tan obvio que en el continente su único mercado estaba en los Países Bajos, que el gobierno tuvo que renunciar a su sistema aduanero, renunciar a su política de denunciar a los comerciantes de lana y permitir que los *staplers* vendieran su lana dentro de sus tierras a pañeros y fabricantes».[16] En los Países Bajos se quejaban de la mala calidad de sus lanas y

---

[15] E. E. Rich, *The Ordinance Book of the Merchants of the Staple*, Cambridge University Press, Cambridge, 1937.

[16] Ibídem, p. 60.

de su falta de regularidad de los pedidos. Aún así, los *Merchants de la Staple* siguieron a lo suyo con su negocio. Se quedaron en Brujas —bajo protección de Felipe II— y llevaron también algo de lana en bruto a Hamburgo. Para 1571 habían reducido su exportación a 1.371 sacas. En 1574 fueron 1.100 sacas. Para el período de 1580-1585 las exportaciones se habían reducido a 200 sacas. Como vemos, el efecto de la medida de la que habla Marcelo Gullo no tuvo ningún recorrido. Los mercaderes de la *Staple* siguieron con el comercio de la exportación de lanas —prácticamente insignificante y siempre probando tener más éxito en otros puertos— hasta que, en el año 1614, ya en tiempos de Jacobo I —y no de Isabel I—, la exportación de lana en bruto se prohibió por completo.

En 1568, Inglaterra secuestró las naves españolas cargadas con dinero genovés que estaban destinadas a pagar a las temidas tropas del duque de Alba, a la sazón nuevo gobernador de los Países Bajos, que ya había instaurado el Tribunal de los Tumultos —Tribunal de sangre—. En estas fechas comienza la rebelión abierta de los holandeses, es decir, la larga guerra de Flandes o de los Ochenta Años. Durante varios años las relaciones entre Inglaterra y España se incendiaron. El embajador español escribió al duque de Alba para que se embargaran todos los navíos y bienes ingleses tanto en los Países Bajos como en España. Un embargo recíproco que también llevaría a cabo Inglaterra. Hasta 1573, el comercio entre España, Países Bajos e Inglaterra quedaba colapsado ocasionando grandes pérdidas. Hubo un acercamiento anglo-francés. Los comerciantes ingleses llevaron sus tejidos a Hamburgo (Alemania) y a La Rochelle (Francia), pero tras la matanza de San Bartolomé (1572) de los hugonotes franceses, William Cecil le propuso a Isabel un nuevo equilibrio comercial, el de intentar volver a abrir otra vez las relaciones con España y los Países Bajos.

Productos	Cantidades	Valor (en miles de florines)
Seda y tejidos italianos	—	4.000
Paños ingleses	90.000 piezas	3.240
Grano del Báltico	53.000 lastes	3.000
Especias portuguesas	20.000 quintales	2.000
Lana española	25.000 sacas	1.250
Vino francés	23.000 toneladas	1.150
Vino del Rhin	10.000 toneladas	720
Vino mediterráneo	5.000 toneladas	500
Lana inglesa	3.600 sacas	500
Pastel francés	40.000 balas	400
Azúcar portugués	15.000 cajas	250
Sal francesa	2.950 cientos	250
Fustanes alemanes	100.000 piezas	240
Alumbre italiano y español	8.000 lastes	240
Cochinilla española	3.000 arrobas	225
Aceite español	5.000 pipas	200
Sal ibérica	2.050 cientos	175
Cobre alemán	20.000 quintales	160

Estimación de las importaciones de los Países Bajos hacia 1560.
Tabla confeccionada por Gómez-Centurión.[17]

En 1573 proclamó que se reanudara el tráfico entre Inglaterra y los dominios del rey de España, un gran éxito de la diplomacia

---

[17] C. Gómez-Centurión Jiménez, *Felipe II, la empresa de Inglaterra y el comercio septentrional (1566-1609)*, Naval, Madrid, 1988, p. 21.

isabelina tras varios años de pasar penurias en lo que algunos han llamado el «glorioso aislacionismo inglés». En los años setenta del siglo XVI existe gran cantidad de legislación proteccionista por parte de Felipe II como la Pragmática del 5 de agosto de 1577, que prohibía que navíos extranjeros cargasen mercancías en puertos

Proclama de Isabel I reanudando el tráfico comercial entre Inglaterra y los territorios de la monarquía católica (Archivo General de Simancas).

españoles, a excepción de la sal. Este tipo de publicaciones no eran más que órdagos que no inquietaban demasiado, ya que no solían entrar en vigor. «Isabel intentó tomar represalia y prohibir la navegación con España y Portugal, pero con resultados tan escasos como la pragmática de Felipe II», tal como advierte Gómez-Centurión.

Sin embargo, con la incorporación de Portugal a la Monarquía de los Austrias, Felipe II se atrevió a cortar relaciones con Inglaterra en 1585. Sobrevino la Guerra anglo-española de 1585 a 1604, con episodios bien conocidos. Isabel I tuvo que readaptar sus estructuras mercantiles y fomentar el desarrollo industrial interno, ya que el volumen de exportaciones se frenó. Fue, una vez más, por el contexto político y no por una meditada estrategia a largo plazo.

No existe en ningún momento una planificación calculada y milimétrica. Si nos asomamos a la documentación y a los hechos detallados por los historiadores, vemos que la realidad siempre es más compleja: grandes dosis de improvisación por parte de Inglaterra y España: decretos que no siempre se cumplían, quejas, embargos, sanciones, reglamentos, concesiones a distintas compañías de mercaderes por algunos años, cambios de puerto, riñas diplomáticas, lucha contra la piratería, declaraciones de guerra... El autoabastecimiento y el desarrollo industrial no ocurrió porque Isabel prohibiese exportar lana en bruto como afirma Gullo. De hecho, los mercaderes ingleses siguieron exportando algo de lana en bruto —siempre con importantes cargas fiscales—, y lo hubiesen seguido haciendo durante los siguientes siglos de no ser porque la brecha artificial entre los precios de la lana inglesa y la extranjera desalentó la producción de lana inglesa y perjudicó también la demanda de lana en el extranjero. Se sumaba, también, el avance gradual de los *enclosures* en Inglaterra, un avance que contribuyó a una mejor alimentación de sus ovejas y en consecuencia a un alargamiento de las fibras de la lana, pero, en contrapartida, también provocó una pérdida de su finura. A finales del

XVI, la lana castellana era ya de mejor calidad y este hecho fortuito de deterioro de la calidad de la lana de las ovejas inglesas dio como resultado el que los ingleses tuvieran que recurrir a la fina lana de Castilla, a fin de poder confeccionar buenos paños de lujo.

Por otra parte, hay un fenómeno que Gullo olvida, y es el del contrabando. Por mucho que pongas trabas a las exportaciones, siempre habrá un tráfico ilícito de lana en bruto, un contrabando de «naturaleza vasta y variable» que no se puede desdeñar, como ha estudiado Evan T. Jones en *Illicit business: accounting for smuggling in mid-sixteenth-century Bristol*.

Otro gran error es pensar en la mala actuación de Carlos V y Felipe II por no reforzar su industria [la peninsular], cuando estos eran monarcas de un imperio con muchos dominios, entre ellos los Países Bajos, donde existía una gran industria textil, con una ciudad como Amberes que era la gran metrópoli comercial de Europa. Los monarcas del Imperio español llevaron a cabo una política imperial —no nacional, ni uniestatal—, por lo que también se preocuparon en desarrollar sus manufacturas en sus posesiones americanas, cosa que no harían más tarde los ingleses, que incluso las prohibieron, sin necesidad de replicarse y justificarse más allá de los límites de su Estado. ¿Cómo reprocharles a esos reyes hispánicos del XVI el no saber cómo iba a ser el mapa político de España e Inglaterra en la Edad Contemporánea? ¿Acaso podían pronosticar el nacimiento de las naciones políticas? Marcelo Gullo no parece entender la dialéctica en el siglo XVI entre un Imperio —el español— y una monarquía —la inglesa— que todavía no había alcanzado su estatus de imperio colonial, y se obsesiona con hacer una foto fija de la península cuando lo que hay que hacer es alejarse y hacer una foto panorámica del imperio.

Como hemos visto a lo largo de mi crítica a la insubordinación fundante, no todo fueron estratégicas decisiones estatales de protección —en el lado inglés— las que precipitaron un cambio de modelo. En buena parte del período isabelino, los intereses comerciales de Inglaterra y España estuvieron alineados, estando subordinados los primeros a los segundos. Ni siquiera se puede decir que en los periodos convulsos las trabas fiscales o las prohibiciones siempre funcionaran. Da la sensación de que Marcelo Gullo fantasea con que los detestados dirigentes de la pérfida Albión tomaron siempre inteligentes decisiones, sin embargo, los ineptos monarcas españoles, tildados de liberales, no supieron darse cuenta de las bondades del proteccionismo. Si es esta la conclusión, ¿acaso no está incurriendo Marcelo Gullo en la Leyenda Negra española que tanto denigra? Desde luego, no ayudan mitos que él defiende, como el de la decadencia española: «El lento proceso de decadencia del poder español comenzó con la llegada al trono de Carlos I, quien aniquiló las fuerzas productivas de España»; o el del retraso científico: «Inglaterra fue el primer Estado en promocionar deliberadamente la actividad científica»; o textos citados como: «Estos fanáticos del patriotismo religioso y militar [los españoles] parecían, en materia económica, desconocer el interés nacional».

Concluyo, pues, que la teoría de la insubordinación fundante de Marcelo Gullo en lo que respecta a España e Inglaterra es muy sugerente, enfocada en algunos aspectos a fuerza de apoyarse en ocasiones en datos reales, pero a la vez es una teoría de trazo grueso que no entra en matices y, por lo tanto, resulta incompleta. Es a mi juicio, y sin intención de sentar cátedra, una teoría propia de un político —Marcelo lo es—, pero no de un historiador que realiza su trabajo *sine ire et studio*. Su apasionamiento hace que sus ideas carezcan de los necesarios grises de los que está compuesta la historia, incurriendo además en graves deformaciones. Da la impresión de que ciertos prejuicios e ideas apriorísticas no le dejan desarrollar bien su teoría de la insubordinación fundante, que no es más que una interesante hipótesis de partida, una hipótesis de máximos, donde todo tiene que encajar como la maquinaria de un reloj. Pero termina fracasando, ya que al final todo queda desdibujado sin explicarse en ningún momento las dinámicas comerciales e industriales de los Imperios británico y español. Como señalábamos en un capítulo anterior, hay ciertos activistas que usan la historia de manera instrumental. Claramente, es el caso de Gullo, aunque en este aspecto hay que alabar que va de frente; él no se esconde. No escribe libros de historia. Cuando le preguntaron por *Madre Patria*, investido de inspiración mesiánica[18] afirmó:

> El libro no es un libro de historia. Es un libro que se basa en la historia para explicar el presente y cambiar el futuro. Porque si no es como ir a un museo y a mí no me interesa ir a un museo a ver cuadros. Yo lo que quiero es cambiar la historia.[19]

---

[18] Pablo Batalla nos revela que en internet se ha acuñado un término para este tipo de activista admirador de Perón: «*peronismo templario* (chovinista, parafascista, "o Soros o Perón"». P. B. Batalla Cueto, *Los nuevos odres del nacionalismo español*, Trea, Gijón, 2021, p. 178.

[19] M. Gullo Omodeo, «Lo que no se perdona a España es haber llevado el catolicismo a América», *Voz Populi*, 30 de diciembre de 2021, obtenido de https://www.vozpopuli.com/altavoz/cultura/marcelo-gullo-catolicismo-a-america.html.

EPÍLOGO

NO SOMOS UNA ANOMALÍA

En este país existen tres palabras que sirven para todo, como ya advirtió Mariano José de Larra (1809-1937) cuatro años antes de suicidarse. Precisamente esas tres palabras son: «en», «este» y «país». En este orden. Aunque tiene otras variantes: «estas cosas solo ocurren en España», «cosas de este país», «en España no se puede...», «el problema de España es...», «España es un país de...», etc. Pone Larra el ejemplo de su amigo Periquito:

> Mi amigo Periquito es hombre pesado como los hay en todos los países, y me instó a que pasase el día con él; y yo, que había empezado ya a estudiar sobre aquella máquina como un anatómico sobre un cadáver, acepté inmediatamente.
>
> Don Periquito es pretendiente, a pesar de su notoria inutilidad. Llevome, pues, de ministerio en ministerio: de dos empleos con los cuales contaba, habíase llevado el uno otro candidato que había tenido más empeños que él.
>
> —¡Cosas de España! —me salió diciendo, al referirme su desgracia.
>
> —Ciertamente —le respondí, sonriéndome de su injusticia—, porque en Francia y en Inglaterra no hay intrigas; puede usted estar seguro de que allá todos son unos santos varones, y los hombres no son hombres.

El segundo empleo que pretendía había sido dado a un hombre de más luces que él.

—¡Cosas de España! —me repitió.

«Sí, porque en otras partes colocan a los necios», dije yo para mí.

Llevome en seguida a una librería, después de haberme confesado que había publicado un folleto, llevado del mal ejemplo. Preguntó cuántos ejemplares se habían vendido de su peregrino folleto, y el librero respondió:

—Ni uno.

—¿Lo ve usted, Fígaro? —me dijo—. ¿Lo ve usted? En este país no se puede escribir. En España nada se vende; vegetamos en la ignorancia. En París hubiera vendido diez ediciones.

—Ciertamente —le contesté yo—, porque los hombres como usted venden en París sus ediciones.

En París no habrá libros malos que no se lean, ni autores necios que se mueran de hambre.

—Desengáñese usted: en este país no se lee —prosiguió diciendo.

«Y usted que de eso se queja, señor don Periquito, usted, ¿qué lee? —le hubiera podido preguntar—. Todos nos quejamos de que no se lee, y ninguno leemos».

—¿Lee usted los periódicos? —le pregunté, sin embargo.

—No, señor; en este país no se sabe escribir periódicos. ¡Lea usted ese *Diario de los Debates*, ese *Times*!

Es de advertir que don Periquito no sabe francés ni inglés, y que en cuanto a periódicos, buenos o malos, en fin, los hay, y muchos años no los ha habido.

Pasábamos al lado de una obra de esas que hermosean continuamente este país, y clamaba:

—¡Qué basura! En este país no hay policía.

En París las casas que se destruyen y reedifican no producen polvo.

Metió el pie torpemente en un charco.

—¡No hay limpieza en España! —exclamaba.

En el extranjero no hay lodo.

Se hablaba de un robo:

—¡Ah! ¡País de ladrones! —vociferaba indignado.

Porque en Londres no se roba; en Londres, donde en la calle acometen los malhechores a la mitad de un día de niebla a los transeúntes.

Nos pedía limosna un pobre:

—¡En este país no hay más que miseria! —exclamaba horripilado.

Porque en el extranjero no hay infeliz que no arrastre coche.

Íbamos al teatro, y:

—¡Oh qué horror!— decía mi don Periquito con compasión, sin haberlos visto mejores en su vida— ¡Aquí no hay teatros!

Pasábamos por un café.

—No entremos. ¡Qué cafés los de este país! —gritaba.

Se hablaba de viajes:

—¡Oh! Dios me libre; ¡en España no se puede viajar! ¡Qué posadas! ¡Qué caminos!

¡Oh infernal comezón de vilipendiar este país que adelanta y progresa de algunos años a esta parte más rápidamente que adelantaron esos países modelos, para llegar al punto de ventaja en que se han puesto!

¿Por qué los don Periquitos que todo lo desprecian en el año 33, no vuelven los ojos a mirar atrás, o no preguntan a sus papás acerca del tiempo, que no está tan distante de nosotros, en que no se conocía en la Corte más botillería que la de Canosa, ni más bebida que la leche helada; en que no había más caminos en España que el del cielo; en que no existían más posadas que las descritas por Moratín en *El sí de las niñas*, con las sillas desvencijadas y las estampas del Hijo Pródigo, o las malhadadas ventas para caminantes asendereados; en que no corrían más carruajes que las galeras y carromatos catalanes; en que los «chorizos» y «polacos» repartían

a naranjazos los premios al talento dramático, y llevaba el público
al teatro la bota y la merienda para pasar a tragos la representación
de las comedias de figurón y dramas de Comella; en que no se
conocía más ópera que el *Marlborough* (o «Mambruc», como dice el
vulgo) cantado a la guitarra; en que no se leía más periódico que el
Diario de Avisos, y en fin... en que...

Pero acabemos este artículo, demasiado largo para nuestro
propósito: no vuelvan a mirar atrás porque habrían de poner un
término a su maledicencia y llamar prodigiosa la casi repentina
mudanza que en este país se ha verificado en tan breve espacio.

Concluyamos, sin embargo, de explicar nuestra idea claramente, mas que a los don Periquitos que nos rodean pese y aver-
güence.

Cuando oímos a un extranjero que tiene la fortuna de pertenecer a un país donde las ventajas de la ilustración se han hecho
conocer con mucha anterioridad que en el nuestro, por causas que
no es de nuestra inspección examinar, nada extrañamos en su boca,
si no es la falta de consideración y aun de gratitud que reclama la
hospitalidad de todo hombre honrado que la recibe; pero cuando
oímos la expresión despreciativa que hoy merece nuestra sátira en
bocas de españoles, y de españoles, sobre todo, que no conocen más
país que este mismo suyo, que tan injustamente dilaceran, apenas
reconoce nuestra indignación límites en que contenerse.

Borremos, pues, de nuestro lenguaje la humillante expresión
que no nombra a este país sino para denigrarle; volvamos los ojos
atrás, comparemos y nos creeremos felices. Si alguna vez miramos
adelante y nos comparamos con el extranjero, sea para preparar-
nos un porvenir mejor que el presente, y para rivalizar en nuestros
adelantos con los de nuestros vecinos: sólo en este sentido opon-
dremos nosotros en algunos de nuestros artículos el bien de fuera
al mal de dentro.

Olvidemos, lo repetimos, esa funesta expresión que contribuye a aumentar la injusta desconfianza que de nuestras propias fuerzas

tenemos. Hagamos más favor o justicia a nuestro país, y creámosle capaz de esfuerzos y felicidades. Cumpla cada español con sus deberes de buen patricio, y en vez de alimentar nuestra inacción con la expresión de desaliento: «¡Cosas de España!», contribuya cada cual a las mejoras posibles. Entonces este país dejará de ser tan mal tratado de los extranjeros, a cuyo desprecio nada podemos oponer, si de él les damos nosotros mismos el vergonzoso ejemplo.[1]

Un católico contrario a los dogmas ilustrados como Jaime Balmes (1810-1848) trató de observar la realidad de España y en algunas cuestiones lo hizo de manera notablemente aguda, sin dejarse atrapar por ideas recibidas. Nos dejó en sus escritos políticos la siguiente reflexión:

Ha llegado a ser proverbial la expresión de que España es el país de las anomalías; pero traducido el proverbio a lenguaje más exacto, debería decirse que España es una nación muy poco conocida. ¿Somos acaso nosotros una absurda excepción de aquel principio de que los efectos son proporcionales con sus causas? Si los resultados desmienten con frecuencia las conjeturas y pronósticos que aventuran sobre nuestras cosas políticos aventajados, señal es que ellos se han colocado en un punto de vista falso; apelar luego a las palabras de *extrañeza, anomalía, excepción bárbara*, y otras semejantes, podrá ser un plausible velo para la ignorancia presuntuosa y sonrojada, pero nunca dejará de ser un conjunto de palabras vacías de sentido. [...] En España hay revoluciones, hay revueltas, hay guerras civiles parecidas a las que ha habido en otros países; en España se invocan los mismos nombres que se han invocado en otras partes.[2]

---

[1] M. J. de Larra (firmado como Fígaro), «En este país», *La Revista Española*, 51, 30 de abril de 1833.

[2] J. Balmes, *Consideraciones políticas sobre la situación de España*, Imprenta de José Tauló, Barcelona, 1840, pp. 37-42.

Desterremos de una vez por todas el mito de la excepcionalidad como hicieron Mariano José de Larra o Jaime Balmes.[3] Renunciemos a la histeria, para aprender de la historia. Abandonemos ese derrotismo que nos impide afrontar con garantías el futuro. Por mucho que se repita en algunos círculos, ¡España no es ninguna anomalía histórica!

---

[3] Larra y Balmes se llevaban un año de diferencia. Ambos murieron muy jóvenes. Larra se suicidó con un arma de fuego y pertenece al club de los 27 (Jimi Hendrix, Janis Joplin, Jim Morrison, Jean-Michel Basquiat, Kurt Cobain, Amy Winehouse…). Balmes murió de tuberculosis a los 37.

APÉNDICE

DOCE MAJADERÍAS LEYENDANEGRISTAS

1. Tribuna aparecida en el diario *El País*, el 12 de octubre de 1987, escrita por don Manuel Vázquez Montalbán, ilustre escritor español galardonado con el Premio Nacional de las Letras Españolas en el año 1995:

> Si el presidente González no consiguió desfranquizar el Azor por el procedimiento de navegar en él, los ilustres padres democráticos de la patria que han decidido que el 12 de octubre sea fiesta nacional no han conseguido disimular el carácter imperialista, chulesco, majadero e impresentable de la Fiesta de la Raza. Que un aventurero genovés, una reina que llevó durante 20 años la misma camisa y unos cuantos echaos palante de la provincia de Huelva se fueran a hacer las Américas no es motivo para que la conciencia de los españoles quede hipotecada para siempre por tan pintoresco enredo. Está demostrado que los asiáticos hicieron lo mismo en sentido contrario y no han exhibido nunca esta recta ética. La diferencia entre los asiáticos y los europeos en relación con el llamado descubrimiento de América es que hasta hace poco los asiáticos estaban obligados a leer la historia tal como la escribían los europeos.

2. Artículo aparecido el 12 de octubre de 2021 en Rebelionfeminista.org titulado *No es hispanidad, es genocidio*:

Hoy, 12 de octubre, se celebra el día de la hispanidad. Es increíble que, en pleno siglo XXI, se siga conmemorando el día que se «Descubrió América». Lo ponemos entrecomillado porque no fue un descubrimiento: fue un saqueo y genocidio. Es absurdo llamar descubrimiento a una tierra que ya estaba poblada por otras personas antes de que llegáramos, culturas enteras que ya sabían que existían. No comenzaron a existir cuando la mirada europea les puso el ojo encima. Y peor aún es que muchas de las riquezas de esas tierras sigan en los museos de sus genocidas, mientras los mismos poderes extractivistas siguen explotando sus territorios y riquezas.

El hecho de que aún, a día de hoy, se sigan celebrando este tipo de festividades no hace más que respaldar, el hecho de que la historia fue escrita por y para el hombre cishetero y caucásico. Romantizando cómo «descubrieron» una nueva tierra, cuando en realidad fue un simple acto cobarde donde asesinaron, robaron y violaron. Se creían dueños de todo, incluido las mujeres, que eran un mero objeto con el que comerciar o disfrutar. Se impuso un modo de vida y se arrebataron culturas enteras de la faz de la tierra en nombre de un Dios egoísta y sanguinario.

3.   Tribuna aparecida en *El País*, el 3 de julio de 1988, titulada «Esas Yndias equivocadas y malditas». Está escrita por Rafael Sánchez Ferlosio —Premio Cervantes en 2004 y Premio Nacional de las Letras Españolas en 2009—. Fue uno de los que hizo campaña en contra de la celebración del Quinto Centenario del Descubrimiento de América:

Como puede apreciarse, un desencadenamiento de los peores instintos de profanación, de ultraje, de depredación. Pero el factor desencadenante, capaz de responder satisfactoriamente a la pregunta: «¿De dónde sale de pronto tanta abyección?», o sea, la esencia de lo que se pretende festivamente conmemorar en la Disneylandia sevillana del 92, como una efemérides que tuviese algo que ver con lo que desearíamos que se considerase humano tiene los rasgos informes de un mal sin malo, sólo con despreciables mandatarios, enajenados y como arrebatados de sí mismos por el furor de la dominación.

En una palabra, la pérdida imperiosa para quien atienda al ruido de fondo de los testimonios, la pérdida de un sujeto empírico como último responsable a quien incriminar de tan ancha y tan larga tragedia —conforme a la confiada versión con que el nominalismo había logrado quitársela de encima— ha de encontrar tanto en apologetas como en detractores del descubrimiento, la conquista y la colonización la comprensible resistencia de quien se ve ante la turbadora situación de que todo sin dejar de ser igualmente horrible y doloroso, es mucho más inexplicable, sobrehumano, infrahumano, gratuito, amén de mucho más sórdido, rastrero y miserable de cuanto pueda serlo incluso una leyenda negra, que, cuando menos, podría vanagloriarse por el mérito, ciertamente dudoso y discutible, de ostentar el tenebroso resplandor de la maldad.

4. Oswald Spengler refiriéndose a la caída del Imperio mexica en *La Decadencia de Occidente. Tomo II* (1923):

No falleció por decaimiento, no fue ni estorbada ni reprimida en su desarrollo. Murió asesinada, en la plenitud de su evolución, destruida como una flor que un transeúnte decapita con su vara. [...] Aquellos pueblos con su política elevada, su hacienda en buen orden y su legislación altamente progresiva, con ideas administrativas y hábitos económicos que los ministros de Carlos V no hubieran comprendido jamás, con ricas Literaturas en varios idiomas, con una sociedad perespiritualizada y distinguida en las grandes ciudades, tal que el Occidente de entonces no hubiera podido igualar, todo eso sucumbió y no por resultas de una guerra desesperada, sino por obra de un puñado de bandidos que en pocos años aniquilaron todo de tal suerte que los restos de la población muy pronto habían perdido el recuerdo del pasado. De la gigantesca ciudad de Tenochtitlán no

quedó ni una piedra. [...] Lo más terrible de este espectáculo es que
ni siquiera fue tal destrucción una necesidad para la cultura de
Occidente. Realizáronla privadamente unos cuantos aventureros sin
que nadie en Alemania, Inglaterra y Francia sospechase lo que en
América sucedía. Esta es la mejor prueba de que la historia humana
carece de sentido. [...] Un par de cañones malos, unos centenares de
arcabuces bastaron para dar remate a la tragedia.

5.   Año 1990. Declaraciones al diario *El País* de Fernando Arra-
     bal, publicadas el 11 de septiembre tras estrenar una obra tea-
     tral en París que arremetía contra el Quinto Centenario del
     Descubrimiento de América —«el peor cataclismo de la his-
     toria», según el dramaturgo—:

Los campos nazis eran infinitamente más crueles. No ha habido
nada comparable en intensidad a los hornos crematorios y a las
cámaras de gas, pero las consecuencias del desastre aquí fueron peores porque eran 100 millones de indios y al cabo de unos años quedaron menos de 10 millones. Son noticias que, por lo menos a nuestra generación, nos las ocultaron en España.

6.   Año 1983. Artículo aparecido en *L'Avenç* (N° 63) escrito por
     Miquel Izard i Llorens,[1] historiador catalán, profesor de His-
     toria de América de la Universidad de Barcelona. Lleva por
     título «*Cinq-cents anys d'iniquitats*»:

La llegada de los castellanos a América en 1492 [...] significó el asesinato de millones de indios y la esclavización de la mayoría de los

---

[1] Miquel Izard tiene un libro titulado *Genocidas Cruzados y Castradores:
Terror y humillación en nuestro pasado* (2015), en el que compara las atrocidades de
la conquista de América y de la guerra civil española, y las presenta como dos
genocidios.

que sobrevivirán al sadismo de los blancos y a las enfermedades contagiosas. [...] Aunque la represión de Somoza o Pinochet es la continuación de la iniciada por Cortés o Pizarro. [...] Este dossier quiere denunciar en primer lugar que lo que sucedió el 12 de octubre de 1492 no fue una gesta de la que puede congratularse la humanidad, sino el inicio de 500 años de iniquidades, en segundo lugar, hablar de las luchas de los invadidos que defendían su tierra y, en tercer lugar, recordar que en muchos aspectos eran mucho más justos que la sociedad capitalista que está sufriendo la humanidad.

7.   Sigamos con Miquel Izard, que siempre da mucho juego. Vayamos con su artículo *«Perpetuar el embeleco o rememorar lo ocurrido»*, aparecido en el *Boletín Americanista,* 46, 1996. Así comienza:

Nuestro sistema no tiene futuro, la utopía liberal ha tocado fondo: suicidio ecológico o desmadrado consumismo en el norte, merced a la expoliación apocalíptica del sur, pueden llevar al estallido final. Y recelo que todo empezó hace 500 años, acosando homosexuales o judíos en Europa y nativos autosuficientes en América; explotando, de forma dantesca, gitanos en las minas de Almadén e indios en el Potosí, para, en suma, producir excremento del demonio. Lo que, por supuesto, el sistema encubre por sistema.

8.   Un clasicazo. Fernando Sánchez Dragó, en un programa de Jesús Quintero, se quedó a gusto soltando lo siguiente:

Lamento profundamente haber nacido español. Lamento haber nacido en un país donde la envidia es pecado capital. Lamento haber nacido en un país donde cada treinta o cuarenta años a lo largo de muchos siglos ha habido una guerra civil y donde los hermanos se han masacrado entre ellos, no por grandes causas, sino por una herencia, una cuestión de cuernos por una mujer, por una pasión... Lamento haber nacido en un país tan mal educado como lo está España. Lamento haber nacido en un país donde existe la telebasura. Lamento haber nacido en un país tan zafio, tan vulgar, tan encanallado como lo está en estos momentos este país; y también ya para remate lamento haber nacido en un país donde la gente está empeñada en no dormir. Odio, detesto los horarios españoles. A mí me gusta como el resto de la humanidad almorzar entre las doce y la una y cenar hacia las siete de la tarde y durante la noche dormir, que es lo que hay que hacer y levantarme cuando cantan los pájaros. En España no se duerme, en España todo el mundo está mal dormido. Yo creo que una de las causas de las guerras civiles es ese empeño en no dormir. No dormir genera tal cantidad de toxinas, de agresividad y de mala leche en el organismo... No puede ser la mala leche de los españoles, de verdad. Cuando uno llega a un país como Japón donde todo funciona, donde todo el mundo está bien educado... En parte de todo esto que estoy diciendo tiene culpa la literatura, el modelo de la picaresca. En España se ha asumido el modelo del pícaro, cuando el pícaro es un delincuente que lo que tiene que hacer es estar entre barrotes. Aquí en España el pícaro es un héroe y eso crea el país con mayor número de sinvergüenzas por metro cuadrado del mundo después de Italia, otro país que cogió, llevado por los españoles, el modelo de la picaresca.

9.   Año 2023. Programa de La 2 de Televisión Española titulado *El condensador de fluzo*. Miguel Ángel Cajigal, alias *el Barroquista*, pronuncia lo siguiente en un vídeo promocional:

En 1527 las tropas del Sacro Imperio,[2] totalmente descontroladas, entraron a saco en Roma. Pillaje, asesinatos, violaciones, destrucción

---

[2] El Barroquista usó en Twitter también los términos «Monarquía Hispánica» o «Imperio Hispánico» como si fueran sinónimos de «Sacro Imperio». El vídeo iba acompañado de un hilo en Twitter con decenas de disparates a cada cual mayor.

de patrimonio, expolio... Todo lo que se nos pueda ocurrir. Lo que se llamó el Saco de Roma fue legendario durante siglos. Fue uno de los ejemplos de destrozo más graves de la historia europea de la Edad Moderna. De hecho, para mucha gente, para muchos historiadores e historiadoras marca el final del Renacimiento. Porque Roma, que era una de las grandes capitales de las artes, de repente se convirtió en un lugar donde mucha de la población desapareció, o bien murió, o bien se escapó, y el ecosistema que se había generado en la península itálica para que se desarrollase y floreciese el humanismo, y las artes alrededor del humanismo, de repente desapareció. La península itálica se convirtió en un espacio de guerra donde ya no había estabilidad. Empezó en Roma, pero en otros muchos lugares de la península itálica sucedió lo mismo. Así que fijaos hasta qué punto un acontecimiento como este puede marcar una ruptura y un desastre cultural como el fin del Renacimiento.

10. En el episodio 6, titulado «Tiranos», de la serie *Bloody Tales of Europe* (cuentos sangrientos de Europa) de National Geographic,[3] la célebre historiadora Suzannah Lipscomb y Joe Crowley, después de hablar de Vlad el Empalador y Nerón, dedican la parte final a investigar sobre Felipe II, al que presentan como «un fanático religioso acusado de matar a su propio hijo»:

24 de julio de 1568. En su celda de la cárcel, don Carlos, heredero del todopoderoso Imperio español, estaba agonizando. Su delito era un misterio, pero su carcelero era uno de los reyes más famosos de la historia: su padre. Felipe II había conquistado muchas naciones y esclavizado a millones de personas, además de quemar herejes en la hoguera, pero hay un enigma que intrigó a los historiadores e inspiró una famosa ópera. ¿Era tan tiránico como para asesinar a su propio hijo?

---

[3] Yo lo he visto en la plataforma de Disney+.

Felipe II gobernaba uno de los mayores imperios que ha conocido el mundo. Tenía territorios en todos los continentes conocidos. Había forzado a la esclavitud a millones de personas en África y Sudamérica y perseguía obsesivamente el sueño de un gran imperio católico. [...] En 1568, Felipe II tenía muchas otras preocupaciones. La reforma protestante había barrido Europa amenazando el catolicismo. Cuando se produjo una revuelta en los Países Bajos, de propiedad española, la respuesta de Felipe II fue condenar a muerte a todo el país. La sed de poder de Felipe II parece una locura, pero ¿era tan malvado como para matar a su hijo? [...] Felipe hizo quemar miles de herejes en toda Europa y si estaba tan obsesionado con su defensa del catolicismo, su hijo y heredero tenía que ser vital para él. Don Carlos tenía en sus manos el destino de España y todas las esperanzas de Felipe.

Después de dedicar un tiempo a hablar de la endogamia de los Austrias y de describir la locura de don Carlos, concluye:

Felipe debió sufrir una agonía al tener que detener a su hijo, pero tal vez estaba tan avergonzado y humillado que hizo que lo matasen. [...] No sabemos cuál es la gota que colmó el vaso, pero es cierto que don Carlos escribió a los rebeldes holandeses.

Rematan el documental con una pregunta a un historiador que cree que Felipe II no mató a su hijo, pero durante todo el metraje te hacen sospechar que sí lo pudo asesinar.

11. El 17 de marzo de 2021, Tucker Carlson, desde el programa de opinión que tenía en la cadena estadounidense Fox News, intentó endilgarle el muerto a España para tratar de explicar los problemas migratorios que existen en América:

… al resto de nosotros se nos enseña que tenemos el deber de solucionar problemas en países que no entendemos, problemas que fueron causados sustancialmente, no por Estados Unidos, sino por otras potencias coloniales hace siglos. Entonces, si alguien tiene una responsabilidad heredada de lo que está sucediendo en América Latina, si alguien es en última instancia responsable de los millones de inmigrantes latinoamericanos que se mudan al norte, no es Estados Unidos, es España. Quizás el gobierno español podría comenzar devolviendo el oro que ahora se encuentra en su banco central... Porque el objetivo no es ayudar a Estados Unidos. De hecho, se trata de castigar a Estados Unidos.

12. «La libertad de España y Cataluña». El intelectual Manuel Azaña pronunció este discurso el 27 de marzo de 1930 en el restaurante Patria de Barcelona. Se aprecian varios temas interesantes: España como enfermedad (sífilis) y el apetito de hacer concesiones al insaciable nacionalismo catalán:

Gracias al catalanismo será libre Cataluña; y al trabajar nosotros, apuntalados en vosotros, trabajamos por la misma libertad nuestra y así obtendremos la libertad de España. Porque muy lejos de ser inconciliables, la libertad de Cataluña y la de España son la misma cosa. Yo creo que esta liberación conjunta no romperá los lazos comunes entre Cataluña y lo que seguirá siendo el resto de España. [...] Yo concibo, pues, a España con una Cataluña gobernada por las instituciones que quiera darse mediante la manifestación libre de su propia voluntad. Unión libre de iguales con el mismo rango, para así vivir en paz, dentro del mundo hispánico que no es menospreciable. Y he de deciros también que si algún día dominara en Cataluña otra voluntad y resolviera ella remar sola en su navío, sería justo el permitirlo y nuestro deber consistiría en dejaros en paz, con el menor prejuicio posible para unos y otros, y desearos buena suerte, hasta que cicatrizada la herida pudiésemos establecer al menos relaciones de buenos vecinos. No se dirá que no soy liberal. [...] Ha de crearse un Estado nuevo dentro del cual podamos vivir todos. A esto, líricamente, se suele llamar revolución. Hemos de hacer saltar la clave del arco en el cual se cifran todos los estigmas de la sífilis histórica que la estructura oficial española padece. El Estado ha de salir de la voluntad popular y ha de ser la garantía de la libertad. [...] Esta revolución que propugnamos no se dirige contra un Estado ficticio, sino contra un Estado real. Vosotros, catalanes, maldecís muy justamente al Estado español; nosotros también. Pero la frontera que divide a los amigos y enemigos del Estado español no es geográfica como la frontera lingüística, sino social.

BIBLIOGRAFÍA Y TRABAJOS CITADOS

ALIMOVA, R., «El concepto de la hispanidad en la encrucijada de los siglos», Actas del XXXVII Congreso Internacional de la Asociación Europea de Profesores de Español, Universidad de Murcia/Ayuntamiento de Lorca, José Luis Molina Martínez (ed.), 2003.

ALMIRALL, V., Lo catalanisme, Antonio López, Barcelona, 1902.

ALTAMIRA Y CREVEA, R., La huella de España en América, Reus, Madrid, 1924.

ÁLVAREZ JUNCO, J., «El nacionalismo español como mito movilizador: Cuatro Guerras». En CRUZ, R., PÉREZ LEDESMA, M., Cultura y movilización en la España contemporánea, Alianza Universidad, Madrid, 1997.

—, Mater dolorosa, Taurus, Madrid, 2010.

—, «Galdós y el nacionalismo español», Canal de Youtube del Instituto Cervantes, https://youtu.be/HCBimXMKFUg, 2020.

ANÓNIMO, Recopilación de Leyes de los Reynos de las Indias de 1680, Centro de Estudios Políticos y Constitucionales y Boletín Oficial del Estado, Madrid, 1998.

ARAM, B., Leyenda negra y leyendas doradas en la conquista de América. Pedrarias y Balboa, Marcial Pons, Madrid, 2008.

ARNOLDSSON, S., La Leyenda Negra. Estudios sobre sus orígenes, Göteborgs Universitets Årsskrift, Gotemburgo, 1960.

ASDRÚBAL SILVA, H., «El Comercio entre España y el Río de la Plata (1778-1810)», Banco de España - Servicio de Estudios Estudios de Historia Económica, 26, 1993.

AYALA MARTÍNEZ, C., «¿Reconquista o reconquistas? La legitimación de la guerra santa peninsular», *Revista del Centro de Estudios Históricos de Granada y su Reino*, 32, 2020.

AYLLU, COLECTIVO, *Devuélvannos el oro. Cosmovisiones perversas y acciones anticoloniales*, Matadero. Centro de Residencias Artísticas, Madrid, 2018.

BAKER, R., «The Establishment of the English Wool Staple in 1313», *Speculum*, Vol. 31, N° 3, The University of Chicago Press, 1956.

BALBÁS, Y,. *Espada, Hambre y Cautiverio. La conquista islámica de Spania*, Desperta Ferro, Madrid, 2022.

BALLESTER RODRÍGUEZ, M., «Sobre la génesis de una identidad nacional: "España" en los siglos XVI y XVII», *Revista de estudios políticos*, 146, 2009, pp. 149-178.

—, *La identidad española en la Edad Moderna (1556-1665). Discursos, símbolos y mitos*, Tecnos, Madrid, 2010.

BALMES, J., *Consideraciones políticas sobre la situación de España*, Imprenta de José Tauló, Barcelona, 1840.

—, *Miscelánea. Religiosa, política y literaria*, Imprenta del Diario de Barcelona, Barcelona, 1863.

BARRIOS, F., *La gobernación de la Monarquía de España. Consejos, Juntas y Secretarios de la Administración de Corte (1556-1700)*, Agencia Estatal Boletín Oficial del Estado, Madrid, 2015.

BATALLA CUETO, P. B., *Los nuevos odres del nacionalismo español*, Trea, Gijón, 2021 .

BECEIRO GARCÍA, J. L., *La mentira histórica desvelada. ¿Genocidio en América? Ensayo sobre la acción de España en el Nuevo Mundo*, Ejearte, Madrid, 1994.

BENEDETTI, M., «La América por descubrir», *El País*, 12 de marzo de 1984, obtenido de https://elpais.com/diario/1984/03/12/opinion/447894009_850215.html

BENEDETTI, M., BONASSO, M., CARDOZA Y ARAGÓN, L., CARPENTIER, A., DIETERICH, H., DUSSEL, E., ULISES…, *Nuestra América contra el V Centenario*, Txalaparta, Bilbao, 1989.

BENITO RUANO, E., (ed.), *España. Reflexiones sobre el ser de España*, Real Academia de la Historia, Madrid, 1998.

—, *Tópicos y realidades de la Edad Media III*, Real Academia de la Historia, Madrid, 2004.

BERNAL-MEZA, R., «Las ideas en el pensamiento de política exterior de Venezuela bajo la revolución bolivariana», *Revista Izquierdas*, 32, 2008, marzo de 2017, pp. 236-262.

BERZAL DE LA ROSA, E., *Los comuneros: de la realidad al mito*, Sílex, Madrid, 2008.

BESGA MARROQUÍN, A., «España y Edad Media: sobre el uso del nombre de "España" en las historias medievales», Letras de Deusto, Vol. 40, 128, 2010.

—, *La Reconquista. La restauración de España*, Tomo I, Letras Inquietas, Cenicero (La Rioja), 2022.

—, *La Reconquista. La restauración de España*, Tomo II, Letras Inquietas, Cenicero (La Rioja), 2023.

BILBAO, F., *El evangelio americano*, Imp. de la Soc. Tip. Bonaerense, Buenos Aires, 1864.

BILBAO, L. M., FERNÁNDEZ DE PINEDO, E., «Exportación de lanas, trashumancia y ocupación del espacio en Castilla durante los siglos XVI, XVII y XVIII», *Ministerio de Agricultura, Pesca y Alimentación, Secretaría General Técnica*, 1986, pp. 343-359.

BLANCO, P. R., «España no es la nación más antigua de Europa por mucho que Rajoy insista», *El País*, 5 de marzo de 2017, obtenido de https://elpais.com/elpais/2017/03/03/hechos/ z1488544294_076383.html

BLAIR, T., «A Battle for Global Values», *Foreign Affairs, Enero/Febrero de 2007*, obtenido de https://www.foreignaffairs.com/world/battle-global-values.

BLEIBERG, G. (ed.), *Diccionario de Historia de España*, Revista de Occidente, Madrid, 1968.

BORROW, G., *La Biblia en España: Viajes, aventuras y encarcelamientos de un inglés en su intento por difundir las Escrituras por la Península*, Ebook, 2022

BRAUDEL, F., *Afterthoughts on Material Civilization and Capitalism*, Johns Hopkins University Press, Baltimore, 1977.

BRAVO, P., «Las relaciones de Antonio Pérez, un texto en movimiento», Congreso Internacional "Felipe II (1598-1998), Europa dividida, la monarquía católica de Felipe II", Universidad Autónoma de Madrid. 1998.

BROADBERRY, S., CAMPBELL, B. M., ALEXANDER, K., OVERTON, M., VAN LEEUWEN, B., *British Economic Growth, 1270–1870*, Cambridge University Press, Cambridge, 2015.

BROADBERRY, S., CAMPBELL, B. M., KLEIN, A., OVERTON, M., & LEEUWEN, B., *British Economic Growth, 1270–1870*, Cambridge University Press, Cambridge, 2015.

BROSSES, C., *Histoire des navigations aux terres australes*, Durand, París, 1756.

BRUNSTETTER, D. R., *Tensions of Modernity: Las Casas and His Legacy in the French Enlightenment*, Routledge, Nueva York, 2012.

BUENO BRAVO, I, «Las Guerras Floridas», *Revista de Historia Militar*, Instituto de Historia y Cultura Militar. Ministerio de Defensa, *106*, 2009, pp. 11-34.

BUENO, G., «De la leyenda negra a la leyenda indígena», *El Catoblepas*, 6, Agosto de 2002.

—, *España frente a Europa*, Pentalfa, Oviedo, 2019.

BUSTOS, J., *Vidas cipotudas. Momentos estelares del empecinamiento español*, La Esfera de los Libros, Madrid, 2018.

BYRON, L., *La peregrinación de Childe Harold. Poema de Lord Byron*, Imprenta la Crónica, Nueva York, 1864.

CADALSO, J., *Defensa de la nación española contra la «Carta Persiana LXXVIII» de Montesquieu*, Biblioteca Virtual Miguel de Cervantes, 1768, obtenido de https://www.cervantesvirtual.com/obra-visor/defensa-de-la-nacion-espanola-contra-la-carta-persiana-lxxviii-de-montesquieu--0/html/ff72e830-82b1-11df-acc7-002185ce6064_2.html

—, *Cartas Marruecas*, Biblioteca Virtual Miguel de Cervantes, 1789, obtenido de https://www.cervantesvirtual.com/obra-visor/cartas-marruecas--0/html/

CAHILL MARRÓN, E. L., *La alianza castellano-inglesa en la Baja Edad Media a través de sus matrimonios regios*, Universidad de Cantabria, 2014.

CALDERÓN ARGELICH, A., *Olvido y memoria del siglo XVIII español*, Cátedra, Madrid, 2022.

CARANDE, R., *Carlos V y sus banqueros. La vida económica de España en una fase de su hegemonía. 1516-1556*, Revista de Occidente, Madrid, 1943.

CARBIA, R. D., *Historia de la Leyenda Negra hispano-americana*, Espasa-Calpe, Madrid, 1944.

CARDELÚS, B., *La civilización hispánica. El encuentro de dos mundos*, Edaf, Madrid, 2018.

CARRÈRE-LARA, E., «La crueldad ibérica a través de los relatos de viaje franceses del siglo XVIII», *Cuadernos Dieciochistas*, 7, 2006.

CARRO, V. D., *La Teología y los teólogos-juristas españoles ante la Conquista de América*, Biblioteca de teólogos españoles, Salamanca, 1951.

CASAS, B. DE LAS, *Historia de las Indias*, Biblioteca Virtual Miguel de Cervantes, siglo XVI, obtenido de https://www.cervantesvirtual.com/obra-visor/historia-de-las-indias--0/html/d31cc52d-acd9-4776-a069-ee37b963f399_12.html.

CASTAÑÓN ÁLVAREZ, J. C., QUIRÓS LINARES, F., «La contribución de Bory de Saint-Vincent (1778-1846) al conocimiento geográfico de la Península Ibérica. Redescubrimiento de una obra cartográfica y orográfica olvidada», *Ería: Revista cuatrimestral de geografía*, 64, 2004, pp. 177-205.

CAVANILLES Y PALOP, A. J., *Observaciones sobre el artículo España de la nueva Encyclopedia*, Imprenta Real, Madrid, 1784.

CEBRIÁN, J. L., «Barbarie, religión y progreso», *El País*, 16 de septiembre de 2006, obtenido de https://elpais.com/diario/2006/09/17/opinion/1158444004_850215.html

CERVERA, C., «Las mentiras sobre la persecución de brujas en España, el país que no se unió a la masacre de mujeres», *ABC*, 20 de mayo de 2016, obtenido de https://www.abc.es/historia/abci-leyenda-negra-mentiras-sobre-persecucion-brujas-espana-pais-no-unio-masacre-mujeres-201605200105_noticia.html

CÉSPEDES DEL CASTILLO, G., *América Hispánica (1492-1898)*, Marcial Pons, Madrid, 2021.

CHAO PRIETO, R., «El tratado de alianza entre Alfonso IX de León y Juan Sin Tierra de Inglaterra (1207)». *Revista de la Asociación de Amigos del Patrimonio Cultural de León*, XV, 2018, pp. 60-61.

CHECA BELTRÁN, J., *Demonio y modelo. Dos visiones del legado español en la Francia ilustrada*, Casa de Velázquez, Madrid, 2014.

CHEVALIER, M., *Revista Española de Ambos Mundos*, Vol. I., Establecimiento Tipográfico de Mellado, Madrid, 1853.

CIBOTTI, E., *Queridos enemigos. De Beresford a Maradona, la verdadera historia de las relaciones entre ingleses y argentinos*, Aguilar, Buenos Aires, 2012.

COMELLA, B., *La Inquisición española*, Rialp, Madrid, 1998.

CONTRERAS, J., *Historia de la Inquisición española (1478-1834)*. Arco Libros (Cuadernos de Historia), Madrid, 1997.

CUETO, L. A., *Poetas líricos del siglo XVIII. Autores españoles desde la formación del lenguaje hasta nuestros días*, Vol. I, M. Rivadeneyra, Madrid, 1869.

DELAHAYE, M., *Viaje de exploración hacia la lengua de la historiografía: Las Crónicas de Indias en su trayectoria europea*, Vol. I, Universidad Católica de Lovaina, Lovaina, 2012.

DENINA, C., «Respuesta a la pregunta: ¿Qué se debe a la España? Discurso leído en la Academia de Berlín», Librería Piferrer, Barcelona, 1786.

DÍAZ DEL RÍO, Á., *La Leyenda Negra. ¿Qué hizo España por Europa?*, Sekotia, Madrid, 2011.

DÍAZ VILLANUEVA, F., «La Segunda República era una república sin republicanos», *Zenda*, 6 de diciembre de 2021, obtenido de https://www.zendalibros.com/fernando-diaz-villanueva-la-segunda-republica-era-una-republica-sin-republicanos/

—, *Hispanos: Breve historia de los pueblos de habla hispana*, La Esfera de los Libros, Madrid, 2023.

DÍEZ DEL CORRAL, L., *La Monarquía hispánica en el pensamiento político europeo. De Maquiavelo a Humboldt*, Revista de Occidente, Madrid, 1975.

DOBB, M., *Estudios sobre el desarrollo del capitalismo*, Siglo XXI Editores, Ciudad de México, 2005.

DUCHET, M., *Anthropologie et histoire au siècle des Lumières*, Albin Michel, París, 1995.

DUGUIN, A., *Identidad y soberanía. Contra el mundo posmoderno [Conferencias en Argentina 2]*, Ediciones Fides, Tarragona, 2019.

DUTEIL, J.-P., VILLIERS, P., *L'Europe, la mer et les colonies (XVIIe-XVIIIe siècle)*, Hachette Éducation, París, 1997.

EDUARDO CHAO, R., *Rescatando a Martí*, Dupont Circle Editions, Washington, 2016.

ELIAV-FELDON, M., ISAAC, B., ZIEGLER, J., *The Origins of Racism in the West*, Cambridge University Press, Cambridge, 2013.

ELLIOTT, J., *El viejo Mundo y el Nuevo (1492-1650)*, Alianza Editorial, Madrid, 2015.

—, *Imperios del Mundo Atlántico. España y Gran Bretaña en América (1492-1830)*, Taurus, Barcelona, 2021.

ELORZA, A., «La nación española», *El País*, 20 de noviembre de 2005, obtenido de https://elpais.com/diario/2005/11/21/opinion/1132527606_850215.html

ESCARTÍN GONZÁLEZ, E., *Estudio económico sobre el Tratado de Ibn Abdún. El vino y los gremios en al-Ándalus antes del siglo XII*, Fundación el Monte, Sevilla, 2004.

ESPINO LÓPEZ, A., «La codicia es el gran motor de la conquista de América», *Eldiario.es*, 15 de mayo de 2022, obtenido de https://www.eldiario.es/politica/entrevista-antonio-espino-conquista-america_128_8990690.html

—, *La invasión de América. Una nueva lectura de la conquista hispana de América: una historia de violencia y destrucción*, Arpa, Barcelona, 2022.

ESPINOSA, A. M., *América española o Hispano América. El término "América latina" es erróneo*, Universidad de Stanford, Madrid, 1919.

FANJUL, S., «El Mito de las tres culturas», *Revista de Occidente*, 224, enero de 2000.

—, *Al-Andalus contra España. La forja del mito*, Siglo XXI de España, Madrid, 2018.

FAULKNER WARD, G., *The Early History of the Merchants Staplers*, The English Historical Review, Vol. XXXIII. Issue CXXXI, 1918.

FERNÁNDEZ ÁLVAREZ, M., *Felipe II y su tiempo*, Espasa-Calpe, Madrid, 1998.

FERNÁNDEZ-MORERA, D., *El mito del paraíso andalusí. Musulmanes, cristianos y judíos bajo el dominio islámico en la España medieval*, Almuzara, Córdoba, 2018.

FERNÁNDEZ RETAMAR, R., *Contra la Leyenda Negra*, Verbum, Madrid, 2019.

FLEURIOT, J.-M.-J., *Voyage de Figaro, en Espagne*, Saint-Malo, 1784.

FORD, R., *Manual para viajeros por España y lectores en casa. Extremadura y León*, Turner, Madrid, 2008.

—, *The letters of Richard Ford, 1797-1858*, Rowland E. Prothero, Londres, 1905, obtenido de https://archive.org/details/lettersofrichard-d00ford/mode/2up.

GABIOLA CARREIRA, D., «Los diezmos de la mar y el transporte comercial marítimo en las cuatro villas de la costa de mar en el siglo XVI», *Studia historica: Historia Moderna*, Vol. 40, 1, Ediciones Universidad de Salamanca, 2018.

GACHARD, P., *Don Carlos y Felipe II*, Swan, San Lorenzo de El Escorial, 1984.

GALEANO, E., *Las venas abiertas de América Latina*, Siglo XXI Editores, Ciudad de México, 1971.

—, «Ladrillos de una casa por hacer», *El País*, 11 de octubre de 1988, obtenido de https://elpais.com/diario/1988/10/11/espana/592527605_850215.html

GARCÍA CALDERÓN, Á., «Mme d'Aulnoy y su contribución al desprestigio de España en Europa: Relation du voyage en Espagne (1691)», *Onomázein. Revista de lingüística, filología y traducción*, 7, noviembre 2020, pp. 109-126.

GARCÍA CALERO, J., «Carmen Calvo pide a un historiador que certifique que la hazaña de Magallanes y Elcano no fue española», *ABC*, 2 de abril de 2019, obtenido de https://www.abc.es/cultura/abci-carmen-calvo-pide-historiador-certifique-hazana-magallanes-y-elcano-no-espanola-201904020203_noticia.html

GARCÍA CÁRCEL, R., «La construcción de la leyenda negra». *Historia y Vida*, 89, Año XXXI, pp. 134-143.

—, *La leyenda negra. Historia y opinión*, Alianza Editorial, Madrid, 1998.

—, *El demonio del sur. La leyenda Negra de Felipe II*, Cátedra, Madrid, 2017.

—, «La leyenda negra: punto final», *Crónica global*, 27 de junio de 2017, obtenido de https://cronicaglobal.elespanol.com/letraglobal/letras/ensayo/leyenda-negra-punto-final_75687_102.html

GARCÍA DE CORTÁZAR, F., *Los mitos de la Historia de España*, Planeta, Barcelona, ,2003.

GARCÍA FITZ, F., *Las Navas de Tolosa*, Ariel, Barcelona, 2005.

GARCÍA MORENO, L. A., «Etnia goda e iglesia hispana», *Hispania Sacra*, Vol. 54, 110, pp. 18-26.

GARCÍA MORENTE, M., *Ideas para una filosofía de la Historia de España*, Editorial Universidad Central, Madrid, 1942.

GARCÍA SAN MARTÍN, Á., «Francisco Bilbao, entre el proyecto latinoamericano y el gran molusco», *Latinoamérica. Revista de estudios Latinoamericanos*, 56, 2013.

GARCÍA SANJUÁN, A., «La persistencia del discurso nacionalcatólico sobre el Medievo peninsular en la historiografía española actual», *Historiografías: revista de historia y teoría*, 12, 2016, pp. 132-153.

GARÍN GARCÍA, A., DÍAZ VILLANUEVA, F., *Lutero, Calvino y Trento. La reforma que no fue*, Almuzara, Córdoba, 2022.

GAUTIER, T., *Viaje por España*, Maxtor, Valladolid, 2008.

GENER, P., *Cosas de España. Herejías nacionales. El renacimiento de Cataluña*, Juan Llordachs, Barcelona, 1903.

GIBSON, C., *El Norte. La epopeya olvidada de la Nortemaérica hispana*, Edaf, Madrid, 2022.

GIMPEL, J., *La revolución industrial en la Edad Media*, Taurus, Madrid, 1981.

GÓMEZ-CENTURIÓN JIMÉNEZ, C., *Felipe II, la empresa de Inglaterra y el comercio septentrional (1566-1609)*, Naval, Madrid, 1988.

—, «Bajo el signo de Sagitario. La visión europea del poder español (siglos XVI-XVII)», *Cuadernos de Historia Moderna*, 16, 1995, pp. 201-238.

González Jiménez, M., *¿Re-conquista? Un estado de la cuestión. Tópicos y realidades de la Edad Media (I)*. Real Academia de la Historia, Madrid, 2002.

—, «Sobre la ideología de la Reconquista: realidades y tópicos». Memoria, mito y realidad en la historia medieval, XIII Semana de Estudios Medievales, Nájera, del 29 de julio al 2 de agosto de 2002. pp. 151-170.

Goodwin, R., *España centro del mundo. 1519-1682*, La Esfera de los Libros, Madrid, 2016.

—, «Cabe estar más orgulloso de ser español que británico», *El Español*, 11 de diciembre de 2016, obtenido de https://www.elespanol.com/espana/20161208/176732893_0.html

Gorrochategui, L., *Contra Armada. La mayor victoria de España sobre Inglaterra*, Crítica, Barcelona, 2020.

Grunberg, B., «*Orígenes y perfil social de los conquistadores*», Noticonquista, Ciudad de México, obtenido de http://www.noticonquista.unam.mx/amoxtli/2585/2576

Gullo Omodeo, M., *Insubordinación y desarrollo: Las claves del éxito y el fracaso de las naciones*, Biblos, Buenos Aires, 2012.

—, *La insubordinación fundante. Breve historia de la construcción del poder de las naciones*. Editorial El perro y la rana, Caracas, 2015.

—, «Entrevista a Marcelo Gullo Omodeo», *La Razón Comunista*, 7 de diciembre de 2020, obtenido de https://www.larazoncomunista.com/post/6-2-entrevista-a-marcelo-gullo-omodeo

—, «Lo que no se perdona a España es haber llevado el catolicismo a América», *Voz Populi*, 30 de diciembre de 2021, obtenido de https://www.vozpopuli.com/altavoz/cultura/marcelo-gullo-catolicismo-a-america.html

—, *Madre patria: Desmontando la leyenda negra desde Bartolomé de las Casas hasta el separatismo catalán*, Espasa, Madrid, 2021.

—, «Nada por lo que pedir perdón», conferencia ofrecida en Cartagena el sábado 8 de octubre de 2022, canal de Youtube de la Asociación Cultural Héroes de Cavite, obtenido de https://youtu.be/2Eyp2H5Dvo

GUZMÁN, M. DE, *Spain's Long Shadow. The Black Legend, Off-Whiteness, and Anglo-American Empire*, University of Minnesota Press, Mineápolis, 2005.

GUZMÁN BARRÓN, E., *Una visión crítica de la historia de la conquista de México-Tenochtitlan*, Universidad Nacional Autónoma de México, Instituto de Investigaciones Antropológicas, México, 1989.

HAMILTON, E. J., *El tesoro americano y la revolución de los precios en España, 1501-1650*, Ariel Historia, Barcelona, 1975 (versión original 1934).

HANKE, L., *La lucha por la justicia en la conquista de América*, Ediciones Istmo, Madrid, 1988.

HELD, R., *Guía bilingüe de la exposición de Instrumentos de Tortura desde la Edad Media a la época industrial presentada en diversas ciudades europeas*, Dorset Press, Dorset, 1987.

HENCHE MORILLAS, J. J., *Las leyes de indias. Ordenamiento de protección de la monarquía hispana a los pobladores nativos de América*, Círculo Rojo, Almería, 2021.

HENNINGSEN, G., «La brujería y la Inquisición», *Príncipe de Viana*, 278, 2020, pp. 1013-1031.

HERNÁNDEZ, B., *Bartolomé de las Casas*, Taurus, Barcelona, 2015.

HERNÁNDEZ, E., «La lexicografía hispano-amerindia del siglo XVI», *Philologia Hispalensis*, Vol. 22, 2008, Universidad de Sevilla.

HOSMER, J. K., *Historia de los judíos en las Edades Antigua, Media y Moderna*, El Progreso, Madrid, 1893.

HUMBOLDT, F. H., *Ensayo político sobre el reino de la Nueva-España*, Tomo primero, París, 1822.

HUME, D., *Ensayos morales, políticos y literarios*, Colección Clásicos Universales de Formación Política Ciudadana, México, 2018.

HUNTINGTON, S. P., *El choque de civilizaciones y la reconfiguración del orden mundial*, Paidós, Barcelona, 2005.

HUTNER, G., *Selected Speeches and Writings of Theodore Roosevelt*, Vintage Books Original, Nueva York, 2014.

INSUA, P., *1492. España contra sus fantasmas*, Ariel, Barcelona, 2018.

JIMÉNEZ JIMÉNEZ, I., «Una herramienta inútil. Juicios de residencia y Visitas en la Audiencia de Lima a finales del siglo XVII», *Temas Americanistas*, *35*, 2015, pp. 60-87.

JIMÉNEZ TORRES, D., «Londres, fábrica de antiliberales: el caso de Ramiro de Maeztu», *Club Libertad Digital*, 4 de mayo de 2017, obtenido de https://www.clublibertaddigital.com/ideas/tribuna/2017-05-04/david-jimenez-torres-londres-fabrica-de-antiliberales-el-caso-de-ramiro-de-maeztu-82094/

—, *Nuestro hombre en Londres. Ramiro de Maeztu y las relaciones angloespañolas (1898-1936)*, Marcial Pons Historia, Madrid, 2020.

JONES, E. T., «Illicit Business: Accounting for Smuggling in Mid-Sixteenth-Century Bristol», *The Economic History Review*, Vol. 54, 1, 2001, pp. 17-38.

JUDERÍAS, J., *La leyenda negra de España*, La Esfera de los Libros, Madrid, 2014.

JUMELLE DE BARNEVILLE (MADAME D'AULNOY), M.-C., *Relación del viaje de España en 1679*, edición de Luis Bocos, obtenido de https://www.bocos.com/dw_un_viaje_por_espana_1679/Un_viaje_por_Espana_en_%201679.pdf

KAGAN, R. L., *El embrujo de España. La cultura norteamericana y el mundo hispánico*, *1779-1939*, Marcial Pons, Madrid, 2021.

KAMEN, H., *La Inquisición española. Mito e historia*, Planeta, Barcelona, 2013.

—, *Defendiendo España. Verdades y leyendas de nuestra historia*, Espasa, Barcelona, 2022.

KNAUTH, L., «Los procesos del racismo. Desacatos», *Revista de antropología social*, 4, 2000, México.

KOROTKIKH DENISOVA, N., *Filosofía de la historia de América: los cronistas de Indias en el pensamiento español*, tesis doctoral, Madrid, 2018.

KRAUEL HEREDIA, B., «Viajando por Andalucía: el testimonio de algunas escritoras victorianas», *Revista de Filología*, *29*, 2011, pp. 141-162.

LADERO QUESADA, M. Á., «España en 1492», en PALACIO ATARD, V. (ed.), *De Hispania a España: el nombre y el concepto a través de los siglos*, Temas de Hoy, Madrid, 2005.

LÁINZ, J., *España contra Cataluña. Historia de un fraude*, Encuentro, Madrid, 2014.

LAMO DE ESPINOSA, E., «¿Es América Latina parte de Occidente?» Real Instituto Elcano, Documento de trabajo 18/2018, 2 de octubre de 2018, obtenido de https://media.realinstitutoelcano.org/wp-content/uploads/2021/10/dt18-2018-lamodeespinosa-es-america-latina-parte-de-occidente.pdf

—, *La disputa del pasado. España, México y la leyenda negra*, Turner, Madrid, 2021.

LEÓN PORTILLA, M., *Los antiguos mexicanos a través de sus crónicas y cantares*, Edición conmemorativa 70 Aniversario, Fondo de Cultura Económica, Ciudad de México, 1961.

LEÓN PORTILLA, M., HELMS, M. W., MURRA, J., HIDALGO, J., ELLIOTT, J. H., WACHTEL, N., BRADING, D. A., *América latina en la época colonial*, Vol. 1: *España y América de 1492 a 1808*, Crítica, Barcelona, 1990.

LERALTA, J., *La leyenda Negra en los personajes de la historia de España*, Sílex, Madrid, 2011.

LEVENE, R., *Las Indias no eran colonias*, Espasa-Calpe (Colección Austral), Madrid, 1951.

—, *El mundo de las ideas y la revolución hispanoamericana de 1810*, Editorial Jurídica de Chile, Santiago de Chile, 1956.

LÓPEZ DE ABIADA, J. M., LÓPEZ BERNASOCCHI, A. (ed), *Imágenes de España en culturas y literatura europeas (siglos xvi-xvii)*, Verbum, Madrid, 2004.

LUMMIS, C. F., *Los españoles que ensancharon el mundo*, Guadarramistas Editorial, Madrid, 2017.

LYNCH, J., *Los Austrias (1516-1700)*, Crítica, Barcelona, 2007.

MACÍAS PICAVEA, R., *El problema nacional. Hechos, causas, remedios*, Librería general de Victoriano Suárez, Madrid, 1899.

MADARIAGA, S. DE, *El ocaso del Imperio español en América*, Editorial Sudamericana, Buenos Aires, 1955.

MAEZTU, R. DE., «El valor de la Hispanidad», *Acción Española*, 16 de abril de 1932, Tomo II, 9, pp 225-232.

—, *Defensa de la Hispanidad*, Rialp, Madrid, 2017.

MAGALLÓN, E., «La Reconquista que no existió. Los historiadores cuestionan el término porque lo consideran más fruto de la ideología que de la realidad», *La Vanguardia*, 8 de diciembre de 2019, obtenido de https://www.lavanguardia.com/historiayvida/20191208/472055743507/historia-y-vida-reconquista-al-andalus-historia-rae-don-pelayo-covadonga.html

MAQUEDA ABREU, C., «Extranjeros, Leyenda Negra e Inquisición España», *Revista de la Inquisición (intolerancia y derechos humanos)*, 5, Universidad Rey Juan Carlos, 1996.

—, *La monarquía de España y sus visitantes. Siglos xvi al xix*, Dykinson, Madrid, 2007.

MARAÑÓN, G., *Antonio Pérez*, Espasa-Calpe, Madrid, 1977.

MARCO, J. M., «Álvarez Junco, el Deconstructor», La Ilustración Liberal, 37, 2008, obtenido de https://www.clublibertaddigital.com/ilustracion-liberal/37/alvarez-junco-el-deconstructor-jose-maria-marco.html.

—, *Sueño y destrucción de España. Los nacionalistas españoles (1898-2015)*, Planeta, Barcelona, 2015.

MARÍAS, J., *España inteligible. Razón histórica de las Españas*, Alianza Editorial, Madrid, 1985.

—, *Hispanoamérica*, Alianza Editorial, Madrid, 1986.

—, *La Corona y la Comunidad Hispánica de Naciones*, Asociación Francisco López de Gómara, Madrid, 1992.

MARÍN GONZÁLES, J., «Las "razas" biogenéticamente, no existen, pero el racismo sí, como ideología», *Revista Diálogo Educacional, Vol. 4, 9*, 2003, pp. 1-7.

MARTIN RODRIGUEZ, J. L., EGIDO LOPEZ, T., VARELA BUENO, C., *La tolerancia en la historia*, Secretariado de publicaciones e intercambio editorial, Universidad de Valladolid, 2004.

MARTÍNEZ RUIZ, E., *Felipe II. Hombre, rey, mito*, La Esfera de los Libros, Madrid, 2020.

—, *Las flotas de Indias. La revolución que cambió el mundo*, La Esfera de los Libros, Madrid, 2022.

McDonnell, M. A., Moses, D., «Raphael Lemkin as historian of genocide in the Americas», *Journal of Genocide Research*, December 2005, pp. 501–529.

Menéndez Pidal, R., *El padre Las Casas. Su doble personalidad*, Espasa-Calpe, Madrid, 1963.

—, *Los españoles en la historia*, Espasa-Calpe (Colección Austral), Madrid, 1982.

Menéndez y Pelayo, M., *Mr. Masson Redivivo. Al señor D. Gumersindo Laverde Ruiz, Catedrático de Literatura en la Universidad de Valladolid*, Biblioteca Virtual Miguel de Cervantes, obtenido de https://www.cervantesvirtual.com/obra-visor/la-ciencia-espanola-polemicas-indicaciones-y-proyectos--0/html/fefce194-82b1-11df-acc7-002185ce6064_50.html#I_8_

Mérimée, P., *Viajes a España*, Aguilar, Madrid, 1988.

Methol Ferré, A., *Geopolítica de la Cuenca del Plata*, Peña Lillo, Buenos Aires, 1973.

Mira Caballos, E., «Terror, violación y pederastia en la Conquista de América», *Jahrbuch für Geschichte Lateinamerikas*, *44*, 2007, pp. 37-66.

—, «De esclavos a siervos: Amerindios en España tras las Leyes Nuevas de 1542», *Revista de Historia de América*, 2009, pp. 95-109.

—, «El Origen de las encomiendas de indios», 2021, obtenido de Blog de Esteban Mira Caballos: https://estebanmiracaballos.com/2021/03/14/el-origen-de-las-encomiendas-de-indios/

—, *Hernán Cortés. Una biografía para el siglo XXI*, Crítica, Barcelona, 2021.

Mokyr, J., *The British Industrial Revolution: An Economic Perspective*, Routledge, Nueva York, 2018.

Molina, F.A., *El Vocabulario en lengua castellana y mexicana*, Casa de Antonio de Spinosa, México, 1571.

Molina Álvarez de Cienfuegos, I., «Todo lo que sigue siendo sólido entre España y Reino Unido», Real Instituto el Cano, 19 de agosto de 2013, obtenido de https://www.realinstitutoelcano.org/analisis/todo-lo-que-sigue-siendo-solido-entre-espana-y-reino-unido/

Molina Martínez, M., *La leyenda negra*, Nerea, Madrid, 1991.

—, *La conquista de América: cinco siglos de controversia y una Leyenda Negra omnipresente*, Llerena: XIX Jornadas de Historia. España y América: cultura y colonización, 2018.

MONTELL, J., *Era nuestra herencia una red de agujeros. La caída de México-Tenochtitlan*, Fuentes para la historia antigua de México. Secretaría de Cultura, México, 2021.

MONTESQUIEU, *Cartas Persas. Traducción y notas: María Rocío Muñoz*, Consejo Nacional para la Cultura y las Artes, Ciudad de México, 1992.

MORADIELLOS, E., «Más allá de la Leyenda Negra y del Mito Romántico: el concepto de España en el hispanismo británico contemporaneísta», *Ayer*, 31, 1998.

—, *Historia mínima de la Guerra Civil española*, Turner, Madrid, 2016.

MORALES, M., «El número de hispanohablantes crece un 70% en los últimos 30 años», *El País*, 14 de octubre de 2021, obtenido de https://elpais.com/cultura/2021-10-14/el-numero-de-hispanohablantes-crece-un-70-en-los-ultimos-30-anos.html

MORALES MOYA, A., FUSI AIZPURÚA, J. P., BLAS GUERRERO, A. DE, *Historia de la nación y del nacionalismo español*, Galaxia Gutenberg, Barcelona, 2013.

MORALES PADRÓN, F., *Diario de Don Francisco Saavedra*, Universidad de Sevilla / Consejo Superior de Investigaciones Científicas, Sevilla, 2004.

MORENO, D., *La invención de la Inquisición*, Marcial Pons, Madrid, 2004.

MORENO ESPINOSA, G., *Don Carlos. El príncipe de la leyenda negra*, Marcial Pons, Madrid, 2006.

MORENO LUZÓN, J., *Centenariomanía. Conmemoraciones hispánicas y nacionalismo español*, Marcial Pons, Madrid, 2021.

MUÑOZ MACHADO, S., *Hablamos la misma lengua*, Planeta, Barcelona, 2017.

—, *Civilizar o exterminar a los bárbaros*, Crítica, Barcelona, 2019.

MURRAY, D., *La masa enfurecida. Cómo las políticas de identidad llevaron al mundo a la locura*, Península, Barcelona, 2020.

NAVARRO GARCÍA, L., «Convocatoria de vocales americanos para la junta central, 1809», *Naveg@mérica. Revista electrónica editada por la Asociación Española de Americanistas*, 10, 2013.

NEBREDA, J. M., *Historia Traicionada. Nación española y refutación del nacionalismo vasco*, Almuzara, Córdoba, 2021.

NIETO SORIA, J. M., «Concepto de España en tiempos de los Reyes Católicos», *Norba. Revista de Historia*, Vol. 19, Universidad de Extremadura, 2006.

NÚÑEZ FLORENCIO, R., *El peso del pesimismo. Del 98 al desencanto*, Marcial Pons, Madrid, 2010.

OCHOA BRUN, M. Á., *Historia de la diplomacia española*, Volumen undécimo, Ministerio de Asuntos Exteriores y de Cooperación, Madrid, 2017.

ORTEGA SÁNCHEZ, J. M., «El barroco y los aztecas. Crítica de la serie negrolegendaria *Civilisations*, coproducida por la BBC y la PSB», El Catoblepas, 192, 2020.

ORTEGA SOTO, M., *Alta California. Una frontera olvidada del noroeste de México. 1769-1846*, Plaza y Valdés, Ciudad de México, 2001.

ORTEGA Y GASSET, J., *La Pedagogía social como programa político*, Obras Completas, Vol. I, pp 494-513, Revista de Occidente, Madrid, 1946.

ORTIZ LOZANO, F., *España vieja patria. Origen, antigüedad y consciencia de España como comunidad humana histórica*, Arguval, Málaga, 2016.

PALACIO ATARD, V. (ed.), *De Hispania a España. El nombre y el concepto a través de los siglos*, Temas de Hoy, Madrid, 2005.

PARADINAS FUENTES, J. L., «El pensamiento económico de la Escuela de Salamanca», Fundación Canaria Orotava de Historia de la Ciencia, 2017.

PARDO BAZÁN, E., «La España de ayer y la de hoy (La muerte de una leyenda)», Conferencia dada el 18 de Abril de 1899 en la Sociedad de Conferencias de París, obtenido de https://www.filosofia.org/aut/001/1899epb4.htm

PARKER, G., *El rey imprudente. La biografía esencial de Felipe II*, Planeta, Barcelona, 2015.

PAYNE, S., *España. Una historia única*, Booket, Barcelona, 2008.

—, *En defensa de España. Desmontando mitos y leyendas negras*, Espasa, Barcelona, 2017.

Pearce, J. A., *El comercio británico con hispanoamérica, 1763-1808*, El Colegio de México, Ciudad de México, 2017.

Pedro, N. de, «Duguin, profeta del antiliberalismo», *Letras Libres*, 1 de junio de 2019, obtenido de https://letraslibres.com/revista/duguin-profeta-del-antiliberalismo/

Pérez, A., *Relaciones del Secretario de Estado de Felipe II*, Editorial Renacimiento, Sevilla, 2013.

Pérez, J., *Isabel y Fernando. Los Reyes Católicos*, Nerea, San Sebastián, 2008.

—, «La Leyenda Negra contra España es falsa, de mala fe», *ABC*, 13 de diciembre de 2009, obtenido de https://www.abc.es/cultura/abci-joseph-perez-leyenda-negra-contra-espana-falsa-mala-200912130300-1132503553087_noticia.html

—, *La leyenda negra*, Gadir, Madrid, 2009.

Pérez Cantó, M. P., «Un debate en torno a la modernidad: la crisis de los ochenta», *Espacio, Tiempo y Forma, Serie II, Historia Moderna*, 1998, pp. 381-403.

Pérez de Barradas, J., *Los mestizos de América*, Espasa-Calpe (Colección Austral), Madrid, 1976.

Pérez Sáenz de Urturi, J. E., «La minería colonial americana bajo la dominación española», *Boletín Millares Carlo*, 7-8, 1985, pp. 53-120.

Pérez Vejo, T., *España imaginada. Historia de la invención de una nación*, Galaxia Gutenberg, Barcelona, 2015.

Pigafetta, A., *Primer viaje en torno del globo*, Francisco de Aguirre, Buenos Aires, 1970.

Piña Rosales, G., «La universidad norteamericana: departamentos de español, grandes figuras del hispanismo y asociaciones e instituciones culturales», Enciclopedia del español en los Estados Unidos. Anuario del Instituto Cervantes, 2008, Capítulo VI, pp. 451-469.

Polo Blanco, J., *Románticos y racistas. Orígenes ideológicos de los etnonacionalismos españoles*, El Viejo Topo, Barcelona, 2021.

Ponz, A., *Viage fuera de España*, dos tomos, D. Joachin Ibarra Impresor de Cámara de S.M., Madrid, 1785.

Portugal Mollinedo, P., Macusaya Cruz, C., *El indianismo katarista. Una mirada crítica*, Fundación Friedrich Ebert, La Paz (Bolivia), 2016.

POWELL, P. W., *Árbol de Odio. La Leyenda Negra y sus consecuencias en las relaciones entre Estados Unidos y el Mundo Hispánico*, José Porrúa Turanzas, Madrid, 1972.

PRESCOTT, W. H., *Historia de la conquista de México*, Antonio Machado, Madrid, 2003.

PRIETO, M., *La guerra de papel. Origen iconográfico de la Leyenda Negra*, Modus Operandi, Madrid, 2020.

PULGAR, H. DEL., *Chronica de los muy altos y esclarecidos Reyes Catholicos Don Fernando y Doña Isabel de gloriosa memoria*, Sebastián Martínez, Valladolid, 1565.

QUEVEDO, F. DE., *España defendida*, Cryptoebooks, 2015.

RAMOS PÉREZ, D., «Sobre la posible sustitución del término época colonial», *Boletín americanista*, 1, 1959, pp. 33-41.

RANGEL, C., *Del buen salvaje al buen revolucionario*, Monte Avila Editores, Caracas, 1976.

REAL ACADEMIA DE HISTORIA, «Informe de la Real Academia de la Historia sobre la Primera Circunnavegación a la tierra», 2019, obtenido de https://www.rah.es/informe-de-la-real-academia-de-la-historia-sobre-la-primera-circunnavegacion-a-la-tierra/

RESÉNDEZ, A., *La otra esclavitud: Historia oculta del esclavismo indígena*, Grano de sal, Ciudad de México, 2019.

RICH, E. E., *The Ordinance Book of the Merchants of the Staple*, Cambridge University Press, Cambridge, 1937.

RIDLEY, J., *A Brief History of the Tudor Age*, Robinson, Londres, 2002.

RÍOS SALOMA, M., *La reconquista. Una construcción historiográfica (siglos XVI-XIX)*, Marcial Pons Historia, Madrid, 2011.

RIUTORT, P., *Junípero Serra, el Evangelio en California*, Centre de Pastoral Litúrgica, Barcelona, 2005.

ROBERTSON, I., *Los curiosos impertinentes. Viajeros ingleses por España desde la accesión de Carlos III hasta 1855*, Serbal/CSIC, Madrid, 1988.

ROCA BAREA, M. E., *Imperiofobia y leyenda negra: Roma, Rusia, Estados Unidos y el Imperio español*, Siruela, Madrid, 2016.

—, «Hernán Cortés tenía un hijo indio que adoraba, mientras que Jefferson vendió a sus hijos mestizos», *ABC*, 1 de marzo de 2017, obtenido de https://www.abc.es/cultura/libros/abci-maria-elvira-roca-barea-hernan-cortes-tenia-hijo-indio-adoraba-mientras-jefferson-vendio-hijos-mestizos-201703010122_noticia.html

—, *Fracasología. España y sus élites: de los afrancesados a nuestros días*, Espasa, Barcelona, 2019.

ROCA BAREA, M. E., IGLESIAS, C., «El mundo panhispánico: abriendo caminos», Casa de América, 8 de abril de 2019, obtenido de https://youtu.be/M3F0zADLTbI

ROMERO SAIZ, M., *Caballeros de conquista... Y mujeres de armas tomar. Génesis de la aventura americana*, Edaf, Madrid, 2021.

RORKE, M., «English and Scottish Overseas Trade, 1300-1600», *The Economic History Review*, Vol. 59, 2, 2006, pp. 265-288.

ROSAS LEDEZMA, E., «Las relaciones hispano-británicas a comienzos del siglo xx: los caminos del entendimiento», *Revista de Estudios Internacionales*, 1, 1980, pp. 703-724.

ROSENBLAT, Á., *La población indígena de América. Desde 1492 hasta la actualidad*, Institución cultural española, Buenos Aires, 1945.

ROVIRA I VIRGILI, A., *Resum d'història del catalanisme*, La Magrana, Barcelona, 1983.

RUVALCABA MERCADO, J., «Los sacrificios humanos y su relación con la dieta y el canibalismo azteca en el momento de la Conquista», *Revista Española de Antropología Americana*, 48, 2018, pp. 121-142.

SAAVEDRA INARAJA, M., *La forja del Nuevo Mundo. Huellas de la Iglesia en la América española*, Sekotia, Madrid, 2008.

SÁNCHEZ SAUS, R., «Es increíble que el imaginario andaluz se vincule al mito de Al-Andalus», *ABC*, 11 de marzo de 2016, obtenido de https://sevilla.abc.es/cultura/libros/sevi-increible-imaginario-andaluz-vincule-mito-al-andalus-201603110658_noticia.html

—, *Al-Andalus y la Cruz*, Tecnos, Madrid, 2021.

SANDOVAL, P. DE, *Historia de la vida y hechos del emperador Carlos V*, segunda parte, Libro XVIII, Pamplona, 1614.

SANTAMARTA DEL POZO, J., *Siempre tuvimos héroes. La impagable aportación de España al humanitarismo*, Edaf, Madrid, 2017.

—, *Fake News del Imperio español*, La Esfera de los Libros, Madrid, 2021.

Serrano, A., «Los importantes paños de Cuenca y su quiebra», entrevista en Cadena Ser, 31 de octubre de 2017, obtenido de https://cadenaser.com/emisora/2017/10/31/ser_cuenca/1509456571_745546.html

Soto Chica, J., *Los visigodos. Hijos de un Dios furioso*, Desperta Ferro, Madrid, 2020.

Steinbuch, Y., «Black Lives Matter co-founder describes herself as "trained Marxist"», *New York Post*, 25 de junio de 2020, obtenido de https://nypost.com/2020/06/25/blm-co-founder-describes-herself-as-trained-marxist/

Thompson, M., *American Character. The curious life of Charles Fletcher Lummis and the Rediscovery of the Southwest*, Arcade Publishing, Nueva York, 2001.

Trapiello, A., *Madrid 1945. La noche de los Cuatro Caminos*, Destino, Barcelona, 2022.

Trevor-Roper, H., *Las conversaciones privadas de Hitler*, Crítica, Barcelona, 2004.

Tünnermann, C., *Historia de la Universidad en América Latina. De la época colonial a la Reforma de Córdoba*, Editorial Universitaria Centroamericana, San José, 1991.

Uslar Pietri, A., *En busca del Nuevo Mundo*, Fondo de Cultura Económica, Ciudad de México, 1969.

Valdeón Baruque, J., *La Reconquista. El concepto de España: unidad y diversidad*, Espasa, Madrid, 2006.

Valera, J., «Sobre el concepto que hoy se forma de España», *Revista de España*, Primer año, Tomo I, Estrada, Díaz y López, Madrid, 1868.

—, *Obras completas de Juan Valera: Nueva edición integral*, Wisehouse Classics (Biblioteca Ibérica), Ballingslöv, 2021.

Varela Ortega, J., *España. Un relato de grandeza y odio*, Espasa, Barcelona, 2019.

Vargas Llosa, M., «Cabezazos con la Madre Patria», *El País*, 26 de enero de 1992, obtenido de https://elpais.com/diario/1992/01/26/opinion/696380409_850215.html

VARGAS MACHUCA, B. *Apologías y discursos de las conquistas occidentales*, Junta de Castilla y León, Ávila, 1993.

VÉLEZ, I., *Sobre la Leyenda Negra. Nueva edición con prólogo de María Elvira Roca Barea*, Encuentro, Madrid, 2018.

—, *Nuevas mentirosas: Cortés, el Nuevo Mundo y otros episodios de nuestra historia*, Encuentro, Madrid, 2019.

—, *Reconquista. La construcción de España*, La Esfera de los Libros, Madrid, 2022.

— «Reconquérir», *El Catoblepas*, 202, 2023.

VICENTE BOISSEAU, E., *La imagen de la presencia de España en América (1492-1898) en el cine británico y estadounidense*, Ministerio de Defensa. Secretaría General Técnica, Madrid, 2019.

VILLANUEVA, J., *Leyenda Negra. Una polémica nacionalista en la España del siglo XX*, Los libros de la catarata, Madrid, 2011.

VILLAVERDE RICO, M. J., CASTILLA URBANO, F., (ED.), *La sombra de la leyenda negra*, Tecnos, Madrid, 2016.

VINCENT, I., «Inside BLM co-founder Patrisse Khan-Cullors' million-dollar real estate buying binge», *New York Post*, 10 de abril de 2021, obtenido de https://nypost.com/2021/04/10/inside-blm-co-founder-patrisse-khan-cullors-real-estate-buying-binge/

VOLTAIRE, *Essai sur les mœurs II. Œuvres complètes de Voltaire*, Garnier Frères, Libraires-Éditeurs, París, 1878 (publicado por primera vez en 1756).

WEBER, M., *La ética protestante y el espíritu del capitalismo*, Premià editora de libros, Ciudad de México, 1991.

ZAMBRANO, M., *España, sueño y verdad*, Edhasa, Barcelona, 2002.